디커플링

넷플릭스, 아마존, 에어비앤비…
한순간에 시장을 점령한 신흥 기업들의 파괴 전략

디커플링
DECOUPLING

— 탈레스 S. 테이셰이라 지음 —

INFLUENTIAL
인 플 루 엔 셜

❖

뿌리는 중요하다.
나의 부모님 주앙 바티스타와 아순타 테이셰이라에게
그리고 내 인생에 파괴적 혁신의 물결을 일으킨 세 사람,
아내 이바, 딸 칼리나, 아들 말리에게.
모두 사랑한다.

❖

테이세이라의 시각은 대단히 신선하고 또한 영리하다. 이 책은 디지털 디스럽션이라는 가장 긴급하고 절박한 문제에 대해 가장 강력한 솔루션을 제시한다. 상황을 꿰뚫어보는 예리한 시각에 더해 실용적인 답안을 내놓았다.

— 짐 콜린스, 《좋은 기업을 넘어 위대한 기업으로》 저자

마케팅 전문가라면 반드시 읽어야 할 책! 기업 중심이 아닌 고객 중심적 사고가 무엇인지, 소비자의 경험과 기대가 무엇인지 꿰뚫어보는 실용적 통찰력이 대단하다. 탈레스 테이세이라는 오랜 연구를 통해 얻은 지식으로 이 모든 것을 간단하게 설명해낸다.

— 브리지트 H. 킹, 로레알 아메리카 고객 담당 최고 책임자

이 책은 대단히 중요함에도 사람들이 간과해온 핵심을 짚어준다. 파괴의 목적은 소비자의 삶을 편하게 만들어주는 데 있다는 것, 기술은 그 목적을 위한 하나의 수단일 뿐이란 사실이다.

— 안 바이어, 뉴스미디어 사장, 악셀 스프링거 상임이사

디지털 파괴가 기술 때문이라고? 이 책은 세상에 만연한 오해를 바로잡는 동시에 사실상 모든 업계 임원들이 고객 중심으로 비즈니스 모델을 재편할 수 있게 만드는 보편적 틀을 제시한다.

— 존 켈치, 마이애미 경영대학원 학장

포기하지 않았다면 길은 있다. 파괴당하고 있지만, 그럼에도 다시 도전하기를 원하는 우리 모두가 읽어야 할 책!

— 호르헤 파울로 레만, 3G 캐피털 공동창업자

공격적 스타트업들이 어떻게 고객의 쇼핑과 구매 패턴을 바꿔놓는지를 적나라하게 보여준다. 다행인 것은 모든 것이 예측 가능하다는 사실이다!

— 니라즈 샤, 웨이페어 공동창업자 겸 CEO

모두가 시장 파괴 현상을 두려워할 필요는 없다. 고객 중심 기업이라면, 고객 가치사슬을 이해하고 소비의 불편한 흐름을 뚫어줄 수 있다면 무슨 문제가 있겠는가. 파괴자는 고객의 답답함을 깨닫지 못하거나 해결에 서투른 기존 기업을 공격해 사슬을 분리하고는 시장점유율을 앗아간다. 그런 점에서 테이세이라의 신간은 경계를 늦추지 않는 기존 기업과 기회를 노리는 파괴 기업, 모두가 읽어야 할 책이다!

— 레이몬드 치엔, 항생은행 은행장

결론은 단순하다. 고객 중심으로 움직이지 않는 회사는 성공할 수 없다. 테이셰이라는 오늘날 디지털 파괴라는 경쟁 환경에서 살아남기 위해 고군분투하는 기업들에게 신선한 시각과 프레임워크를 제공한다.

– 린다 A. 힐, 하버드 경영대학원 교수,《혁신의 설계자》공동저자

복잡한 프레임보다 단순한 개념이 유용한 경우가 훨씬 더 많다. 이 책이 그렇다. 디지털 기반의 파괴적 혁신이라는 복잡한 현상을 '디커플링'이란 개념을 활용해 쾌도난마식으로 풀어냈다. 디지털 파괴로 인해 고민하는 기업가, 변화의 본질을 알고 싶은 비즈니스맨에게 유용한 통찰을 제공한다. **– 김남국 동아일보 미래전략연구소장**

혁신이란 무엇일까? 기술, 공정, 업무 방식, 또는 제품을 새롭게 하는 것이라 알고 있다면 이는 빗나간 생각이다. 본질은 '고객' 가치사슬에 변화를 일으키는 데에 있다! 이를 이해하지 못하면 대부분의 혁신안은 실패할 가능성이 크다. 이 책의 저자 테이셰이라 교수는 지금 도처에서 일어나는 시장 파괴의 배후에 있는 혁신의 비밀을 풀어냈다. 마치 피터 드러커가 말했던 '고객 창조'를 4차 산업혁명 시대에 어떻게 실현할 수 있는가를 생생하게 밝힌 지침서이자 주해서와 같다. 테이셰이라 교수가 말한 7대 욕구 산업에서 진행 중인 고객 가치사슬의 해체와 변형을 이해하지 못한다면, 이 거대한 변화 앞에 선 모든 기업은 도태하고 말 것이다.

– 송경모 고려대 기술경영전문대학원 교수

어찌 보면 대단한 기술도 없어 보이는 우버, 에어비앤비 같은 회사들이 어떻게 수십조 가치의 공룡회사가 되어 기존 대기업들을 위협하게 됐을까? 책에 따르면 이것은 기술 혁신이 아닌 비즈니스 모델 혁신에 가깝다. 테이셰이라 교수는 요즘 넘쳐나는 이런 파괴적 혁신 기업들이 시장을 장악하는 이유를 '고객 가치사슬(CVC)'과 '디커플링'이라는 모델로 설명한다. 대단히 독특하면서도 설득력이 있다! 그런 점에서 스타트업의 공격에 어떻게 대응할지 고민 중인 대기업 경영자들은 물론이고, 변화하는 시장에서 새로운 기회를 잡고 싶은 예비 창업자들 모두에게 일독을 권하고 싶다.

– 임정욱 스타트업얼라이언스 센터장

'파괴적 혁신' 이론보다 진일보한, 오늘날 디지털 디스럽션에 대한 완전한 통찰!

－이동우, 경희대 경영대학원 스타트업비즈니스 MBA 교수

테이세이라 교수의 책에 추천사를 쓰게 되어 영광입니다. 이 책은 경영자와 임원, 컨설턴트, 더불어 경영과 혁신 트렌드에 대해 깊이 있게 이해하고자 하는 독자라면 모두가 읽어야 할 책이라 확신합니다. 특히 이 책은 1995년 클레이튼 크리스텐슨 교수가 발표한 '파괴적 혁신' 이론, 그리고 2017년 바라트 아난드 교수가 펴낸《콘텐츠의 미래》와 더불어 기업의 혁신을 이야기하는 데 있어 가장 중요한 변곡점이 아닐까 생각합니다. 공교롭게도 크리스텐스, 아난드, 테이세이라 교수는 같은 하버드 경영대학원 동료 교수들이기 때문에 앞으로 그들이 어떤 이론을 내세워 혁신의 본질을 이야기할지가 더욱 기대됩니다.

이 책을 제대로 이해하기 위해서는 크리스텐슨 교수의 파괴적 혁신 이론을 잠깐 살펴볼 필요가 있습니다. 파괴적 혁신 이론은 경영자들이 많이 들어온 내용입니다. 특히 기업에서 혁신을 이야기할 때 빠지지 않는 주제이지요. 파괴적 혁신은 1995년 크리스텐슨 교수가 〈하버드비즈니스리뷰Havard Business Review〉에 처음 소개한 내용입니다. 그리고 20여 년이 흐른 뒤, 그는 다시 〈하버드비즈니스리뷰〉를 통해 경영자나 임원, 컨설턴트들이 파괴적 혁신을 이야기하면서도 관련 책이나 논문을 제대로 읽어보지 않음을 지적합니다. 그러면서 대부분의 리더들은 자신의 일을 혁신으로 포장하기 위해 '파괴'라는 개념을 사용한다고 말합니다. 그저 산업의 판도가 흔들릴 때마다 파괴적 혁신이 일어난다고 주장하는 경영자들이 많다는 점에 대해 크리스텐슨 교수는 심각한 우려를 표하기도 했습니다.

파괴적 혁신이란 적은 자원을 지닌 작은 기업이 기존 기업에 도전해 성공할 수 있는 절차 혹은 혁신의 방법을 말합니다. 물론 이것은 작은 기업에서 본 입장입니다. 기존 기업이라면 작은 기업을 방어해야 하는 입장일 겁니다. 문제는 기존 기업에게 존재합니다. 그들은 고객을 위한 제품과 서비스를 개선하는 데 집중합니다. 물론 크리스텐슨 교수는 이 방법이 잘못된 건 아니지만, 기존 기업이 새로운 도전에 적극 대응하지 않은 지점에서 기회가 만들어진다는 측면을 강조했습니다. 즉 기존 기업이 대응하지 않음으로 인해 틈새가 벌어지고 작은 기업은 이 틈을 파고든다는 얘기입니다. 그래서 그는 파괴적 혁신이 완성되려면 적어도 다음 두 가지 조건이 필요하다고 말합니다. 첫째, 저가 시장 혹은 신규 시장에서 시작되어야 합니다. 둘째, 작은 기업은 초기 품질이 좋지 않기 때문에 품질이 고객 니즈를 따라잡을 때까지 주류 고객에게 인기를 끌지 못한다는 점입니다.

마지막으로 크리스텐슨 교수는 기존 기업의 경영자나 임원들이 파괴적 혁신 기업의 등장을 알아차리지 못하고 대응하지 못하는 것은 경영자의 오만함과 조직문화 때문이며, 신기술을 제대로 보지 못하는 실수를 범하기 때문이라 말합니다.

테이셰이라 교수가 이야기를 풀어나가는 지점이 바로 여기입니다. 그리고 크리스텐슨 교수가 언급한 파괴적 혁신 이론과는 확연히 다른 이야기를 합니다. 구체적인 특정 사례로 파고들면 파고들수록 그 차별점이 더욱 명확해집니다. 크리스텐슨 교수는 파괴적 혁신 기업의 등장을 저가 시장 혹은 신규 시장이라 일축했지만, 테이셰이라 교수는 그 모든 파괴의 출발점은 간단하게 '고객'이라 말합니다. 시장 관점이 아니라 고객 관점에서 바라본 해석입니다. 크리스텐슨 교수는 기술 혁신을 얘기하고 시장 관점에서의 경쟁을 언급했지만, 테이셰이라 교수는 진정으로 중요한 것은 고객이 체감할 수 있는 비즈니스 모델이며 이는 고객이 자신의 시간, 노력, 금전을 비롯한 전체 비용을 줄이기 위한 행동이라고 강조합니다.

바로 이 점에서 테이셰이라 교수의 이론이 더 진일보한 측면이 있고, 지금 상황에서는 파괴적 혁신 이론보다 앞서있다고 생각합니다. 테이셰이라 교수의 관점으로 본다면 인터넷이 등장한 후 빠르게 변해가는 혁신의 모든 패턴이 명쾌하게 설명됩니다. 소매판매, 전기통신, 엔터테인먼트, 소비재, 공업, 서비스, 운수업을 비롯한 거의 모든 산업의 파괴와 혁신의 본질을 제대로 이해할 수 있을 것입니다.

최근 몇 년간 고객을 이해해야 한다는 주장은 여러 경영 서적과 마케팅 서적에서 계속된 바 있습니다. 하지만 '고객을 이해한다'는 것이 진짜 어떤 의미인지에 대해서는 그 누구도 만족스러운 대답을 내놓지 못했습니다. 하지만 테이셰이라 교수는 그 모든 것을 간단하게 정리해냅니다. 이 책을 읽다 보면 지난 20년간 주장되어온 파괴,

혁신, 그리고 고객에 대한 완전한 통찰을 읽어낼 수 있습니다.

《디커플링》을 접하는 경영자나 기업의 임원이 있다면 이 책을 만난 것을 행운이라 이야기하고 싶습니다. 물론 모든 것은 어떤 관점에서 바라볼 것이냐에 대한 문제로 귀결될 수 있을 것입니다. 하지만 치열한 비즈니스 환경에 매몰되다 보면 전체를 조망할 수 있는 관점이란 요원할지 모릅니다. 이 책으로 관점의 지평을 넓혀보길 권합니다.

한 가지 당부하자면 이 책의 2부는 조금 어렵습니다. 고객 관점에서 보는 비용 분석 패턴들이 있기 때문입니다. 실무적인 관점에서라면 충분히 활용 가능한 부분이기 때문에 큰 도움이 될 거라 생각합니다. 다시 한 번 이 책을 손에 쥔 당신에게 박수를 보냅니다.

경영자든 마케터든
이 책은 비밀무기를 얻어가는 것과 같다

─조용민, 구글 비즈솔루션 매니저

2019년 올 한 해에도 여러 업종의 많은 기업 관계자들과 미팅을 해왔습니다. 그럴 때 빠지지 않는 것이 소비자 분석 회의인데요. 안타깝게도 여기서 반복되는 풍경이 하나 있습니다. 고객의 생활 패턴이 변했고 우리조차 라이프스타일이 바뀌었음에도 소비자 분석을 하기 위해 모여앉아서는 철 지난 논리를 반복하거나 관습적인 이야기만 늘어놓고 있었던 겁니다. 이 책을 읽는 내내 나는 우리의 이런 회의 풍경이 떠올랐습니다.

"나는 기존 기업이 신생 벤처 기업에 일일이 대응할 필요가 없다고 생각한다. 대신에 소비자 욕구 변화에 따라 발생하는 파괴의 전반적인 패턴에 대응할 수 있는 전략을 고안하기를 권한다."

하버드 경영대학원 테이셰이라 교수는 이처럼 '고객'을 강조합니다. 시장 파괴는 신생 벤처 기업도 신기술도 아닌 고객이 일으키는 것이며 소비자의 욕구 변화를 따라가지 못해 파괴가 일어나는 것이라 말합니다. 이 같은 주장에 따른다면 우리는 지금까지 너무나 잘못된 회의를 해온 것이지요.

이 책은 초지일관 공급자 중심이 아닌 고객 중심으로 시장을 정의합니다. 고객의 사고방식과 생활 패턴을 중심으로 시장을 범주화하고, 그곳에서 고객이 상품 또는 서비스를 소비하는 활동 사이사이에 숨은 이격을 발견해 그 틈으로 비집고 들어가라고 말합니다. 이것을 '고객 가치사슬'을 해체한다고 표현합니다. 제가 간단하게 말했지만 사실 이것이 이 책의 제목이자 주제인 '디커플링decoupling' 입니다. 이렇게 고객 소비 활동 사이의 빈틈을 파고들어갈 때는 우리 회사의 비즈니스 모델을 그 틈에 맞게 재구조화하는 작업이 필요한데요. 이것을 테이셰이라 교수는 비즈니스 모델 혁신이라 칭합니다. 진짜 거대한 파괴는 기술 혁신이 아닌 비즈니스 모델 혁신에서 온다는 이 책의 주장을 믿는다면 사소해 보이는(?) 이 과정에서 뜻밖에도 엄청난 기회를 찾을지도 모릅니다.

테이셰이라 교수가 강조하는 "고객 가치사슬을 해체한다"라는 표현을 사례를 들어 풀어볼까요? 다이슨dyson 헤어드라이어의 경쟁사는 어디일까요? 모델에 따라 500달러가 넘는 다이슨 헤어드라이어의 매출 구조를 보면 대부분 구매자와 사용자의 성별이 다릅니다. 남성이 선물하고 여성이 사용하는 이 같은 구조는, 사용 가치와 가격 가치의 차이가 큰 경우 종종 찾아볼 수 있습니다. 그렇다면 이 최고급 헤어드라이어는 성능을 강조하는 메시지보다 직접 구매자인 남성들에게 소구하는 "선물 고민 끝, 사랑하는 연인에게 더 이상 매력적인 선물은 없습니다"와 같은 메시지가 매출에 더 큰 영향을 줄 수 있습니다. 실제로 다이슨은 큐피드가 헤어드라이어 둥근 헤드 안으로 화살을 쏘아보내는 광고를 내보냈고 "이번 화이트데이, 당신의 사랑을 전하세요"라는 카피로 성공을 거둡니다.

이렇게 되면 다이슨의 시장은 어디일까요? 필립스 등이 주도하는 전통적인 헤어드라이어 시장이 아닙니다. 선물 시장입니다. 고객 가치사슬 측면에서 설명하자면, 다이슨 헤어드라이어는 여자친구 선물을 사고자 하는 고객의 소비 활동에서 가장 어려운(즉 노력 비용과 시간 비용이 많이 드는) 부분, 즉 '선물을 고르고 비교평가하는 단계'를 해결한 겁니다.

한편 은행 지점들은 어떻게 경쟁해야 할까요? 은행끼리 서로를 경쟁사로 여긴 현 상황을 살펴보세요. "딩동~ 3번 고객님 1번 창구로 오세요." "어서 오세요. 어떤 일로 오셨나요?" 수십 년간 이어진 멘트가 여전히 반복됩니다. 모든 은행은 그저 수익 최적화를 향해 달려가도록 서비스 동기화가 되어 있기 때문입니다. 여기서 고객 중심 관점에서 은행 서비스의 정의, 은행이 고객에게 주고자 하는 가치를 디커플링 시켜봅시다.

은행 지점 안에서 차례를 기다리는 고객들 표정을 살펴보면 하나같이 무표정합니다. 스타벅스R에서 바리스타 앞에 앉은 사람들의 밝은 표정과는 확연히 대비되지요. 그렇다면 여기에서 고객을 공략할 수 있는 부분은 '대기하는 시간'일 겁니다. 차례를 기다리며 지루하게 앉아 있는 고객에게 '새로운 가치'를 제공한다면 어떨까요?

팝업스토어 형태의 커피숍이 저렴하고 맛있는 음료를 제공한다면? 주택연금 상담을 받으러 온 노인들을 대상으로 건강보조기구 테스트를 받을 수 있게 한다면? 이 은행 지점을 이용하는 고객들은 대기 시간을 알차고 즐겁게 보낼 수 있겠지요(고객의 불편한 가치는 제거하고 긍정적 가치 창출). 더불어 커피숍이나 건강보조기구 판매사에게서 입점 수수료를 받을 수 있습니다(기업의 새로운 가치 확보). 코스트코가 판매 마진이 아닌 회원 연회비로 매해 수십 억 달러를 벌어들이는 것을 생각하면 그저 허황된 얘기는 아닐 겁니다. 비즈니스 모델의 가치 창출 및 가치 확보의 구성요소를 살짝 바꾸는 것만으로도 기업의 형세가 달라질 수 있는 것이지요. 은행 지점 한곳이 이렇게 고객 대기 시간의 질적 측면을 개선하기 시작하면 1~2년 사이에 다른 은행에서는 따라올 수 없는, 우연히 들렀다가도 거래 은행을 바꿀 수 있는 정도의 서비스 프로토콜을 정립할 수 있을 것입니다.

테이셰이라 교수의 전략에는 '고객 중심 사고'가 근간을 이룹니다. 학생들이 책의 특정 부분만 읽고 싶어하자 맥그로힐 출판사는 그러한 고객의 욕구를 책 전체를 판매하는 촉매로 활용합니다. 하지만 아마존은 고객의 바람을 적극 수용하여 낱장 형태로 책을 판매하는 서비스를 제공해 더욱 강력하게 개별 고객을 포박Lock-in합니다. 아마존은 고객의 시그널을 예민하게 포착해 낚아챈 것입니다. 아마존이 보여준 남다른 대응은 기업 입장에서 눈앞의 이득을 취하지 않고 좀 더 지속 가능하고 향후 넘볼 수 없는 구조를 구축하는 비즈니스 모델의 청사진을 보여줍니다. 고객에게 제공하는 가치와 기업이 취하고자 하는 이윤 측면이 완전히 디커플링 되는 경우 이런 지속성은 더욱 강력해질 수 있습니다.

구글Google은 "Put User First"라는 철학을 공고히 합니다. 아무리 기업에 이익이 된다 해도 사용자의 불편함이 제기될 수 있는 의견은 내부 회의에서 힘을 잃습니다. 유튜브YouTube, 지메일Gmail, 크롬Chrome, 그 외 다양한 플랫폼들은 오로지 어떻게 하면 UX를 편리하게 할 것이냐에만 집중해 10억 명 이상의 유저를 확보해온 모델들입니다. 이 책에서도 테이셰이라 교수는 지메일, 구글맵Google Maps, 구글플라이트Google Flights 등을 이용해 얼마나 편리하게 개인 소비 활동을 영위하게 되었는가에 대해 상세히 언급합니다.

유튜브는 유튜브 프리미엄을 통해 광고 시청에 대한 선택권을 제공합니다. 고객은 1분에 500시간 분량씩 올라오는 엄청난 콘텐츠에 대한 소비 선택권을 가질 뿐 아니라 광고 시청을 거부하는 선택권도 동시에 가집니다. 콘텐츠를 소비하는 방식을 고객이 직접 결정할 수 있도록 한 것입니다.

디지털이 가져온 고객 접점의 다변화는 우리에게 있어 디커플링 방식을 고민하는 중요한 재료가 됩니다. 아침에 일어나 잠들 때까지 '오장칠부'인 스마트폰을 놓지 못하는 요즘 고객들은 계속해서 신호를 보내고 있습니다. 5G를 통해 데이터의 양은 훨씬 더 많아지고, 깊이는 더 심오해지며, 이를 분석하는 방법론은 더 고도화될 것입니다. 우리의 시장을 고객들의 하루 일과로 생각하고 그중 얼마나 많은 부분을 취할 수 있는지를 마켓셰어 차원에서 해석하는 노력이 필요합니다. 그리고 여기에는 테이셰이라 교수가 강조한 바와 같이 고객에 대한 진정 어린 분석이 필요합니다.

더 자세한 이야기로 책 내용을 유출하지 않겠습니다. 다만 한 가지 더 첨언하자면, 이 책의 진가는 완독 후 부분부분 체크해놓은 것을 다시 찾게 만드는 주옥같은 정보에 있습니다. 특히 인상 깊은 부분은 3부입니다. "'구독'과 '좋아요'를 눌러주세요"라는 표현이 어색하지 않은 시대에 테이셰이라 교수는 '첫 고객 일천 명 확보하기', '천 명의 고객에서 백만 명의 고객으로 확장하기'에 대한 아주 실질적이고 구체적인 방법론을 제시합니다. 현업에 종사하는 직장인, 스타트업을 꾸린 대표, 유튜버, 인플루언서 모두에게 너무나 강력하고 속시원한 지침이 될 것입니다.

소셜 네트워크 서비스가 발전하면서 숨은 맛집들이 수면 위로 올라와 가게 앞 대기 줄이 지나치게 길어지는 광경을 목격합니다. 그런 상황에 지친 원조 단골들은 '나만 알고 싶은'이라는 새로운 키워드를 탄생시켰고 유행시켰습니다. 책 전문을 읽고 나서 떠오른 문구가 바로 '나만 알고 싶은'입니다. 이 책을 완독한 후 머리를 퉁퉁 치며 마치 엄청난 비밀을 혼자 알게 된 듯한 표정을 짓고 있는 자신을 발견했습니다. 말 그대로 '나만 알고 싶은' 이야기가 가득합니다. 그럼에도 역설적이게도 이 소중한 책을 독자 여러분에게 추천하게 되었습니다.

그저 너무너무너무 좋다는 말씀을 드립니다. 지나치게 강력한 책입니다. 경영자든 마케터든 창업 지망생이든 일반 비즈니스맨이든 누구든 이 책을 읽는다는 것은 비밀무기를 얻어가는 격입니다. 부디 이 귀중한 기회를 놓치지 않기를 바랍니다.

하버드에서 10년의 연구와
8년의 사례조사 끝에 깨달은 한 가지

–탈레스 S. 테이셰이라

1990년대 말, 카메라 업계에서는 제조 업체 두 곳이 선두를 달리고 있었다. 하나는 미국의 코닥Kodak, 다른 하나는 일본의 후지Fuji였다. 전 세계에서 팔리는 카메라 10대 중 8대가 코닥 아니면 후지 제품일 정도였다. 2000년대 초에 들어서자 소비자들은 필름 카메라에서 디지털카메라로 이동하기 시작했고, 카메라 업계에는 소니Sony, 캐논Canon, 올림푸스Olympus, 니콘Nikon 같은 새로운 강자들이 등장했다. 흥미로운 사실은 코닥 역시 연구개발을 통해 디지털카메라를 만들어냈지만 몇 년간 상용화를 미루었다는 점이다. 코닥은 뒤늦게 디지털카메라를 내놓았지만 이미 시장을 선점한 일본을 따라잡기에는 역부족이었다.

여느 소비자들과 마찬가지로 나 역시 거의 2년마다 디지털카메라를 바꿨다. 100만 화소 카메라가 나오면서 50만 화소 카메라를 갈아치웠다. 200만 화소 카메라가 출시되면 100만 화소 카메라를 교체했다. 그렇게 점점 400만, 800만, 1,600만, 2,400만 화소 카메라가 출시되었고, 사람들은 계속해서 화소가 높은 신형 카메라를 구입했다. 카메라 업계 기술자들은 연이어 선명도가 더 뛰어난 제품을 개발했고 그때마다 소비자들은 상점으로 달려가 최신형 카메라를 구입했다.

그러던 어느 날부터 소비자들의 발걸음이 점점 뜸해지기 시작하더니 결국에는 상점으로 향하는 발길을 끊었다. 카메라 화소가 1,000만에서 1,200만에 이르면서 나 같은 아마추어 사진가들은 더 이상 화질 차이를 구분하기 어려울 정도가 되었고 신형 카메라를 구입할 필요를 느끼지 못했기 때문이다. 그렇다면 오늘날 카메라 제조 업계를 이끄는 회사는 어디인가? 미국의 애플Apple과 한국의 삼성이다. 이들이 시장을 이끌고 있단 사실은 세계 모든 사람이 알고 있다 해도 과언이 아니다. 이제 사진을 찍고 SNS로 공유하기 위해 스마트폰에 내장된 카메라를 이용할 뿐, 별도로 디지털카메라를 소유한 사람은 많지 않다.

이 이야기는 우리에게 많은 것을 시사한다. 먼저 시장에서 최고 위치에 올라섰다 해서 그 자리가 자동적으로 지속되지 않는다는 사실이다. 최고의 자리를 지키기 위해서 회사는 열심히 노력해야 한다. 둘째, 최고의 위치를 유지한다는 것이 반드시 더 나은 제품을 보유하고 있다거나 시장에 고품질의 제품을 내놓는다는 뜻은 아니다. 코닥은 디지털카메라를 만들어냈지만 살아남지 못하고 결국 2012년에 파산보호 신청을 했다. 가전 부문에서 한때 절대 강자로 여겼던 소니는 10년 동안 하락세를 면치 못하고 있다.

세계 어디에서든 제품 출시를 결정하는 데 기술자, 기술 담당 관리자의 영향이 크게 작용하는 듯하다. 디지털카메라를 예로 들자면 기술자 또는 기술 담당자가 화소를 계속 늘려가는 결정을 내린다는 말이다. 그들이 보지 못한 것은 무엇일까? 소비자가 변했다는 사실이다. 화소가 일정 수준에 이르자 사람들은 더는 화질에 신경 쓰지 않게 되었다. 이미 화질은 충분히, 아니 과할 정도로 좋아졌다. 그래서 사람들은 단순함과 편리함으로 눈을 돌렸다. 이제 소비자들은 사진을 빨리 올려서 지인들과 공유할 수 있는 간단하고 편리한 카메라를 원하게 되었다.

내가 이 책을 쓰기로 마음먹은 이유는 하버드 경영대학원에서 10년 동안 교수로 재직하면서 들어온 말 때문이다. 학자와 경영인, 컨설턴트들은 판에 박힌 듯 소매업, 교통, 의료를 비롯해 소비재와 공산품에 이르기까지 다양한 시장에서 발생하는 파괴의 주요 원인으로, 그리고 파괴에 대응할 수 있는 해결책으로 기술을 강조했다. 하지만 내가 20여 개 산업을 대상으로 연구한 결과로는, 카메라 업계 변화가 보여주듯, 기술이 아닌 고객이 시장 파괴의 주범이었다.

고객이 원하는 것, 고객이 필요로 하는 것이 달라지고 있다. 소비자 행동도 상당한 변화를 보인다. 따라서 파괴의 진짜 원인은 기술이 아니라 달라진 고객들이다. 사실 신기술은 언제나 등장한다. 나타났다 사라지는 것이 기술이다. 어떤 기술이 사라지지 않고 남아 있다면 그것은 고객들이 사용하겠다고 선택했기 때문이다.

나는 나이키Nike, BMW, 넷플릭스Netflix, 지멘스Siemens를 비롯해 전 세계 수많은 기업의 임원 교육에 힘써왔는데, 내게 이 책을 쓰라고 권한 것이 바로 그들이다(그들 역시 과거에는 디지털 파괴에 대해 잘못 생각하고 있었다). 디지털 파괴가 왜 일어나는지, 디지털 파괴를 어떻게 받아들여야 하는지, 그렇다면 우리는 어떻게 파괴를 만들어낼 수 있는지, 더불어 기존 기업은 스타트업과 디지털 파괴자의 공격에서 어떻게 방어할 수 있는지, 그 실질적이고 상세한 방법을 책으로 내줄 것을 요청했다.

나는 고객을 진정으로 이해할 수 있도록 고객 가치사슬customer value chain, CVC을 세심하게 그려볼 것을 제안한다. 그런 다음 고객 가치사슬을 디커플링decoupling, 즉 분리할 것을 제안한다. 언번들링unbundling, 탈중계화disintermediation의 물결이 휩쓸고 지나간 지금, 세 번째로 밀려오는 비즈니스 모델 혁신의 파도가 바로 디커플링이다. 대한민국 기업들은 과거에도 해냈듯이 디커플링 기회를 풀어내기에 유리한 위치에 있다. 결국 고객이 원하는 것은 가치다. 기업은 고객이 원하는 가치를 다음 세 가지 중 하나로 제공할 수 있다. 가치 창출 활동을 하거나, 가치 잠식 활동을 제거하거나, 가치에 대한 대가 부과 활동을 줄이는 것이다. 기술은 일부 사례에서 이 세 가지 전략을 가능하게 하는 방법 중 하나로 쓰일 뿐이다.

나는 한국 독자들이 이 책을 즐거운 마음으로 읽길 바란다. 그리고 진화하는 시장의 본질, 변화하는 고객의 욕구를 명확하게 아는 것만이 파괴의 시대에서 생존하는 유일한 방법임을 이해하길 바란다. 대한민국의 여느 기업처럼 삼성도 점점 더 힘든 도전에 직면할 것이다. 시장의 정점에서 추락을 경험한 여타 기업들을 제대로 직시하고 이해했다면, 거기에서 고객 중심적 혁신을 끝없이 추구해야 한다는 교훈을 얻었을 거라 믿는다. 내 책은 그런 노력을 향한 첫걸음이다. 부디 즐겁고 생산적인 독서가 되기를 바란다.

기술 혁신이 아닌
고객 중심의 비즈니스 모델 혁신을 이야기하다

어쩌다 보니 무너지고 말았다?

보더스Borders는 한때 미국에서 가장 큰 서점 체인업체였다. 하지만 온라인 서점 아마존Amazon으로 인해 보더스의 비즈니스 모델이 붕괴되었고, 결국 2011년 보더스는 도산하고 말았다. CEO 마이크 에드워즈Mike Edwards는 보더스의 몰락을 통해 '겸손'을 배웠다고 말했다. 에드워즈가 그동안 사회생활을 하며 배웠던 모든 지식과 경험은 '디지털 쓰나미' 앞에서 무용지물이었다.[1]

전 세계 휴대전화 시장의 선두 주자였지만 파산을 막기 위해 2013년 회사를 매각한 노키아Nokia 역시 디지털 디스럽션disrup-tion(기존 산업 구조를 뒤흔들 정도로 강력한 영향력을 발휘하며 발생한 파괴적 혁신-옮긴이)의 희생물이었다. 당시 노키아의 CEO 스티븐 엘롭Stephen Elop은 자신이 모르는 부분이 무엇인지조차 모르겠다며 솔직한 심정을 밝혔다. 그는 한 인터뷰에서 눈물을 글썽이며 이렇게 말했다. "우리가 특별히 잘못한 건 없었다. 그런데 어쩌다 보니 무너지고 말았다."[2]

좀 더 최근 사례도 있다. 세계 굴지의 패션의류업체 제이크루J.Crew는 동일 매장 매출same-store sales(신규 매장의 매출은 제외하고, 기존 매장의 매출만 산정해서 전년도와 비교한 매출-옮긴이)이 계속 감소하면서 2017년 여러 매장을 닫아야만 했다. 제이크루의 설립자이자 전성기를 이끌던 최고경영자 미키 드렉슬러Mickey Drexler는 결국 자리에서 물러났고, 디지털 변화의 속도에 어떻게 대처해야 할지 몰랐다고 시인했다. "10년 전으로 되돌아갈 수 있다면 좀 더 일찍 대응할 수 있었을 것이다."[3]

하지만 정확히 어떻게 대응할 수 있었을까? 에드워즈와 엘롭, 드렉슬러는 자신의 실패한 전략에 대해 어떤 대안도 제시하지 못했다. 비즈니스가 붕괴하는 상황을 속절없이 바라만 보던 다른 많은 기업의 임원들 역시 마찬가지였다.

오늘날 디지털 디스럽션은 업종, 지역, 시장을 가리지 않고 전방위에 걸쳐 영향력을 발휘하고 있으며 이 영향력은 앞으로도 계속될 것이다. 현대 시장에서 디지털 디스럽션은 한 번 발생해 변화를 일으키는 일회성 사건이 아니라 늘 주변을 맴도는 기본 여건이라 할 수 있다. 새로운 경쟁사, 새로운 기술, 새로운 투자자, 새로운 비즈니스 모델은 끝없이 나타난다. 그렇다면 대기업, 이미 시장에 자리를 잡은 기존 기업은 이에 어떻게 대응해야 할까?

혁신만으로는 해결할 수 없는 것

혁신, 많은 지도자가 꼽는 단어다. 새롭고 혁신적인 회사가 비즈니스에 혼란과 파괴를 조장하고 있다면 이미 자리 잡은 기존 회사의 리더는 경쟁사를 뛰어넘는 혁신을 이뤄내야 한다.

이 주장은 설득력이 있고, 그래서 많은 지지를 받고 있다. 하버드 대학교 교수 클레이튼 크리스텐슨Clayton Christensen은 1997년에 《혁신기업의 딜레마The Innovator's Dilemma》를 출간했다. 그 책에 서는 디스럽션과 혁신innovation이 유사한 의미로 사용됐다. 이 책에 따르면 특정 유형의 혁신이 존재할 때(크리스텐슨은 이를 와해성 기술 또는 파괴적 기술이라 부른다) 시장 붕괴 또는 파괴market disruption 의 위험 또한 존재하며, 이 혁신이 존재하지 않을 때는 파괴나 붕괴 도 존재하지 않았다.

크리스텐슨에게서 영감을 얻은 경영자들, 혁신에 관한 수많은 책 에 영향을 받은 비즈니스 리더들은 더욱 혁신적인 회사를 만들기 위해 엄청난 시간과 자원을 쏟아부었다. 만약 경쟁사에서 채택한 어 떤 '신기술'이 크리스텐슨 책의 부제(when new technologies cause great firms to fail)처럼 위대한 기업의 실패를 초래한다면 이미 자리 잡은 기업은 스스로 새로운 파괴적 혁신disruptive innovation에 투자 하는 방식으로 대응하는 것이 타당하다고 생각했다.[4] 그런데 만약 기술 혁신과 시장 파괴가 생각만큼 밀접한 관계가 아니라면 어떻 까?

시장 파괴의 주범은 기술이 아니다

이 책에서 내가 주장하는 바는 단순하다. 오늘날 대부분의 파괴를 자행하는 주체는 신기술이 아니다. 진짜 파괴자는 소비자다. 따라서 기존 기업들은 기술이 아닌 다른 종류의 혁신에 힘써야 한다. 기술적 혁신이 아니라 비즈니스 모델의 변신이 필요하다는 말이다. 비즈니스 모델은 기업이 어떻게 움직이는지를, 다시 말해 누구를 위해 어떻게 가치를 창출하는지, 누구로부터 어떻게 가치를 확보하는지를 말해준다. 따라서 비즈니스 모델을 혁신하기 위해서는 먼저 고객에 대한 심층적 지식이 있어야 한다. 고객이 무엇을 원하는지, 특히 고객이 자신의 욕구를 충족시키기 위해 택하는 주요 단계, 주요 활동을 알 필요가 있다. 즉 고객의 가치사슬value chain을 이해해야 한다.

고객 관점에서 시장을 보게 되면 그때부터 디지털 디스럽션이라는 해일의 전체 모습이 눈앞에 펼쳐진다. 소매판매, 전기통신, 엔터테인먼트, 소비재, 공업, 서비스, 운수업 등을 모두 관통하는 새로운 흐름이 보인다. 업계의 전통 기업들은 그동안 고객이 상품과 서비스를 습득하는 과정에서 행하는 소비 활동을 모두 또는 대부분 가능하게 해주었다. 이들 기존 회사는 소비자가 제품과 서비스를 얻기 위해 거치는 모든 절차를 한 덩어리로 묶어 하나의 사슬처럼 만들었다.

하지만 오늘날의 신생 기업들은 이 사슬을 끊어내어 고객에게 하나 또는 일부 활동만을 충족할 기회를 제공한다. 그러면서 나머지 활동은 기존 기업들이 충족하게 한다. 나는 이렇게 소비 사슬을 끊어내는 과정을 '디커플링decoupling'이라 부른다. 신생 기업들은 디커플링을 통해 시장에서 기반을 구축하고, 고객을 위한 구체적인 활동을 충족시켜가며 성장한다. 나는 이를 '커플링coupling'이라 부른다. 처음의 디커플링과 뒤이은 커플링은 신생 기업이 기존 기업의 시장점유율을 빠르게 빼앗아올 수 있게 해준다. 간단히 말해 신생 기업은 교란자 내지 파괴자가 되는 것이다.*

디커플링이 업계 판도를 바꾼다

이 책에서 나는 디커플링에 관한 여러 구체적인 사례를 살펴볼 것이다. 예를 들어 아마존은 처음부터 고객이 제품을 사기 위해 일반적으로 행하는 일련의 활동들을 분리해냈다. 고객들은 일반 매장에서 제품 실물을 확인하고 자세한 사항을 알아본 뒤, 구매는 아마존에서 했다. 넷플릭스Netflix는 고객들이 비디오를 시청하기 위해 취하는 활동들을 분리했다. 고객의 집과 인터넷을 연결하는, 엄청난 투자가 필요한 인프라 제공은 통신사에 맡겨두고 넷플릭스는 콘텐츠만 전달했다. 페이스북Facebook은 뉴스를 널리 유통시킨다. 하지만 기존 언론사와 달리 스스로 뉴스를 생산하지는 않는다.

뒤에서 분석하겠지만, 지금 언급한 기업이나 우리에게 알려지지 않은 파괴적 기업들은 모두 혁신적 기술을 사용한다. 하지만 이들이 기술을 사용하는 이유는 자사의 비즈니스 모델을 활성화하기 위해서다. 바꿔 말하면 기술이 아닌, 그들의 비즈니스 모델 자체가 진정한 혁신이다.

비즈니스 모델에서 고객 주도형 혁신이라는 물결은 본질적으로 새로운 흐름이다. 따라서 고객 주도형 혁신을 이루고 싶어하는 기존 기업은 전략적 프레임워크 또한 새롭게 받아들여야 한다. SWOT 분석**, 게임이론game theory, 심지어 마이클 포터Michael Porter의 다섯 가지 힘Five Forces 같은 프레임워크는 1980년대와 1990년대, 2000년대 초반까지 유용한 도움을 주었다.

하지만 이제 경쟁의 속성이 변했다. 예전에는 세계 무대에서 주역으로 활동하는 기업이 업계마다 하나, 둘, 기껏해야 몇 개에 불과했다. 오늘날에는 거의 모든 업계마다 경쟁자가 다수 존재하고, 대부분 소규모 기업들이 세계를 무대로 삼는다. 더 크고, 더 예측 가능한 하나의 기업이 소규모의 예측 불가능한 경쟁자 수백, 수천 곳과 전략적 '체스 게임'을 벌여야 하는 현 상황에서 게임이론의 효용성은 급감할 수밖에 없다. 다른 전략적 프레임워크 또한 오늘의 현실을 감당하기에 충분하지 않다. 이 책은 오랫동안 정설로 받아들여진 이 같은 전략 이론의 부족한 부분을 보충하고자 한다.

순진한 고객들이 시장을 파괴하고 있다

일반적으로 전통적 전략적 프레임워크는 기업 중심적이다. 경쟁사와 비교하면서 자기 회사가 가장 잘하는 것에 집중한다. 그런데 디지털 디스럽션이라는 새로운 물결은 고객이 주도한다. 따라서 기업은 고객에 초점을 맞춘 새로운 틀과 도구를 갖출 필요가 있다. 이 책에서는 기업 중심적 대응이 아닌, 디지털 디스럽션에 맞설 수 있는 강력한 고객 중심적 대응에 대해 얘기한다.

---

* 이 책에 나오는 주요 용어의 정확한 의미는 책 말미에 있는 '용어 정리'를 참고하길 바란다.
** SWOT은 강점(strength), 약점(weakness), 기회(opportunity), 위협(threat)을 뜻한다.

나는 기존 기업이 신생 벤처 기업에 일일이 대응할 필요가 없다고 생각한다. 대신에 소비자 욕구 변화에 따라 발생하는 파괴의 전반적인 패턴에 대응할 수 있는 전략을 고안하기를 권한다. 파괴 현상은 개별적이고 특수한 문제가 아니라 이미 일반화된 문제다. 따라서 기업은 이처럼 본질적으로 일반화된 문제에 대해 일반적인 대응을 해나가야 한다.

나는 원래 기존 사업체의 관리자와 임원을 위해 이 책을 집필했다. 하지만 위험은 줄이면서 좀 더 질서정연한 방식으로 시장을 파괴하는 방법을 배우고자 하는 기업가에게도 유용하다고 믿는다. 디지털 비즈니스의 운영 방식을 알고 싶어하는 독자에게도 분명 큰 도움이 될 것이다.

고객들은 진정으로 비즈니스 생태계를 바꾸고 있다. 우리는 변하고 있다. 일상에서 행하는 작고 빈번하고 임의적인—방을 빌릴지 아니면 호텔에 머무를지, 자가용을 빌릴지 아니면 택시를 부를지, 앱으로 가격을 비교할지 아니면 여러 매장을 돌아다니며 가격을 비교할지 같은—행동이 결국에 가서는 전체 산업을 무너뜨릴 수 있다. 처음에는 이런 행동들이 아무런 해가 없는 순수한 행동처럼 보인다. 하지만 점점 더 많은 고객들이 같은 행동을 취하면서 힘을 쌓아가다가 어느 순간 신생 기업이 뛰어들어 기회를 낚아채면 나머지 고객들도 그 신생 기업으로 몰려간다. 그렇게 대기업과 유서 깊은 기업들이 쓰러지고, 수십억 달러 규모의 기업이 탄생한다.

이 책은 크게 세 부분으로 나뉜다. 1부는 시장이 마주한 새로운 현실에 대해 무엇이 변했고 왜 변했는지를 설명한다. 그리고 시장 파괴를 설계하기 위해 필요한 과정을 단계별로 상세히 알려준다. 2부는 시장에 자리를 잡은 기존 기업과 대기업을 주 대상으로 집필했다. 여기에서는 새로운 차원의 파괴에 맞서는 최선의 대응 방안을 결정하기 위한 분석 도구뿐만 아니라 파괴에 대응하는 일반화된 프레임워크도 제시한다. 2부에서 소개하는 프레임워크를 통해 '무엇'을 해야 하는지는 물론 '어떻게' 실행해야 할지도 파악할 수 있을 것이다. 3부에서는 디커플링 이론을 기업의 라이프사이클에 적용해 고객 중심의 파괴적 비즈니스를 구축하고 성장시키는 방법이 무엇인지, 동시에 조직의 쇠퇴를 피하는 방법이 무엇인지에 대해 알아본다.

디커플링은 전 세계 모든 곳에서 발생한다

나는 디지털 디스럽션 현상에 대해 광범위하게 연구한 끝에 디커플링 이론을 내놓게 되었다. 8년에 걸쳐 하우즈Houzz, 인조이Enjoy, 줄릴리zulily, 타워Tower, 리백Rebag, 버치박스Birchbox 같은 소규모 스타트업은 물론이고 에어비앤비Airbnb, 구글Google, 페이스북, 넷플릭스, 웨이페어Wayfair를 비롯한 대형 기술 회사 여러 곳을 방문했다. 또한 글로보Globo, 닛산Nissan, 지멘스Siemens, 잘로라Zalora 등 해외 기업을 포함해 코카콜라Coca-Cola, 디즈니Disney, 워너Warner, 월마트Walmart, 파라마운트 픽처스Paramount Pictures, 일렉트로닉 아츠Electronic Arts, 세포라Sephora처럼 널리 알려진 기업도 찾았다. 방문할 때는 늘 그 기업의 창업자나 고위 임원과 이야기를 나눴다. 그리고 그 회사의 고객—기존 기업이 잃은 고객, 시장 파괴자가 빼앗아간 고객, 또 기존 기업자와 파괴자가 공유하는 고객—에 대해 깊이 연구했다.

안을 들여다보면 볼수록 나는 시장 파괴 현상에 공통 패턴이 있음을 확신했다. 그 패턴은 모든 파괴 현상에 존재하며 여러 업계, 많은 비즈니스에 영향을 끼치고 있었다. 나는 숱한 사례를 기반으로 산업별 상황을 탐구하여 파괴 현상의 공통점을 찾아냈고, 이를 바탕으로 일반적으로 적용 가능한 개념, 교훈, 프레임워크의 틀을 세울 수 있었다. 바라건대 앞으로 이 책을 읽어나가면서 당신이 종사하는 업계에만 초점을 맞추지 않기를 바란다. 다른 업계에서 발생한 파괴 현상이 당신 업계에서 최근 전개되는 상황과 어떤 연관이 있는지를 열린 마음으로 살펴보기를 당부한다.

사례 기반 연구는 의사결정자가 체계적인 기본 원칙 내지는 지침을 만드는 데 도움이 된다. 하버드 경영대학원Harvard Business School에서 사례연구를 중심으로 수업을 하는 이유도 그 때문이다. 하지만 사례연구가 확실하게 단정 지을 수 있는 주장(만약 X가 발생한다면 늘 Y를 해야 한다는 식)을 도출하지는 않는다. 만약 당신이 디지털 디스럽션처럼 복잡한 사안을 똑 부러지게 설명해줄 수 있는 공식을 찾고 있다면 이 책은 별 도움이 되지 않을 것이다. 하지만 이런 새로운 현상을 이해하는 데 도움이 될 만한 공통 패턴을 찾고 있다면, 다른 이들의 성공과 실패에서 배움을 얻고자 한다면 이 책이 기꺼이 그 길을 열어줄 것이다.

기업 임원들이 바쁜 일정을 소화해야 하고, 참신하면서도 곧장 실행에 옮길 수 있는 아이디어를 필요로 한다는 사실을 잘 알기에 전문 서적에 등장하는 어려운 기술 용어는 자제했다. 그럼에도 이 책의 내용을 제대로 이해하려면 간단하게나마 용어 설명이 필요할 듯하다. 이 책에서 '디스럽션'은 한 업계의 참가자들 사이에 벌어지는 갑작스럽고 상당한 규모의 시장점유율 변화를 말한다. '디커플링'은 앞에서 언급했듯 고객이 행하는 활동들 사이의 연결고리를 분리하거나 끊는 것을 뜻한다. 여느 비즈니스 모델 혁신의 형태와 달리, 디커플링은 생산 차원이 아니라 고객 가치사슬customer value chain, CVC 차원에서 발생한다. 나는 고객 가치사슬을 고객이 욕구와 충동을 충족시키기 위해 행하는 일련의 행동이라 정의한다. 제품을 찾아보고 평가하며 구매해서 사용하고 처분하는 활동을 말한다. 고객 가치사슬은 마이클 포터의 가치사슬(기업이 자사를 위한 가치를 창출하기 위해 실행하는 운영, 물류, 마케팅 같은 일련의 행위들)과 비슷하다. 하지만 고객 가치사슬은 회사가 아닌 고객을 중심에 두고 바라본다는 점에서 다르다. 용어에 대한 설명이 부족하다면 책 말미에 있는 '용어 정리'를 참고하길 바란다.

고객을 파악하라, 디스럽션의 세계가 보인다

교수 입장에서 말하자면 내가 마케팅 학과에 편중되어 있음을 인정하겠다. 나는 지난 8년 동안 하버드 대학교에서 전통 마케팅 전략, 디지털 마케팅 전략, 마케팅 분석, 전자상거래 과목 등을 맡았다. 소비자 행동에 초점을 맞추면서 빈번히 발생하는 비즈니스 문제를 해결하는 데 마케팅 관점을 어떻게 적용할지를 학생들에게 가르쳐 왔다.

나는 디지털 디스럽션 현상을 다른 무엇도 아닌 고객 중심 관점으로 분석하고 있다. 그런 점에서 이 책은 비즈니스 모델 혁신을 이해하는 데 마케팅 분야가 유용함을 간접적으로 내세우고 있다. 내가 알기로는 대기업에서 직접 책임지고 혁신에 힘쓰는 마케팅 임원은 찾아보기 힘들다. 이런 현실을 바꿔야 한다. 당신도 알게 되겠지만, 고객의 활동을 꿰뚫고 있는 임원이야말로 고객 주도형 혁신을 수행하는 데 최적의 인물이다. 이 책의 목적은 디지털 디스럽션을 바라보는 완전히 새로운 시각을 제공하는 것뿐 아니라, 당신이 혁신을 위한 행동을 취하는 데 도움이 될 실질적인 개념과 도구를 제공하는 것이다.

보더스, 노키아, 제이크루처럼 파괴당하고 남에게 교훈을 남기는 사례의 주인공이 되지 마라. 이 기업의 리더들은 디지털 디스럽션에 끊임없이 대응하고자 했다. 보더스는 자사의 전자상거래 웹사이트, 전자책, 전자책 단말기 방식을 도입하며 혁신 기업이 되고자 노력했다.[5] 노키아는 스마트폰, 터치스크린을 비롯해 여러 기술에 집중 투자를 하면서 혁신 기업으로 수차례 상을 받기도 했다. 제이크루는 디지털 마케팅에 전념하면서 디지털 플랫폼에 투자하고 다양한 획기적 소재를 활용했다. 하지만 모두 기술적 혁신만으로 회사를 구하기엔 역부족이었다.

　당신의 회사 역시 마찬가지다. 운명은 고객의 손안에 있다. 그러니 고객이 원하는 것wants, 필요로 하는 것needs이 무엇인지 살펴라. 그렇게 함으로써 직접적으로는 고객에게, 간접적으로는 당신의 회사에 도움이 되는 방향으로 디스럽션을 관리하는 전략과 도구를 고안할 수 있다.

| 차례 |

추천의 글 | '파괴적 혁신' 이론보다 진일보한,

오늘날 디지털 디스럽션에 대한 완전한 통찰! · 8

추천의 글 | 경영자든 마케터든 이 책은 비밀무기를 얻어가는 것과 같다 · 12

한국 독자들에게 | 하버드에서 10년의 연구와 8년의 사례조사 끝에 깨달은 한 가지 · 18

들어가며 | 기술 혁신이 아닌 고객 중심의 비즈니스 모델 혁신을 이야기하다 · 22

PART 1 | 당신의 시장이 무너지고 있다

CHAPTER 1 파괴적 기업의 공격에는 공통점이 있다

미국 최대 가전유통업체 베스트바이에 닥친 위기 · 42 | 아마존, 버치박스, 슈퍼셀… 파괴적 기업이 일으킨 혼란 · 47 | 그렇다면 디커플링이란 무엇인가 · 53 | 금융, 가전, 자동차, 방송, 집밥까지 전 업계가 위험하다 · 56 | 고객은 왜 '디커플링'을 원하는가 · 66 | 베스트바이 CEO가 삼성을 만난 이유 · 73

CHAPTER 2 무엇이 당신의 비즈니스를 파괴하는가

라이언에어가 보여준 비즈니스 모델 혁신 · 80 | 그 혁신적 슈퍼마켓은 어떻게 돈을 버는가 · 87 | 유망한 사업 모델이 뜨면 파괴자들은 재빨리 파도에 올라탄다 · 92 | 파괴적 혼란을 불러온 3개의 물결 · 98 | 버핏은 왜 수익성이 낮은 자동차 딜러 회사를 인수했을까 · 104 | 트로브와 클라르나, 기술이 아닌 모델이 이룬 혁신 · 108 | 과연 당신이 만든 레모네이드 탓일까 · 116

CHAPTER 3 **파괴의 주범은 기술이 아닌 고객이다**

에어비앤비는 포시즌스 호텔을 파괴하지 않았다 · 122 | 마이클 포터와 게임이론이 놓친 것 · 128 | 디커플링은 3가지 형태로 움직인다 · 131 | 디커플링의 힘: 고객은 통합이 아닌 전문화를 원한다 · 141 | 당신의 고객은 월마트에서 살까, 아마존에서 살까 · 145 | 세포라를 파괴한 고객이 당신의 시장 또한 파괴한다 · 154

CHAPTER 4 **누구나 디커플러가 될 수 있다**

게임 마니아들을 열광시킨 10억 달러 트위치 이야기 · 161 | 비즈니스 혁신 모델 3단계를 트위치에 적용해본다면 · 168 | 기존 기업이든 신생 기업이든 가능한 디커플링 5단계 공식 · 175 | 하버드와 MIT 졸업생이 직접 실행해보았습니다 · 182 | 벤처투자가는 어떤 유형의 디커플러를 가장 선호하는가 · 189 | 트위치보다 더 빠르게, 더 안전하게 시장을 점령하는 법 · 194

PART 2 | **파괴자의 공격에 어떻게 맞설 것인가**

CHAPTER 5 **디커플러에 대응하는 2가지 방법**

달러셰이브클럽은 어떻게 질레트의 독점시장을 파괴했나 · 202 | 따라 하거나, 인수하거나, 질식시켜버리거나 · 211 | 대응안(1) 단순하게 재결합하기 · 214 | 대응안(2) 분리해서 리밸런싱 하기 · 223 | 리밸런싱 성공 사례: 베스트바이와 텔레포니카 이야기 · 228 | 당신의 비즈니스 모델을 '리밸런싱' 하는 법 · 233 | "둘러보기만 할 거면 수수료 5달러를 내세요"의 결말 · 242

CHAPTER 6 **위험에 처한 시장점유율 계산하기**

우버가 전 세계 자동차 업계를 위협할 때 · 248 | 위험 평가하기(1) 파괴자가 나의 시장을 위협하고 있는가 · 254 | 위험 평가하기(2) 고객이 나의 시장을 떠나려 하는가 · 257 | 자기 선택 메커니즘: 그 고객은 무엇을 얻고 무엇을 포기하는가 · 265 | 샐러리 파이낸스는 영국 대출 시장을 얼마나 잠식할 수 있을까 · 269 | 대응할 것인가 말 것인가, 위험 수준 파악하기 · 281 | 과격한 대응의 부작용, 야후가 우리에게 남긴 교훈 · 285

PART 3 | 당신도 파괴적 비즈니스를 구축할 수 있다

CHAPTER 7 **첫 고객 일천 명 확보하기**

중고 명품 가방을 다시 팝니다: 리백의 탄생 · 295 | 메이시스와 제이크루, 샌드위치 신세가 되다 · 301 | 가장 크지만 가장 어려운 스타트업, 온라인 마켓플레이스 · 305 | 에어비앤비는 어떻게 '첫 고객' 일천 명을 유치했나 · 310 | 첫 고객을 확보하는 7가지 원칙 · 315 | 리백은 어떻게 '단번에' 성공할 수 있었을까 · 319 | 초기 고객은 내부 직원보다 더 많은 일을 한다 · 327

CHAPTER 8 **천 명의 고객에서 백만 명의 고객으로**

신생 기업이 빠르게 성장하기 위한 1단계 · 330 | 성장의 핵심은 고객 CVC 인접 영역에 있다 · 336 | 20년 초고속 성장 기업, 알리바바의 성공 비결 · 343 | 에어비앤비의 CVC 확장 전략 · 348 | 성장을 위한 조직화는 어떻게 할 것인가 · 350 | 결합을 통한 성장 전략의 빛과 그림자 · 354

CHAPTER 9 한 번 더 성장하려면, 고객 중심 기업으로 다시 세팅하기

컴캐스트 vs. 넷플릭스 전쟁 · 358 | 자원에 집착한 블록버스터, 고객에 집중한 넷플릭스 · 366 | 혁신 기업의 대명사, 마이크로소프트에서 일어난 일 · 373 | 고객 중심 혁신안: 인센티브를 바꾸든지 사람을 바꾸든지 · 377 | (1)인센티브 바꾸기: 인튜이트의 성장 비결 · 379 | (2)사람 바꾸기: 악셀 스프링거 이야기 · 384 | 고객 중심으로 재정비하기 위한 리더의 선택 · 388

CHAPTER 10 다음에 밀려올 파괴의 물결은 무엇인가

미래를 꼭 예측해야 하는 것은 아니다 · 393 | 빅세븐을 살피면 고객 동향을 추적할 수 있다 · 397 | 전 세계 공통 트렌드: 한 번 설정하고 잊어버리기 · 400 | 금전 비용 기준, 시장 잠재성이 큰 곳은 어디일까 · 411 | 노력·시간 비용 기준, 시장 잠재성이 큰 곳은 어디일까 · 421 | 빅세븐을 내 것으로 만들려면 · 427

나오며 | 디지털 디스럽션을 절망이 아닌 기회로 바꾸는 법 · 432
용어 정리 · 440
디커플링과 파괴적 혁신의 차이 · 448
MaR™ 및 TMaR™ 계산하기 · 455
감사의 글 · 457
참고문헌 · 462
찾아보기 · 492

PART 1

당신의 시장이 무너지고 있다

1부에서는 막연하게나마 떠올려온 시장 파괴 현상에 대해 낱낱이 파고들겠다. 넷플릭스와 아마존, 에어비앤비와 스카이프가 시장을 장악하고, 제너럴모터스와 베스트바이, 월마트와 질레트가 위기에 봉착한 것은 누구나 알고 있다. 하지만 언제부터, 어떻게, 어째서, 왜 이런 파괴 현상이 밀려닥친 것인지 제대로 아는 사람은 없다. 흔히들 말하듯 디지털 신기술이 문제인 걸까?

이 같은 시장 파괴 현상이 정말로 기술 혁신의 문제라면 에어비앤비를 들여다보라. 여기에 어떤 대단한 디지털 기술이 숨어 있던가? 질레트의 아성을 무너뜨린 미국의 달러셰이브클럽을 보라. 면도날 배송 서비스라는 대단히 단순한 비즈니스 모델을 갖춘 이 스타트업에 어떤 신기술이 있는지 찾아보길 바란다. 또한 미국의 국민의류라 불리던 제이크루는 한순간에 몰락한 듯 보이지만 그렇지 않다. 디지털 기술을 도입하고 나름 혁신을 이루려 노력했다. 그러나 결과는 모두가 아는 바다.

그렇다면 결론은 단순하다. 주범은 기술이 아니란 얘기다. 실제로 비즈니스를 무차별로 파괴하는 범인은 고객이다. 더 자세히 말하면 고객의 변화하는 욕구다. 이것이 1부에서 내가 말하고자 하는 거대한 시장의 조류이자 현실이다.

전 세계 곳곳에서 일어나고 있는 디스럽션의 현상을 기업별로 상세히 다루려 한다. 그리고 이 파괴 현상 저간에 어떤 고객의 욕구가 숨어 있는지, 마지막으로 이런 파괴 현상을 일으키는 '디커플링'을 어떻게 설계하는지에 대해 살펴보겠다.

CHAPTER 1

파괴적 기업의 공격에는

공통점이 있다

미국 최대 가전유통업체 베스트바이에 닥친 위기

[둘러보지만 사지 않는다: 쇼루밍의 습격]

대형 할인점을 운영하는 사람이라면 누구나 상점에 손님이 넘쳐 나길 바랄 것이다. 상점이 북적댈수록 매출도 따라 올라갈 테니 말 이다. 당연한 소리라고? 글쎄, 그게 꼭 그렇지만은 않다.

2012년 연휴 쇼핑 시즌이 한창이던 때였다. 세계 최대 전자제품 소매 판매업체로 미국에만 1,500개 지점을 보유한 베스트바이Best Buy 매장 안은 사람들로 붐볐다. 사람들은 진열대 위에서 반짝이 는 42인치 샤프Sharp 평면 텔레비전 앞에서 감탄사를 연발했다. 인텔 펜티엄 프로세서를 탑재한 삼성의 신형 노트북 주위로 몰려들기도 하고, 영화 〈매드맨Mad Men〉 시리즈의 블루레이 세트를 눈여겨 보기도 했다. 그런데 소비자들의 행동에서 예전과는 다른 점이 눈에 띄었다. 지갑을 꺼내지 않는 것이다. 베스트바이의 그해 분기별 매출은 거의 4퍼센트 감소했다.[1]

방문객들은 매장을 이리저리 둘러보다가 제품을 구매하는 대신 스마트폰을 꺼내들었다. 스마트폰 화면을 터치하더니 텔레비전과 노트북의 바코드를 스캔했다. 그러자 가격비교 앱은 단 몇 초 만에 아마존과 다른 온라인 판매업체에서 베스트바이 판매가보다 5~10퍼센트 저렴한 제품을 찾아냈다. 그들은 클릭 몇 번으로 온라인 구매를 마치고 제품 배송을 완료했다.[2] 한 명, 또 한 명, 매장에서 제품을 구입하지 않고 그렇게 떠나는 고객들을 베스트바이 직원들은 그저 바라볼 수밖에 없었다.

베스트바이의 잠재 고객들이 보인 행동은 '쇼루밍showrooming (오프라인 매장에서는 제품 확인만 하고 온라인이나 모바일로 실제 구매를 하는 쇼핑 행태-옮긴이)'이다. 쇼루밍의 피해자는 베스트바이만이 아니었다. 매장 제품의 바코드를 읽어 아마존에서 판매하는 제품과 가격을 비교해주는 앱 프라이스 체크Price Check는 월마트, 베드배스앤비욘드Bed Bath&Beyond, 토이저러스Toys "R" Us 같은 오프라인 매장을 전시장으로 전락시켰다.

구글 조사에 따르면 스마트폰 사용자 10명 중 6명이 매장 안에서 구매 관련 정보를 얻기 위해 스마트폰을 사용했다고 한다.[3] 설문조사 응답자들은 쇼루밍을 하는 세 가지 이유로 온라인 업체의 저렴한 가격, 온라인 주문 전에 물건을 직접 보고 싶은 마음, 오프라인 매장에서 구입 불가능함(품절 등의 이유로)을 꼽았다.[4] 베스트바이의 전 최고마케팅책임자 배리 저지Barry Judge는 이렇게 말했다. "고객이 구매 결정을 앞두고 고민할 때 (경쟁사가) 판매 기회를 훔쳐가는 것에 대해 언급한 적이 있는데, 처음으로 기술이 그 역할을 하게 된 것이다."[5]

쇼루밍은 표면적으로 오프라인 소매점에만 해당하는 문제처럼 보이지만 실상은 그렇지 않다. 미디어, 통신, 금융에서 운수업에 이르기까지 매우 많은 분야를 불안하게 만드는 디지털 디스럽션의 상징적 예이다. 이런 식의 변화는 베스트바이에 엄청난 피해를 초래했다. 2012년 연휴 쇼핑 시즌이 끝나고 베스트바이는 17억 달러의 분기별 손실이 발생했다고 발표했다. 이후 1년 반 동안 매출은 계속 줄었다. 주가는 12년 만에 최저를 기록했다. 어느 신문사는 "우리는 지금 대형 할인점의 죽음을 목도하고 있는가?"라는 머리기사를 뽑기도 했다.[6]

베스트바이의 경영진은 갈팡질팡했다. 산전수전 다 겪었던 최고경영자가 사임했고[7] 그 뒤를 이은 사람들의 의견은 엇갈렸다. 임시 선출된 최고경영자는 쇼루밍에 정면으로 맞서 이런 관행을 종식시켜야 한다고 주장했지만, 이사회의 최종 선택을 받은 최고경영자는 쇼루밍이 과연 무슨 문제가 되는지 의구심을 표했다.[8] 학자, 분석가, 언론인들이 내놓은 의견 또한 분분했다. 어떤 이들은 베스트바이가 아마존 방식을 따라서 차별화된 판매 방식과 저렴한 가격의 온라인 판매를 늘려야 한다고 주장했다.[9] 그보다는 재고를 줄이고 고급 매장으로 밀고나가는 애플을 모델로 삼아야 한다는 사람들도 있었다.[10] 당시 베스트바이의 미래는 그야말로 암울했고 급기야 회장직에서 물러났던 창업자가 회사를 되사겠다는 제안을 내놓기도 했다.[11]

베스트바이는 고객들의 쇼루밍을 방지하고 매장 안에서 제품 구매를 유도하기 위해 다양한 전술을 내놓았다. 먼저 제품 바코드를 변경해 고객들이 스캔하지 못하게 했다. 베스트바이 고유의 바코드를 도입함으로써 매장 내에서 고객들이 모바일을 사용해 타 사이트와 가격을 비교하거나 쇼루밍을 하지 못하게 막은 것이다.[12] 베스트바이는 매장을 새롭게 단장하고 직원들을 재교육시켰으며 온라인 상점을 새로 선보이고 블루레이 영화 특별판 같은 베스트바이 전용 제품들을 제공했다.[13] 또한 자사만의 쇼핑앱을 만드는 공격적 전략도 구사했다. 하지만 그 어떤 방법도 고객들의 쇼루밍을 막지 못했다.

[다양한 혼란 속에 존재하는 하나의 패턴]

2013년 봄, 연휴 쇼핑 시즌에 또다시 손실을 기록하자 베스트바이는 마침내 대담한 결정을 내린다. 베스트바이 매장 판매가를 아마존을 비롯한 온라인 업체들의 가격과 맞춰주는 최저가격보장 프로그램을 약속한 것이다. 그러자 계속되던 판매 감소가 안정을 되찾았다. 그해 말 최고경영자 허버트 졸리Hubert Joly는 "베스트바이가 쇼루밍을 끝장냈다"고 발표했다.[14] 하지만 그게 사실일까? 최저가격보장 프로그램은 장기적으로 실현 가능한 전략일까?

온라인 경쟁사들과 달리 베스트바이는 여전히 오프라인 매장 직원을 고용하고 매장을 운영해야 했으며 미국 전역에 걸쳐 재고관리에 신경 써야 했다. 그 결과, 중앙집중식 창고 운영 방식을 활용하고 매장 직원을 고용하지 않는 온라인 업체에 비해 많은 비용을 지출할 수밖에 없었다. 최저가격보장은 빠져나가는 고객을 붙잡는 데는 도움이 되었지만 이윤을 감소시켰고 업계에 불어닥친 혼란의 근본 원인을 해결하지는 못했다.[15]

베스트바이로서는 일회성 전술을 펼치는 방법 외에 별다른 대안이 없었을 거라 생각하는 사람도 있을 것이다. 사실상 베스트바이에게 닥친 쇼루밍이라는 위협은 전례 없는 일이었다. 그러니 베스트바이 임원 입장에서는 논리적 판단을 끌어낼 근거도, 활용할 수 있는 이론도 없었다. 뿐만 아니라 지침으로 삼거나 영감을 얻을 수 있는 모범경영 사례를 다른 업계에서 찾을 수도 없었다. 있다고 해도, 다른 업계에서 벌어진 혼란스럽고 파괴적인 현상이 베스트바이가 마주한 상황과 무슨 관계란 말인가. 난데없이 들이닥친 위협에 포위되었다고 생각한 베스트바이 입장에서는 자기 업계 내부로 후퇴하고 어둠에 숨어서 불확실한 주먹을 한 번씩 내지를 수밖에 없지 않았겠는가.

물론 무력감을 느낀 건 베스트바이 임원만이 아니었다. 넷플릭스의 파괴력에 직면한 컴캐스트Comcast, 스카이프Skype의 위협을 받는 AT&T 같은 대기업 임원들도 디지털 도전에 직면해 몸을 웅크린

채 자신의 지식을 총동원해가며 마구잡이식 대응에 나설 수밖에 없었다. 업계에서 자리 잡은 기존 기업의 임원들도 별다르지 않다. 파괴적 변화 앞에서 그저 속수무책으로 당할 뿐이다.

그런데 파괴적 변화가 실은 모든 업계에 걸쳐 발생하는 '동일한 현상'이라면 어떨까? 아마존이 베스트바이에게 가했던 위협이 최근 몇 년간 여러 다른 업계에서 발생하는 위협과 '구조적 유사성'을 지니고 있다면? 만약 신생 경쟁 기업이 가하는 공격에 숨겨진 '하나의 패턴'이 시장을 뒤흔들고 있다면 어떻겠는가?

그렇다면 기존 기업 리더들의 생각이 완전히 바뀔 것이다. 파괴 현상에 숨은 패턴을 이해할 수 있다면 더 이상 어둠 속에서 더듬거리지 않아도 된다. 당신이 속한 업계에서 처음으로 파괴적 혼란이 고개를 쳐든다 해도 당신은 일반화된 프레임워크를 활용해 체계적인 대응을 해나갈 수 있을 것이다. 당신에게만 닥친 것 같은, 뭐가 뭔지 구별할 수 없었던 파괴의 위협을 온전히 이해하고 예측할 수 있으며 따라서 관리도 할 수 있게 된다. 그렇게 된다면 혼란과 파괴는 결국 그 힘을 잃게 될 것이다.

아마존, 버치박스, 슈퍼셀… 파괴적 기업이 일으킨 혼란

[숨어서 속앓이만 하는 기업들]

대부분의 기업 임원은 자신이 마주한 파괴적 변화를 누구도 겪어

보지 못한 특수한 사례라고 생각한다. 하지만 실제는 그렇지 않다. 파괴적 변화에는 하나의 패턴이 존재한다. 나는 우연찮게 그 사실을 발견했다.

하버드 경영대학원에서 강의를 시작한 지 1년이 지난 2010년 나는 첫 사례연구 보고서를 작성하기 위해 책상 앞에 앉았다. 주제는 넷플릭스 같은 온라인 스트리밍 서비스가 어떻게 브라질 최대 미디어 기업인 글로보에 도전장을 내밀었는지를 심층적으로 연구해 밝히는 것이었다. 텔레비전과 라디오 방송국, 신문사, 웹사이트를 비롯해 다양한 미디어 사업에 진출한 브라질 최대 미디어업체 글로보는 당시 브라질 전체 TV 광고 수입의 70퍼센트를 벌어들였지만 마냥 기뻐할 수만은 없었다. 라틴아메리카에서는 1960년대 이후로 텔레노벨라telenovela라는 연속극 장르가 인기를 끌고 있었는데, 글로보가 가장 성공한 부분으로 자부하던 텔레노벨라가 예전 같은 인기를 얻지 못하고 있었기 때문이다.

나는 직접 글로보 본사를 방문해 이사장을 포함해 십여 명의 임원과 이야기를 나눴다. 이후에 사례연구 보고서를 작성하면서, 젊은 시청자들이 예전만큼 TV 시청을 많이 하지 않으며 그중에서도 특히 오후 6~10시 사이의 황금 시간대에 방송하는 연속극을 외면하고 있음을 설명했다. 젊은 층은 온라인으로 옮겨가 유튜브YouTube나 넷플릭스에서 자신이 좋아하는 프로그램을 시청하고 있었다. 사례연구 내용에 뿌듯해진 나는 논문 게재 승인을 받기 위해 결과물을 글로보에 보냈다(사례연구 보고서의 관례임). 충격적이게도 승인 요청은 거부당했다. 글로보 홍보팀에서는 승인을 거부했을 뿐만 아니라 사례연구 결과 자체를 발표해선 안 된다는 통보를 보내왔다. 믿을 수 없는 일이었다. 내 첫 사례연구였을 뿐 아니라 연구와 보고서 작성에 엄청난 시간을 투자했기 때문이다. 하지만 회사의 결정도 이해할 수 있었다. 글로보 입장에서는 텔레비전 연속극이 직면한 위협이 두렵기도 하고 회사에 불리한 내용을 공개하기가 껄끄러웠을 것이다. 그래서 나도 이번 일은 그냥 잊고 덮기로 했다.

나는 이후에도 펩시코PepsiCo, 그루폰Groupon, 드롭박스Drop-box, 트립어드바이저TripAdvisor, 유튜브 같은 기업을 연구하면서 디지털 마케팅과 관련한 사례연구 보고서를 작성했다. 2013년에는 파괴적 혼란으로 극심한 고통을 겪던 한 회사에 관한 사례연구를 발표하려고 했다. 그 회사는 스페인의 최대 통신 회사인 텔레포니카Telefónica였다. 수십 년에 걸쳐 텔레포니카는 국제전화 사업으로 큰돈을 벌었다. 그러던 2003년 스카이프가 등장했고, 이후 10년도 지나지 않아 텔레포니카를 비롯한 유럽의 통신 회사들이 국제전화에서 벌어들이는 수익은 3분의 2 이상 급감했다.[16] 스카이프를 통해 전 세계 어디든 무료 통화가 가능한데 마드리드에서 뉴욕까지 통화 1분당 40센트를 지불할 소비자가 어디 있겠는가? 통신 회사는 눈앞에서 수십억 유로가 사라지는 걸 눈 뜨고 지켜볼 수밖에 없었다.

나는 텔레포니카 임원을 10명 정도 인터뷰해서 사례연구 보고서를 작성했다. 그리고 결과를 발표하고자 했지만 이번에도 승인 요청은 거부되었다. 나중에 안 사실이지만, 당시 텔레포니카 CEO가 글로보 임원들과 비슷한 이유로 연구보고서 발표를 허락하지 않은 것이다. 그들은 분명 실질적인 고통에 시달리고 있었지만 치료책은 미비하거나 이에 대해 충분히 파악하지 못한 상태였다.*

두 번이나 승인 거부를 당하면서 이런 생각이 들었다. 왜 기업 임원들은 디스럽션 때문에 그렇게 힘들어하는 걸까? 대응 방법은 알지만 시간이 부족했던 걸까? 아니면 전혀 듣도 보도 못한 디스럽션이라는 파괴 현상 앞에서 두 손을 놓고 어찌할 바를 모르고 있던 걸까?

나는 디스럽션에 직면한 여러 대기업을 찾아가 비공개를 전제로 이야기를 나눠보기로 마음먹었다. 사례연구 발표가 아니라 기업이 직면한 파괴적 혼란의 정체가 무엇이고 기업이 어떻게 대응하는지를 알아내기 위해서였다.

[신생 기업들이 가하는 위협의 실체]

나는 2013년에서 2017년에 걸친 기간 동안 신생 기업 버치박스의 도전을 방어 중이던 화장품 유통업체 세포라, 아마존과 씨름을 벌이던 베스트바이 임원들을 만났다. 또한 징가Zynga, 로비오Rovio, 슈퍼셀Supercell과 같은 게임 개발 업체의 위협에 직면한 비디오게임 퍼블리셔(게임 제작이 아닌 사업, 운영, 마케팅, 디자인 등을 하는 회사-옮긴이) 일렉트로닉 아츠의 임원들과 대화를 나눴다. 내가 만난 사람들

---

* 텔레비전 드라마 문제로 고민했던 글로보와 달리 텔레포니카의 임원들은 새로운 파괴자에 대응하기 위한 대안을 두어 가지 갖고 있었다.

은 모두 신생 기업들이 가하는 위협을 정확히 인식하지만 대응 방안에 대해서는 확신하지 못하고 있었다. 그러니까 뭐랄까, 대응하긴 했지만 마치 베스트바이가 쇼핑객들의 쇼루밍을 막기 위해 처음에 실시했던 방식과 유사한, 사항별 전략을 펼쳤다고 할 수 있었다.

나는 여러 기업 임원들과 대화를 나누다가 여기에 공통 주제가 있음을 깨달았다. 그토록 위협적이라는 파괴적 기업들이 기존 기업의 모든 사업 부분을 대체하는 것이 아니라 사업의 작은 일부만을 대상으로 삼고 있단 사실이었다. 알다시피 아마존은 고객들이 제품을 직접 보고 시험하면서 특징을 비교하기 위해 베스트바이 매장을 돌아다니는 활동을 저지하려 들지 않았다. 아마존의 앱이 활성화되는 시점은 고객이 비교 쇼핑을 끝내고 제품 구매를 고려하는 순간이었다. 어떤 의미에서는 아마존과 베스트바이가 고객들을 공유하고 있었던 것이다. 이는 기존의 대기업 임원들이 예전에 경험하고 대응했던 경쟁과는 다른 유형의 경쟁이었다.

그렇다면 세포라와 버치박스는 어떤가. 예전에 고객들은 이브 생 로랑Yves Saint Laurent 립스틱이나 샤넬Chanel 향수를 직접 보고 색감이나 향기를 확인하기 위해 세포라의 오프라인 매장을 찾았고 그 자리에서 제품을 구매했다. 그리고 제품을 모두 사용한 후에는 세포라 웹사이트를 통하거나 매장을 방문해 제품을 재구입했다.

그러다 2010년 버치박스가 등장했다. 버치박스는 '서브스크립션 박스subscription box'라는 회원제 정기 배송 방식으로 상황을 뒤바꿔놓았다. 버치박스는 회원비를 받고 매달 뷰티제품 샘플 세트를 보내주었다. 박스 안에 들어가는 화장품 종류는 고객이 아닌 버치박스가 선별했다. 이런 방식을 통해 버치박스는 고객이 세포라 매장에 직접 가서 립스틱, 향수 등을 확인해야 하는 수고를 덜어주었다. 고객에게 자기 집에서 제품을 테스트할 수 있는 편리함을 제공한 것이다. 고객들은 좋아했다. 버치박스의 회원 중 한 명은 이렇게 말했다. "저는 교외의 작은 마을에 살아서 고급 브랜드를 접할 기회가 없었어요."[17] 이런 고객들에게 버치박스는 신이 준 선물이나 다름없었다.

사업 초기, 버치박스는 서브스크립션 박스에 샘플 제품을 제공하면서 샘플 활용을 촉진하는 정도에만 머물렀다. 고객은 버치박스를 통해 받은 특정 제품의 샘플이 마음에 들면 본품은 세포라나 다른 곳에서 구매했다.[18] 그러다 점점 더 많은 사람들이 서브스크립션 박스 샘플을 통해 자기에게 맞는 제품을 알아갔고, 그 결과 매장에 어떤 신상품이 나왔는지 확인하기 위해 세포라를 찾는 고객은 줄어들었다.

버치박스는 고객의 소비 활동 중 단 한 부분, 시험해보기testing에 끼어들었을 뿐이지만, 결국에는 세포라에 큰 위협을 가하는 존재가 되었다. 업계의 한 임원은 "앞으로 매장을 방문하지 않고 제품을 구매하는 젊은 고객들이 점점 더 많아질 것"이라고 말했다.[19]

비디오게임 업계도 마찬가지였다. 징가, 로비오, 슈퍼셀 같은 게임 개발 업체들은 기존 비디오게임 업체의 사업 전체를 똑같이 따라 할 생각이 없었다. 이들이 기존 유통개발사인 일렉트로닉 아츠와 승부를 겨룬 부분은 고객들의 결제 방식이었다. 인터넷 접속이 가능한 게임 콘솔이 나오기 전에는 고객이 40~80달러를 주고 게임 카트리지를 구입해야 게임을 즐길 수 있었다. 그러다가 소셜미디어, 앱 스토어 등의 새로운 경로가 등장했고, 신생 기업들은 이런 경로를 통해 자사의 게임을 무료로 제공하기 시작했다. 이들은 고객에게 저렴한 애드온add-on(게임 이용자가 경쟁에서 우위를 차지하고 더 나은 결과를 얻을 수 있게 도와주는 추가 기능. 1달러 이하짜리도 있음)을 팔아 돈을 벌었다. 모바일게임 이용자의 98퍼센트에 달하는 일반 이용자는 무료로 게임을 즐겼지만 게임 마니아에 속하는 2퍼센트는 기꺼이 돈을 지불하고 게임을 할 의사가 있었다.[20] 신생 게임 개발 업체들이 선택한 이 전략은 효력을 발휘했다. 2019년 현재, 모바일게임 개발사들은 대부분 일정 금액을 지불해야 게임을 할 수 있는 페이투플레이pay-to-play 시스템을 포기하고 프리미엄freemium(기본 서비스는 무료로 제공하고 추가 고급 기능에 대해서는 요금을 받는 방식-옮긴이) 가격 모델을 선호한다.

그렇다면 디커플링이란 무엇인가

나는 궁금했다. 시장 파괴자들이 기존 기업의 사업 일부를 정확히 어떻게 파괴하는지가 알고 싶었다. 그래서 나와 동료 교수들이 그간 학생들에게 가르쳐온 고객 가치사슬CVC이라는 기본 구조로 눈을 돌렸다.* CVC는 일반 고객이 제품이나 서비스를 선택하고 구매해서 소비하기 위해 따르는 개별 단계로 구성된다. CVC의 단계는 비즈니스나 산업 또는 제품의 세부 내용에 따라 다르다. 예를 들어 평면 TV 구입을 위한 CVC에서 핵심 단계는 전자제품 매장 가기, 선택 가능한 제품 판단하기, 하나의 제품 선택하기, 구매하기, 집에서 TV 사용하기라고 할 수 있다. 수분크림 같은 뷰티 제품이나 비디오게임도 가치사슬은 기본적으로 동일하다. 비디오게임의 경우 게임 이용자들이 여러 게임을 비교하고 그중 하나 혹은 그 이상을 구매한 후 집에서 게임을 한다.

[그림 1.1] 전형적인 고객 가치사슬(CVC)

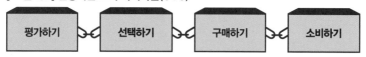

예전에 고객은 이런 소비 활동 전체를 (연결하거나 결합하는 형태로) 하나의 회사와 끝냈다. TV를 구입하려는 소비자는 베스트바이 등의 오프라인 매장에 가서 제품을 비교평가한 후에 선택하고 그 자리에서 바로 구입하는 것이 가장 편했다. 한 상점에 들렀다가 다른 상점에 가서 제품을 구매하는 사람들이 있긴 했다. 하지만 베스트바이는 가격만 적절하다면 자사 매장을 찾은 소비자가 그 자리에서 바로

---

* 의사결정 과정(decision-making process)이라고도 한다.

구입하는 경우가 대부분임을 알았다.

이와 마찬가지로 뷰티 제품을 찾는 고객은 세포라 매장을 방문해 여러 향수를 테스트한 후 하나를 선택해 구매하고 사용하곤 했다. 게임 이용자 역시 일렉트로닉 아츠에서 만들고 판매하는 게임을 구입하기 위해 유사한 과정을 거쳤다.

일련의 사례들을 살펴보며 한 가지를 깨달았다. 파괴자들은 CVC의 단계들을 이어주는 '연결고리의 일부를 깨트린 후' 그다음에는 자기가 그 자리를 차지하기 위해 하나 또는 몇 개의 단계를 '훔쳐가는' 방식으로 위협을 가한다는 점이다.

아마존은 비교 쇼핑을 활성화하기 위해 오프라인 매장 쇼핑객이 검색, 바코드 스캔, 사진 촬영을 통해 아마존 가격과 비교할 수 있게 해주는 모바일 애플리케이션(앱)을 만들었다. 이를 통해 아마존 고객은 선택과 구매 활동을 잇는 연결고리를 손쉽게 깨트릴 수 있었다. 제품 선택 단계는 베스트바이로, 제품 구매 단계는 아마존으로 분리된 것이다.

이와 유사한 사례로 버치박스는 뷰티 제품의 테스팅 단계와 선택, 구매 단계를 분리했다. 테스팅은 버치박스에서, 선택과 구매는 다른 소매점에서 하게 된 것이다. 신생 게임 개발자들은 고객의 게임 플레이와 게임 구매 단계를 분리할 수 있게 했다.

사실상 신생 벤처 기업은 기존 기업이 예전부터 제공하던 CVC의 일부만을 도태시키고 그렇게 분리해낸 일부를 중심으로 전체 비즈니스를 구축하고 있었다. 신생 기업이라는 파괴자들은 고객이 행했던 일련의 활동들을 따로따로 떼어놓고 있었다. 전통적인 경쟁에서는, 경쟁자가 성공한 기존 기업의 모든 비즈니스를 대체하려 하지만 신생 기업들은 그렇게 하지 않았다. 고객에게 약간의 가치만 제공해도 그들을 훔쳐올 수 있는데 왜 모든 부분을 대체하려 하겠는가? 게다가 기존 기업을 완전히 대체하는 데 드는 비용이 신생 기업에게는 부정적 요인으로 작용할 수 있었다. 매장, 판매원, 생산 시설을 비롯해 여러 자산에 투자하려면 수십억 달러가 들 수 있기 때문이다.

신생 벤처 기업들은 기존의 베스트바이, 세포라, 일렉트로닉 아츠로 하여금 CVC의 몇몇 부분(주로 대체하는 데 비용이 많이 드는 부분)을 계속해서 제공하게 남겨두었다. 물론 그렇다고 해서 기존 기업이 그 점을 다행으로 여긴다는 말은 아니다. CVC에서 핵심 단계 하나만 잃어도, 특히 그 단계가 수익 대부분을 창출하는 단계라면 기존 기업은 파괴당하고 무너지기 때문이다.

금융, 가전, 자동차, 방송, 집밥까지 전 업계가 위험하다

[부분이 아닌 전체에서 디커플링이 일어나고 있다는 증거]

디커플링이라는 개념이 뚜렷하게 보이기 시작하면서 나는 그 실체에 놀라지 않을 수 없었다. 베스트바이, 세포라, 일렉트로닉 아츠는 분명 다른 업계에 속해 있으며 이들에게 도전장을 내민 신생 기업이 사용한 무기도 서로 달라 보였다(아마존은 앱, 버치박스는 서브스크립션 박스, 슈퍼셀 같은 게임 개발사는 가격 전략을 사용했다). 기존 기업의 임원들이 각자 대응 방법을 강구하면서 파괴자를 자기 업계 내부의 문제로만 상정한 이유를 짐작할 수 있었다.

그렇지만 각 업계에 불어닥친 디스럽션은 근본적으로 동일한 과정, 즉 '디커플링'을 거쳤다. 신생 벤처 기업은 기존의 성공 기업이 온전히 관리하던 고객의 가치사슬 중 일부를 분리했다. 그리고 이를 활용해 시장에 혼란을 일으키는 위협적인 존재로 떠올랐다. 따라서 디스럽션은 각 업계 기업들이 마주하는 특수한 상황도, 서로 아무 연관도 없는 사건이 아니었다. 아니, 오히려 일반적인 현상이라 할 수 있었다.

2014년 나는 이 같은 공통 패턴을 사람들에게 알려야겠다고 생각했다. 전미소매협회주간National Retail Federation Week에 초대받은 나는 디커플링에 대해 발표할 기회를 얻었고, 그 자리에 모인 기업 임원들은 소매 업계 전반에 걸친 파괴자들의 행위에서 공통점을 찾았다는 발표에 호기심을 드러냈다. 그해 연말, 저명한 샌프란시스코 벤처캐피털에서 주최한 모임에서도 디커플링에 대해 발표했다. 그 벤처캐피털은 소매업을 포함해 여러 업계의 파괴적 기업disruptive company에 투자하고 있었다. 그 자리에 있던 사람들은 디커플링 패턴이 정말 일반적인 현상이라면 비즈니스 소프트웨어, 미디어, 전자 상거래 등 다른 영역으로도 확산되었을 거라 말했다. 그러면서 더 다양한 분야의 회사들을 연구해 디커플링에 관한 주장이 사실인지 입증해달라고 요청했다.

청을 받아들인 나는 지난 수년간 식품, 의류, 의료, 숙박, 운송, 교육, 미디어, 엔터테인먼트 업계에서 발생한 디스럽션 현상을 조사했다. 그리고 마침내 전 세계 모든 업계에서 디커플링이 일어나고 있다는 증거를 찾아냈다.

[방송, 자동차, 운송 업계에서의 디커플링]

텔레비전을 예로 들어보자. 전통적으로 방송사들은 시청자가 좋아하는 프로그램을 보려면 강제로 광고를 보게끔 해놓았다. 물론 시청자는 광고 시간에 채널을 바꿀 수도 있지만 그렇다고 다른 광고까지 피한다는 보장은 없다. 그리고 채널을 이리저리 돌리는 사이에 좋아하는 프로그램 일부를 놓칠 위험을 감수해야 한다.

2000년대 초반에 티보TiVo는 시청자가 프로그램을 녹화해서 시청하다가 광고가 나오면 빨리 감기 기능을 사용해 건너뛸 수 있게 해주는 디지털비디오레코더DVR를 출시하며 시장에 파괴적 혼란을 일으켰다. 사실상 티보는 광고 보기와 TV 프로그램 시청하기를 분리한 것이다. 그로부터 15년 뒤 에어리오Aereo라는 벤처 기업이 DVR을 구입하지 않고도 TV 프로그램과 광고를 분리할 수 있게 해주겠다는 야심 찬 사업 아이템을 들고 시장에 등장했다. 이제 고객들은 에어리오 서비스를 신청하면 어디서나 광고 없이 원하는 프로그램을 실시간으로 시청하는 맞춤형 서비스를 받을 수 있게 되었다.[21]

디커플링은 자동차 업계도 쪼개놓았다. 과거에는 사람들이 자동차 영업소에 찾아가 GM 같은 자동차 회사에서 나온 차량을 구매하는 방법이 일반적이었다. 그러다가 자동차 업계의 디커플링 1세대로 차량 공유 회사 집카Zipcar가 등장했다. 집카는 차량을 구매·유지하거나 대여를 위해 매번 사인해야 하는 운전자의 수고를 덜어주었다. 회원제로 운영되는 집카는 도시 곳곳에 회사 소유의 차량을 비치해 회원들이 이용할 수 있게 했다. 회원은 연료나 유지, 보험에 신경 쓸 필요 없이 이용 시간에 따라 요금을 결제하면 끝이었다. 집카는 차량 구매하기와 운전하기를 연결하는 사슬, 차량 운전하기와 유지하기 사이의 연결고리를 깨트린다.

한편 운전해줄 사람이 필요한 이들을 위해서는 우버Uber, 리프트Lyft, 중국의 디디추싱Didi Chuxing 같은 라이드 헤일링ride-hailing(전화나 앱 호출을 통해 이동을 희망하는 고객과 차량을 보유한 사업자를 연결해주는 서비스-옮긴이) 서비스가 유용했다. 이들은 차로 이동하는 것과 차를 소유·운전하는 것을 분리해냈다. 직접 운전을 하든 운전해줄 사람을 찾든, 차량을 구매하고 보유하기를 원하지 않는 사람들의 입맛에 맞춘 디커플러decoupler가 존재하는 것이다.

차량 구매와 사용을 분리하는 라이드 헤일링 서비스 이용자 대부분은 인구가 밀집한 거점 도시에 사는 젊은 층이다. 택시를 타고 이동하는 것과 택시를 부르는 것을 분리하는 이런 서비스를 점점 더 많은 사람들이 이용하면서 택시 업계는 큰 혼란에 빠졌다. 전 세계 많은 도시에서 길거리에 나가 택시를 불러도 쉽게 잡힌다는 보장이 없다. 우버를 포함한 차량 공유 서비스는 이런 불확실성을 없앤다. 이들은 이동을 더욱 편하게 만들어주고 이용자의 스트레스를 덜어주며 개인용 차량 제공으로 고객에게 믿음을 준다.

[금융 업계에서의 디커플링]

금융 업계의 경우 예상대로 더 많은 디커플링 현상이 있었다. 주식시장에서 투자 행위는 실질적으로 다음과 같은 4단계로 이뤄진다. 1단계, 투자자는 투자 전망을 예상한다(예를 들어 온라인 판매가 증가할 것이라 믿는 것). 2단계, 전망에 따라 회사 주식을 찾는다(예를 들어 전자상거래 기업). 3단계, 아마존이나 이베이eBay, 웨이페어 주식을 매매하는 중개인에게 당신의 요구 사항을 전달한다. 4단계, 마지막으로 중개인에게 수수료를 지급한다.

핀테크 신생 기업 모티프Motif는 1단계와 2단계를 분리했다. 모티프는 투자자의 생각, 성향을 참고해 주식과 채권 수십 종으로 구성된 테마별 투자 포트폴리오 '모티프'를 투자자에게 제공한다. 투자자는 별도의 조언 없이도 이를 기반으로 투자 전략을 세운다. 일례로 바이오 사업이 성장 가능성이 있다거나 수십 년 안에 세계가 엄청난 물 부족 현상을 겪을 거라 전망하는 투자자가 있다고 하자. 그러면 모티프는 매칭 알고리즘을 사용해 투자자가 자신의 전망에 따라 투자해 예측이 들어맞을 경우 가장 큰 이익을 얻을 수 있는 회사를 식별해낸다. 모티프는 투자자의 포트폴리오를 만들고 관리하면서 회원 수수료를 받아 수익을 챙긴다. 기존 증권회사에서는 주식 가치 상승에 따른 성과 수수료를 관행으로 삼지만, 모티프는 전략을 수립하지는 않기 때문에 주식 가치가 상승해도 성과 수수료를 받지

않는다.[22]

외환 거래에서도 디커플링 현상을 목격할 수 있었다. 최근 몇 년 사이에 개인 간P2P 온라인 거래의 물결이 금융 시장을 침수시키고 있다. 트랜스퍼와이즈TransferWise 같은 파괴자가 해외 송금 비용을 저렴하게 끌어내리고 있기 때문이다.

지난 방식대로 하자면 해외 송금 서비스를 제공하는 은행에서는 3단계에 걸쳐 업무를 실행했다. 미국에 사는 당신이 영국에 사는 사촌에게 돈을 보내고 싶어한다고 해보자. 은행은 미국 달러로 당신의 예금을 받아서 영국 파운드로 환전한 다음에 사촌의 계좌에 입금한다. 이 과정에서 은행은 예금을 위한 서비스 수수료와 환전(매도 환율과 매입 환율의 차이)을 위한 판매 수수료를 청구한다.

반면에 트랜스퍼와이즈는 이 과정을 분리시켜 환전 판매 수수료를 요구하지 않는다. 당신이 미국 달러를 입금하면 트랜스퍼와이즈는 상대방 국가에서 당신 국가로 오는 송금 요청이 있을 때까지(예를 들어 누군가가 영국 파운드를 미국에 있는 사람에게 송금하겠다는 요청이 있을 때까지) 기다린다. 그랬다가 트랜스퍼와이즈는 영국에 있는 사람이 돈을 송금하고자 했던 미국 사람에게 당신의 돈을 지급하고, 영국에 있는 당신의 사촌에게는 영국에서 미국으로 돈을 보내려 했던 사람의 돈을 지급한다. 해외 송금 효과를 구현했지만 실제로는 국가 간 송금이 발생하지 않았으므로 트랜스퍼와이즈는 전혀(정확히 말하면 거의) 환전을 할 필요가 없다. 따라서 통화 거래에 따른 판매 수수료를 누구에게도 요청하지 않는다. 이것이 트랜스퍼와이즈가 고객들에게 더 저렴한 서비스를 제공하는 방법이다.

한 가지 문제라고 한다면 특정 통화가 너무 많이 예치되어 있는데 반해 상대 국가에 있는 사람에게 지급할 다른 통화가 충분치 않은 경우가 있을 수 있다는 사실이다. 이에 회사가 생각해낸 해결책은 서비스 수수료를 활용하는 것이었다. 만약 트랜스퍼와이즈가 미국 달러를 너무 많이 갖고 있다면 달러 예치에 따르는 서비스 수수료를 인상함으로써 사람들이 달러 입금을 주저하게끔 만든다. 반대로 만약 영국 파운드가 부족하다면 파운드로 입금하는 데 드는 서비스 수수료를 낮춰주거나 아예 수수료를 면제해줄 수도 있다. 은행 고유 업무였던 해외 송금과 환전 영역에서 X통화의 수신과 Y통화의 예금을 분리한 것은 영리한, 정말로 현명한 방법이라 할 수 있다.

[집밥을 겨냥한 디커플링]

이제 완전히 다른 업계를 살펴보자. 집밥과 관련한 디커플링도 있다. 1950년대 미국 중산층 가정은 주로 집에서 식사를 했다. 요리는 보통 아내나 어머니, 가정부 등 여자가 담당했다. 1960년대가 되자 많은 여성들이 집 밖으로 나가 사회 진출을 꾀하면서 요리할 수 있는 시간이 줄었다. 그렇다고 집안일을 기꺼이 맡겠다고 나서는 남자도 거의 없었다. 2015년까지도 여성의 70퍼센트가 식사 준비, 청소 같은 집안일을 처리하는 데 비해 남성은 43퍼센트가 집안일을 하는 것으로 나타났다.[23]

이런 와중에 음식점에서 싸고 편리한 데다 비교적 품질도 좋은 음식을 제공하면서 외식하는 사람들이 늘기 시작했다. 오늘날 미국인은 집에서 식사할 때보다 외식할 때가 더 많다. 2015년 역사상 처음으로 미국 레스토랑과 바의 매출이 식료품점의 매출을 앞섰다.[24] 실제로 미국 가정은 그동안 식사 준비를 포기하고 살아왔다고 해도 과언이 아니며 이제는 많은 사람들이 집밥을 그리워하는 지경에 이르렀다. 문제는 부모로부터 보고 배운 적이 없기 때문에 많은 이들이 정성 들인 식사를 어떻게 준비하는지 방법을 모른다는 점이다. 게다가 아침 내내 점심을 준비하거나 오후 내내 저녁 식사를 준비할 시간도 없다.

이런 여건에 발맞춰 블루 에이프런Blue Apron, 셰프드Chef'd, 헬로프레시HelloFresh 같은 수백 개의 식재료 배달 서비스 스타트업이 등장했다. 다음 같은 상황을 가정해보자. 당신은 중국 요리를 좋아하는데 어느 날 잡지에서 깐풍기 조리법을 보았다. 그리고 이번 토요일에 직접 요리를 준비해서 가족과 함께, 가능하면 친구도 몇 명 집에 초대해 저녁을 먹고 싶어졌다. 예전 같으면 당신은 조리법을 찾아보고 차를 타고 아시아 식료품점에 가서 재료를 사는 데 한 시간 정도를 보낸다. 그러고 집에 돌아와 재료를 씻고 자르는 등 손질을 마치고 음식을 만들기 시작한다.

그런데 이제는 셰프드 같은 배달 서비스가 요리의 여러 과정 중 조리법 찾기와 재료 쇼핑하기 단계를 분리한다. 서비스를 신청하면 회사에서는 해당 조리법과 정확하게 계량해서 손질을 마친 재료를 박스에 담아 보내준다. 세 끼 분량 2인용 식사에 60달러만 지불하면 누구나 쉽게 주방의 영웅이 될 수 있다. 건강에 신경 쓰는 사람이라면 자신이 먹는 음식에 어떤 재료가 들어가는지를 직접 확인할 수 있다는 장점도 있다.

집에서 만든 음식이 먹고 싶지만 요리가 귀찮은 사람이라면 어떨까? 그것도 디커플링 해주는 곳이 있다. 하이어셰프Hire-A-Chef 같은 업체를 통해 고객은 자기 집에서 음식을 만들어줄 요리사를 고용할 수 있다. 이용자 주문에 따라 4인용 식사를 48달러라는 적절한 비용으로 서비스 받을 수 있다. 예부터 부유한 사람들은 집에 요리사를 고용했다. 하이어셰프를 통하면 중산층도 필요할 때 저렴한 가격으로 요리사를 고용하는 서비스를 활용할 수 있다. 게다가 특정 날짜와 시간에 맞춰 여러 요리사 중 자기가 원하는 사람을 택할 수도 있다. 유럽의 미슐랭 스타 레스토랑에서 경력을 쌓고 현재 샌프란시스코에서 활동하는 한 요리사는 노릇노릇하게 구운 엔다이브와 레몬 피클, 돼지감자, 파프리카를 곁들인 인도네시아풍 들소 스테이크를 만들어준다.[25] 하이어셰프 같은 회사는 고객의 가치사슬 4단계 중 핵심적인 세 단계, 즉 조리법 찾기, 재료 구입하기, 요리하기를 분리하고 마지막 단계인 집에서 요리한 음식을 먹는 일만 남겨 놓는다. 유용한 정보를 하나 더 알려주자면 요리사가 부엌 정리까지 해준다는 사실이다.

[기업 간 거래에서의 디커플링]

디커플링은 소비자를 직접 상대하는 비즈니스에서만 일어나는 것은 아니다. 다른 기업을 대상으로 서비스, 물품을 판매하는 BtoB 기업에서도 가치사슬의 분리가 일어날 수 있다. 판매와 고객관계관리customer relationship management(CRM, 고객 정보를 바탕으로 고객 욕구와 성향을 충족시켜 기업 목표를 달성하는 마케팅 기법-옮긴이)를 위주로 하는 굴지의 소프트웨어 회사 세일즈포스닷컴Salesforce.com을 예로 들어보자.

이 회사의 주요 상품은 영업 자동화 도구다. 다시 말해 중견기업 및 대기업의 영업사원들이 잠재 고객들을 접촉하고 계약을 체결할 수 있게 이들에게 데이터, 분석 정보, 소프트웨어 서비스를 제공한다. 이 소프트웨어는 클라우드 기반으로 운영되고 서비스형 소프트웨어Software as a Service, SaaS로 판매된다. 이는 세일즈포스의 서버 안에서 따로 백엔드back-end(웹상에서 사용자가 눈으로 볼 수 없는 부분을 개발하고, 웹사이트 구축의 중심을 이루는 프로그램 설계 및 기획-옮긴이) 솔루션이라는 소프트웨어가 운영된다는 뜻이다. 세일즈포스의 고객들이 보는 것은 고객 인터페이스 또는 프론트엔드front-end(웹상에서 사용자가 눈으로 볼 수 있는 부분-옮긴이)이다.

나의 제자 중 한 명이 설립한 스타트업 로켓바이저RocketVisor는 사용자들이 세일즈포스 대시보드dashboard에 있는 정보와 링크드인LinkedIn, 구글 등 다른 사이트에 있는 고객 정보를 한데 모아서 볼 수 있게 해준다. 로켓바이저는 브라우저 플러그인plugin(웹 브라우저의 일부로 설치하면 어떤 특정 프로그램으로 만든 파일을 보여주는 작은 프로그램-옮긴이)을 통해 이 모든 정보를 사용하기 쉬운 인터페이스로 전환하고 이것을 세일즈닷컴 대시보드의 상단에 띄워준다.

현명하게도 로켓바이저는 프론트엔드 사용자 인터페이스와 사용자 화면에 보이는 모든 것을 처리하는 백엔드 소프트웨어를 분리한 것이다. 로켓바이저 설립자 마이클 야로셰프스키Michael Yaroshefsky에 따르면 주요 소프트웨어 공급 업체라고 해서 반드시 소프트웨어 설계와 사용자 경험 디자인, 두 분야 모두에 뛰어난 건 아니라고 한다. 소프트웨어 공급 업체에서 사용자 경험 디자인이 다소 취약할 경우 그 분야에 더 뛰어난 회사(예를 들면 마이클의 회사)가 들어가 사용자를 위한 프론트엔드 부분만 설계해주겠다고 제안할 수 있다. 결국 기업이 기업을 상대로 하는 인터넷 비즈니스의 소프트웨어 소비 과정에서도 디커플링이 일어날 수 있는 것이다.

고객은 왜 '디커플링'을 원하는가

[고객은 본인들이 이익을 얻는 방향으로 움직인다]

지금까지 소개한 여러 사례를 보면서 궁금증이 생겼을 것이다. 디커플링은 왜 일어나는 걸까? 디커플링이 말이 되는 이유가 무엇일까? 디커플링이 효과를 발휘하는 이유는 무엇일까? 그 답은 '가치'와 관련이 있다. 고객이 원하는 가치 말이다.

전통적으로 이미 성공해서 자리를 잡은 기업들은 고객의 가치사슬에 포함된 여러 단계 전반에 걸쳐 가치를 제공한다. 하지만 가치는 CVC의 모든 단계를 거치는 동안 절대 동등하게 배분되지 않는다. TV 광고가 아무리 멋져도 내가 보고 싶은 프로그램만큼 좋지는 않다. 게다가 사람들은 각 단계마다 부여하는 가치의 크기가 다를 수 있다. 집에서 요리해서 음식을 먹을 때, 어떤 이들은 조리법을 선택하는 기회에 가치를 부여하는 반면 그렇지 않은 사람도 있다. 재료를 선택하거나 음식을 준비할 기회에 가치를 부여하는 사람이 있는 반면에 집에서 요리한 식사를 먹는다, 그 자체에만 가치를 부여하는 사람도 있다. 고객들이 스타트업으로 몰려드는 이유가 여기에 있다. 텔레비전 시청하기, 비디오게임 플레이하기, 전자제품 테스트하기, 전화상으로 이야기하기, 또는 자동차 사용하기처럼 일련의 활동에서 고객 자신이 원하는 가치를 창출하는 부분을 '소비'할 기회가 보이기 때문이다.

다만 잊지 말아야 할 중요한 사실이 있다. 디커플링이 발생하면 고객들은 양파 껍질 벗기기, 광고 시청하기, 게임 구매하기, 차량 유지하기처럼 가치사슬에서 가치를 만들어내지 못하는 부분을 없애버리고 자신이 원하는 가치를 요구할 능력을 얻게 된다. 선택권을 갖게 된 고객들은 기꺼이 가치를 창출하는 부분과 그러지 못하는 부분을 분리해낼 것이다. 어차피 손해 볼 것이 없으니까 말이다.

디커플링이 여러 업계 전반에 걸쳐 발생하는 일반적 현상임을 밝혀내기 시작하자 많은 기업에서 연락이 왔다. BMW, 나이키Nike, 구글, 마이크로소프트Microsoft, 유니레버Unilever를 포함한 여러 회사에서 디커플링을 주제로 한 강연을 요청해왔다. 이들은 그동안 자신

[그림 1.2] 디커플링의 예

출처 : Adapted from Thales S. Teixeira and Peter Jamieson, "The Decoupling Effect of Digital Disruptors," European Business Review, July – August 2016, 17 – 24.

이 속한 업계에만 초점을 맞추고 있었다. 그러다가 이제 자기를 괴롭히던 강력한 상대에게 한 방을 날릴 수 있는 광범위한 접근법이 있다고 하니 그게 무엇인지 알고 싶어진 것이다.

나는 디커플링에 대해 얘기하기에 앞서 회사 임원들에게 한 가지 당부를 했다. 디스럽션과 관련해 사람들이 흔히 사용하는 개념, 예를 들어 공유 경제sharing economy, 웹루밍webrooming(온라인에서 상품 가격과 정보를 확인하고 오프라인 매장에서 구입하는 행위-옮긴이), 프리미엄freemium 등에 대해서는 크게 신경 쓰지 말라는 것이다. 모든 것을 단 하나의 현상, 즉 디커플링 측면에서만 바라볼 것을 권했다.

디커플링에만 집중해야 효율적인 대화를 나눌 수 있고, 그래야 바쁜 일정을 소화해야 하는 임원들이 파괴적 혼란의 본질을 바로 파악하고 대응 전략을 세울 수 있다고 믿었기 때문이다. 디커플링 하나만 알면 디스럽션을 충분히 이해할 수 있는데 뭐하러 열 개나 되는 다른 용어를 신경 쓴단 말인가? 정말로 '디커플링' 하나로 설명이 가능한지 좀 더 살펴보자.

[쇼루밍, 웹루밍, 트립어드바이저, 공유경제 by 디커플링]

디커플링에 관해 파고들면 파고들수록 디커플링이라는 개념이 얼마나 포괄적인 의미를 지니는지 알 수 있었다. 디커플링은 사람들이 디지털 디스럽션을 설명하기 위해 사용하는 여러 용어의 내용을 포함하고 있었다.

옐프Yelp와 트립어드바이저 같은 리뷰 및 추천 사이트를 예로 들어보자. 한때 스타트업이었던 이 기업들은 업계에 급격한 변화를 불러왔다. 이들은 전 세계 레스토랑과 호텔에 대한 수백만 건의 후기를 종합해 어디에서 먹을지, 어디에서 묵을지 고민하는 사람들에게 영향을 미친다. 이를 다른 측면에서 설명하자면 간단히 말해 평가와 선택 사이의 연결을 분리한 셈이다. 옐프는 레스토랑을, 트립어드바이저는 여행 서비스를 사용자가 검색하고 평가하게 한다. 실제 예약은 다른 사이트에서 하게 한다.[*]

---

[*] 나중에 가면 디커플러, 즉 분리에 앞장선 기업들 중 일부는 새로운 수입원을 만들어내기 위해 두 개의 활동을 재결합시켰다(예를 들면 트립어드바이저).

왜 사람들은 군이 한 사이트에서 평가를 비교하고 다른 사이트에서 예약하는 수고를 마다하지 않는 것일까? 리뷰를 종합해 제공하는 사이트가 좀 더 믿을 만하고 공정하다고 생각하기 때문이다. 리뷰 모음 사이트는 일반적으로 사업체로부터 수수료를 받지 않는다. 그리고 한 사업체를 특별하게 다루지 않고 모든 사업체의 리뷰를 같은 크기 공간에서 동일한 구성 방식으로 다룬다. 리뷰 모음 사이트의 레스토랑과 음식점은 그 시설의 객관적인 특징에 더해 취향이 비슷한 소비자가 올린 리뷰에 의해 차별화될 뿐이다.

디스럽션의 또 다른 형태인 쇼루밍도 디커플링으로 설명할 수 있다. 쇼루밍은 제품을 선택하는 행위와 구매하는 행위를 분리한다. 반대로 소비자가 온라인으로 제품을 검색하고 오프라인 매장에서 제품을 구매하는 웹루밍도 디커플링으로 설명이 가능하다. 와비파커Warby Parker(안경류), 보노보스Bonobos(의류) 같은 소매 업체에서 활용하는 팝업스토어Pop-up store(빈 상업 공간에 짧은 기간 일시적으로 운영하는 임시 매장-옮긴이)는 제품 구매 단계와 수령 단계를 분리했다. 소비자는 소규모 매장에서 제품을 확인하고 구매할 수는 있지만 그 즉시 제품을 집에 가져가지 않고 제품이 배송될 때까지 집에서 기다린다. 매장에는 재고가 전혀 또는 거의 없기 때문이다.

그렇다면 소비자의 이런 행동은 무엇으로 설명할 수 있을까? 답은 편의성에 있다. 쇼핑객 입장에서는 자신이 원하는 것과 동일한 상품, 특히 가구나 매트리스처럼 부피가 크거나 안경처럼 얼굴에 딱 맞고 어울려야 하는 제품을 집에서 받는 것이 더 편하다. 온라인 소매 업체는 여러 매장에 색깔별, 모양별, 크기별로 상품을 쌓아놓을 필요가 없으니 재고유지관리비가 낮아지고 따라서 소비자에게 더 저렴한 가격으로 제품을 제공할 수 있다는 큰 이점을 누릴 수 있다.

요즘 여기저기서 들리는 '공유 경제'도 마찬가지다. 소비자는 에어비앤비와 투로Turo(개인이 소유한 차량을 렌터카로 이용하는 서비스-옮긴이)를 즐겨 활용한다. 롱아일랜드 교외에 있는 화강암으로 지은 19세기식 등대에서 묵거나(에어비앤비에서 1박에 350달러), 2017년형 골드크롬 마세라티 기블리Maserati Ghibli를 운전하는(투로에서 하루에 699달러) 특별한 경험을 할 수 있다.[26] 여기에서도 구매 단계와 소비 단계 사이의 고리가 파열되는 디커플링이 발생한 것이다.

마찬가지로 렌트더런웨이Rent the Runway는 여성들이 고가의 보석이나 시간, 장소, 목적에 맞는 의상을 빌릴 수 있게 함으로써 고급 여성복 업계에 파괴적 혼란을 불러오고 있다. 고객은 매월 139달러만 내면 1년에 4,000달러 상당의 디자이너 의상을 입어볼 수 있다. 이 방식은 소유 단계(비가치 창출 부분)와 사용 단계(가치 창출 부분)를 분리하는 디커플링의 한 예이다.

사람들은 예전 같으면 절대 대여하지 않을 제품을 대여하기 시작했다. 특히 자동차(투로)와 자전거(허브웨이Hubway)처럼 가격이 높은 제품, 부피가 큰 운동 장비(코무들Comoodle), 심지어 애완견(버로우마이도기Borrow My Doggy)처럼 소유하려면 큰 부담을 가져야 하는 것들을 빌리는 방식을 택하고 있다. 대여 및 공유 경제에 기반을 둔 비즈니스 모델은 소비자에게 소유하는 부담을 덜어주는 엄청난 가치를 안겨준다. 모두 디커플링 덕분에 가능해진 것이다.

이 밖에도 온라인에서 유명세를 얻고 있는 두 가지 비즈니스 모델, 서비스형 소프트웨어인 사스SaaS 모델과 프리미엄 모델에서도 디커플링을 찾아볼 수 있다. 사스 모델을 활용하면 마이크로소프트 오피스365 같은 소프트웨어를 한 번에 큰돈을 주고 구매할 필요가 없다. 월정액제 서비스를 신청하면 회사에서 소프트웨어를 제공한다. 집에서 PC를 사용하는 사람이 제품을 사용하기 위해 144.99달러를 일시불로 결제할 필요가 없다는 말이다. 대신에 매월 6.99달러 정도만 결제하면 된다. 사스는 소유와 사용을 분리한, 디커플링의 특별한 사례다.

온라인 저장 서비스 업체인 드롭박스의 프리미엄 모델은 (선)지급과 사용을 분리하는 더욱 진화된 형태의 디커플링이다. 온라인으로 기본 소프트웨어나 서비스를 사용하는 사람은 미리 돈을 지불하지 않아도 된다. 고급 버전에 관심이 많고 자신의 지식이나 기술을 활용하여 PC 능력의 한계에 가깝게 이용하는 헤비유저heavy user만 돈을 낸다. 디커플링은 그야말로 유연하면서도 복합적인 개념이라 할 수 있다.

앞으로 몇 년 안에 또 다른 디커플링 비즈니스들이 등장할 것이다. 이들 역시 기존 업체들의 시장을 파괴적 혼란으로 몰고 갈 가능성이 높다. 소비 단계와 처분 단계의 디커플링은 상당한 잠재성을 지닌 부분으로 아직 미개척지로 남아 있다. 예를 들면 스포일러얼러트Spoiler Alert는 미국 음식 산업을 대상으로 하는 앱이다. 미국에서는

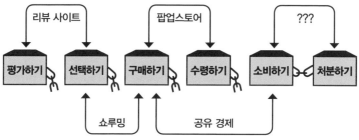

[그림 1.3] 디커플링을 디스럽션의 다른 형태로 일반화하기

한 해에 1,650억 달러 규모의 음식물이 유통 기한이 다가오거나 상했다는 이유로 처분된다. 이 스타트업은 무료 온라인 마켓플레이스 online marketplaces 플랫폼을 구축해 상점과 레스토랑, 농산물을 재배하는 사람들을 기부를 원하는 비영리단체 혹은 비료나 사료를 만드는 회사와 연결시킨다.[27] 이 서비스를 활용하면 식당들이 재료를 버리거나 음식이 남을까 봐 걱정할 필요 없이 식료품을 소비할 수 있다.

베스트바이 CEO가 삼성을 만난 이유

[디스럽션은 우리만의 문제가 아니다]

여러 번 언급했지만 업계 전반에 걸쳐 발생하는 디스럽션은 얼핏 보면 각 업계의 고유한 현상처럼 보인다. 하지만 실상은 그렇지 않다. 기본적인 패턴이 작용한다. 오늘날 사업체가 직면하는 파괴적 변화에는 대부분 이 패턴이 스며들어 있다. 이 패턴은 예전에 기존 사업체들이 전체적으로 제공했던 CVC를 고객이 분리하는 상황(디커플링)을 말한다. 가까이 살펴보면 자동차, 은행 업무, 소비재를 비롯해 많은 산업에서 이런 현상을 포착할 수 있다. 또한 공유 경제 스타트업, 사스 제공업체, 리뷰 사이트에서도 찾아볼 수 있다. 디커플링은 기존 기업의 임원들이 미처 깨닫지 못한 사이에 불쑥불쑥 등장한다.

나는 운이 좋은 편이다. 경영대학원 교수로서 다양한 업계의 크고 작은 여러 기업과 일을 함께한 덕에 다른 사람들보다 더 넓은 시야를 가질 수 있었다. 그에 비해 한 업계에서만 일하면서 거의 모든 시간과 정신적 에너지를 자신의 일에 쏟아붓는 사람은 일반화시킬 수 있는 패턴을 찾기가 매우 어렵다. 보통은 직면한 문제가 자신에게만 일어나는 현상이라 생각하기 쉽다. 오늘날처럼 고도로 전문화된 세상에서 들판에 띄엄띄엄 서 있는 곡식 저장고처럼 자신만의 분야, 지식, 직무, 전문성 측면에서 생각하는 경향이 있다. 한 분야만 집중해서 연구하는 것도 나름대로 장점이 있긴 하지만, 더욱 적절한 대응 방안을 구축하는 데 유용한 일반적인 패턴을 놓칠 수 있다는 단점 또한 있다.

내가 대화를 나눴던 임원들이 주목한 대상은 주로 자신의 비즈니스와 그 비즈니스가 직면한 어려움이었다. 그들은 파괴 현상을 한두 가지 형태로만 보았다. 자신의 비즈니스에 영향을 끼치는 파괴 현상, 그리고 경쟁자에게만 초점을 두고 있었다. 다른 업계에서도 시장 파괴 현상이 일어나고 있음을 인식했을 수도 있지만 파괴 현상의 기저에 깔린 디커플링이라는 패턴을 찾아낼 만큼 면밀하게 들여다보고 있지는 않았다.

　다른 업계도 유사한 문제점을 안고 있다는 사실, 다른 업계의 문제점을 분석함으로써 뭔가 배울 수 있다는 사실을 깨닫기까지는 시간이 걸린다. 하지만 그만한 가치가 있다. 당신이 속한 업계가 파괴적 혼란을 겪고 있다면 역시 파괴적 혼란을 겪고 있는 다른 업계들을 살펴보라. 그리고 해결책을 찾아 나서기 전에 공통적인 문제점들을 찾아보라. 다른 회사들은 어떤 상황을 겪고 있는가? 거기에서 당신이 배울 점은 무엇인가? 이런 질문을 던져볼 필요가 있다.

[베스트바이 CEO 허버트 졸리가 던진 최후의 대응책]

　남들이 당신을 위해 만들어준 해결책만 들여다보다가는 결국 파멸하고 말 것이다. 스스로 넓은 시야를 갖추기 위해 노력해야 하는 이유가 여기에 있다. 베스트바이를 보라. 신임 CEO 허버트 졸리를 필두로 고위 임원들은 아마존의 공격을 막기 위해 여러 방법을 시도했다. 먼저 고객들의 쇼루밍을 차단하려 했다. 베스트바이는 온라인 업체에서는 살 수 없는 독자적인 제품을 제공하고자 했다. 베스트바이만의 고유 바코드를 도입했고 심지어 쇼핑객이 매장 내에서 휴대전화로 아마존과 가격 비교를 하지 못하게 주파수를 교란하는 방법까지 고려했다. 이 정도만 봐도 임원들이 얼마나 절박감에 쫓기고 있었는지 알 수 있다.

결국 졸리는 아마존과 맞먹는 가격 인하, 또는 최저가보장 제도를 단행하기로 결심했다. 졸리의 말에 따르면 "가격은 테이블 스테이크table stake(포커 게임에서 한 게임을 진행하는 동안 각 게임자가 추가 금액 없이 자기 앞에 있는 돈만 사용할 수 있는 게임 방법-옮긴이)"이다. 가격 인하는 베스트바이가 아마존에게 더는 고객을 뺏기지 않게끔 해줄 것이다. 최저가보장은 베스트바이의 이익은 물론이고 매출 증대에도 도움이 되지 않을 게 확실하다. 궁극적으로 졸리를 비롯한 회사 임원들이 깨달은 점은 이것이다. 베스트바이가 쇼루밍을 하고 싶어하는 고객의 욕구에 맞서는 방법이나 아마존과 정면 대결을 하는 방법으로는 이길 수 없다는 사실이다. 유일한 해결책은 어떻게든 쇼루밍을 하는 고객, 그리고 아마존과 공존하는 길을 찾는 것이었다. 베스트바이는 돈을 버는 방법에 대해 '재학습'을 해야 했다. 그리고 그렇게 했다.

베스트바이는 삼성 관계자를 만나 오프라인 매장 내에 삼성 제품 전용 공간 설치를 제안했다. 물론 계산이 있었다. 삼성이 수수료를 지급해야 한다는 것이었다.[28] 그렇다. 소매 업체가 제조 업체에게 눈에 잘 띄는 전시 공간을 별도로 내주는 기회, 특권을 누릴 기회를 제공하는 대가로 비용을 받겠다는 것이었다. 베스트바이가 생각하기에 신제품 특별 전시는 삼성에게는 가치 있는 서비스였다. 따라서 베스트바이는 그에 대한 대가를 받는 게 맞다고 생각했다. 베스트바이 매장에 들어온 소비자는 일단 삼성 전자제품을 확인하고 테스트해볼 테니 실제 구매는 어디서 하든 상관없이 삼성은 혜택을 누리게 된다는 주장이었다. 처음에 삼성은 이 제안을 달갑게 받아들이지 않았다. 그러나 베스트바이의 주장을 뒷받침하는 설득력 있는 데이터를 확인하고는 마침내 제안을 받아들였다. 2013년 삼성과의 계약을 시작으로 베스트바이는 LG, 소니Sony, 마이크로소프트, AT&T 등 다른 제조사와도 유사한 계약을 성사시켰다.[29] 내가 알기로 이것은 전자제품 업계의 소매 업체가 제조사에게 (판매가 아니라) 공간 제공을 대가로 상당 금액을 요구한 첫 사례였다. 앞으로 알게 되겠지만 다른 업계에서도 이 방식을 사용한 전례가 몇 건 있었다.

삼성과 계약을 체결한 후 베스트바이는 서둘러 비즈니스 모델을 변경했다. 일반적인 소매 업체에서 주요 제조사의 쇼룸, 즉 전시실 역할을 하는 비즈니스로 변신한 것이다. 투자를 최소화하고 복잡한 신기술을 도입하지도 않았지만 비즈니스 모델을 바꾼 뒤 베스트바이의 수익률은 급상승했다. 2019년 기준, 베스트바이 이익의 상당 부분이 이른바 입점 수수료에서 나왔다. 주요 제조사들이 경쟁사와 떨어진 가장 좋은 매장 자리에 자사 브랜드가 돋보이도록 제품을 전시할 기회를 얻기 위해 지불하는 돈이 상당했다는 뜻이다. 〈포춘 Fortune〉지에 따르면 이 같은 해법은 호텔 업계 경험이 풍부한 졸리와 다른 업계에서 경력을 쌓은 두 명의 임원이 고안했다고 한다.[30]

베스트바이가 디커플링 문제를 해결하기는 했지만 시행착오 끝에 해결책을 내놓기까지 여러 해가 걸렸다. 이 책 후반부에서 보겠지만 디커플링 모델은 이런 유형의 파괴를 체계적으로 이해하기 위한, 더 중요하게는 파괴에 대응하기 위한 프레임워크로 유용하다. 업계를 넘나들며 발생하는 디스럽션을 거시적인 시각으로 보게 되면 당신은 시행착오와 그에 따르는 스트레스, 혼란, 불확실성을 겪지 않고도 파괴자에게 더 빨리, 더 효과적으로 대응할 수 있게 된다.

내 프레임워크의 핵심 원칙은 베스트바이가 끝에 가서야 도입했던 일을 똑같이 하는 것이다. 디커플링을 제거하거나 디커플링을 하려는 상대를 인수하려 하기보다는 그들과 평화적으로 공존할 방법을 찾는 것이다. 스타트업 하나를 없앨 수는 있지만 그게 끝이 아니다. 또 다른 파괴적 비즈니스가 등장하는 것은 시간문제일 뿐이다. 고객이 스타트업으로 옮겨가지 못하게 손발을 묶어둘 순 있지만 고객이 묶인 밧줄을 풀고 빠져나가는 것은 막을 수 없다. 그렇다. 디스럽션을 막을 수 있는 열쇠는 공존이다! 이를 위해 어떤 자세를 취해야 하는지, 어떻게 공존을 이룰 것인지에 대해서는 뒤에서 상세히 얘기할 것이다.

디커플링 그리고 디커플러들과 안정적인 관계를 구축하는 법을 알아보기 전에 먼저 근본적인 현상에 대한 이해의 폭을 좀 더 넓히길 바란다. 임원들이 디스럽션에 대응하는 데 어려움을 겪는 이유 중 하나는 주위 소음으로 인해 방향을 잡지 못하기 때문이다. 위기와 어려움이 닥칠 거란 소리가 시끄럽게 들려오고, 컨설팅 관계자와 미디어 전문가는 새로운 기술 변화가 대기업을 죽음으로 몰아간다고 주장한다.

하지만 놀랍게도 디커플링 현상은 단지 기술에 관한 문제도 아니고, 심지어 기술과 큰 연관도 없다. 회사 임원들은 기술 자체에 너무 많은 신경을 쓰느라 디커플러가 하는 일의 핵심을 놓친다. 디커플러는 한 업계에서 지배적인 비즈니스 모델을 기반으로 혁신을 끌어낸다. 2장에서 확인하겠지만 비즈니스 모델의 혁신 사례는 우리 주위에 존재한다. 그런데도 우리는 위험을 무릅쓰면서까지 그 사실을 도외시한다. 만약 우리가 베스트바이처럼 비즈니스 모델 혁신 활용법을 깨치는 날이 온다면 그때는 제대로 그 방법을 이용할 수 있을 것이다.

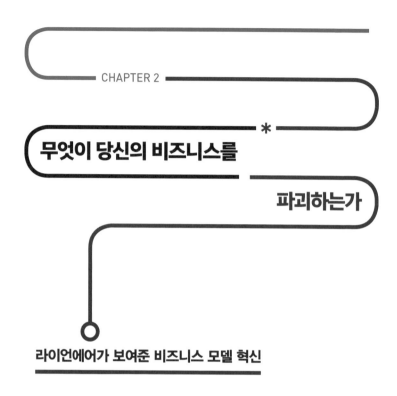

CHAPTER 2

무엇이 당신의 비즈니스를 파괴하는가*

라이언에어가 보여준 비즈니스 모델 혁신

[유럽 항공업에서 스카이 파티가 사라진 이유]

1958년 10월 26일. 팬아메리칸월드 항공Pan American World Airways의 뉴욕발 파리행 신형 보잉 707 비행기가 첫 비행을 위해 막 활주로를 날아올랐다. 탑승객들은 보잉 707이 이룬 기술적 쾌거에 경탄한다. 세계 최초 상업용 제트여객기 보잉 707은 기존의 프로펠러 비행기보다 더 높이, 더 빨리, 더 멀리 날았다. 기내 분위기는 자부심과 환희로 가득하다. 남자 손님들은 코트와 넥타이, 여자 손님들은 진주 목걸이와 하이힐로 한껏 멋을 냈다. 은색 롤스로이스를 타고 온 배우 그리어 가슨Greer Garson도 보인다.[1] 승무원들은 복도를 오가며 승객들을 극진하게 보살핀다. 이들에게 땅콩과 진저에일은 어울리지 않는다. 승객들은 파리의 유명 레스토랑에서 준비한 푸아그라 요리와 바닷가재 구이를 고급 와인 무통 로쉴드와 곁들이며 음미한다. 한 역사학자의 말대로 하늘에서 열리는 스카이 파티sky party와 다름없다.[2]

오늘날의 승객 대부분은 호화로운 '스카이 파티'가 열리던 당시를 상상하기 어렵다. 20세기 중반을 넘어서면서 광폭동체wide-body 점보제트기 같은 기술 발전에 힘입어 제트기 여행은 상류층이 아닌 중산층에게도 예사로운 일이 되었다. 처음에는 항공사에서도 수익에 상당한 손실을 떠안으면서까지 과거 상업용 제트기 비행의 화려함을 유지하고자 노력했다. 음식은 신선하게 유지했고 주문을 받으면 칵테일도 제공했으며 심지어 장거리 비행 승객에게 이층 침대를 제공하는 항공사도 있었다.[3]

하지만 1980년대에 이르러 항공사들은 재정적 어려움을 겪게 된다. 꼭 기내 서비스에 들어가는 비용 때문만은 아니었다. 사실 항공사는 막대한 정부 보조금을 받는 국가 독점 사업으로 이익보다는 신기술 적용과 노선 배분을 강요하는 정부의 규제에 발목을 잡혀 힘들어하고 있었다. 1970년대, 1980년대, 1990년대 초반 사이에 미국과 유럽 항공사를 옥죄던 규제가 완화되면서 경쟁은 치열해졌고 가격 전쟁에 불이 붙었다. 그러자 무료로 제공되던 술과 멋진 식사가 가장 먼저 사라졌다.[4]

이런 격동적 상황에서 한 항공사가 이익을 낼 방법을 찾아낸다. 1988년 어려움을 겪던 아일랜드 항공사 라이언에어Ryanair는 회사를 되살리기 위해 세무 컨설턴트 마이클 올리리Michael O'Leary를 최고재무책임자로 영입했다. 올리리는 단거리 운항과 포인트 투 포인트Point to Point(주요 거점 공항 없이 출발지와 목적지 두 도시만을 연결하는 형태-옮긴이) 운항에 집중하는 미국의 저가항공사 사우스웨스트 항공Southwest Airlines에서 영감을 얻어 새로운 전략을 제시했다. 과거 비행기 여행의 화려함을 모두 없애고 유럽 곳곳에 초저가 요금 항공편을 제공하겠다는 것이었다. 그는 '항공 운송이 버스 운송의 미화된 형태일 뿐'이라고 생각했다. '저렴한 비용으로 되도록 지연 없이 빨리 목적지에 가고 싶은 마음'은 결국 마찬가지라는 것이다.[5] 항공 요금을 버스나 기차 요금과 대등한 수준으로 낮추기 위해 라이언에어는 불필요한 비용을 모두 없애고, 여타 항공사에서 요금에 포함시켜 무료로 제공하던 서비스에 추가 요금을 부과하기로 했다.

[저가항공사가 아닌 하늘 위 소매점으로]

1990년대에서 2000년대 사이, 라이언에어의 낮은 요금과 기본 서비스에 대해 고객들은 이런저런 말이 많았다. 사우스웨스트 항공과 마찬가지로 라이언에어는 큰 공항보다는 착륙료와 시설 이용료가 저렴한 작은 공항을 이용했는데 이런 공항은 사람들이 많이 찾는 장소와 멀리 떨어진 경우가 대부분이었다. 파리 디즈니랜드로 가기 위해 라이언에어를 타면 랭스Reims 공항에서 내려야 하는데 랭스에서 파리는 버스로 최대 2시간 정도 걸렸다. 라이언에어 비행기에는 커튼이 없고 좌석 앞주머니는 물론 멀미 봉지도 없었다. 좌석을 뒤로 젖힐 수도 없다. 비행 중에 속이 불편한 승객은 버스에 탑승했을 때와 마찬가지로 스스로 알아서 처리해야 했다. 라이언에어는 지정좌석제도 없다. 먼저 탑승한 승객이 창가와 복도 좌석을 차지하면 나머지 사람들은 가운데 좌석에 몸을 구겨 넣어야 했다. 무료 음료나 식사도 없었다. 평범한 기내식이라도 먹고 싶다면 별도로 돈을 내야 했다.[6] 반면에 항공료는 충격적일 정도로 낮아서 단 몇 유로로 국제 항공을 이용할 수 있는 노선이 많았다.

항공료를 그렇게 낮게 책정하면서 회사는 어떻게 돈을 벌 수 있었을까? 이제부터가 흥미로운 부분이다. 라이언에어는 항공기 좌석을 팔고 비용을 낮추는 방식으로 돈을 벌지 않았다. 부가요금을 부과하는 방식으로 매출을 올렸다. 항공사는 승객이 표를 예약하는 순간부터 피하거나 거부하기 힘든 추가 서비스를 제공했다. 항공권 구매 시 직불카드 및 신용카드 지급 수수료를, 탑승 수속 시에는 공항 이용료를 청구했고, 짐을 부치거나 우선 탑승 같은 '호화'를 누리길 원하는 승객에게도 당연히 유료로 서비스를 제공했다.[7] 또한 라이언에어는 공항 주차, 공항 라운지, 버스 및 기차 티켓, 렌터카, 호텔 예약, 테마파크 티켓, 투어 및 여러 활동에 관련해서도 유료 서비스를 제공하면서 여행사 업무까지 맡아 했다. 금융 서비스도 제공했다. 승객을 위해 외화를 환전해주고 여행 및 주택보험은 물론 심지어 생명보험도 팔았다. 탑승 후에는 승객들에게 스트리밍 영화와

TV 프로그램을 시청하게끔 유도하거나 온라인 빙고 게임을 하고 극장, 콘서트 및 스포츠 행사 입장권을 구입하도록 권했다. 시계, 블루투스 이어폰, 라이터 등의 제품도 판매했다.

이런 부수적 수입이 별것 아닌 듯해도 티끌 모아 태산 되듯 쌓이다 보면 얘기가 달라진다. 현재 수송 부분에서 적자를 기록하는 항공사가 많은데, 2016년 라이언에어도 항공기 수송 부분에서는 손실을 기록했다. 그러나 이윤이 많이 남는 교차 판매cross-selling(자체 개발한 상품에만 의존하지 않고 다른 회사가 개발한 상품까지 판매하는 적극적인 판매 방식-옮긴이) 사업 덕분에 15억 6,000만 달러의 영업이익이 발생했다고 발표했다.[8]

오랜 시간이 흐르며 미국의 수십 개 항공사와 유럽의 수백 개 항공사가 쓰러지거나 다른 곳에 인수됐지만 라이언에어는 어려움을 거뜬하게 이겨냈다. 승객들은 라이언에어를 포함해 대부분의 항공사에서 겪은 일에 대해 불평을 쏟아내지만 그럼에도 저렴한 가격을 찾아 라이언에어로 몰려든다. 이렇게 끊이지 않고 찾아주는 승객 덕분에 라이언에어는 유럽에서 가장 인기 많고 수익성 높은 항공사로 우뚝 섰다.[9]

[라이언에어의 성공에는 독창적 기술도 제품 혁신도 없었다]

라이언에어의 특별한 성공은 무엇을 말하는가. 소비자 시장에 대해 중요하면서도 반직관적인 진실이 존재함을 환기시킨다. 많은 기업인들은 혁신적인 제품 및 서비스, 그 뒤를 받쳐주는 첨단 기술이 시장점유율을 결정한다고 추정한다. 디지털 시대의 시장에 파괴적 혼란을 일으키고 싶다면 누구도 소유하거나 사용한 적 없는 최신 기술을 손에 넣어 혁신적인 제품을 개발해야 한다고 말이다. 그러면서 이런 신념을 바탕으로 독점 기술에 대한 특허 확보를 위해 수십억 달러를 연구개발에 투자한다.

하지만 기술은 흔히 생각하는 만큼 대단한 해결책이 아닐 수 있다. 나는 1995년 이후 스타트업으로 등장한 디지털 기술 회사의 특허 및 수익과 관련해서 통계적 분석을 수행했다. 분석은 구글, 아마존, 페이스북, 야후Yahoo, 세일즈포스, 이베이, 링크드인, 징가, 페이팔PayPal 및 다른 11개 회사를 포함해 총 20개 업체를 대상으로 진행했다.

나는 이런 신생 기업이 사람들이 생각하듯 축적된 특허로 매출 창출을 이끌었는지, 아니면 그 반대일지가 궁금했다. 다시 말해 기술 회사들이 매출을 통해 확보한 현금으로 수익을 지키기 위한 특허에 투자한 덕에 성공했는지를 알아내고자 했다. 결론을 말하자면 인가받은 특허의 수는 수익 창출의 원인이 아니라 결과다.[10] 분석 대상으로 삼은 20개 회사 중 18개 회사에서 이 같은 결론이 사실인 것으로 나타났다.

이 정량 분석에 라이언에어는 포함하지 않았다. 그럼에도 라이언에어가 독창적 기술이나 제품 혁신 없이도 강력한 파괴자가 되었다는 사실만은 주목할 가치가 있다. 라이언에어의 비행기나 예약 시스템은 다른 항공사와 비슷했으며, 오히려 항공사의 제품이라 할 수 있는 고객 경험은 다른 항공사에 비해 떨어졌다. 라이언에어는 경쟁이 치열한 시장에서 열등한 제품으로 어떻게 승리할 수 있었을까? 라이언에어는 경쟁사들이 지니지 못한 무언가를 보유하고 있었다. 바로 혁신적인 비즈니스 모델이다. 라이언에어는 처음에 다른 항공사와 같은 방식으로 돈을 벌었다. 하지만 라이언에어는 승객을 수송하기 위해 고가의 항공권을 판매한 다음에 비용을 제하고 수익을 얻는 표준 방식을 포기했다. 대신에 당시 유례를 찾아보기 힘든 새로운 비즈니스 모델을 세워 비행기에 승객을 가득 채우고 '하늘의 소매점 역할'을 독점할 수 있었다.[11]

20세기 대부분의 시간 동안 비즈니스 모델 혁신은 여러 산업 분야에서 느리게 전개되었고, 수십 년에 걸쳐 재구성되었다. 그에 비해 디지털 경제에서는 이런 유형의 혁신이 훨씬 빠르게 이루어졌으며 혁신은 승자와 패자, 생존자와 사망자를 단 몇 년 만에 가르는 대단히 파괴적인 힘을 가지게 되었다. 그에 더해 지난 수십 년간 비즈니스 모델 혁신의 물결은 세 가지 형태로 밀려들며 기업에 막대한 영향을 미쳤다.

신생 기업은 기존 기업을 불시에 따라잡는다. 그러나 따라잡힌 기존 기업은 비즈니스 모델 혁신을 일종의 흐름이나 패턴으로 보지 않는다. 만약 당신이 디지털 비즈니스 혁신의 물결을 일찌감치 포착할 수 있다면 앞서갈 수 있다. 신생 기업이 그 물결에 올라탈 가능성을 예상할 수 있으며 이에 따라 사전에 적절한 대응책을 강구할 수 있다. '물결 포착하기Wave-spotting'는 업계의 디지털 디스럽션을 이해하고 통달하고자 하는 경영진이라면 필수로 갖춰야 할 기술이다.

그 혁신적 슈퍼마켓은 어떻게 돈을 버는가

[비즈니스 모델에 대한 새삼스러운 정의]

비즈니스 모델 혁신이 디지털 시장의 혼란에 어떤 역할을 했는지 확인하기 전에 먼저 중요한 용어에 대한 정의를 다시 살피려 한다. 비즈니스 모델을 선택하는 일은 기업인의 가장 중요한 결정 사항 중 하나지만 그렇다고 경영진이 비즈니스 모델이 실제로 무엇인지, 어떤 역할을 하는지에 대해 늘 깊이 생각하는 건 아니다. 나를 포함한 여러 학자들이 비즈니스 모델에 대해 서로 다른 정의를 제시하면서 상황을 더 어렵게 만든 점도 있다.[12]

그래서 비즈니스 모델에 대한 단순한 정의를 내리고자 한다. 기존 모델을 갖춘 대기업과 모델을 실험하고 점점 발전시키는 소규모 신생 기업 모두에게 적용 가능한 정의이다.

비즈니스 모델은
회사가 가치를 어떻게 (누구를 위해) 창출하고,
가치를 어떻게 (누구로부터) 확보하는지 구체적으로 명시한다.[*]

앞에서 언급한 대로 비즈니스 모델은 비즈니스가 원칙적으로 어떻게 작동해야 하는지를 말해준다. 비즈니스마다 세부적인 면에서(회사명, 위치, 직원 수, 재정 상태 등) 서로 다를 수밖에 없다. 하지만 비즈니스 모델을 보면 업계를 불문하고 회사별로 개념적 유사점과 차이점이 있음을 식별할 수 있다.** 마찬가지로 모델을 보면 비즈니스 개념들이 시간이 지남에 따라 어떻게 발전해왔는지를 알 수 있다.[13]

[그 슈퍼마켓이 돈을 버는 2가지 방법]

슈퍼마켓을 예로 들어보자. 전통적으로 이 비즈니스는 고객이 한곳에서 많은 제품을 구매할 수 있게 해주는 원스톱 쇼핑one-stop shopping 방식으로 쇼핑객을 위한 가치를 창출했다(그리고 이 점에서 소규모 식료품점, 상점과 스스로를 차별화했다). 한편 슈퍼마켓은 작물 경작자와 식품 제조 업체에게서 농산물과 가공제품을 구매한 다음에 중간 이윤을 붙여 쇼핑객에게 판매함으로써 가치를 확보했다. 개별

---

* 이 정의는 내가 내린 것이 아니다. 어쨌든 비즈니스 모델을 주제로 글을 쓰는 대부분의 저자가 제안한 내용에 잘 들어맞는 정의라 할 수 있다. 특히 미시건 대학교(University of Michigan) 경영대학원 연구원 앨런 아푸아(Allan Afuah)는 그의 저서《비즈니스 모델 혁신(Business Model Innovation)》에서 이 정의를 채택하고 있다. 학자들이 제시한 다양한 정의에 대해 더 자세히 알고 싶거나 내가 굳이 이 정의를 택한 이유가 궁금하다면 미주(尾註)를 읽어보기 바란다.

** 비즈니스 전략을 다루는 학자들의 말에 따르면 비즈니스 모델은 관리자로 하여금 다음과 같은 세 가지 작업을 수행할 수 있게 해준다. 유사성을 기반으로 비즈니스 분류하기, 인풋(input), 즉 생산요소의 투입을 바꿔가며 실험하고 결과 관찰하기, 그리고 성공적인 모델 따라 하기, 이 세 가지이다. 이번 장에서는 셋 중 첫 두 가지 목표를 살펴보고자 한다. 마지막 목표는 4장에서 다루기로 한다.

품목 기준으로 보면 슈퍼마켓은 동일한 지역에서 유사한 상품을 판매하는 소규모 상점보다 적은 이윤을 남긴다. 그러나 상점을 방문하는 사람들이 한 번에 여러 품목을 구매하기 때문에 이윤 폭이 작아도 슈퍼마켓 소유자는 쏠쏠한 이익을 챙긴다.

2019년까지 월마트에서 동네 슈퍼마켓에 이르기까지 전 세계 소매 업체는 이 모델로 돈을 벌었다. 그러나 모든 대형 소매점이 그런 것은 아니었다. 일부 슈퍼마켓—주로 미국 및 다른 나라에 전국 체인망을 지닌 슈퍼마켓—은 이윤 폭을 줄이면서 가격으로 승부를 거는, 보다 적극적인 경쟁 전략을 부채질했다. 그리고 낮은 수익을 보충하기 위해 새로운 수입원을 개발했다. 공급 업자에게 특별 진열 비용을 청구한 것이다.

예를 들어 네슬레Nestlée에서 이번에 쿠키를 새로 출시한다고 해보자. 새로 나오는 쿠키를 복도 쪽 선반 앞, 손님들 눈에 잘 띄는 공간에 진열하고 싶다면 슈퍼마켓에 비용을 지불하면 된다. 네슬레 같은 제조 업체들은 이미 진열 중인 기존 제품을 그대로 두고도 신제품을 특별히 선보일 수 있는 추가 공간을 확보할 수 있기에 비용을 지불하는 데 동의한다. 진열 공간을 제조 업체에게 판매하는 이런 관행은 예전과는 다른, 새로운 차원의 비즈니스 모델을 의미했다.

혁신적인 슈퍼마켓은 두 가지 방식으로 가치를 창출했다. 전통적인 슈퍼마켓 체인과 마찬가지로 원스톱 쇼핑과 저렴한 가격을 통해 가치를 만들어냈다. 그러면서 제조 업체에게 (예전부터 인기가 높았던 제품 판매에 지장을 주지 않으면서도) 새로운 제품을 선보일 수 있는 별도 공간을 제공함으로써 전에 없던 가치도 창출했다. 슈퍼마켓은 구매자뿐 아니라 공급 업자에게서도 가치를 확보해낸 것이다.

1장에서 보았듯이 베스트바이도 쇼루밍 문제를 해결하기 위해 비슷한 조치를 취했다. 이 글을 쓰고 있는 현재, 월마트를 제외하고 미국 내 슈퍼마켓 체인에서 가장 큰 수입원은 매장 위치에 따라 제품 진열 비용을 달리 책정해 광고비를 받는 입점 수수료다. 상품 판매에서 나오는 이윤은 수입원 중 네 번째에 불과하다.* 그러니 다음에 슈퍼마켓에 갈 일이 있거든 너무 놀라지 말기를 바란다. 슈퍼마켓은 그저 식료품을 들여와 중간 이윤을 붙여 판매하는 업체가 아니다. 브랜드에 대한 관심을 끌고 그런 관심을 판다는 측면에서 보면 소매 업체보다는 미디어 회사에 더 가깝다.

[코스트코는 어디에서 어떻게 돈을 벌고 있는가]

전통적인 비즈니스 모델에서 벗어난 소매 업체는 슈퍼마켓만이 아니었다. 수십 년 전부터 코스트코Costco, 샘스클럽Sam's Club, 유럽의 마르코Marko 같은 할인매장은 일반 소비재 상품을 대량으로 묶어 판매가를 더 낮추는 방법으로 돈을 벌기 시작했다. 할인매장은 매장 이용을 원하는 사람들에게 회비를 청구했고 쇼핑객은 기꺼이 회비를 지불하곤 했다.

---

* 두 번째로 큰 수입원은 은행 예금에서 얻는 수익이다. 그리고 세 번째는 상점 및 주위 지역에 대한 부동산 투기다. 더 자세한 내용을 알고 싶다면 허브 소렌슨(Herb Sorensen)의 저서 《쇼핑객의 속마음(Inside the Mind of the Shopper)》(Upper Saddle River, NJ: FT Press, 2009)을 읽어보기 바란다.

이 새로운 비즈니스 모델을 활용한 코스트코를 예로 들자면 이들은 원스톱 쇼핑을 극히 저렴한 가격에 제공하면서 가치를 창출했다. 그리고 연회비(연간 60달러 이상)를 통해서도 가치를 확보했다.[14] 코스트코도 처음에는 제품 판매에 따른 중간 이윤에서 수익 대부분이 발생했지만 점차 양상이 바뀌었다. 코스트코가 발표한 2016년 총 이익 23억 5,000만 달러 중 회원에게 부과한 회비에서 발생한 이익이 몇 퍼센트나 차지했을지 추측해보라. 50퍼센트? 80퍼센트? 아니면 100퍼센트? 자그마치 112퍼센트다.[15] 코스트코는 전통적인 슈퍼마켓 소매 비즈니스 모델에서는 손실을 입었지만 연회비를 통해 손실을 메우고도 남을 만큼 돈을 벌었다. 코스트코는 식료품 소매 부문에서 비즈니스 모델 혁신을 이룬 놀라운 사례라 할 수 있다.

앞에서 소개한 비즈니스 모델 혁신의 두 가지 변형 사례는 비즈니스 모델의 가치 창출 및 가치 확보의 구성요소를 살짝 바꾸는 것만으로도 회사의 형세가 달라질 수 있음을 보여준다. 또한 이 사례들

[표 2.1] 비즈니스 모델의 구성요소

비즈니스 모델	가치 창출	누구에게?	가치 확보	누구에게서?
전통 슈퍼마켓	원스톱 쇼핑	쇼핑객	판매 상품 마진	쇼핑객
신형 슈퍼마켓	원스톱 쇼핑+주의 끌기	쇼핑객+공급 업체	중간 이윤+입점 수수료	쇼핑객+공급 업체
대형 할인매장	원스톱 쇼핑+주의 끌기+초저가	쇼핑객	중간 이윤+회비	매장 회원

은 비즈니스 모델을 단순하게 정의 내림으로써 혁신하고 진화하는 과정에서 발생하는 비즈니스 간의 개념적 차이를 파악하는 데도 유용하다.

이제까지 우리는 한 업계에서 일어난 비즈니스 모델 혁신에 대해 살펴보았다. 그렇다면 다른 여러 산업 분야에서 시간에 따라 진화해온 비즈니스 모델에는 어떤 움직임이 있는가? 특히 온라인 공간에 존재하는 비즈니스 모델들은 어떤 변화를 겪고 있을까?

유망한 사업 모델이 뜨면 파괴자들은 재빨리 파도에 올라탄다

[빠르게 변하는 세상, 느리게 달려가는 경영자]

인터넷이 등장하기 전에는 새로운 비즈니스 모델이 탄생하기까지 오랜 시간이 걸렸다. 슈퍼마켓 업계에서는 가치 확보 수단으로 입점 수수료와 회비가 등장하기까지 50년 이상이 걸렸다. 입점 수수료와 회비가 등장하고 나서도 업계 다른 회사들이 이를 받아들이는 데 수십 년이 걸릴 정도였다. 항공 업계에서는 미국 항공사들이 2등석 서비스를 제공하기 시작한 지 약 30년이 지나서야 사우스웨스트 항공이 등장했고, 라이언에어가 이 모델을 완성하기까지는 또 20년이 더 걸렸다.[16] 다른 업계에도 유사한 사례가 당연히 존재한다.

변화 속도가 이렇게 느린 상황에서 경영진은 비교적 편하게 비즈니스를 했다. 어떤 시장, 어떤 분야에 속하는지와 관계 없이 비즈니스 모델을 택하는 일은 아주 간단했다. 가치를 창출하고 돈을 벌기 위한 표준 모델 또는 표준 방법이 하나밖에 없었으니 자연스레 그것을 채택하고 따르는 수밖에 없었다. 기껏해야 두 개의 비즈니스 모델 중 하나를 택하는 정도였다.

예를 들자면 미디어 업계의 경우 20세기 대부분의 기간 동안 돈을 버는 방식은 한두 가지가 전부였다. 회사는 TV 프로그램 방송, 뉴스 기사, 라디오 음악 같은 무료 콘텐츠를 소비자에게 제공하며 가치를 창출했다. 그리고 시청자의 관심을 광고주에게 파는 일명 '광고료로 운영되는ad-supported' 모델로 가치를 확보했다. 시간이 지나면서 HBO와 위성 라디오 시리어스XMSiriusXM 같은 프리미엄 케이블 TV 채널들이 돈을 벌 수 있는 다른 모델을 채택했다. 하지만 이들 또한 예전과 동일한 방식으로 콘텐츠를 제공함으로써 고객을 위한 가치를 창출했다. 다만 가치를 확보하는 방식은 달라서 가입자에게 시청료를 부과하는 '페이드 미디어paid media' 모델을 활용했다. 수십 년이 흐르도록 미디어 업계에는 사실상 이 두 가지 모델밖에 없었다. 경쟁을 원하는 기업은 두 가지 모델 중 하나를 선택하고 최선을 다하는 수밖에 없었다. 사실상 변화가 없었다고 봐도 무방하다.

이 상황은 1990년대 중반 상업적 인터넷의 출현 이후 극적으로 변했다. 이전에는 주로 학계와 군대에서 인터넷을 사용했다. 그러다가 수백만 명의 일반인이 인터넷 사용에 관심을 보이면서 기업들은 온라인 공간을 비즈니스 도구로 이용하기 위해 서둘렀다. 처음에는 기업이 제품을 광고하고 브랜드를 알리기 위한 목적으로 인터넷을 활용했다. 기업은 인터넷을 그저 텔레비전, 인쇄물 및 라디오와 유사한 소통 채널로 생각했다. 그러다가 자기 업계에서 오랫동안 사용해온 비즈니스 모델과 같은 방식을 유지하면서 온라인으로 제품을 판매하기 시작했다. 2000년대 후반에 이르자 전자상거래는 혁신적인 비즈니스 모델을 활용해 제품뿐만 아니라 호출 택시나 회원제 식료품 상점처럼 점차 복잡한 서비스까지 포함하는 형태로 진화했다. 처음에 소통 채널로 시작된 인터넷이 본격적인 판매 채널로 변모한 것이다.

버클리 경영대학원 교수이자 혁신 전문가로 유명한 데이비드 티스David Teece는 "인터넷 시대가 혁신적인 비즈니스 모델을 이해하고 설계해야 할 필요성을 부추겼다"고 했다. 인터넷은 기업들이 비즈니스 모델에 대해 재고할 기회를 제공했다.[17] 실제로 많은 기업들이 자사의 비즈니스 모델에 대해 다시 생각하게 되었다. 2015년 창조 산업 분야에 속한 영국 기업 80곳을 대상으로 한 연구 결과에 따르면 디지털 기술은 비즈니스 모델의 '확산적 변화pervasive changes'를 가능하게 했다.[18]

그러나 시대를 따라잡지 못하는 경영자도 많았다. CEO 1,300명을 대상으로 한 2016년 KPMG 글로벌 조사의 결과는 이랬다. 응답자의 65퍼센트는 신규 진입 기업이 자사의 비즈니스 모델을 파괴적 혼란에 빠뜨리고 있다고 우려를 표했으며, 절반 이상은 자신의 회사가 업계의 비즈니스 모델을 충분히 파괴하지 못하고 있다고 답했다.[19] 왜 기존 기업이 자사의 비즈니스 모델 파괴와 관련해 뒤떨어지는 모습을 보이는지에 대해서는 9장에서 몇 가지 이유를 제시할 것이다.

[예측 가능한 파도인가, 마구잡이식 산불인가]

디지털 시대에는 비즈니스 모델 혁신에 자극을 가하는 요인이 많다. 그중에서도 좀 더 세밀한 평가가 필요한 세 가지 요인을 보자.

첫째, 세계의 기술계는 미국의 샌프란시스코, 뉴욕, 보스턴, 이스라엘의 텔아비브, 인도의 벵갈루루, 영국의 런던, 독일의 베를린 같은 몇몇 지역에 모여 연결망을 갖춘 회사들과 연계되거나 동일 지역에 배치되어 있다. 서로 간에 긴밀한 연결망을 구축해 상승효과를 낼 수 있게 한 클러스터링 효과로 신생 기업은 서비스, 재능, 아이디어, 기타 중요한 자원을 공유한다. 둘째, 벤처 기업은 새로운 비즈니스 모델을 실험하면서 자금을 조달받을 수 있다. 그만큼 시장에는 충분한 자본이 존재한다. 셋째, 비즈니스 모델의 도용 내지는 유용 가능성이 존재한다. 새로운 비즈니스 모델의 전망이 밝아 보이면 동일 업계나 분야 내에서뿐만 아니라 다른 업계에서도 모델 복제가 발생하는데 이런 현상을 막기는 어렵다. 사람들은 서로 대화를 나누고 직원들은 끊임없이 일자리를 옮기며 새로운 직장의 고용주에게 자신의 지식을 전하기 마련이다. 한 가지 더 말하자면 특허 또는 다른 조치를 통해 합법적으로 비즈니스 모델 혁신안을 보호하기는 힘들다.[20]

동일 지역 배치, 그리고 사람과 아이디어의 자유로운 이동, 이 두 가지는 비즈니스 모델 혁신이 확산할 수 있는 이상적인 조건이다. 그리고 많은 경우 확산 속도는 놀라울 정도로 빠르다. 개인 자동차 운송 산업을 예로 들어보자. 우버가 등장하면서 고객이 모바일 앱을 통해 서비스를 요청할 수 있는 맞춤형 자가용 서비스가 주목을 받았다. 이 모델이 초기에 성공 조짐을 보이자 이를 모방하는 기업들이 등장했다. 미국의 리프트, 중국의 디디추싱, 인도의 올라Ola 같은 직접적인 경쟁사 외에도 여러 업계의 신생 기업들이 다양한 맞춤형 서비스 앱을 제공했다. 패스트푸드 배달업계의 우버(보크 플리트Valk Fleet), 세탁업계의 우버(라벤더Lavanda), 주류업계의 우버(드리즐리Drizly), 마사지업계의 우버(수드Soothe), 그리고 좀 황당한 서비스이긴 하지만 내가 좋아하는 주유 배달 서비스업계의 우버(위퓨얼WeFuel)가 등장했다. 〈월스트리트저널Wall Street Journal〉에 따르면 "이제 모든 것에는 우버가 존재한다."[21]

기존 경영자와 기업가는 업계 내외를 불문하고 불쑥불쑥 등장하는 비즈니스 모델 혁신을 이해하지 못해 힘들어한다. 파괴자들이 보이는 양상은 이와 다르다. 파괴자들은 마치 서핑을 하듯 유망한 사업 모델을 강력한 파도의 물결처럼 활용한다. 그들은 파도에 올라타기 위해 파도가 나타날 만한 방향으로 시선을 돌리고 때를 기다린다. 그리고 파도가 곧 밀려올라 치면 그 앞에서 손을 힘차게 저으면서 자리를 잡는다. 물론 올라타기에 적합한 파도를 골라내려면 집중력과 운이 필요하며, 파도의 윗부분에 머무르기 위해서는 배움과 인내가 있어야 한다.

반면에 기존 기업은 비즈니스 모델 혁신의 확산을 재미는 없으면서 위험하기만 한 상황으로 바라본다. 의식적이든 아니든 비즈니스 모델 혁신이란 부지불식간에 발생해서 빠르게 퍼져나가 자신의 앞길을 황폐화시키는 산불 같다고 생각한다. 그들은 본능적으로 신생 기업을 공격하거나 인수하는 방식으로 산불을 진압하려 한다. 업계에서 비즈니스 모델 혁신의 불꽃이 치솟는 조짐이 보이면 즉시 화재경보를 발령한다.

산불과 파도 중 어떤 비유가 더 정확할까? 둘 다 맞다. 그리고 둘 다 아닐 수 있다. 특수상대성 이론에서 아인슈타인은 빛이 입자와 파동의 두 가지 성질을 지니고 있다고 했다. "때로는 입자 이론을 사용해야 하지만 또 때로는 파동 이론을 사용해야 할 때가 있는 듯하다"고 하면서 "어떨 때는 둘 중 아무 이론이나 사용해도 되지만…… 현실은 서로 모순된 두 장의 그림이다. 개별 이론으로는 빛의 현상을 완벽하게 설명하지 못하지만 둘을 합치면 설명이 된다"고 했다.[22] 이와 비슷하다. 디지털 디스럽션도 무작위적인 산불, 그리고 예측 가능한 해일, 두 가지 모드로 작용한다. 또한 산불이냐 해일이냐 관점은 보는 이가 기존 기업인가 신생 기업인가에 따라 달라진다. 그런 점에서 이제는 신생 기업, 즉 디스럽터의 관점에서 파괴적 혼란의 예측 가능성에 대해 얘기하겠다.

파괴적 혼란을 불러온 3개의 물결

[첫 번째 물결, 언번들링]

한 업계 또는 인접한 몇몇 업계에서 전문화된 유망한 디지털 비즈니스 모델이 등장한 사례는 많다. 그런데 어떤 때는 그보다 더 광범위하고 더 거센, 누구나 알아볼 수 있는 디지털 파괴의 물결이 일어나 다른 업계로 확산되기도 했다.*

현재까지 인터넷에서는 세 번의 큰 물결이 닥쳤다.** 첫 번째 파도는 언번들링unbundling(업계에 따라 묶음 해체, 분해, 개별화 서비스, 개별 가격 매기기, 망 세분화로 부르기도 함-옮긴이)이다. 이는 1990년대 중반에 시작됐고 학자들의 많은 토론을 불러일으켰다.[23] 인터넷은 디지털 매체이기 때문에 처음 인터넷에 뛰어든 기업들은 대개 텍스트, 이미지, 음악, 광고, 미디어 콘텐츠 등 디지털화된 콘텐츠를 판매하는 회사였다. 전통적으로 미디어 회사는 콘텐츠를 번들링bundling 또는 묶음 판매 방식으로, 고객이 각 콘텐츠를 개별적으로 구입할 때 드는 비용보다 싼 가격으로 판매해 고객을 위한 가치를 창출했다. 그리고 전체적으로는 소비자가 묶음에 포함된 제품을 모두 사용하지 않더라도 더 많은 제품을 구입할 수 있기 때문에 회사는 번들링을 통해 가치를 확보했다.

---

* 예를 들면 크라우드소싱(crowdsourcing), 역경매(reverse auctions), 유저 커뮤니티(user communities), 분할 소유(fractional ownership) 같은 것이다.

** 파도와 마찬가지로 디지털 디스럽션의 물결도 하나씩 순차적으로 밀려왔다. 하지만 파도와는 달리 새로운 물결이 밀려와도 앞 물결은 사라지지 않는다.

〈뉴욕타임스New York Times〉 같은 종이 신문도 과거에는 뉴스 기사, 광고, 레스토랑 평가를 포함하는 콘텐츠 묶음이었다. 인터넷은 구글, 크레이그리스트Craigslist, 옐프 같은 기업이 각 유형의 콘텐츠를 전문화할 수 있게 했고, 따라서 신문을 분리할 수 있게 됐다.[24] 케이블 TV 역시 채널 묶음을 판매한 경우다. 그러다 묶음 해체라는 첫 번째 물결을 타고 훌루Hulu, 소니, HBO가 케이블 채널 패키지를 단일 텔레비전 채널 또는 시리즈로 번들 해체했으며, 애플Apple의 아이튠즈iTunes는 TV 시리즈를 한 번에 하나씩 구매하고 소비할 수 있는 단일 에피소드로 분리했다.

인터넷 덕분에 자유를 얻은 언번들링은 신문과 케이블 TV에만 머무르지 않았다. 음악 업계에서는 EMI 같은 회사가 여러 노래를 CD에 담아 판매함으로써 오랫동안 콘텐츠 접근을 통제하고 있었다.[25] 아이튠즈 같은 디지털 서비스는 소비자가 노래를 개별적으로 구입하게 함으로써 CD를 분해했다.[26] 미국의 대표적인 출판사 맥그로힐McGraw-Hill은 학생들이 개별 장章만 읽고 싶어하는데도 전체 교과서를 구매하게 만들었다. 아마존은 사용자가 전자책 단말기 킨들Kindle을 통해 필요한 장을 하나씩 구입할 수 있게 해 교과서 묶음을 해체했다.

각 사례에서 보듯 디지털 파괴자는 온라인으로 콘텐츠를 배포하고 사람들이 소비하고 싶어하는 것만—그것이 전체 콘텐츠의 극히 일부라도—전달할 기회를 포착했다. 전체적으로 소비자들은 예전보다 적은 양의 콘텐츠를 구입했다. 하지만 그건 소비자가 예전보다 콘텐츠를 소비하는 양이 줄었기 때문이 아니라 마침내 생애 처음으로 원하는 만큼만 콘텐츠를 구매할 기회를 얻었기 때문이었다. 새로운 판매 방식의 전개는 소비자들에게 즐거움을 선사했다. 하지만 뉴욕타임스, EMI, 맥그로힐의 교과서 출판 부문 등 기존 업체들의 매출을 대폭 감소시키면서 묶음 콘텐츠를 판매하는 회사를 혼란에 빠트렸다.[27]

기존 기업 중 일부는 혁신의 물결에서 살아남았지만 끝내 버티지 못하고 휩쓸려간 기업도 있었다. 뉴욕타임스는 디지털 구독 비즈니스를 성공적으로 구축해 손실의 일부를 만회했음에도 1999년에서 2016년까지 광고 수익이 50퍼센트나 감소했다.[28] EMI 레코드의 매출은 1996년을 기점으로 15년이 지나자 3분의 1이 감소했다. 나중에는 은행에 인수되었다가 산산조각 난 후 결국 매각되었다.[29] 맥그로힐의 교육 부문은 2005년에서 2016년 사이에 매출의 3분의 2를 날렸다. 2013년 이 부문은 재무 정보 및 미디어 비즈니스에서 분리되어 나갔다.[30]

[두 번째 물결, 탈중개화]

1990년대 후반에 이르자 언번들링을 통해 수익성 확보가 가능했던 온라인 콘텐츠는 대부분 해체되거나 분해되었다. 비즈니스 모델 혁신의 첫 번째 물결인 언번들링은 새로운 물결, 즉 재화와 서비스의 탈중개화disintermediation에 길을 내주기 시작했다. 언번들링은 소비자에게 일대일 맞춤 제품이나 서비스 제공을 가능하게 했고,

이는 콘텐츠 제작자와 배포자가 개별 콘텐츠를 최종 소비자에게 직접 판매하는 것이 유리한 상황을 조성했다. 콘텐츠뿐 아니라 다양한 산업 분야에서 서비스 제공 업체는 중요한 사실을 깨달았다. 인터넷이 더 저렴한 비용으로 더 많은 사람에게 노출될 수 있는 통로로서의 잠재력이 있음을 알게 됐고, 더더욱 중개인을 거래에서 제외시켰다.[31]

예를 들어 인터넷이 등장하기 전에는 많은 이들이 항공권, 숙박 등을 예약하기 위해 여행사를 이용했다. 여행사 비즈니스는 서비스를 판매만 했지 생산하지는 않았다. 여행사는 중개인으로만 활동하면서 다른 서비스 제공 업체(예를 들면 호텔, 항공사, 렌터카 회사)의 고객을 확보했다. 고객은 자신이 원하는 방식대로 여행을 떠날 수 있는 유일한 창구가 여행사밖에 없다고 생각했다.

인터넷이 부상하면서 여행사는 여행 옵션에 대해 지역 독점권을 누리지 못하게 되었다. 고객은 여행사를 거치지 않고도 서비스 제공 업체를 이용해 스스로 예약할 수 있게 된 것이다. 현지 관광 가이드의 웹사이트에 접속만 하면 타고 갈 비행기, 묵을 호텔, 전체 투어를 온라인으로 예약할 수 있다.[32] 금융 서비스 업계에도 이와 비슷한 탈중개화 물결이 일었다. 예를 들면 웹사이트가 등장하면서 투자자가 중개인이나 자문해주는 사람 없이도 주식을 사고팔 수 있게 된 것이다.[33]

언번들링과 달리 탈중개화는 디지털 서비스와 실제 서비스 제공 업체 모두에게 영향을 미쳤다. 홈 비디오(넷플릭스로 인해 혼란에 빠짐), 주택 개조(빌드디렉트BuildDirect에 의해 혼란에 빠짐)에서 데이트 서비스(이하모니eHarmony에 의해 혼란에 빠짐)에 이르기까지 훨씬 더 많은 산업에 영향을 미쳤고, 따라서 영향력도 더 컸을 것이 분명하다. 탈중개화라는 해일은 2000년대에 시장을 완전히 덮쳤다가 2010년이 되자 점차 빠져나가기 시작했다. 탈중개화된 기존 기업 입장에서는 어떻게든 살아남아 적응하는 방법 말고는 다른 길이 없었다.

[세 번째 물결, 디커플링]

그런데 파괴적 혼란이 또다시 닥쳐오고 있다. 2012년 나는 비즈니스 모델 혁신의 세 번째 물결이 곧 밀려들 것을 알았다. 가장 혁신적인 회사들은 더 이상 제품의 묶음 해체나 서비스의 탈중개화를 통해 고객 행동을 변화시키는 방식에 동참하지 않았다. 그보다는 고객이 평소 쇼핑 중에 정상적으로 수행하는 특정 활동들을 '분리'하는 식으로 고객을 빼앗아가고 있었다. 1장에서 보았듯이 버치박스는 제품 테스트 활동을 구매 활동에서 분리했다. 아마존은 제품 구매와 탐색을 분리했다. 투로는 자동차 구매와 자동차 사용을 분리했다. 이 최신 유형의 물결은 콘텐츠와 서비스를 판매하는 회사 외에도 미용 제품, 전자 제품, 자동차 같은 물리적인 제품을 판매하는 회사에도 피해를 입히고 있었기 때문에 이 파도의 파괴력은 어쩌면 이전의 파도보다 훨씬 더 컸다.

세 번째 디지털 물결은 고객의 가치사슬 전반에 걸쳐 파괴적 혼란을 일으킨다는 점에서 이전의 두 물결과 달랐다. 첫 번째 물결인 언번들링은 주로 제품 수준에서 그리고 소비 단계에서 발생했다. 예를 들자면 일부 소비자는 신문 기사만 읽고 다른 소비자는 광고만 봤다. 두 번째 물결인 탈중개화는 공급 사슬 내에서 발생했다(예를 들어 제지업체를 우회해서 펄프를 신문사에 직접 판매하는 셀룰로오스 회사). 디커플링 역시 중요한 연결고리를 무너뜨렸다는 점에서는 동일하지만 이번에는 제품이나 공급 사슬 단계가 아닌 고객 활동 단계를 무너뜨린다는 점에서 달랐다(그림 2.1 참조).

혁신적 기업에 대한 연구를 이어가던 나는 신생 기업이 자행한 디커플링이 다양한 산업에 걸쳐 여러 기존 기업을 혼란에 빠뜨리고 있던 사실을 깨달았다. 디커플링은 어느 한 업계에서만 발생하는 현상이 아니었다. 1장에서 언급했듯이 내가 대화를 나눴던 혁신 기업

[그림 2.1] 디커플링이 다른 두 유형의 디지털 디스럽션과 다른 점

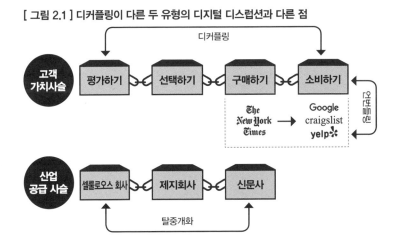

의 기업가들은 자신이 '디커플링'을 하고 있다는 사실조차 알지 못했다.[34] 이들은 충족되지 않은 소비자 욕구를 감지하고 그저 직관적으로 이를 만족시키기 위해 온 힘을 다했을 뿐이었다. 그 과정에서 그들은 기존 회사에서 빠르게 고객을 훔쳐가고 있었다.

마찬가지로 내가 인터뷰한 포시즌스 호텔Four Seasons Hotels, 쇼핑몰 개발운영업체 웨스트필드Westfield, 디즈니, 파라마운트 픽처스, 마이크로소프트 같은 대기업의 경영진은 '디커플링'을 일반적인 접근방식으로 받아들이지 못했다. 그들은 주변 곳곳에서 발생하는 파괴적 혼란을 지켜보았고 자기가 일군 기존 사업이 이미 포위당했거나, 아니면 곧 공격을 받게 될 것을 우려했다. 근본 원인을 알지 못한 상태에서 허둥지둥 표면적 대응에 나섰지만 그 결과는 허무하기만 했다.

버핏은 왜 수익성이 낮은 자동차 딜러 회사를 인수했을까

디커플링의 중요성이 부각되는 일부 분야에서는 여러 신생 기업들이 고객 가치사슬에서 동일한 활동을 분리하기 위해 애를 쓰고 있다. 그만큼 잠재 시장 규모가 막대해졌다는 뜻이다. 이렇게 시장이 혼잡해지자, 신생 기업들은 다른 신생 기업과 차별화하기 위해 약간씩 다른 방식으로 분리를 실행했다. 그리고 이 상황은 한 산업 또는 한 부문 내에서 일명 '파급' 효과를 일으켰다.

자동차 산업을 예로 들어보자. 전통적으로 사람들은 주요 자동차 회사를 대표하는 현지 딜러로부터 개인 자동차를 구입했다. 운전자는 자동차 구입 비용 외에도 유지 보수, 연료, 보험 비용을 부담해야 했다. 한편 자동차 딜러들은 반짝이는 신형 자동차를 원가에 마진을 더한 가격으로 판매해 큰 이윤을 남겼다. 1999년 기준, 미국의 자동차 딜러는 평균적으로 신차를 판매해 수익의 40퍼센트를 벌어들였다.[35]

이제 그런 시대는 끝났다. 자동차 딜러는 자동차 판매로 수익을 거의 내지 못한다. 자동차 판매에서 얻는 수익은 전체 순이익의 10퍼센트 미만에 불과하다. 오히려 순이익의 67퍼센트를 차지하는 금융, 보험, 추가 보증, 유지 보수 판매에서 수익을 낸다.[36] 자동차 딜러 시스템은 진화했다. 현재는 자동차 판매점이 아니라 금융 서비스를 판매하는 은행과 훨씬 더 유사하다고 할 수 있다.

세계적인 투자자 워런 버핏Warren Buffett이 2014년부터 개인이 소유한 대형 미국 자동차 딜러 회사들을 인수하겠다고 발표하자 전 세계 투자자는 놀라움을 금치 못했다.[37] 자동차 딜러는 수익성이 높은 비즈니스가 아니었기 때문이다. 하지만 버핏에게는 자동차 딜러의 수익성이 중요한 게 아니었다. 지역 및 전국의 자동차금융은행auto financing banks(예를 들면 버크셔 해서웨이 오토모티브Berkshire Hathaway Automotive), 보험회사(예를 들면 제이코Geico), 자동차 보증 보험(예를 들면 어플라이드 언더라이터즈Applied Underwriters)에 투자하고 있는 버핏은 자신이 거느린 다른 회사들을 위해 또 다른 판매 통로를 확보할 기회를 포착한 것이다. 다른 한편으로는, 버핏 본인이 직접 관리하지 않을 경우 자동차 딜러 업계의 혁신이 자신에게 안 좋은 결과를 불러올 것이란 사실을 예상할 만큼 영리했다고 할 수 있다.

이 모든 비즈니스 모델 혁신이 소비자에게 미친 영향은 엄청났고, 이 와중에 자동차 구매자가 떠안는 경제적 부담은 커져갔다. 차량 구입 비용에 더해, 무게가 1.5톤에 이르는 자동차라는 기계를 소유하고 운전하는 데 더 많은 비용을 지불해야 했다. 다행스럽게도 이런 고객들을 위해 기업들이 해결책을 들고 나왔다. 모두 디커플링의 변형된 유형을 기반으로 하는 다양한 솔루션을 들고 뛰어들었다.

앞에서도 언급한 집카를 비롯해 엔터프라이즈 카셰어Enterprise's CarShare, 기그Gig 같은 주문형 자동차 렌털 회사들은 운전자가 계약하거나 예약하지 않아도 자동차를 사용할 수 있게 해준다. 집카 사용 비용은 짧은 시간, 몇 시간 정도 사용하기에 적당하다. 하지만 그보다 더 오래 차를 쓰고 싶다면 어떡해야 할까? 운 좋게도 투로(예전 릴레이라이즈RelayRides) 같은 차량 공유 회사를 이용하면 차가 없는 사람이 P2P 모델을 통해 개인 자동차 소유자로부터 직접 차를 렌트할 수 있다.[38] 주말처럼 긴 기간 이용하고 싶다면 투로의 가격이 집카보다 더 합리적이다. 물론 저렴한 비용으로 혜택을 누릴 수 있다는 점에서 편의성은 포기해야 한다. 이렇게 차량 공유 서비스를 제공하는 기업들은 자동차 구매하기와 운전하기 사이뿐만 아니라 자동차 운전하기와 유지하기의 연결고리를 파괴했다.

자동차 업계 파괴자의 다음 세대는 라이드 헤일링 비즈니스다. 우버, 리프트, 커브Curb(라이드 헤일링에 대응하기 위해 보스턴 택시Boston Taxi가 내놓은 앱) 같은 라이드 헤일링 비즈니스는 한 단계 더 나아가 자동차 운전하기와 이동하기를 분리했다. 이들은 개인 자동차 소유자가 특정 지역으로 이동하고 싶은 사람에게 이동 서비스를 제공하고 적정 수수료를 받게 하는 플랫폼을 제공했다. 이전에는 면허가 있는 택시나 리무진만 이용해야 했기 때문에 고객의 서비스 사용이 제한적이었다. 우버와 리프트가 내놓은 분리 모델은 짧은 이동을 원하는 소비자에게 경제적인 면에서 유용했다.

장거리 여행을 원하는 사람들을 위해 프랑스의 스타트업 블라블라카BlaBlaCar는 라이드 셰어링 모델을 채택했다.[39] 블라블라카는 비용 대비 효율적인 장거리 이동을 함께할 수 있게 목적지가 같은 운전자와 탑승자를 연결하는 플랫폼을 제공한다. 버스를 탈 때와 마찬가지로 고객은 정해진 일정에 맞춰 좌석을 구입하면 되는데 다만 승객과 운전자가 알아서 시간, 날짜를 조정하는 방식이기 때문에 승객은 저렴한 비용을 위해 어느 정도의 편의를 희생할 수밖에 없다.

미국의 신차 판매 규모(2015년 기준 570억 달러)와 승용차 시장 전체 규모를 감안할 때 디커플링 모델의 세분화는 앞으로도 계속될 것이며, 다른 시장에도 파급 효과를 일으킬 것으로 보인다(그림 2.2 참조).[40]

[그림 2.2] 자동차 산업에서의 디커플링 세분화

	운전하기	승객으로 탑승하기
단시간/단거리	zipcar.	UBER lyft curb
장시간/장거리	TURO	BlaBlaCar

트로브와 클라르나, 기술이 아닌 모델이 이룬 혁신

[모바일 보험 중개사, 트로브]

대부분은 디커플링으로 업계에 파괴적 혼란을 불러온 신생 기업들의 성공 요인이 혁신적 기술 활용에 있다고 생각하기 쉽다. 결국 우버, 아마존, 버치박스 모두 기술 기업이니까. 그런데 정말 그럴까? 나는 이 회사들에 직접 연락해서 그들이 개발하고 활용하는 새로운 기술에 대해 알아보았다. 그 결과 이들의 초기 성공이 새롭고 혁신적인 기술보다는 비즈니스 모델 혁신 덕분임을 확인할 수 있었다. 내 생각처럼 구글을 포함해 누구나 인정하는 '기술' 회사들도 초기에는 완전히 새로운 기술을 발명하기보다 새로운 사업 모델을 발명하거나 완성했다고 주장하는 사람들이 있다.[41] '실질적인' 파괴력은 바로 이런 종류의 혁신에 있었다는 것이다. 그 점을 설명하기 위해 사람들이 잘 알지 못하는 사례 몇 가지를 살펴보겠다.

2012년에 설립된 트로브Trov는 사용자가 개별 물품을 일정 기간 보험에 들 수 있게 하는 모바일 앱으로 보험 업계에 파괴적 혼란을 일으키고자 했다.* 종래의 보험회사 계약과 달리 트로브 사용자는 모든 소유물을 보장하는 연간 계약을 체결할 필요가 없다.[42] 그런데 고객들은 왜 이것에 관심을 보일까? 당신이 열흘 동안 브라질에 가 있을 계획이며 최근에 산 캐논 카메라를 보험에 가입하고 싶다고 하자. 이때 트로브 앱에서는 카메라만 열흘 동안 보험에 가입할 수 있다. 또한 일단 당신이 보험에 가입하고 싶은 모든 소유물에 대해 정보를 제공하고 나면 언제나 버튼 터치 하나로 보험을 가입하거나 해지할 수 있다. 트로브 앱은 일련의 위험 요인을 고려해 책정 보험료를 고객에게 즉시 제공한다. 그리고 카메라의 고장, 도난, 분실이 발생하면 고객은 보험사 직원과 연락할 필요 없이 앱을 이용해 보험금을 바로 청구할 수 있다.

전통적인 방식으로 보험에 가입하려면 보통 7단계로 이루어진 가치사슬을 거쳐야 한다. 먼저 귀중품을 구입하고, 보험에 가입할 필요성을 느끼고, 다양한 보험사를 알아보고, 한 군데 이상의 보험사에 견적을 요청한 다음, 보험사가 관련 서류를 작성해서 보내주길 기다린 후, 연 단위 보험을 계약하고, 최종적으로 보험을 해지한다. 그런데 트로브는 고객이 견적 요청(즉 보험 켜기)과 계약서 작성을 분

---

* 트로브는 보험을 묶음 해체할 뿐만 아니라 분리도 한다는 점에서 특이한 사례이다. 묶음 해체는 개별 물품 보험 판매를 통해 발생한다.

리했다. 또한 연 단위 보험 구입하기와 해지하기(즉 보험 끄기)를 분리시켰다.

이러한 디커플링 방식은 소비자에게 인기를 끌었다. 얼마나 인기가 좋았는지 이 글을 쓰는 시점 기준으로 트로브는 다섯 번의 모금을 통해 총 4,630만 달러의 투자금을 유치했다.[43] 밀레니얼 세대는 쉽고 편리한 솔루션을 찾고 있으며 트로브의 모델이 그 가치를 창출할 수 있는 한 가지 방법이라고 생각한다. 트로브는 고객이 아닌 보험회사에서 가치의 일부를 다시 확보한다. 트로브와 제휴를 맺은 주요 보험사가 상품을 인수하면서 고객이 지불하는 보험료 중 일부를 트로브에게 제공하기 때문이다. 본질적으로 트로브는 1년이라는 약정 기간을 정하지 않으면서 하루 24시간 즉각적으로 보험을 제공하는 미래의 보험 대리인이라 할 수 있다.

아무리 살펴봐도 트로브는 기술 회사처럼 보인다. 기술이 트로브의 성공에서 중요한 역할을 하긴 하지만 선두적인 역할을 담당하지는 않는다. 트로브가 모바일 앱에 의존하는 것은 사실이지만 이 기술은 특별한 기술이 아니라 여느 기존 기업이나 신생 기업도 사용할 수 있는 기술이다. 실제로 상용 소프트웨어나 특별 주문 소프트웨어, 기본 알고리즘을 포함해 트로브가 사용하는 모든 기술은 트로브가 시장에 진출할 당시 시장에서 이미 표준화되어 있었고 누구나 사용 가능했다.

트로브는 분명 시장을 강타했다. 트로브가 신생 기업으로서 단일 제품 기준으로 위험을 평가할 수 있는 보험 통계 모형actuarial model

을 활용했다는 점도 유리하게 작용했겠지만 진정으로 유리한 위치를 확보하는 데는 혁신적인 비즈니스 모델이 주요 요인으로 작용했다. 트로브는 일반화된 표준 기술을 이용해 고객에게 서비스를 제공했다. 포화 상태인 시장에서 디커플링을 기반으로 구축한 새로운 비즈니스 모델이 트로브를 우뚝 서게 한 것이다.

[온라인 결제 서비스의 혁신, 클라르나]

이는 트로브에게만 해당하는 이야기가 아니다. 온라인 결제 업계를 생각해보라. 온라인 쇼핑은 쉬워 보일 수 있지만 어떤 면에서는 결코 쉽지 않다. 일반적인 온라인 쇼핑 가치사슬은 적어도 9단계로 이루어진다. 전자 소매 업체 사이트에 접속하기, 제품 검색하기, 제품 선택하기, 가상 쇼핑 바구니에 제품 담기, 웹사이트 로그인하기 또는 계정 가입하기, 신용카드 정보 입력하기, 배송 주소 입력하기, 기타 운송 옵션 선택하기, 마지막으로 구매 확인하기이다. 처음 몇 단계는 쉬운 편이지만 결제 정보를 작성해야 하는 단계에서 많은 사람들이 구매를 포기하고 두 손을 든다. 평균적으로 온라인 구매자의 69~80퍼센트가 구매를 완료하기 전에 바구니에 담은 제품을 포기한다는 주장이 있을 정도다.[44]

2005년에 설립된 스웨덴의 온라인 결제 서비스 업체 클라르나 Klarna를 들여다보자.[45] 이 회사는 개인이 신용카드를 소지하고 있어야 하는 부담, 온라인 거래를 할 때마다 결제 정보를 입력해야 하는 부담을 제거함으로써 전자상거래 소매 업체에서의 결제 과정을 간

편하게 만들었다. 클라르나와 제휴를 맺은 온라인 소매 업체에서 물건을 구입하는 사람은 이메일 주소와 우편번호만 입력하면 된다. 나머지는 클라르나가 알아서 처리한다. 클라르나는 판매가 발생하면 소매 업체에 즉시 물품 비용을 지급한다. 그다음 구매자에게는 2주 후에, 또는 구매자가 물건을 수령한 후 구매를 확정한 후에 비용을 청구한다. 클라르나는 실제로 단기 금융을 제공하는 셈이며, 고객이 아니라 온라인 상거래 업체에 수수료를 부과하는 방식으로 가치를 확보한다(클라르나는 전자상거래에서 발생하는 위험과 마찰을 줄여줄 뿐 아니라 구매 단계에 이르기 전에 포기하는 고객의 이탈을 막아 업체의 매출 손실을 방지해주기 때문에 수수료가 정당하다고 주장한다). 따라서 클라르나는, 특히 신용카드 정보 입력 문제에 관한 한, 결제 행위와 구매 행위를 분리시킨 사례이다.

스웨덴에서 클라르나는 대형 은행, 글로벌 신용카드 회사, 견고한 지위를 확보한 통신 사업자가 지배하던 결제 업계를 혼란에 빠뜨렸다. 2016년 기준, 스웨덴 전체 전자상거래 매출의 약 40퍼센트가 클라르나를 통해 이루어졌다. 클라르나는 벤처캐피털 투자를 통해 3억 3,200만 달러를 유치했으며 23억 달러에 이르는 가치를 지닌 것으로 판단된다.[46]

트로브와 마찬가지로 클라르나 역시 획기적인 기술로 성공을 거둔 것이 아니다. 클라르나의 성공은 타의 추종을 불허하는 새로운 알고리즘이나 최첨단 고객 인터페이스 덕분이 아니었다. 클라르나가 활용한 기술은 누구나 쉽게 접근하고 누구나 쉽게 사용할 수 있는 것이었다. 그럼에도 클라르나가 결정적인 이점을 누릴 수 있었던 이유는 업계에서 이전에 생각하지 못한 비즈니스 모델, 즉 그 핵심에 디커플링을 담은 비즈니스 모델 덕분이었다.

[기술은 혼자 힘으로 시장을 파괴하지 않는다]

앞 장과 이번 장에서 언급한 디지털 파괴자들의 대부분은 획기적인 기술에 의존하지 않았다. 물론 우버와 블라블라카 같은 스타트업은 고객을 위한 더 많은 앱, GPS와 연계된 지도, 온라인 일정관리 도구를 필요로 했다. 또한 버치박스와 트로브는 자사만의 앱을 개발했다. 그리고 클라르나가 고객 신용을 평가할 수 있는 알고리즘이 필요했던 것도 맞다. 하지만 이 기업들이 설립되었을 때는 이들이 사용한 디지털 기술이 널리 퍼진 상태였고 기존 기업은 물론 다른 신생 기업들도 그 기술을 사용할 수 있었다. 이들이 사용한 기술 대부분은 이미 표준화된 기술로 간주되었다.

가치를 창출하고 확보함에 있어 디지털 기술이 중요한 역할을 하는 비즈니스 중 상당수는 비즈니스 모델에서 핵심 역할을 하는 기술을 새롭게 개발하지 않았다. 그런 점에서 사실상 기술 회사가 아니다(내가 사례연구를 발표하기 위해 방문했던 디즈니를 생각해보라). 일반적으로 내가 말하는 디지털 비즈니스는 고객을 확보하고 제품 및 서비스를 제공하는 통로로 인터넷(웹, 모바일 앱 등)을 사용하는 영리 조직을 뜻한다. 디지털 회사는 본질적으로 혁신적 기술의 '개발자'가 아니라 '사용자'이며 이는 중요한 차이점이다. 애플, 테슬라,

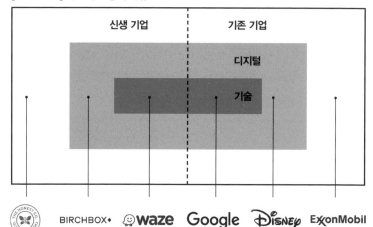

[그림 2.3] 비즈니스 형태 분류

신생 기업   기존 기업

디지털

기술

BIRCHBOX◆   waze   Google   DISNEY   ExxonMobil

아마존의 일부 부서, 그리고 알파벳Alphabet은 기술 혁신 기업이다. 하지만 이 기업들은 디지털 경제에서 예외적인 경우다. 전반적인 이해를 위해 디지털 비즈니스를 전체 비즈니스의 일부로 본다면 기술 기업은 디지털 비즈니스의 일부라고 할 수 있다(그림 2.3 참조).*

기술 혁신 기업 중에는 디지털 공간에서 비즈니스를 하지 않는 회사도 일부 있다. 하지만 이런 기업들은 이 책의 관심 대상이 아니다.

디지털 회사와 '순수' 기술 회사를 구분하면서 디지털 회사가 덜 가치 있고 덜 혁신적이라고 말하는 건 절대 아니다. 그보다는 혁신

---

* 솔직히 말하자면 그림 2.3에 표현한 이런 식의 비즈니스 형태 분류가 현실에서는 다소 명확하지 않은 면이 있다. 그럼에도 편의적으로나마 이렇게 정의를 해놓으면 개념을 이해하는 데 도움이 된다.

의 원천이 다를 뿐이다. 내가 지금까지 소개했던 트로브, 클라르나, 그리고 디커플링을 기반으로 하는 여러 사례 기업의 대부분은 파괴력의 원천을 비즈니스 모델 혁신에 두고 있다. 가치를 창출하고 확보하는 새로운 방법은 이런 신생 기업을 경쟁우위에 올라서게 한 힘의 핵심이며 이들이 자본을 이용하고 고객을 확보할 수 있게 하는 중요한 역할을 한다.

잠시 디커플링은 잊고 라이언에어, 코스트코, 자동차 딜러처럼 기술 혁신을 주 원동력으로 삼지 않고도 시장을 파괴한 조직을 생각해보라. 이들 역시 업계에 일반적이었던 비즈니스 모델에 중요한 변화를 꾀했고 이를 밑바탕으로 성공을 구축했다. 비즈니스 모델 혁신은 시장 수준의 급격한 변화를 이끌어내는 강력한 힘이며 때로는 기술보다 더 강력한 힘을 발휘한다. 약 15년 전, 짐 콜린스Jim Collins가 그의 저서《좋은 기업을 넘어 위대한 기업으로Good to Great》에서 표현했듯이 "기술은 추진과 성장의 가속 장치이지 절대 생성 장치가 아니다."47 콜린스는 큰 성공을 거둔 28개 회사를 연구한 후에 "기술은 그 자체만으로 흥망성쇠의 주원인이 될 수 없다"는 결론을 내렸다.

버클리 경영대학원 데이비드 티스 교수 역시 세상이 주목한 놀라운 신기술이었으나 최초의 개발자들에게 성공을 안겨주지 못한 사례를 다수 제시했다. 제록스Xerox는 처음으로 개인용 컴퓨터를 발명했지만 실패했고, EMI도 CAT 스캐너를 발명했지만 실패했고, 코닥 역시 디지털 카메라 기술을 개발했으나 시장에서 성공을 거두지 못했다.

　이들 모두는 기술과 관련하여 중대한 교훈을 시사한다. 기존 기업을 앞으로 끌고 나가줄 적절한 비즈니스 모델 부족도 이들 기업의 실패 원인 중 하나임을 기억해야 한다. 티스의 말을 빌리자면 "기술은 혼자 힘으로 시장을 파괴하지 않는다. 그런 일은 거의 없다."[48]

과연 당신이 만든 레모네이드 탓일까

[줄을 선 고객에게 무엇을 팔 것인가]

　지금까지 보아온 것처럼 비즈니스 모델은 시간이 지나면서 진화를 거듭하고 복잡성을 더해갔다. 이는 자연스러운 현상처럼 보인다. 시장이 발전하고 성장하면서 경쟁사와는 다른 독특한 비즈니스 모델 수가 증가하고, 또 그 모델은 스스로 개선되고 구체화되면서 서로 차별화를 이룬다. 비유하자면 다음과 같다.

　어린아이들이 작은 가판대를 설치하고 레모네이드를 파는 모습을 상상해보라. 예전부터 내려오는 단순한 모델이다. 아이들은 보조금(즉 부모에게서 공으로 얻은 돈)으로 레모네이드를 만들고 거기에 웃돈을 붙여 앞마당에서 판매한다. 미국 전역에서 동네 아이들이 이 모델을 내세우며 앞다퉈 경쟁에 뛰어들었다.

　오늘날 많은 산업에서는 이렇게 단순한 레모네이드 판매 방식으로 성공을 거두는 사례를 찾아보기 힘들다. 레모네이드 회사는 차라리 원가 이하 가격으로 레모네이드를 무료로 나눠주어 고객들이 자리를 뜨지 않고 길게 줄을 서도록 만든다. 코스트코 방식과 유사하다. 기업들은 마치 항공사 라이언에어가 하듯 기다리는 고객들에게 간단한 식사거리나 화장실 특전 같은 일종의 '애드온'을 판매한다. 알짜 이익은 거기에서 나온다.

아니면 이런 방법도 있다. 레모네이드 회사는 밴드를 고용해 고객들 앞에서 연주를 하게 하고, 밴드에게는 회사가 잡아놓은 청중(고객) 앞에서 연주하고 홍보할 기회를 제공한 대가로 돈을 요구할 수 있다. 신생 미디어 기업들이 활용하는 방식이다. 또는 자동차 딜러가 하듯 자리에 모인 고객들에게 '갈증 해소를 보장하는' 보험과 보장 계약을 판매할 수도 있다. 갈증 해소를 보장하는 보험을 팔다니, 이 무슨 말도 안 되는 소리인가 생각할 수 있다. 하지만 당신 업계 주위를 한 번만 둘러보라. 이와 똑같은 현상이 벌어지고 있음을 알게 될 것이다.

이렇게 급속하고 극단적인 비즈니스 모델 혁신이 기존 기업의 눈에는 위압적으로 비칠 수 있다. 하지만 주눅 들 필요는 없다. 비즈니스 모델 혁신이 시장을 어떻게 주도하는지 제대로 이해하기만 하면 기존 기업도 전에 없던 힘을 얻을 수 있다. 만약 당신이 혁신을 주도하는 주체가 기술이라 믿는다면 실리콘밸리에서 일하는 남다른 혜안을 지닌 사람들 덕분에 발전과 개선이 이루어진다고 생각할 것이다. 실리콘밸리를 이끄는 사람들은, 마치 계몽주의자처럼, 정교한 기술에 대해 누구보다 뛰어난 이해와 깨달음을 얻었다고 주장하면서 당신에게 이달의 최신 기술을 팔아넘길 것이다. 당신은 어떻게든 이런 기술 분야의 선구자들이 지닌 지혜를 이해하고 활용하기 위해 모든 노력을 기울일 것이다.

하지만 그와 반대로 비즈니스 모델 혁신을 통한 디스럽션(디커플링이라는 비즈니스 모델 혁신의 특정 형태를 포함해)은 비즈니스맨이라면 어디서나 쉽게 이용할 수 있다. 회사 임원인 당신은 이미 비즈니스 모델에 대해 알고 있다. 학교에 다니면서 또는 경력을 쌓아오면서 비즈니스 모델을 분석하는 법을 배웠다. 우리가 디지털 시대에 경쟁을 한다고 해서 반드시 기술에 대해 지금보다 훨씬 더 심층적인 전문 지식을 습득할 필요는 없다. 오히려 기본으로 돌아가 어떻게 기업이 수익을 창출하는지, 어떻게 당신의 비즈니스가 새로운 수익을 올릴 수 있는지에 대해 돌아보아야만 한다.

[잠시 잊어야 할 3가지: 제품, 신기술, 경쟁 스타트업]

웨어러블 기기, 드론, 채팅봇, 사물인터넷, 기계학습, 증강현실, 가상현실 같은 것들은 잠시 잊어버리자. 물론 이 모든 것이 당신 비즈니스에 필요한 기술일 수 있다. 하지만 고위 임원으로서 당신의 역할은 비즈니스 측면을 이해하는 것이다. 북유럽 국가에서 가장 큰 은행인 노르디아Nordea의 수석 임원 에릭 징마크Erik Zingmark는 "은행(업계)에서 일하는 이유를 절대 잊어선 안 된다"고 말하며 이렇게 덧붙인다. "즉 고객에게 봉사한다는 마음을 잊어서는 안 되며…… 기술적인 면과 앞서나가는 방법에만 집중하면 위험이 따른다. 우리가 하는 일에서 고객 가치가 무엇인지 잊어버릴 수 있기 때문이다."[49] 에릭도 알았을 것이다. 그가 일하는 은행 노르디아가 클라르나에 의해 파괴되고 있다는 사실을.

당신도 마찬가지다. 지나치게 제품에 집중하다가 당신의 비즈니스를 소홀히 하는 일이 없도록 해야 한다. 자사의 오랜 비즈니스 모델에 전적으로 의지하는 기존 기업은 제품을 탓하면서 파괴에 대응하려 한다. 기존 기업의 임원들이 보기에 새로운 레모네이드가 등장해 자사의 고객을 훔쳐가는 이유는 그 레모네이드가 더 맛있기 때문이다. 하지만 더 이상 당신의 레모네이드 탓을 하지 마라.[50] 사실은 신생 기업이 내놓은 레모네이드나 당신 회사의 레모네이드나 맛에 별 차이가 없다. 어쩌면 신생 기업의 레모네이드가 당신의 레모네이드보다 맛이 없을 수도 있다.

알아야 하는 것은, 신생 기업이 대단한 제품을 내세우는 게 아니라 고객을 가로채는 새로운 비즈니스 모델을 사용한다는 점이다. 물론 소규모에다 경험도 없고 자금도 부족하며 잘 알려지지도 않은 신생 기업이 기존 기업보다 훨씬 더 우수한 제품을 생산하는 일도 있기는 하다. 하지만 그런 경우는 아주 드물다. 미시건 대학교 연구원 앨런 아푸아의 주장에 따르면 가장 수익성 높은 비즈니스 모델 혁신과 주요 제품 사이에는 관련성이 거의 없다. 기술이나 제품 혁신으로 이익을 얻고자 해도 여전히 혁신적인 비즈니스 모델이 필요하다.[51]

기술에 집착하면서 오랜 기간을 보낸 후에야 결국에는 정말 중요한 것이 무엇인지 모두가 주목하기 시작한 듯하다. 2004년부터 2016년까지 전 세계적으로 '기술 혁신' 관련 웹사이트를 찾는 구글 검색 횟수는 감소했다(2004년이 기준점 100). 이에 반해 구글 검색어 '비즈니스 모델 혁신'은 증가했다. 그럼에도 아직 갈 길이 멀다. 2016년에도 여전히 '기술 혁신' 검색이 '비즈니스 모델 혁신' 검색보다 10배 더 많았기 때문이다(그림 2.4 참조).

당신이 여전히 회사에 필요한 혁신 기술을 끝없이 찾고 있다면 이제는 바뀌어야 한다. 신기술 걱정에 들이는 시간만큼, 아니 더 많은

[그림 2.4] 2004~2016년 구글 검색 기준, 두 가지 유형의 혁신에 대한 관심도

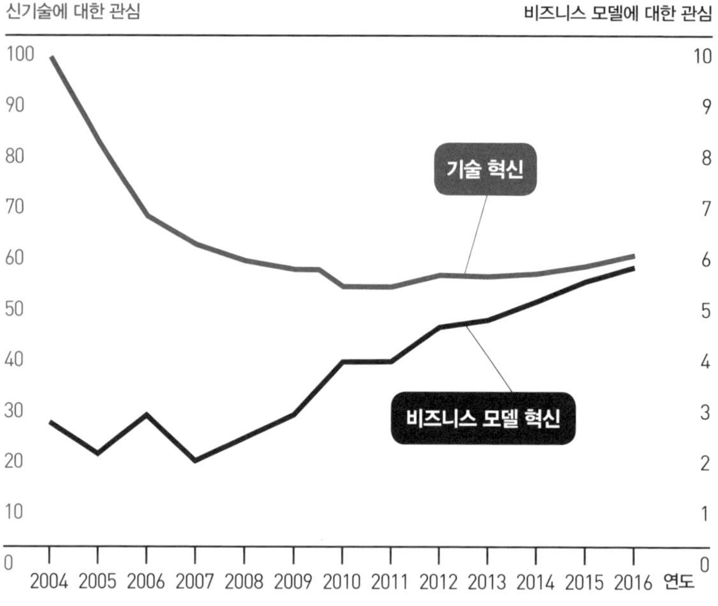

신기술에 대한 관심   비즈니스 모델에 대한 관심

출처: 구글 트렌드(Google Trends).

시간을 회사의 비즈니스 모델을 평가하고 발전시키는 데 투자하라. 결론부터 말하자면 당신이 비즈니스 모델 혁신이라는 새로운 물결에 주목하지 않으면 다른 사람이 먼저 주목할 것이다. 당장 해야 할 일은 자사의 작동하지 않는 비즈니스 모델 구성요소를 이해하는 일이다. 다행히도 모델 전체를 바꿔야 하는 경우는 거의 없다.

　다음 3장에서는 자신의 비즈니스 모델을 어떻게 평가할 것인지, 바꿀 수 있는 부분을 어떻게 찾을 것인지에 대해 신중히 살펴볼 것이다. 분명히 말하지만 당신의 고객을 뺏아갈 가능성이 있는 특정 스타트업을 분석하려 해선 안 된다. 당신의 비즈니스 모델을 평가할 때는 현상의 핵심, 즉 고객이 필요로 하는 것과 원하는 것을 파악하는 일부터 시작히는 것이 가장 중요하나.

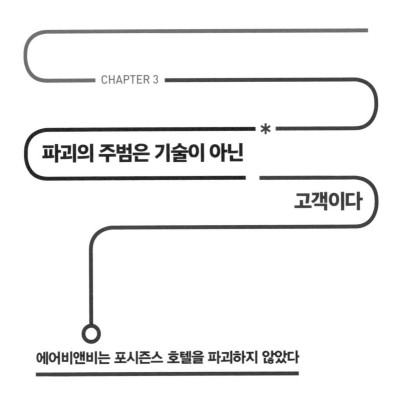

파괴의 주범은 기술이 아닌 고객이다

에어비앤비는 포시즌스 호텔을 파괴하지 않았다

[대형 호텔 체인들이 감지한 고객 트렌드 변화]

이른바 공유 경제에서 가장 유명한 기업 중 하나는 에어비앤비이다. 에어비앤비가 거둔 성공 이면에는 놀라운 이야기가 숨어 있다. 2018년까지 190개국 300만 명이 에어비앤비 플랫폼을 이용해 자신이 소유한 땅이나 방 하나를 하루 단위로 '공유' 또는 임대했다.[1] 에어비앤비에 등록된 방은 전 세계 130개국에 6,700여 개 호텔을 둔 세계 최대 규모의 호텔 체인 매리어트Marriott의 약 3배에 이른다.[2]

에어비앤비의 인기 비결은 디커플링에 있다. 고객 관점에서 볼 때 에어비앤비는 부동산 소유와 사용을 분리한 것이다. 며칠 혹은 일주일 정도 바르셀로나에서 살아보고 싶은 사람이라면 굳이 그곳에 콘도를 구입하지 않고도 즐거운 경험을 할 수 있다. 돈을 내고 다른 누군가가 소유한 콘도를 사용하면 된다. 유사한 품질의 호텔 객실에서 투숙하는 비용보다 에어비앤비를 통해 방을 빌리는 비용이 더 낮은 데다 대부분의 지역에서 에어비앤비는 다양한 숙박 옵션을 제공했다.

바르셀로나를 예로 들자면 사그라다 파밀리아 성당La Sagrada Familia 근처에서 다른 사람과 함께 사용하는 방의 2층 침대 한 칸은 1박당 11달러, 고딕 지구Gothic Quarter 근처 람블라 거리La Rambla의 햇볕이 잘 드는 스튜디오는 1박당 100달러, 도시와 지중해를 한눈에 볼 수 있는 최신식 맨션은 1박당 1만 달러에 빌릴 수 있다. 몇 번의 마우스 클릭만으로 사용자는 특정 도시나 마을에 머물 수 있을 뿐만 아니라 현지인의 생활을 경험할 수 있다. 플랫폼을 개설한 지 10년 정도밖에 안 된 에어비앤비의 시장가치가 자그마치 310억 달러에 이른다는 사실이 그리 놀랍지 않을 정도다.[3]

기존 호텔들은 에어비앤비의 급증세에 어떻게 반응했을까. 궁금했던 나는 포시즌스 호텔 마케팅 담당 수석 부사장 수잔 헬스탭Susan Helstab과 만나 이야기를 나눴다. 헬스탭의 말에 따르면 포시즌스는 에어비앤비가 등장하기 이전 적어도 15년 이상 꾸준히 지속된 어떤 트렌드를 지켜보았다고 한다. 에어비앤비는 이 트렌드를 발판 삼아 업계의 강자로 떠올랐다.

소비자 트렌드의 변화는 2000년대 초반 파리에서 시작됐다. 파리를 처음 방문한 사람들은 주로 호텔에서 머물기를 원했다. 하지만 출장이나 여행으로 여러 번 방문한 경험이 있는 사람들 중 일부는 여행사를 통해 괜찮은 동네에 민박 같은 숙박시설을 구해달라고 부탁하기 시작했다. 가족 여러 명과 여행하는 사람들 역시 다 같이 머물 수 있는 적당한 곳을 찾고 있었다. 가족과 함께 시간을 보낼 수 있는 거실과 다이닝룸이 갖춰진 구조를 전통적인 호텔에서는 찾기 어려웠기 때문이다.

이런 추세를 감지한 건 포시즌스만이 아니었다. 다른 호텔 체인들도 변화를 알아챘다. 가장 귀한 고객(온 가족이 함께 세계를 여행하는 부유한 고객)을 잃을 수 있음을 자각한 호텔 체인은 한 공간에 여러 개 침실이 있길 원하는 고객 욕구를 만족시키기 위해 실행에 나섰다. 그렇게 해서 첫 번째 혁신으로 서로 붙어 있는 방을 함께 묶어 제공하는 시스템을 내놓았다. 일부 호텔 체인은 객실과 객실 사이에 문을 설치해 복도를 통하지 않고도 옆방을 드나들 수 있게 연결한 커넥팅룸을 추가했다. 한 방에는 부부가, 옆방에는 아이들 또는 부모가 머물 수 있게 한 것이다.

2000년대 후반, 호텔 체인들은 런던의 나이츠브리지나 하이드파크, 상하이의 푸둥 부근 등, 좀 더 현지 분위기를 느낄 수 있는 지역에 새로이 호텔을 개장하기 시작했다.[4] 상류층 고객을 위해 포시즌스는 콘도를 모방한 침실 2, 3, 4개짜리 펜트하우스 스위트룸을 만들었다. 파리 포시즌스 조르주 생크 호텔Four Seasons George V에 있는 엠파이어 스위트룸은 마스터 베드룸, 욕실 2개, 개방형 거실 및 다이닝룸, 서재, 주방 그리고 에펠탑을 조망할 수 있는 테라스를 갖추었다.

하지만 포시즌스를 비롯한 대형 호텔 체인은 파리 같은 도시의 주거 지역에서 여러 개 방으로 이루어진 스위트룸을 고객들이 왜 원하는지, 그 진짜 이유를 파악하지 못하고 있었다. 고객이 그런 공간을 찾는 이유는 가족과 함께 여행하면서 편안함을 느끼고 싶어서만은 아니다. 진짜 이유는 빛의 도시 파리로 열 번째 여행을 가는 사람들이 일반 관광객과는 다른 경험을 원했기 때문이다. 고객 설문조사에서 고객의 이런 욕구가 그대로 드러났고 여행사들도 이 결과에 동조했다. 미국 여행사협회US Tour Operator Association 회장은 이런 말을 한 적이 있다. "여행자들은 방문하는 지역의 사람들, 전통 및 풍습과 더 밀접해지기를 원하며 이런 경험은 여행의 의미와 추억을 더해준다."[5]

[고객은 침실이 아닌 가족 공간을 원한다]

에어비앤비는 이런 사실을 간파했다. 에어비앤비 창업자들은 호텔, 항공사, 레스토랑, 관광 명소 모든 면에서 여행자에게 현지 생활에 깊이 파고들거나 빠져들 기회를 제공해야 함을 깨달았다. 호텔에서 머무는 사람은 얻을 수 없는 기회였다. 호텔에 투숙하는 사람들은 여행지에 도착해 특색 없는 식사를 하고 객실로 들어간다. 여기 저기 여행하며 구경하기도 하지만 현지 생활방식을 경험할 기회가

별로 없다. 하지만 에어비앤비는 달랐다. 이 숙박 공유 플랫폼의 본래 명칭Air Bed and Breakfast은 돈 없는 대학생들이 자기 집을 빌려주면서 손님에게 에어베드air bed와 아침식사breakfast를 내줬다는 점에 착안해 만들어졌다.

처음에는 방을 개별적으로 대여하다가, 그다음에는 아파트나 주택을 통째 대여할 수 있게 했다. 이제는 바르셀로나의 그랑 카지노Gran Casino 근처에 정박해 있는 27미터 길이의, 집처럼 만든 배를 임대할 수도 있다. 이 배에서는 용암 해안선이 내려다보이고 심지어 아일랜드 골웨이Galway 옆에 지어진 중세의 성채도 보인다. 당연히 이런 유형의 주택에는 현지인들이 살고 있다. 에어비앤비가 보기에 여행자는 어떤 지역의 생활 조건을 자기에게 맞추기보다 자신이 그 장소의 생활 조건에 적응하고 싶어했다. 파리에 가면 전통 시장을 천천히 둘러보다가 저녁에 먹을 맛있는 치즈 한 조각을 사고 싶어했다. 로마에서는, 동네 외진 곳에 자리한 카페에서 모닝 에스프레소를 한 잔 마시고 싶어했다. 하지만 호텔에 머무르면 현지인의 생활을 접할 기회도 없었고 그런 곳에 가기도 힘들었다.

포시즌스 호텔의 헬스탭은 자기도 휴가를 떠나면 가끔 민박 형태의 숙소에서 지낸다고 털어놓았다. 빌린 집에 도착해서 담쟁이로 덮인 오래된 문을 발견했을 때, 기다란 쇠막대기 열쇠를 자물쇠에 집어넣을 때, 대문을 밀어서 열 때, 그리고 현관으로 이어지는 그림 같은 안마당을 가로질러 걸어갈 때, 그 모든 경험이 너무도 좋았다. 그리고 현관문을 열면서 집 내부의 독창적인 장식을 보았을 때도 역시 황홀한 기분이었다. 며칠 동안 이토록 편안한 집을 혼자 맘껏 누릴 수 있었다. 이렇듯 여행 업계에서 소유하기와 사용하기의 분리는 고객에게 환상적인 경험을 제공하고, 예전에는 맛볼 수 없던 특별한 생활을 선사한다.

기존 기업의 임원 대부분은 신생 기업이 시장 파괴의 주범이라 믿는다. 이들은 신생 기업을 억지로 현재 상황을 바꾸려는 꼴 보기 싫은 파괴자로 본다. 그리고 크든 작든 자사의 비즈니스를 위협하는 경쟁사에 초점을 맞춰야 한다고 판단한다. 이는 좋게 말하면 생각이 부족하고 심하게 말하면 생각이 틀렸다. 에어비앤비는 포시즌스 호텔을 파괴하지 않았다. 파괴의 주범은 '고객'이다. 고객이 자신의 진화하는 욕구를 충족하기 위해 취한 행동 변화가 포시즌스 호텔을 위협한 것이다. 고객은 침실에 만족하지 않고 가족 공간을 원했다. 진정한 여행 경험을 얻고 싶어했다. 에어비앤비를 비롯해 많은 유사 기업들은 그저 전 세계에 퍼져 있는 수십 개 호텔 체인보다 더 완벽하게, 더 재빠르게 고객의 요구 사항을 파악하고 원하는 것을 전달했을 뿐이다.*

다른 디커플링 사례를 살펴봐도 역시 시장에 파괴적 혼란을 불러온 것은 신생 기업이나 창업자가 아니라 고객이다. 파괴보다 앞서나가려면 고객에게 평소보다 더 많은 관심을 기울여야 하고, 반대로

---

* 에어비앤비와 유사한 숙박 공유 서비스 업체로 VRBO, 홈 어웨이(Home Away), 하우스 스왑(House Swap), 게스트 투 게스트(Guest to Guest)를 비롯해 많은 기업이 있다. 고급 숙소 부문에서는 특화된 서비스를 제공하는 원 파인 스테이(One Fine Stay)와 럭셔리 리트리츠(Luxury Retreats)에 맞서 에어비앤비가 경쟁을 벌이고 있다.

그만큼 경쟁사를 향한 관심을 거둬들여야 한다. 기업의 관점뿐 아니라 고객의 관점에서도 시장을 바라볼 수 있게, 그리고 진화하는 고객의 욕구를 이해할 수 있게 스스로 훈련해야 한다.

마이클 포터와 게임이론이 놓친 것

언뜻 보면 기존 기업의 임원들은 전략적 초점을 경쟁사에서 고객으로 옮기기를 꺼리는 듯하다. 내 경험상 대부분의 임원은 고객에게 신경을 쓰긴 한다. 하지만 그에 비해 경쟁사에 대해서는 집착적인 태도를 취한다. 충분히 이해되는 부분이다. 현대 비즈니스 전략은 회사에 초점을 정조준한 채 경쟁 구도와 전망을 평가하고 경쟁사에 대응한다. 학자, 컨설턴트, 기존 기업의 CEO는 '비즈니스 경쟁'이나 '비즈니스 전쟁' 같은 구절을 사용하면서 적을 무찌르는 방법을 알아내기 위해 게임이론game theory과 기원전 5세기에 나온 《손자병법》 같은 고대 병법서로 눈을 돌렸다.

전통적인 경쟁 전략 프레임워크는 고객이 얼마나 중요한 역할을 하는지에 대해 크게 주목하지 않았다. 예를 들면 마이클 포터의 다섯 가지 힘Michael Porter's Five Forces 중 고객과 관련한 힘은 단 하나, 고객의 협상력customer's bargaining power밖에 없다. 다른 세 가지 힘, 업계 경쟁 관계industry rivalry, 신규 진입의 위협threat of new entrants, 상품이나 서비스의 대체 위협threat of substitutes은 서로 다른 유형의 경쟁자에 초점을 맞추고 있다.* 한편 게임이론 모델은 비즈니스를 경쟁사와 벌이는 게임처럼 만든다. 이들은 고객을 부수적인 효과로, 즉 경쟁사끼리 차지하기 위해 다투는 '부상prize' 정도로 생각한다.

이렇게 고객보다 경쟁사를 강조한 이유는 분명 데이터의 접근성, 그리고 해석과 관련이 있다. 자기가 속한 시장에서 경쟁사가 무엇을 하는지 알아내기는 비교적 쉬운 반면 고객의 동기와 행동을 파악하기란 상당히 힘들다. 결과적으로 경쟁사들은 이해하기 힘든 고객보다 분명하고 확실하게 바로 사용할 수 있는 자료를 제공하는 상대 기업을 전략적 프레임워크에 포함시킨다.

과거에는 경쟁자에게 집중하는 것이 효과가 좋았고 지금도 일부 상황에서는 그 방법이 통할 수 있다. 하지만 파괴 위협을 받는 시장에서 경쟁하는 기업에게는 이런 방식이 통하지 않는 상황이 많아졌다. 전통적인 기업 전략에서는 한 곳 내지 몇 곳의 경쟁사만 상대하는 상황, 그리고 상대방의 행동이 어느 정도 예측 가능한 상황을 가정한다. 이는 체스 게임이나 전쟁 상황과 유사하다.

하지만 오늘날의 시장에서 여러 산업에 걸쳐 있는 기존 기업 입장에서는, 규모가 크고 예측 가능한 상대 한두 곳이 아니라 수십 곳이 넘는 소규모의 민첩하고 예측하기 힘든 도전자들과 맞서야 할 때가 종종 있다. 신생 기업은 혁신적 비즈니스 모델을 채택하고 변화하는

---

* 마이클 포터의 다섯 가지 힘 중 마지막은 공급자의 협상력(supplier bargaining power)이다.

환경에 적응하기 위해 급격하게 방향을 바꾸기도 하므로 예측할 수가 없다.

2016년 말 기준으로 호텔 업계 상황을 보면 미국에서 벤처캐피털의 지원을 받은 62개가 넘는 스타트업이 전 세계 매리어트와 포시즌스 호텔을 공격하고 있었다. 이들 스타트업은 기존에 매리어트와 포시즌스가 도맡았던 예약, 컨시어지 서비스, 행사 및 컨퍼런스, 결혼식 같은 활동들을 분리하는 방법을 활용했다.[6] 한편 여행 업계에서는 자금 지원을 받은 90개의 스타트업이 활동하고 있었다. 레스토랑 업계에는 스타트업의 수가 100개에 이르렀고, 오프라인 소매 업계는 130개가 넘었으며, 은행 업계에서는 400개가 넘는 스타트업이 활동했다. 전쟁을 계획하거나 체스를 두는 상황에서는 반드시 몇 수 앞을 생각해놓아야 한다는 것이 게임이론이다. 하지만 이런 업계가 처한 상황에서 몇 수 앞을 내다보아야 한다는 말은 현실적으로 불가능하고 헛된 주장일 뿐이다. 기존 기업의 임원들이 압도당하고 좌절하는 이유가 주로 이 때문이다. 앞에서 언급한 상황만 보더라도 비즈니스의 기본으로 복귀하는 것, 즉 '경쟁자를 이기고 패퇴시키고 물리치기'보다 '고객을 얻고 유지하기'로 돌아가는 것이 관리자에게 더 도움이 될 것이다.

파괴적인 신생 기업의 기업가들은 바로 이런 식으로 세상을 바라본다. 경영학의 구루 피터 드러커Peter Drucker의 유명한 격언 "비즈니스의 목적은 고객을 창출하는 것이다"를 그대로 따른 방식인 셈이다.[7] 실제로 이 기업가들은 기존 기업이 아니라 고객에게 초점을 맞추는 것이 진정한 스타트업의 특성이라 생각한다. 아마존 CEO 제프 베조스Jeff Bezos는 이렇게 말했다. "다른 회사의 임원들은 매일 아침 샤워를 하면서 어떻게 하면 경쟁자를 앞서나갈 수 있을지 생각한다. 우리는 매일 아침 샤워를 하면서 어떻게 하면 고객을 위한 무언가를 발명할 수 있을지를 생각한다."[8]

디커플링은 3가지 형태로 움직인다

[고객에 초점을 맞춘 비즈니스 모델]

고객을 더 진지하게 고려해야 한다는 말은, 마케팅 부서에 요청해서 자사의 제품이나 서비스를 사용하는 사람들을 대상으로 포커스 그룹을 운영하거나 설문조사를 실시해야 한다는 뜻이 아니다. 그보다는 비즈니스 모델을 포함해 가장 기본적인 정의들 중 일부를 수정하는 것을 의미한다.

2장에서 우리는 '가치 창출'을 존재 목적으로 하는 비즈니스에 대해 살펴보았다. 이 목표를 달성하게 되면 이들 사업체는 자사 제품이나 서비스에 대해 대가를 부과해 얻는 이익으로 그 '가치 일부를 확보'할 수 있게 된다. 우리의 초점을 고객으로 옮길 때는 이 정의에 대해 다시 생각해보아야 한다.

여행자가 두 개의 호텔 체인 중 한 곳을 선택할 때는 동일한 비즈니스 모델 내에서 결정을 내리게 된다. 하지만 호텔의 대안으로 에어비앤비를 고려한다면 이는 암묵적으로 서로 다른 비즈니스 모델 중 하나를 선택한다는 의미다. 만약 고객이 에어비앤비를 통해 숙소를 렌탈할지, 포시즌스 호텔에 묵을지 선택해야 한다면 고객 입장에서는 사실상 각 서비스가 '자신을 위해' 만들어내는 가치와 각 서비스를 위해 '지불해야 하는' 가치를 비교하는 셈이다. 또한 같은 비교 선상에 있는 사업체들은 고객을 위해 가치를 창출하고 비용을 부과하는 과정에서 종종 고객에게 비효율이나 낭비를 초래하기도 한다. 이런 식으로 업체는 가끔 고객 가치를 '잠식'하기도 한다. 그러므로 고객에게 다시 초점을 맞춰 비즈니스 모델을 다음과 같이 정의하기로 하자.

> **고객의 눈으로 바라본 비즈니스 모델:**
> 비즈니스 모델은 기업이 나를 위해 창출하는 가치,
> 그 가치에 대한 대가로 기업이 나에게 부과하는 요금,
> 기업이 잠식하는 어떤 가치로 구성된다.

산업이나 사업체 종류에 관계 없이 비즈니스 모델의 새로운 정의를 고객 가치사슬에 대입시켜 적용할 수 있다. 그러면 각 활동이 가치를 창출하는지, 가치에 대한 대가를 부과하는지, 가치를 잠식하는지를 명확하게 알 수 있다. 모든 고객은 기업을 상대하는 과정에서 다음 세 가지 활동에 참여하게 된다. 몇 가지 예를 들어보겠다.

활동 유형	가치 창출	가치에 대한 대가 부과	가치 잠식
정의	고객을 위해 가치를 창출하는 활동	창출된 가치에 대가를 부과하기 위해 추가하는 활동	가치를 창출하지도, 창출된 가치에 대가를 부과하지도 않는 활동
예	요리된 음식 제공받기	요리한 음식을 위해 20달러 지불하기	집에서 먹기 위해 요리된 음식을 가지러 레스토랑에 가기
	중고차 팔기	차 판매 가격의 2퍼센트를 수수료로 지불하기	안내 광고에 실을 중고차 사진을 찍고 차량 상태 설명하기
	호텔 객실에 머무르기	1박에 200달러 지불하기	호텔 예약을 위해 매번 개인 정보와 결제 정보 제공하기

라디오 프로그램을 청취하는 과정을 예로 들어보자. 특정 방송사의 라디오 프로그램에서 당신이 좋아하는 1980년대의 리듬앤블루스 음악을 비롯해 티어스 포 피어스Tears for Fears의 노래를 자주 틀어준다. 그래서 당신은 그 라디오를 듣는다(즉 그 방송사는 당신을 위한 가치를 창출한다). 그런데 그 프로그램에서는 거의 한 시간마다 당신이 싫어하는 저스틴 비버Justin Bieber의 노래도 나온다. 라디오 방송사는 방송을 계속하기 위해 돈을 벌어야만 하고, 돈을 벌기 위한 방법으로 광고를 내보내거나 신곡을 홍보해주고 대신 레코드 회사에 대가를 청구한다.* 당신은 광고나 저스틴 비버의 노래가 나올 때

---

* 미국에서는 라디오 방송국이 '후원으로 진행되는 방송'이라고 공개하는 한 합법적 활동으로 받아들인다. 일부 국가에서는 이런 방식을 아주 흔히 볼 수 있다.

[그림 3.1] 라디오 청취자의 고객 가치사슬(CVC)로 본 가치 분류

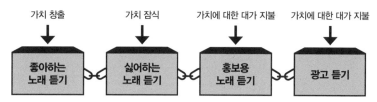

마다 라디오 소리를 줄이거나 다른 방송국으로 주파수를 바꿨다가 1, 2분 후 다시 소리를 키우거나 원래 방송으로 돌아온다. 그러기 위해서는 어느 정도의 노력이 필요하다. 그 방송국은 가치를 창출하고, 창출한 가치에 대가를 부과하며, 어느 정도 가치를 잠식하기도 한다.

2016년 말 무렵, 아이하트미디어iHeartMedia는 855개의 미국 라디오 방송국을 소유하고 운영하면서 매달 2억 4,500만 명의 청취자를 끌어들였다.[9] 이 회사는 라디오 청취자들에게 결합된 형태의 네 가지 활동을 제공했다. 이 네 가지 활동을 통해 소비자가 얻은 가치, 포기한 가치 유형을 소개하면 다음과 같다.

[판도라 라디오가 보여준 디커플링]

자, 파괴자 입장에서는 어떻게 하면 가치를 창출하고 잠식하고 대가를 부과하는 활동들의 특정 결합을 분리할 수 있을까? 힘들여 추측할 필요도 없다. 2000년에 설립된 판도라 라디오Pandora Radio는 내가 고객 가치사슬이라고 하는 것의 네 단계를 모두 분리함으로써

전통적인 라디오 모델을 파괴해냈다.[10]

판도라는 뮤직 게놈 프로젝트Music Genome Project라는 혁신을 통해 다양한 범주의 노래 사이에 존재하는 유사성과 차이점을 취합 정리했다. 그리고 사용자가 입력한 음악 선호도 정보와 알고리즘을 활용해 그 사람이 좋아하는 노래, 그 노래와 비슷한 특징(예를 들면 동일한 비트, 스타일, 리듬)을 지닌 노래를 선별해 제공했다. 그렇게 해서 청취자가 싫어하는 노래가 나오는 빈도를 최소화했다. 티어스 포 피어스나 U2 같은 1980년대 스타일 록밴드를 좋아하는 사람은 더 이상 저스틴 비버의 노래를 듣지 않아도 된다. 판도라는 청취자에게 노래를 홍보하지 않았고, 유료 가입 청취자에게는 광고를 내보내지 않았다.* 이런 디커플링 덕분에 판도라는 매월 8,100만 명의 액티브 유저(일정 기간 해당 콘텐츠를 실제로 이용한 총 사용자 수−옮긴이)를 거느리게 되었고, 2016년에는 13억 8,000만 달러 이상을 벌어들이는 기업으로 성장했다.[11] 몇 년 전만 해도 사람들이 곧 쓰러질 거라 공공연하게 말하던 매체치고는 나쁘지 않은 성적이었다.

잠시만 고개를 들어 주위에 있는 물건 중 하나를 골라보라. 그 물건은 누가 구입한 것인가? 당신 본인, 가족, 아는 사람, 아니면 호텔이나 항공사 직원? 그게 누구든 그 사람 입장에서 생각해보라. 그러면 그 사람이 물건을 사기 위해 거친 모든 과정에 고마운 마음이 들 것이다. 그 사람은 욕구 확인하기, 판매처 평가하기, 옵션 비교하기,

---

* 판도라는 청취자에게 광고 옵션 선택권을 주는 방식으로 창출된 가치에 대가를 부과한다. 무료 가입 청취자에게는 가끔씩 광고를 내보낸다.

제품 결정하기, 제품 구매하기, 결제하기, 제품 수령하기, 설치하기 (필요한 경우), 마지막으로 처분하기라는 과정을 거쳐야 했다. 누군가에게 제공하는 것이 물리적 제품이든 서비스든 소모품이든 내구재든 관계 없이 이 모든 활동은 가치 창출하기, 가치 확보하기, 아니면 가치 잠식하기로 분류할 수 있다. 물건을 산 사람은 묵시적이든 명시적이든 가치 창출을 늘리고, 가치에 대한 대가 지불(기업 입장에서 가치 확보하기)은 줄이며, 가치 잠식은 피하려 했다. 모든 고객이 그렇게 한다. 언제나 말이다.

고객의 이런 연쇄적 활동들(고객 가치사슬)을 도식화하고 이 활동 중 하나(혹은 몇 개)를 택해 기존 업체들보다 고객에게 더 유리하게 만들고자 하는 스타트업 비즈니스를 그려볼 수 있는가? 바로 이런 일을 직관적이고 비정형적인 방식으로 수행하는 기업가가 수십 명, 수백 명 있을 수 있다. 그리고 이 사실도 아는가? 그들은 이 방식을 당신 회사가 생산하는 제품과 서비스에 적용시키려 한다. 만약 당신의 고객이 고객 가치사슬 단계 중 일부를 더 잘 실행할 기회를 다른 기존 기업이나 신생 기업에서 발견한다면 그들은 기꺼이 그 기회를 받아들일 것이다.

고객 관점에서 보아야 한다. 그러면 당신의 고객이 정말로 신경 쓰는 것이 무엇인지, 고객이 기회를 잡기 위해 포기하거나 내놓아야 하는 것이 무엇인지 이해할 수 있다. 그뿐 아니라 시장의 혁신 기업들이 기존 비즈니스를 파괴하는 다양한 방법을 이해하는 데도 유용할 것이다.

[트위치 사례를 통해 본 디커플링의 3가지 유형]

게임에 푹 빠진 사람이라면 트위치Twitch라는 회사를 들어봤을 것이다. 트위치는 게이머가 비디오게임을 하는 모습을 실시간 생중계하는 트위치티브이twitch.tv를 소유하고 있다. 이해가 될지 모르겠지만 비디오게임을 즐기는 사람들 중 일부는 다른 사람이 게임하는 모습을 온라인으로 보길 즐긴다. 사실 말이 '일부'지 이런 사람은 대단히 많다. 2018년 기준, 트위치는 1억 4,000만 명의 사용자를 끌어들였으며, 사용자들은 다른 사람이 게임하는 모습을 라이브로 시청하는 데 하루 평균 95분을 보낸다.[12]

도대체 왜 다른 사람이 게임하는 모습을 지켜보는 데 시간을 보내고 거기다 돈까지 낸단 말인가? 일부 게이머에게 게임 플레이와 게임 시청은 별개의 가치 창출 활동이다. 비디오게임 시청하기는 그 자체로 가치를 창출한다. 게임 애호가들은 프로게이머에게서 배울 기회를 얻고, 또한 관객으로 프로스포츠를 볼 때와 비슷한 즐거움을 누린다.

상품이나 서비스를 취득하는 고객이 단 세 가지 유형의 활동에 관여하듯 디커플링도 세 가지 유형만 존재한다. 트위치는 가치 창출 활동을 분리한 예다. 또 다른 사업체는 가치에 대한 대가를 부과하는 활동을 분리하거나, 가치 잠식 활동을 분리한다.*

---

* 나는 '가치 확보(value capturing)'가 아니라 '가치에 대한 대가 부과(value charging)'라는 용어를 사용할 것이다. 고객 입장에서 이 활동을 '비용 부과' 또는 '요금 청구'로 인식한다는 사실을 강조하기 위해서다.

'가치 창출 디커플링'은 두 개 이상 연결된 가치 창출 활동의 사슬을 분리하는 비즈니스와 연관된다. 디커플링을 하는 기업은 여러 가치 창출 활동 중 하나를 고객에게 제공한다. 한편 디커플링 당하는 기존 기업은 분리되고 남은 나머지 가치 창출 활동을 그대로 유지한다. 트위치는 비디오게임 관람성spectatorship(직접적 행동이 아니라 거리를 두고 보는 관객으로서 얻는 경험-옮긴이)을 취했지만 게임을 개발하지는 않는다. 게임 개발 활동은 일렉트로닉 아츠 같은 기존 기업의 몫으로 남겨두었다. 이것이 바로 트위치의 수십억 달러짜리 아이디어인 것이다.

'가치 잠식 디커플링'에서는 파괴자가 가치 창출과 가치 잠식 활동의 연결 사슬을 끊는다. 비디오게임 업계를 보자. 넷플릭스를 통해 영화와 TV 프로그램을 보듯 스팀Steam을 이용하는 고객은 인터넷으로 비디오게임을 스트리밍한다.[13] 플레이어는 게임을 하기 위해(가치 창출 활동) 더 이상 집 밖에 나가 게임 판매점으로 향하지(가치 잠식 활동) 않아도 된다. 게이머에게는 이것이 상당히 중요한 일임을 스팀은 자사의 성공으로 증명해냈다. 2017년 기준, 2억 명이 넘는 사용자를 보유하고 10억 달러의 연 매출을 거둔 스팀의 시장가치는 100억 달러에 이른다.[14]

세 번째 유형 '가치에 대한 대가를 부과하는 디커플링'은 가치 창출 활동과 가치에 대한 대가를 부과하는 활동을 분리하는 것을 말한다. 모바일게임 개발 업체 슈퍼셀은 소비자가 게임 대부분을 무료로 할 수 있게 한다. 가치에 대한 대가 부과는 자사 게임에 완전히 빠진 사람들에게 디지털 상품(앱 내 구매In-App Purchases)을 판매하는 방식으로 이루어진다. 사실상 슈퍼셀은 게임 구매하기(가치에 대한 대가 부과)와 게임하기(가치 창출) 사이의 연결고리를 해체했다. 슈퍼셀은 1억 명의 사용자를 거느리고 세계에서 가장 많은 매출을 기록한 모바일게임 중 하나인 클래시 오브 클랜Clash of Clans 같은 게임으로 유명한 기업이다. 2016년 슈퍼셀은 102억 달러의 가치를 인정받으며 매각되었다. [15]

디커플링 유형을 분류할 때 중요한 것은 파괴자가 어떤 활동을 분리해서 자신이 취하느냐가 아니다. 오히려 기존 기업이나 다른 회사에서 계속 제공할 수 있는 활동으로 무엇을 남겨두느냐가 중요

[그림 3.2] 디커플링의 3가지 유형

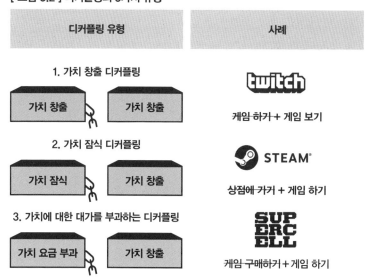

하다.* 예를 들어 스팀은 게임 판매점에 가야 하는 가치 잠식 활동을 남겨두었다. 슈퍼셀은 고객에게 요금을 부과하는 활동을 그대로 두었다. 무엇을 취하고 무엇을 남기느냐, 이 점이 바로 디커플링 유형에 차이를 만드는 핵심이다.

각각의 경우 디커플러는 나름의 방식대로 고객을 위한 가치를 만들어내는 활동을 하나씩 하고 있다. 다행인 일이다. 그러지 않으면 디커플러는 결코 고객을 끌어들일 수 없다. 디커플러는 또한 그들의 서비스에 대해 요금을 부과할 수도 있는데, 나중에 알게 되겠지만 반드시 그래야 하는 것은 아니다.

기업 라이프사이클 초기에는 수익 창출 메커니즘, 흔한 말로 수익화monetization 구조를 갖추지 못하기도 한다. 물론 스타트업은 언젠가는 수익화 구조를 갖춰야 한다(그러지 않으면 폐업 위기에 처한다). 내비게이션 앱 개발 업체 웨이즈Waze의 수익화 과정을 살펴보자. 웨이즈는 설립 후 1년이 지난 2008년까지도 일반 고객들에게 서비스 사용료를 부과하지 않았다. 4년 후에야 웨이즈는 미디어 회사와 지방정부에 실시간 정보를 사용할 수 있게 해주는 위치 기반 모바일 광고를 팔기 시작했다. 현재는 전 세계 185개국에서 6,500만 명이 웨이즈를 적극 사용하고 있으며[16] 2013년 7월, 구글은 9억 6,600만 달러에 웨이즈를 인수했다.[17]

---

* 어떤 면에서 이것은 파괴자의 유형이 아니라 파괴의 유형 분류라 할 수 있다.

디커플링의 힘: 고객은 통합이 아닌 전문화를 원한다

[미국 쇼핑객과 브라질 쇼핑객이 원하는 것은 다르다]

소비자에 집중하면 기존 기업의 고객을 훔치려는 신생 기업의 시도가 성공할지 실패할지를 좀 더 면밀하게 파악할 수 있다. 단순히 신생 기업이 고객 가치사슬을 분리할 수 있다는 이유만으로 소비자가 기존 기업을 버리고 파괴자에게 달려가지는 않는다. 고객의 활동을 열차에 비유해 생각해보자. 소비자의 마음속에서 작동하는 통합의 힘integration forces은 여러 차량이 서로 연결되도록 한다. 반대로 전문화의 힘specialization forces은 연결된 차량을 분리시킨다. 디커플링, 즉 분리가 일어나려면 전문화의 힘이 통합의 힘보다 강해야 한다. 다시 말해 단일 공급자를 통해 전체 구매 과정을 수행하는 것보다 두 곳 이상의 공급자를 통해 구매 과정을 나누는 전문화에서 얻는 혜택이 더 많다고 소비자 스스로 인식해야 한다.

소매 업계를 생각해보자. 대부분의 대형 소매업자는 두 가지 가격 정책 중 하나를 활용한다. 미국의 J.C.페니J. C. Penney와 시어스Sears를 포함한 몇몇 체인점은 높은 가격과 매우 낮은 판매 가격을 번갈아 사용한다. 반면 월마트를 비롯한 다른 체인점은 일관되게 상품가를 저렴하게 책정하기 때문에 정기적인 할인 행사 없이 '매일매일 최저가'를 제공한다. 최근 수십 년간 극적인 성장을 한 월마트가 증명하듯 미국 쇼핑객들은 '매일매일 최저가'를 좋아한다. 왜냐하면 한곳에서 쇼핑하면 시간이 절약되기 때문이다.

하지만 브라질 소비자의 생각은 다르다. 소득이 미국인 평균 소득의 18퍼센트에 불과한 브라질 사람들은 가격에 더 민감하다. 따라서 모든 식료품을 한곳에서 살 가능성이 낮다. 만약 다른 소매점에서 더 싸게 파는 물건이 있다면 원스톱 쇼핑의 편리함을 포기하고 기꺼이 여러 소매점을 방문한다. 미국에서 시장을 선도하는 월마트가 왜 브라질에서는 비슷한 매장 수를 유지하면서도 점유율 3위에 그치는지를 일부 설명해주는 대목이다.

다시 말해 어떤 쇼핑객은 편의성을 위해(통합의 힘) 자신의 모든 쇼핑 니즈를 한데로 모을 것이다. 반면에 다른 쇼핑객은 돈을 아끼기 위해(전문화의 힘) 쇼핑 니즈를 특화된 소매점으로 분리하는 것이다.

[세포라를 위협하는 파괴자들의 공통점]

이와 동일한 긴장 상태가 디커플링 관계에서도 발생한다. 화장품 업계에서 세포라는 고객의 구매 단계를 통합하는 방식을 유지하면서 고객에게 많은 혜택을 제공한다. 세포라 매장을 방문하는 소비자는 한 자리에서 여러 화장품을 확인하고 발라본 다음에 매장 내에서 구입할 수 있다. 그다음에도 언제든 매장에 들러 립스틱이나 마스카라를 추가 구입할 수 있다.

파괴자들은 화장품 고객 가치사슬의 각 단계 사이에 전문화의 힘을 증가시켜 세포라에게서 고객을 빼앗아왔다. 버치박스는 회원들에게 화장품 샘플을 담은 상자를 보내 고객이 세포라에서 판매하는 것과 동일한 뷰티 제품을 집에서 편안하게 테스트해볼 수 있게 한다. 아마존은 정품을 더 낮은 가격으로 제공해 소비자를 유혹한다. 고객이 세포라 매장이나 버치박스를 통해 샘플을 확인하되 구매는 아마존에서 하게끔 유도하는 것이다.

이에 대해 뷰티 업계의 거인 로레알L'Oral Paris의 계열사 키엘 Kiehl's은 충성도 높은 소비자들에게 회원 가입을 통해 특정 크림이나 일부 제품을 '정기 배송' 받게 했다. 고객은 제품당 비용을 지불하는 것이 아니라 회비를 지불한다. 키엘은 정기적인 우편배송으로 해당 제품이 떨어지기 전에 보충해주는 서비스를 제공한다. 그래도 세포라를 좋아하는 소비자라면 첫 구매는 세포라에서 할 수도 있다. 하지만 나중에는 제품 보충을 확실히 하기 위해 키엘의 서비스를 신청하게 된다. 다시 말해 키엘은 화장품 보충 활동을 분리함으로써 세포라에게서 제품을 재구매하는 고객들을 빼앗아온 것이다.

뷰티 업계에서 발생하는 통합의 힘과 전문화의 힘 사이의 긴장 상태는 고객 가치사슬의 여러 단계 사이에 존재하는 일련의 연관된 이익으로 그려볼 수 있다(그림 3.3 참조). 기존 기업인 세포라는 단순성과 전문성 같은 이점을 제공한다. 이 두 가지 특성 모두 전체 고객 가치사슬을 하나로 묶는다. 버치박스, 아마존, 키엘/로레알(제조업에서는 기존 기업이지만 소매업에서는 신규 진입 기업)이라는 세 파괴자는 각각 편리성, 가격, 확실성의 혜택을 제공한다. 단순성, 전문성보다는 편리성, 가격, 확실성을 중시하는 고객들은 소비 활동을 분리할 확률이 높다.

여기서 주의할 점이 하나 있다. 경쟁자들이 전문화의 힘과 통합의

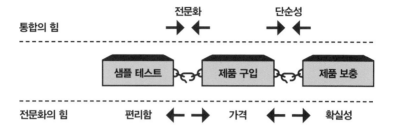

[그림 3.3] 기존 기업의 통합의 힘 vs. 디커플러의 전문화의 힘

힘을 어떻게 전달하는지 평가할 때 제공하는 제품이나 서비스가 유사한 것들끼리 비교 분석해야 한다는 점이다. 일반적인 경쟁이라면 기업 A는 기업 B보다 월등히 좋은(또는 다른) 제품을 제공함으로써 시장점유율을 차지하려 한다. 테슬라가 대형 자동차 회사들에게서 시장점유율을 성공적으로 뺏아올 수 있었던 것은 디커플링 때문이 아니었다. 테슬라는 질적으로 다른 제품인 고급 전기차를 내놓으며 경쟁을 시도했다.

　그에 반해 나는 이제까지 디커플러와 기존 사업자들이 본질적으로 같은 품질의 활동을 제공한다고 가정해왔다.* 예를 들어 만약 고객의 최종 목표가 A 지점에서 B 지점으로 이동하는 것이고 그때 타고 가는 소유 차량과 대여 차량의 승차감이나 여러 가지가 유사하다고 가정한다면 도요타 프리우스 차량을 구입해 직접 운전하는 대신에 투로나 우버를 통해서 도요타 프리우스를 타고 가게 하는 것이 디커플링이다. 마찬가지로 기존 기업에게서든 파괴자에게서든 구매한 게임 경험이나 뷰티 제품의 품질이 크게 다르지 않다면 이 또한 디커플링의 사례라 할 수 있다. 만약 고객의 선택이 제품이나 서비스의 품질 차이 때문이었다고 충분히 설명할 수 있을 정도라면 디커플링 외에 다른 요인이 그런 선택을 이끌어냈을 수도 있다.

당신의 고객은 월마트에서 살까, 아마존에서 살까

[관건은 소비자가 부담하는 비용이다]

특정 산업에서 통합의 힘이나 전문화의 힘으로 인해 고객 혜택이 다양화된다는 사실을 전제로 할 때, 결국 고객의 최종 의사를 결정 짓는 것은 무엇일까? 답은 비용이다. 소비자들은 CVC의 모든 단계에서 비용을 부담한다. 비용에는 품목의 가격뿐만 아니라 품목의 식별 및 선택에 필요한 노력(검색 비용), 품목의 주문 및 수령을 위한 노력(구매 비용)**, 품목의 사용 및 폐기를 위한 노력(사용 비용) 등이 포함된다.

아마존은 검색 비용을 낮춘 사례다. 아마존은 검색 촉진, 검색 상자, 알고리즘 추천, 음성과 이미지 및 바코드 기반 검색 기능을 제공한다는 생각을 기반으로 웹사이트를 구축했다. 회원제 서비스인 달러셰이브클럽Dollar Shave Club, DSC은 구매 비용을 낮추었다. "이보

---

* 제품이나 서비스가 제공하는 전체적인 고객 경험이 완전히 똑같아야 한다는 뜻은 아니다. 그 보다는 같은 유형의 각 활동(예를 들면 립스틱 시험 삼아 발라보기, 자동차 타기)이 제공하는 경험의 질이 비슷하다는 말이다.

** 상품이나 서비스를 취득하기 위해 지불한 실제 화폐 금액인 '구매 가격'과 혼동하지 말 것.

다 더 편할 수는 없다. 우리는 당신이 멋지게 보이고 멋지게 면도하는 데 필요한 제모 용품을 배달한다. 한 달 동안 쓸 수 있는 모든 것을 한 상자에 담아 배달한다."[18] 투로는 사용 비용을 절감한다. 원할 때 언제든지 다른 사람의 차를 빌리는 방식이기 때문에 운전자는 필요할 때 차를 이용하고 다 쓴 후에 처분할 수 있다(돌려줌으로써). 사용자는 자가용을 구입하고 유지하는 불편함과 비용을 절약한다. 다른 한편으로 자기 차를 빌려주거나 투로나 우버 운전사로 일하는 차주들은 본인이 차를 사용하지 않을 때 돈을 벌 수 있으므로 자신의 사용 비용을 줄일 수 있다.

고객 가치사슬의 어떤 단계에서 어떤 비용이 발생하는지 이해했다면 다음에는 비용을 측정할 필요가 있다. 실제 액수로 매겨지는

[그림 3.4] 고객 가치사슬에서의 단계별 비용

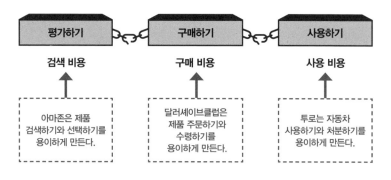

출처: 탈레스 S. 테이셰이라, 피터 재미슨(Peter Jamieson), 〈디지털 파괴자의 디커플링 효Decoupling Effect of Digital Disruptors〉, Harvard Business School Working Paper no. 15-031, 2014년 10월 28일, 6.에서 인용.

'금전 비용'(가격, 대출 수수료, 배송비 등), 시간이나 일수로 계측되는 '시간 비용'(배송 시간, 구매를 위해 투입한 시간 등), 기초 정보처리 단위elementary information processes, EIPs로 '노력 비용'을 계산할 수 있다. 기초 정보처리 단위는 어떻게 소비자가 옵션을 평가하고 결제 방식을 결정하는지 등을 설명하는 인지 단계를 말한다.[19] 예를 들어 온라인 쇼핑몰에서 검색창에 원하는 상품명을 입력하는 것이 EIP 다. 신용카드 정보를 입력하거나 배송 주소를 입력하는 것, 온라인 장바구니에 품목을 추가하는 것도 EIP다(단순함, 편리함, 원스톱 쇼핑은 모두 노력 비용 절감 항목에 해당한다).

[뱅크오브아메리카 이용하기 vs. 페이팔 이용하기]

특정 고객 가치사슬에서 다양한 종류의 비용이 어떻게 작용하는 지를 이해하기 위해 은행 업계에 대해 생각해보자. 고객은 여러 은행에서 예금, 대금 결제, 여윳돈 투자, 필요 자금 대출 등의 일을 처리한다. 그리고 고객이 이런저런 일을 제대로 처리하려면 자신의 당좌예금, 투자 현황, 신용 거래 상태를 점검해 균형을 맞출 수 있어야 한다. 기존에는 뱅크오브아메리카BofA 같은 전통 은행에서 이런 서비스를 제공해왔다. 그런데 20여 년 전 페이팔이 이 공간을 파고들어 소비자들이 자사의 온라인 플랫폼을 통해 대금 결제를 가능하게 했다. 왜 사람들이 대금을 결제하는 데 기존 은행을 이용하지 않을까? 페이팔을 통해 온라인으로 지불하는 것이 훨씬 더 간편하기 때문이다.

더 최근에는 렌딩트리Lending Tree, 조파Zopa 같은 P2P 대출업체
가 등장해 자사의 플랫폼에서 더 싸게 돈을 빌리거나 빌려줄 수 있
게 만들었다. 요들리Yodlee와 민트닷컴Mint.com 같은 스타트업은
다른 은행기관에 계좌를 갖고 있더라도 하나의 온라인 플랫폼에서
모든 금융계좌를 통합 관리할 수 있는 서비스를 제공한다(그림 3.5 참
조). 이른바 핀테크라고 하는 파괴는 고객들이 더 쉽게, 더 서렴하게,
더 빠르게 돈을 관리할 수 있게 해주었다. 이와 동시에 사람들은 예
금계좌에 돈을 '묻어두기' 위해 여전히 뱅크오브아메리카 같은 기
존 은행을 이용한다. 문제는, 예금계좌 부문에 대한 정부 규제가 심
하고, 예금계좌 서비스만 제공할 경우 고객 가치사슬에서 점점 더
수익성 없는 부문만 갖게 된다는 점이다. 다른 부문들은 돈을 장기

[그림 3.5] 은행 업무 CVC의 노력 비용, 금전 비용, 시간 비용

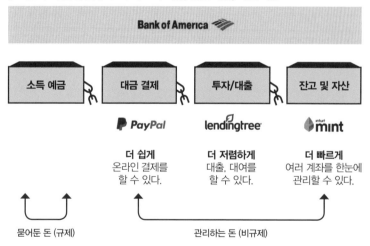

간 예치해두는 것이 아니기 때문에 현재까지는 대체로 규제를 받지 않는다. 고객들이 핀테크 스타트업을 이용해 금융 서비스를 계속 분리해 나간다면 뱅크오브아메리카의 문제는 더욱 커질 수밖에 없다.

자신의 비용을 절감해주는 신생 기업에 빠져들지 않을 고객은 없다. 기억하길 바란다. 당신이 어떤 사업을 하든 고객은 항상 세 가지 '화폐'를 부담한다. 돈, 시간, 그리고 노력이다.

[월마트 vs. 아마존: 고객 총비용 비교하기]

앞에서 고객이 참여하는 활동(평가하기, 구매하기, 사용하기)에 대해 알아보았다. 그리고 제품과 서비스 조달 과정에서 발생시키는 비용(금전, 시간, 노력)을 살펴보았다. 만약 고객들이 어디에서 비용 부담을 실감하는지 정확히 알 수 있다면 고객들이 분리하고자 하는 부분이 어디인지도 찾아낼 수 있다. 비용이 높을수록 분리의 유혹도 커진다. 물론 분리가 가능하려면 고객에게는 대안, 즉 비용을 낮출 기회를 제공하는 스타트업이 필요하다. 고객이 결합 형태에서 부담하는 비용과 분리 형태에서 부담하는 비용을 비교하면 기존 사업자들이 파괴자에게 고객 활동을 뺏기는 실질적인 위험에 직면할지, 파괴자들이 진정한 기회를 발견할지 여부를 확인할 수 있다.

다음과 같은 상황을 가정해보자. 당신은 월마트 매장에 있고 마음에 드는 냉장고를 찾았다.* 당신은 냉장고를 기존 업체인 월마트에

---

* 월마트에서 찾은 냉장고와 아마존에서 파는 냉장고는 정확히 동일하거나 거의 동일한 제품이라고 가정한다.

서 살지, 아니면 파괴자인 아마존에서 살지 고민 중이다. 먼저 '금전 비용'을 생각해본다. 월마트에서는 LG 냉장고를 2,188달러에 판다. 아마존에서는 2,048달러다. 아마존이 유리하다. 그런데 잠깐, 월마트는 냉장고를 하루 만에 무료로 배달한다. 아마존은 배송에 3일이 걸린다. 월마트가 유리하다.

그렇다면 구매에 드는 '노력 비용'은 어떨까? 월마트에서 냉장고를 선택했다면(EIP 1개) 이미 영업사원과 교감 내지는 대화 과정을 거쳤다는 말이다. 앞으로 할 일은 대금 결제와 배송 일자 결정이다 (EIP 2개 추가). 만약 아마존에서 쇼루밍을 하려면, 즉 분리하려면 온라인상에서도 월마트에서와 유사한 활동을 수행해야 하며(EIP 3개), 거기에 덧붙여 사이트에서 동일한 제조사와 모델을 찾기 위해 검색 과정을 거쳐야 한다(EIP 1개 추가). 따라서 이미 원하는 냉장고 앞에서 있다면 월마트에서 냉장고를 사는 것이 고객 입장에서는 약간 더 쉬울지 모른다. 네 개가 아니라 세 개의 EIP만 거치면 되기 때문이다.* 요약하면 디커플링 비용(선택은 월마트에서 하지만 구입은 아마존에서 하기)은 '−140달러+2일+1EIP'인 셈이다.

자, 당신은 냉장고를 월마트에서 살 것인가, 아마존에서 살 것인가? 결정은 당신이 소비자 입장에서 무엇을 가장 중요하게 생각하느냐에 달렸다. 당신은 가격, 시간, 노력에 얼마나 민감한가? 가능한 한 돈을 적게 쓸 방법을 찾는, 가격에 민감한 대학생이라면 아마

---

* 각 단계는 어느 곳에서 이루어지든 관계 없이 같은 노력을 필요로 한다고 가정한다. 또한 파괴자와 기존 기업이 실질적으로 유사한 제품이나 서비스를 제공한다고 가정한다.

[그림 3.6] 냉장고 산업에서의 디커플링 세분화

비용			
	Walmart ⁎	**amazon**	차이 (아마존−월마트)
금전	2,188달러	2,048달러	−140달러
시간	1일	3일	2일
노력	3EIPs	4EIPs	1EIP

존에서 제품을 구입할 것이다. 가격에는 덜 민감하지만 시간에 민감한, 예를 들어 직장에 다니는 워킹맘이라면 즉시 배송이라는 혜택을 누리기 위해 약간 높은 가격을 감수하는 결정을 내린다. 비용 차이 계산은 고객이 결합 방식, 아니면 분리 방식으로 제품과 서비스를 구매하면서 하나를 얻기 위해 다른 하나를 희생해야 하는 트레이드오프 관계를 명확하게 해준다. 고객은 파괴자와 기존 기업을 상대하면서 직관적이든 계획적이든 금전 비용, 시간 비용, 노력 비용을 평가한다.

물론 고객은 선택지들을 이렇게 의식적으로 평가하지 않을 테지만, 당신이 평가 대상이 되는 기존 기업이라면 당연히 이런 분석을 수행해야 한다. 고객 입장에 서서 열려 있는 옵션들을 비교해보라. 고객에게 영향을 끼칠 수 있는 소소하고 주관적인 고려 사항들을 모두 알아낼 수 있다면야 좋겠지만 그럴 수 없다면 가장 좋은 방법은 간단하고 객관적이며 체계적으로 비교하는 것이다. 당신의 고객이 당신의 회사와 비즈니스를 하려면 얼마나 많은 돈과 시간과 노력을 들여야 하는가? 반대로 당신의 고객이 파괴자와 비즈니스를 한다면 어떤가? 둘 사이의 차이가 당신에게 유리하게 작용하는가, 불리하게 작용하는가?

모든 고객이 여기에서 설명하는 것처럼 그렇게 신중하고 체계적으로 옵션과 비용을 비교하지 않는다는 생각에 어쩌면 어떤 기업은 이런 분석을 거부할지도 모르겠다. 실제로 대기업 담당 부서들은 비용을 종합적으로 비교하는 반면 개별 소비자는 가격을 확인하는 정도에서 그칠 가능성이 크다. 그렇지만 분석의 핵심은 고객이 무엇을 할지 판단하는 게 아니다. 당신이 제공하는 제품이 파괴자가 제공하는 제품보다 비용을 더 발생시키는지, 덜 발생시키는지를 알아내는 게 핵심이다.

만약 당신이 판매하는 냉장고가 고객 가치사슬에서 비용을 더 많이 발생시킨다면 당신은 새로운 침입자에 대해 달리 반응하게 될 것이다. 물론 단기적으로 당신 회사의 제품이 신생 기업 제품보다 고객이 부담하는 총비용이 더 높음에도 고객을 얻을 수도 있고, 아니면 비용이 더 저렴함에도 고객을 잃을 수도 있다. 하지만 결국 고객은 비용이라는 현실에 따라 결정을 내린다. 분석의 목적은 이런 현실을 명확하게 조명하는 데 있다. 비용을 계산해보면 당신의 안방에 들이닥친 파괴자 앞에서 당신이 얼마나 취약한 존재인지를 깨닫게 될 것이다.

[금전, 시간, 노력 외에 또 어떤 추가 비용이 들까]

그런데 소비자가 지불해야 하는 비용은 금전, 시간, 노력 세 가지만이 아니다. 흔히 발생하는 또 다른 비용은 위험 관련 비용이다(예를 들면 전문성이 주는 믿음, 신뢰성, 투명성, 불확실성). 소비자는 포시즌스 호텔과 뱅크오브아메리카를 잘 알고 또 신뢰한다. 하지만 에어비앤비의 숙소 제공자가 확실하게 예약 사항을 지킬지, 렌딩트리를 통해 돈을 빌리는 사람이 확실히 갚을지를 믿을 수 있을까? 여기에 의문이 든다면 이런 불확실성은 고객의 분리 결정에 큰 영향을 끼친다.

제품에 대한 믿음, 신뢰성, 불확실성을 측정하는 방법 중 하나가 회사의 브랜드 자산brand equity을 고려하는 것이다. 기존 기업은 신생 기업보다 브랜드 인지도가 높다. 하지만 신생 브랜드가 대형 브랜드보다 이점을 누릴 때도 가끔 있다. 미국 도시에 사는 밀레니얼 세대는 유명 식료품점에서 포장 식품을 구입할 때 기존 브랜드보다 덜 알려진 신생 브랜드를 선호하기 시작했다.[20]

브랜드와 브랜드 자산이 누리는 혜택에는 한계가 있다. 내가 대기업에 조언하는 과정에서 느낀 것이지만, 마케팅 책임자들은 자사의 브랜드, 그리고 브랜드의 과대평가된 가치 뒤에 숨는 경향이 있다. 그들은 고객이 들어본 적도 없는 몇몇 신생 업체 때문에 자신을 결코 '저버릴' 리 없다고 믿는다. 글로벌 기업은 수억 달러를 써가며 지금의 브랜드를 구축했기 때문이다. 게다가 기존 기업이 뿌리 내린 브랜드가 고객들에게 지속적으로 낮은 가격, 적은 시간, 적은 노력 비용을 제공하는 경우도 많다. 기존 기업이 이런 장점을 제공하지 않는다면 사람들은 월마트에서 쇼핑하지 않거나 페덱스FedEx를 통해 배송하지 않거나 JP모건 체이스JPMorgan Chase에서 은행 업무를 보지 않을 수도 있다.

믿지 못하겠다면 고객에게 무엇이 가장 중요한지를 물어라. 고객이 구매 결정을 내릴 때 신경 쓰는 비용, 한두 가지가 아니라 중요하게 생각하는 모든 비용에 대해 알아보라. 구매를 위해 투자하는 돈, 시간, 노력이 전부가 아닐 수 있다. 고급 자동차 구매자는 평판이 중요하다고 말할지 모른다. 반면 저가 자동차 구매자는 차량의 안전성이 가장 중요하다고 주장할 수 있다. 돈 많은 은행 고객은 자신만을 위한 서비스를 찾는 반면 그렇지 않은 고객은 쉽고 편하게 이용 가능한 서비스가 중요하다고 말할 것이다. 돈, 시간, 노력을 넘어서는 추가적인 비용을 평가할 때는 면밀히 조사해야 한다. 추가 비용이 정말로 고객 결정에 영향을 미치는지 확인하고, 당신과 파괴자가 발생시키는 추가 비용을 반드시 비교해보라. 마지막으로 주의할 것은 이중으로 계산하지 않는 것이다. 추가 비용은 여기에서 논의된 세 가지, 즉 돈, 시간, 노력 중 어느 것과도 중복되어서는 안 된다.

세포라를 파괴한 고객이 당신의 시장 또한 파괴한다

[세포라가 시장 파괴에 대응하는 몇 가지 방법]

다시 말하지만 우리 주변의 파괴적 혼란을 몰고 온 진범은 고객이다. 따라서 파괴 대응 전략을 수립할 때도 고객을 고려해야 한다. 숙박 산업에서 파괴와 관련해 가장 큰 문제를 일으키는 주체는 누구일까? 에어비앤비일까, 아니면 고객의 변화하는 습성일까? 에어비앤비가 사라진다 해도 다른 스타트업이 그 자리를 차지할 게 뻔하다. 바꿔 말하면 근본적인 고객 트렌드는 사라지지 않고 그대로 유지된다는 얘기다.

파괴 현상이 발생한 모든 산업이 이와 유사하다. 오프라인 소매업의 경우 아마존이 침투하기 전부터 쇼핑객들은 매장에서 전자제품을 테스트하고 마음속으로 제품을 선택한 후 가격을 비교하기 위해 다른 곳으로 가곤 했다. 뷰티 업계에서는 버치박스가 등장하기 훨씬 전부터 여성들이 화장품 샘플을 모아 사용하고 있었으며, 비디오게임 산업에서는 트위치가 등장하기 전에도 친구 집에서 서로 게임하는 것을 구경했다. 이런 소비자 욕구를 인식하고 이를 충족시키는 상품을 내놓았을 때야 비로소 기업가들은 성공적인 파괴자가 되어 시장을 흔들 수 있었다. 파괴당하지 않으려면 기존 기업 임원들은 경쟁자로 여기는 스타트업에 쏟는 관심을 줄이고, 고객에게 더 많은 관심을 기울여야 한다.

고객에게 초점을 맞춘 분석을 통해 기업은 많은 것을 얻을 수 있다. 당신이 가치를 창출하는 지점, 그 가치에 대가를 부과하는 지점, 가치를 잠식하는 지점을 찾아내기 위해 고객의 CVC 단계들을 도식화해보라. 그런 다음 스스로에게 세 가지 질문을 던져보길 바란다.

(1)가치 창출 활동에서 고객에게 대가를 더 부과하지 않고도 더

많은 가치를 전할 수 있는가? (2)고객에게 가치에 대한 대가를 부과하는 활동에서 다른 모든 것은 똑같이 유지하면서 회사가 가치를 조금 덜 가져갈 수 있는가? (3)당신이 제공하거나 확보하는 것을 감소시키지 않으면서 고객의 잠식 가치를 줄일 수 있는가?

분석을 실행할 때는 인내심을 가져야 한다. 분석 도중에 당신이 제공하는 모든 활동을 한 번에 들여다보고 싶은 유혹에 빠질 수 있다. 하지만 이런저런 추측만으로 비즈니스 모델에 변경을 가하다가는 길을 잃고 만다. 이렇게 생각하라. '내가 이것을 바꾸고 싶다면 저것도 바꿔야 해. 그러면 저것도, 저것도, 그리고 저것도.' 그러니 파괴자가 하는 일을 따라 하면서 한 번에 하나씩 들여다보라.

예를 들어 세포라의 경우라면 자체적인 회원제 뷰티박스를 도입해 제품 테스트 단계에서 발생하는 가치 잠식을 없앨 수 있는지 자문할 수 있다. 또는 '아마존과 동일한 가격보장' 같은 방식을 활용

[그림 3.7] 변화하는 고객 행동의 예

변화하는 고객 행동	서비스 전달 파괴자
여행 시에 머물 공간 빌리기 →	airbnb
게임을 직접 하지 않고 구경하기 →	twitch
매장 가기 + 온라인에서 구입하기 →	amazon
뷰티 제품 샘플 사용하기 + 다른 곳에서 구매하기 →	BIRCHBOX◆

해 첫 구매 단계에서 부과되는 요금을 줄일 수 있는지 알아볼 수 있다. 아니면 보충 단계에서 창출되는 가치를 증가시킬 방법으로 키엘처럼 고객들이 자주 사용하는 제품을 정기적으로 보충해주는 방식을 활용할 수도 있다.

이렇게 당신 회사에서 선택할 수 있는 옵션을 고민하는 과정에서 뜻하지 않게 거부감이나 반발이 있을 수 있음을 각오해야 한다. 당신 회사의 매장 총괄 임원은 자사의 뷰티박스가 매장을 찾는 고객 수를 감소시킨다고 불평할 것이다. 회계 담당은 아마존과 동일한 가격 보장이 수익성을 잠식한다고 주장할지 모른다. 그리고 물류 담당은 보충을 정기화하려면 비용이 증가한다고 불평할 수 있다. 당신은 이런 반발에 어떻게 대응해야 할까? 개별적으로 생각하면 담당자들의 분석은 모두 옳다. 하지만 그들은 기본 고객층은 그대로 유지될 거라고 넘겨짚으면서 자기주장을 내세운다. 하지만 고객에게 당신 사업의 일부를 디커플링 할 수 있는 선택권이 있다면 담당자들의 가정은 더는 성립하지 않는다. 이에 대해서는 다음 장에서 좀 더 자세히 분석하겠다.

[디커플링 모델은 어느 업종이든 동일하다]

지금 당장은 다음 질문을 생각하자. 왜 나는 그동안 몇몇 업계에만 초점을 맞추고 있었을까? 아마도 나머지는 당신 사업과 직접 관련이 없는 업계이기 때문에 그랬을 수 있다. 다른 업계 사례에서 얻은 교훈이 당신 업계에도 적용될 수 있을까? 내가 주도했던 워크숍

참가자들도 정확하게 같은 의문을 제기했다. 대답하겠다. 세포라를 분리하는 키엘의 고객은 사실 당신의 고객이기도 하다. 그 고객은 자동차를 사고 엔터테인먼트를 사고 금융 서비스를 비롯해 여러 가지를 산다. 그리고 그 고객이 무언가를 사면서 어떤 선택을 내리든, 선택 단계에서 발생하는 사고 과정은 업계에 관계 없이 동일하다. 향수를 사는 뇌가 따로 있고 자동차를 사는 뇌가 따로 있는 게 아니라는 말이다.

디커플링이 자기 업계에만 한정된 특수한 현상처럼 보일 수 있지만, 1장에서 보았듯이 이는 사실이 아니다. 디커플링의 기본적인 과정, 그리고 디커플링의 비즈니스 모델 적용은 업계를 불문하고 어디에서나 같다. 뿐만 아니라 디커플링을 추진하는 근본적인 힘, 즉 고객 비용은 모든 곳에서 작용한다. 2016년에 미국 성인의 72퍼센트가 에어비앤비나 우버와 같은 공유 서비스, 또는 주문형 서비스 열한 개 중 적어도 한 개를 이용했다. 퓨리서치센터Pew Research Center 연구에 따르면 미국인 다섯 명 중 한 명이 이런 서비스 중 네 개 이상을 일상생활에서 섞어 사용하고 있다. 이 같은 소비자들이 업종을 넘나들며 분리를 이어가고 있다.[21] 파괴 현상의 움직임을 깊이 있게 이해하려면 자기 업계의 내부를 들여다보기 전에 먼저 외부에서 도움이 될 실제 사례를 찾아볼 필요가 있다.

업종에 관계 없이 고객의 주요 구매 과정에서 보이는 구입 행동과 사용 행동을 이해하면 도움이 된다. 아니, 그런데 고객들이 내리는 구매 결정이 수십만 번은 될 텐데 그걸 매번 어떻게 지켜보냐 반문하는 사람도 있을 것이다. 그럴 필요 없으니 걱정하지 않아도 된다. 다음 장에서 쉽고 빠른 길을 알려줄 테니까. 지금은 모든 것이 고객에게서 시작한다는 사실만 기억하자. 따라서 당신도 고객에서부터 시작해야 한다.

물론, 이렇게 산업 간에 걸쳐 광범위하게 이해하려는 시도는 어느 선까지만 도움이 된다. 특정 사업 파괴와 관련해서는 개별 고객이 어떤 결정을 내릴지 정확히 알 수 없다. 우리가 아는 것 또는 발견할 수 있는 것은, 개인이 아닌 무리로서의 고객이 기업의 제품과 서비스를 어떻게 받아들이고 다른 옵션과 어떻게 비교하느냐 하는 것이다. 앞서 언급했듯 고객은 의도했든 의도하지 않았든 전문화하는 비용과 통합하는 비용을 비교할 것이다.

혹시 나중에라도 놀랄 수 있으니 이를 예방하기 위해 CVC 각 단계에서 당신의 고객이 부담하는 (금전, 시간, 노력) 비용을 결정해야 한다. 그런 다음 경쟁 업체, 또는 신규 진입 기업의 경우 고객이 부담하는 비용을 확인해보라. 어떤 회사의 제품이 고객 눈에 가장 좋아 보이겠는가. 궁극적으로 고객 대부분은 가격뿐 아니라 전체적인 면에서 더 저렴하다고 생각하는 옵션을 선호할 것이다. 그 옵션을 당신이 제공하는가, 아니면 신생 기업이 제공하는가?

지금까지 나는 디스럽션, 즉 파괴라는 새로운 물결을 이해하는 데 도움을 주고자 했다. 파괴가 무엇이고 어떻게 작동하며 무엇이 파괴적 혼란을 야기하는지 알아보았다. 디지털 디스럽션이라는 흐름에는 공통 패턴이 있다. 파괴를 주도하는 주체는 기술이 아니다. 상품과 서비스의 구입 부담을 줄이려는 고객의 욕구다. 기술이 중요하지 않다는 말이 아니다. 다만 기술은 파괴를 일으키는 주범이 아니라 파괴를 가능하게 하는 조력자 역할에 그치는 경우가 종종 있다는 뜻이다. 다음 장에서는 디커플링을 통한 파괴를 일으키기 위해 사실상 어떤 산업에서든 사용할 수 있는 로드맵을 제시하겠다.

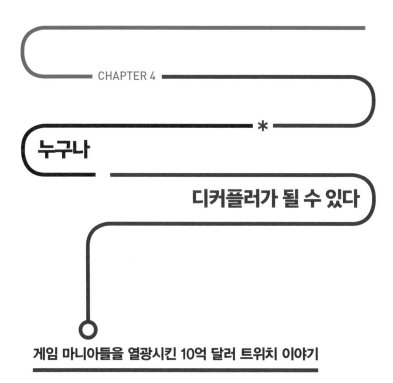

CHAPTER 4

*

누구나

디커플러가 될 수 있다

게임 마니아들을 열광시킨 10억 달러 트위치 이야기

[예일대 졸업생들의 엉뚱한 아이디어]

저스틴 칸Justin Kan은 이탈리아 토스카나에서 열린 회사의 공동 설립자 결혼식에 참석 중이었다. 휴대전화로 뱅크오브아메리카 앱을 확인한 그는 털썩 무릎을 꿇으며 웃음을 터뜨렸다. 회사를 아마존에 매각하기로 한 거래가 성사되었기 때문이다. 조금 전 아마존은 인수 대금으로 10억 달러에 가까운 돈을 법인 계좌에 입금했다.[1] 10억 달러나 되는 돈을! 저스틴은 "그렇게 많은 돈을 뱅크오브아메리카에 입금할 수 있는지조차 몰랐다"고 당시를 회고했다. "공동 설립자들 모두 넋이 나간 표정이었어요."

저스틴과 동업자들은 어떻게 그런 눈부신 성공을 거두었을까? 이
야기는 그날로부터 10년 전인 2004년 칸과 그의 어린 시절 친구 에
멧 시어Emmett Shear가 예일대를 졸업했을 때부터 시작한다. 다른
친구들과 달리 두 사람은 무얼 해야겠다는 뚜렷한 생각이 없었다.
그나마 희망이 보였던 한 가지는 창업이었다. 당시 실리콘밸리의 열
기는 뜨거웠다. 스타트업이 우후죽순으로 생겨났고, 기숙사에서 페
이스북을 시작한 하버드 대학생처럼 창업자들은 수백만 달러를 벌
어들이고 있었다. 저스틴은 기업가의 삶에 동참하지 않을 이유가 없
었다.

에멧과 저스틴의 첫 번째 사업 아이디어는 사용자가 데스크톱 소
프트웨어뿐만 아니라 웹브라우저를 통해 접근할 수 있는 온라인 캘
린더 앱이었지만 이 사업은 그리 오래가지 못했다. 두 친구는 몇 달
에 걸쳐 코드를 만들어냈지만, 나중에 본인들도 인정했듯이 제품이
좋지 않았다. 그들 자신도 그 앱을 별로 사용하지 않았고 다른 사용
자들에게 제품에 대한 피드백을 구할 생각조차 하지 못했다.[2]

2006년이 되자 두 사람은 무슨 사업을 해야 할지 고민하는 형편
이 되었다. 두 달 동안 두 사람은 소파에 앉아 비디오게임을 하면서
실패한 사업에 대해, 그리고 앞으로 개발할 수 있는 앱에 대해 이야
기를 나눴다. 그러다가 저스틴이 엉뚱한 말을 던졌다. 자기들이 게
임을 하면서 나누는 대화가 재미있다는 것이었다. 그러면서 이렇게
물었다. 우리가 나누는 대화를 녹음해서 또는 실시간으로 인터넷에

올리면 재미있지 않을까? 하는 김에 더한 것도 할 수 있지 않을까? 어쩌면 우리의 전 일상을 실시간 방송으로 내보낼 수도 있지 않을까? 그때까지 그런 일을 한 사람은 아무도 없었다.

모든 일상을 있는 그대로 바로바로 보여주는 영상을 만들겠다는 아이디어를 두고 정말 멍청한 생각이라고 타박하는 사람들도 있었다. 왜 사람들이 저스틴의 따분한 일상을 들여다보고 있겠느냐는 것이었다. 하지만 놀랍게도, 일부 기술 투자자들은 그 아이디어에 흥미를 느꼈다. 그중 한 사람은 저스틴의 프로젝트가 괴짜 같긴 해도 전통적인 텔레비전의 엔터테인먼트를 파괴하려는 야심이 느껴져 마음에 든다고 했다.

2007년 에멧과 저스틴은 몇만 달러의 투자금을 챙겨 샌프란시스코로 건너가 저스틴.TVJustin.TV라는 웹사이트를 개설했다.[3] 거기에서 예일대 동창인 마이클 세이벨Michael Seibel과 MIT 학부생 카일 보그트Kyle Vogt가 이 프로젝트에 합류했다. 에멧과 저스틴이 하드웨어 운영과 관리를 위해 두 사람을 고용한 것이다. 가장 큰 난관은 기술적인 문제였다. 당시에는 구글 글래스Google Glass는 물론이고 스냅Snaps의 스펙터클Spectacles도 사용할 수 없었고, 스마트폰의 비디오카메라와 저렴한 대역폭도 없었다. 하지만 대망을 품은 네 명의 청년은 방법을 생각해냈다.

저스틴과 친구들은 스트리밍을 위한 대역폭을 확보하고, 영상이 지연되거나 중단되지 않도록 휴대전화 세 대를 동시에 인터넷에 연결했다. 저스틴은 머리에 웹캠을 꽂고 케이블을 통해 노트북에 연결했다. 배낭에는 24시간 전원을 공급할 수 있도록 배터리를 휴대하고 다녔다. 웹캠은 저스틴이 먹고 게임하고 친구들과 어울려 놀고 가끔은 술에 취하기도 하는 전 일상을 녹화했다. 그리고 잠자리에 들 때는 카메라를 삼각대에 고정하고 침대 쪽을 향하게 했다. 저스틴이 만든 쇼의 슬로건은 '다른 사람이 시간 낭비하는 것을 보면서 시간을 낭비하라'였다.[4]

언론은 저스틴.TV의 새로운 방식에 큰 관심을 가졌다. 일간지 〈샌프란시스코 크로니클San Francisco Chronicle〉은 '새로운 스타가 탄생했다'는 기사를 내보냈고, 곧 에멧과 저스틴은 많은 시청자와 광고주를 확보했다.[5] 하지만 거기까지였다. 몇 주가 지나자 시청자들은 저스틴이 시간을 낭비하는 것을 보는 일에 따분함을 느꼈다. 다른 동업자들도 저스틴.TV가 지루하다는 생각을 하게 됐다. 그런데 특이한 점이 하나 눈에 띄었다. 사용자들이 어떻게 하면 자신만의 온라인 생중계 방송을 만들 수 있는지 물어보는 이메일을 저스틴.TV에 계속 보내고 있었다. 그렇다면 사용자들이 직접 만든 동영상을 저스틴.TV에서 생중계할 수 있게 사업 계획을 수정하면 어떨까?

2007년 가을, 에멧과 저스틴을 비롯한 팀은 투자자들의 지원을 받아 저스틴.TV를 새로 선보였다. 저스틴.TV는 모든 것을 생중계했다. 요리 시연과 노래 공연에서부터 애완동물의 익살스러운 행동과 비디오게임을 하는 모습에 이르기까지 모든 분야를 생중계하며 빠르게 사용자들을 끌어들였다. 하지만 이번에도 역시 성공은 오래가지 못했다. 스포츠팬들은 케이블박스에서 컴퓨터로 신호를 보내는 방법을 알아냈고 미식축구 경기와 유료 UFC 경기를 무료로 내보내기 위해 저스틴.TV를 이용했다. 수백만 명의 이용자들 덕분에 트래픽은 급증했지만, 방송사와 권리 소유자들이 소송을 제기하면서 이른바 해적판 콘텐츠가 대중의 논란을 불러일으켰다. 비록 법원이 '케이블 도난' 혐의에 대해 저스틴에게 무죄 판결을 내리긴 했지만, TV 광고주와 투자자들은 사용자가 제작하는 비디오 생방송이 지닌 예측 불가능성 때문에 경계심을 갖게 되었다.[6]

[돌고 돌아 도착한 최종 목적지]

슬슬 돈이 말라가자 두 사람은 또 한 번 사업 아이템을 고민해야 했다.[7] 그들은 생각했다. 저스틴.TV가 사라진다면 아쉬워할 사람은 누구인가? 웹사이트에서 볼 만한 게 하나라도 있는가? 에멧은 있다고 생각했다. 그는 다른 사람이 워크래프트나 스타크래프트 II, 마인크래프트 같은 비디오게임을 하는 모습을 구경하는 게 재미있다고 생각했다. 게이머는 전체 스트리머(인터넷으로 자신만의 콘텐츠를 생중계하는 개인 방송 운영자-옮긴이)의 2퍼센트에 불과했지만 시청자 충성도와 참여도는 다른 분야에 비해 월등히 높았다. 에멧은 파워 유저 40명을 인터뷰하고 나서 최고의 게이머들이 스포츠 스타와 다를 바 없단 사실을 깨달았다. 팬들은 그들이 게임하는 모습을 보고 싶어했다. 에멧은 이렇게 말했다. "비디오게임을 좋아하지 않는다면 그냥 자기가 정말 좋아하는 걸 생각해보세요. 그것을 세계에서 제일 잘하는 사람들이 하는 모습을 보고 싶지 않나요?"[8] 트위치가 비디오게임

팬에게 제공한 것이 바로 그런 즐거움이었다.

시장에서 우연찮은 기회를 찾았다고 믿은 에멧은 케빈Kevin과 다른 사람들에게 틈새시장에서 다시 스타트업을 시작하자고 설득했다.[9] 그리고 2011년 새로운 비즈니스 모델을 갖춘 트위치가 세상에 모습을 드러냈다. 트위치는 게임 플레이어와 시청자 간의 활발한 글로벌 커뮤니티 구축, 스트리밍의 품질 향상에 주력했다. 사업을 시작한 지 5년 만에 에멧과 저스틴은 마침내 대성공을 거뒀다. 얼마 지나지 않아 수천만 명이 매달 에멧과 저스틴의 사이트에서 비디오게임 생방송을 보았다. 미국에서 인터넷 트래픽이 최고조에 달하는 순간을 보니 놀랍게도 트위치가 넷플릭스, 애플, 구글에 이어 4위를 차지하고 있었다.[10] 라이엇게임즈Riot Games, 파라마운트 스튜디오 Paramount Studios, HP, 넷플릭스, 켈로그Kellogg를 비롯한 광고주들은 게임 스트리밍이 안전하고 사용하기 쉽다고 생각했고 시청자들은 자신이 좋아하는 게이머를 보기 위해 구독료 4.99달러를 지불할 용의가 있었다. 2014년이 되자 몇몇 유명 게이머는 연간 30만 달러의 수입을 올렸고, 트위치는 38억 달러에 이르는 게임 콘텐츠 산업에서 43퍼센트의 수익을 취하게 되었다.[11] 마침내 에멧과 저스틴은 효력을 발휘하는 비즈니스 모델을 가졌고 그해 말, 아마존이 이 사이트를 인수했다. 에멧이 은행 잔고를 확인했을 때 통장에는 입금액 9억 7,000만 달러가 찍혀 있었다.[12]

이 기업가들은 어떻게 그런 일을 해낸 것일까? 딱히 뭐라고 말하기가 힘들다. 저스틴 칸 자신도 답하지 못했다. 몇 년 후, 그는 공동 창업자들과 함께 거둔 성공 비결에 대해 여전히 대답하기 힘들어하며 이렇게 말했다. "누구나 할 수 있는 일이었습니다. 정말로요. 우리가 모차르트 같은 뭐, 그런 사람은 아니거든요."[13]

대부분의 경우 기업가들은 먼 길을 따라가면서 여러 차례 실수도 저지르고 막히면 돌아가면서 성공에 이른다. 성공은 절대 간단하지도 않고 공식적이지도 않다. 그렇다고 해서 성공에 다가가는 좀 더 예측 가능하고 간결한 방법이 없단 말은 아니다. 나는 디커플러가 될 가능성이 있는 수십 개 업체를 연구하면서 스타트업들을 성공으로 이끈 몇 단계, 그리고 실패로 이끄는 몇 단계를 확인했다. 성공적인 디커플링을 위한 중요 단계와 구성요소는 몇 개 되지 않지만, 이것은 업계 전반에 걸쳐 놀라울 정도로 일관되게 나타나며 내가 3장에서 제시한 디커플링의 핵심 동력을 그대로 증명해주었다.

이런 근본적인 패턴이 존재한다는 사실은 신생 기업과 기존 기업 모두에게 엄청난 함의를 지닌다. 당신이 디커플링을 통해 현재의 비즈니스나 업계를 선제적으로 파괴하고자 하는 경영자든, 성공적인 스타트업을 구축하려는 창업자든, 트위치 창업자들이 억대 월급을 받는 순간에 이르기까지 걸어갔던 구불구불한 길을 따라 똑같이 걸을 필요는 없다. 대신에 신중하게 비즈니스 모델 혁신과 디커플링을 설계하면 된다. 다시 말하자면 위험을 최소화하게 도와주는 '비결'이란 것이 존재한다. 많은 사람이 디스럽션은 무계획적이고 불확실한 활동이라 생각하지만 그렇지 않다. 비즈니스 모델 혁신은 정밀하고 체계적인 형태를 갖출 수 있다. 지금부터 그 방법을 살펴보자.

비즈니스 혁신 모델 3단계를 트위치에 적용해본다면

[철저하게 고객 관점에서 혁신 모델 만들기]

기존 기업과 신생 기업을 대상으로 컨설팅을 하는 과정에서 나는 많은 기업가들의 행동을 지켜보았고 그들의 생각이 어떻게 진화하는지를 추적했다. 일부 기업가들은 번뜩이는 통찰로 단 한 번에 새로운 사업 모델을 만들어낸다. 그들은 체계적이라기보다는 직관적으로 일을 한다. 트위치 창업자들이 좋은 예다. 그들은 사람들이 매일매일의 활동을 인터넷으로 방송할 수 있게 하는 기술 중심의 '큰' 아이디어 하나로 시작했다. 그리고 우여곡절 끝에 직접 게임을 하는 활동과 당대 최고의 게이머들이 게임하는 모습을 시청하는 활동을 분리함으로써 궁극적인 사업 모델에 도달했다.

하지만 이들에 비해 신중하고 사려 깊게 비즈니스를 하는 기업가도 있다. 이들은 처음에 자기 업계의 기존 모델을 분석한 다음 기존 모델 위에 자신의 혁신 모델을 덧씌우는 방법을 사용한다. 하지만 이들도 여전히 본능적인 감각에 주로 의존해 일을 진행하며 이후 벌어지는 상황에 따라 기회를 보며 그때그때 대응한다.

만약 기업가들이 이보다 훨씬 더 체계적으로 일을 진행할 수 있다면 어떨까? 그건 어떤 모습일까? 수년 동안 바닥에서부터 비즈니스를 구축하는 창업가와도 일해보고 기존 비즈니스를 재구축하는 기업 임원과도 함께 작업하면서 나는 보다 의도적이고 그래서 복제가능한 사고방식을 발전시켰다. 이것을 토대로 나는 기업가나 임원에게 고객을 우위에 놓고 고객의 관점에서 바라보면서 혁신 과정을 세 개의 층 또는 세 개의 단계로 정리하라고 권한다.

1단계는 현재의 비즈니스 모델, 또는 표준 비즈니스 모델을 명확하게 하는 것이다. 결국 대부분의 신생 기업은 기존 사업이나 활동(예를 들면 세탁소 드라이클리닝 vs. 셀프 빨래방)에서 고객을 멀어지게 만들어야 한다. 고객은 자신이 이미 갖고 있는 것과 비교하면서 스타트업을 평가한다. 새로운 사업을 제대로 구상해내려면 이 같은 현실을 밑거름으로 삼아야 한다.

2단계는 표준 모델과 동등한 디지털 모델을 개발하는 것이다. 요즘 내가 만나는 젊은 기업가들은 거의 모두 사업 아이디어에 인터넷을 결합시킨다. 신생 기업의 혁신적인 제품과 기존 기업이 내놓는 최고의 제품을 비교해보라. 온전히 혁신적이지 않은 제품이나 서비스는 기존 사업 모델을 단순히 인터넷으로 옮겨놓거나 '복사' 하는 단계에 그친다. 예를 들어 주택 소유자들은 빨래나 집안일 또는 정원 관리 등의 집안일을 도와줄 사람을 고용한다. 이와 동등한 디지털 비즈니스 모델을 사용하는 태스크래빗TaskRabbit은 집안일을 맡길 사람을 웹을 통해 고용할 수 있게 해준다. 마찬가지로 스타트업 워시오Washio는 세탁소에 맡긴 옷을 집까지 가져다주는 배달 서비스 모바일 앱을 만들어냄으로써 고객이 직접 세탁소에 가야 하는 번거로움을 덜어주었다.[14]

표준 비즈니스 모델 위에 그와 동등한 디지털 모델을 덧씌운 상태에서 이제 마지막 3단계는 디지털 비즈니스 모델을 바탕으로 어떻게 추가적인 혁신을 끌어낼지 결정하는 것이다. 내가 만난 몇몇 기업가들은 비즈니스 모델을 온라인으로 복사해 옮겨놓는 것만으로는 충분하지 않음을 잘 알고 있었다. 표준 비즈니스 모델을 온라인에 그대로 옮겨놓은 모델은 사용자에게 혜택을 주기는 하지만 단점도 내포하고 있다.

태스크래빗은 집안일을 해줄 사람을 선택하는 과정을 더 빠르게 만들었지만 위험도 가중시켰다. 집 안에 완전히 낯선 사람을 들여야 하기 때문이다. 워시오는 편리함을 제공했지만 서비스 이용에 상당한 비용이 든다. 혜택과 비용을 고려하는 현명한 기업가들은 자신의 디지털 사업 아이디어 위에 단순한 디지털화를 초월하는, 고객들에게 기능적 혜택을 안겨주는 혁신을 더하고자 노력한다. 헬로 알프레드Hello Alfred 창업자들은 고객에게 고정적으로 '집사 알프레드'를 배정하는 방식으로 태스크래빗 모델에 혁신을 더했다. 사용자 입장에서는 아무래도 자기 집에서 풀타임으로 근무하는 집사 알프레드에게 더 신뢰할 수 있는 서비스를 기대한다.[15]

나와 함께 일한 기업가들은 혁신 3단계 구조를 통해 자신의 사업 아이디어가 어떤 면에서 신선한지, 어떤 면에서 구태의연한지 식별할 수 있었다. 또한 직관에 더 가까운 사고방식의 기업가라면 불쑥 아이디어를 내놓고 다른 사람에게 따르라고 하는 대신에, 이 방법을 통해 자기가 세운 가정을 명확하게 정리하고 시험해보고 검증할 수 있다. 마지막으로 3단계 구성 방식은 새로운 사업 아이디어가 기존 접근방식에 향상된 가치를 추가한 모델이란 점을 투자자, 직원을 포함한 모든 이해 당사자에게 분명하게 보여준다. 그에 더해 자기가 제안하는 비즈니스 모델과 혁신적 기술의 증분 가치뿐만 아니라 그 안에 숨겨진 생각을 드러내어 보여준다(그림 4.1 참조).

[그림 4.1] 혁신적인 비즈니스 모델의 설계 단계

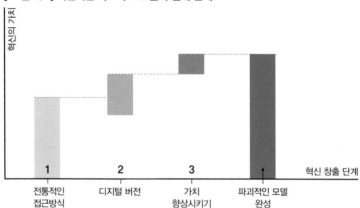

[**트위치의 사업 모델은 어떻게 고객을 사로잡았나**]

혁신적인 비즈니스모델을 설계하는 3단계가 현실에서 어떻게 작용하는지 이해하기 위해 이를 트위치에 적용시켜보겠다. 만일 당신이 몇 년 전, 전 세계 사람들이 다른 사람이 게임하는 모습을 집에서 편하게 지켜보기 위해 돈을 지불할 것이고 게임하는 모습을 보여주는 유명 게이머는 연봉 수십만 달러를 받게 될 것이라 말했다면 나는 당신을 과대망상증 환자라고 했을 것이다. 하지만 3단계라는 렌즈를 통해 트위치를 바라보면 그 비즈니스 아이디어가 그렇게 정신

나간 생각이 아님을 알 수 있다.

과거에는 아이들이 친구 집에 모여 새로운 게임을 찾아내고 더 잘하는 방법을 익히고 함께 게임을 하며 즐겼다. 이 상황을 나의 프레임워크에 적용하면 전통적인 접근방식(1단계)에 해당한다. 점점 더 많은 아이들이 모여서 게임을 하다 보면 자기 차례가 올 때까지 오랜 시간을 기다려야 했다. 아이들은 기다리는 동안 친구의 게임 화면을 보면서 자기들끼리 이야기를 나누고 잘하는 친구가 하는 것을 보고 배우며 자기에게는 없는 게임에 대해 얘기를 들었다. 당시에는 그렇게 간단하고 단순한 기술만으로도 아이들을 만족시킬 수 있었다. 하지만 근처에 친구가 없거나 밤이 깊어 친구를 불러낼 수 없다면 안됐지만 어쩔 도리가 없었다. 이럴 때 전통적인 방식은 무용지물이었다.

트위치에게는 해결책이 있었다. 트위치는 다섯 명의 아이들이 거실에 둘러앉아 다른 아이가 게임하는 모습을 지켜보며 이야기를 나누는 경험과 유사한 디지털 경험을 제공했다. 전통적인 모델을 온라인에 그대로 옮겨놓은 것이다(2단계). 이제 나이, 장소, 시간에 구애받지 않고 게이머라면 누구나 온라인에서 새로운 게임에 대해 배울 수 있고 더 나은 게임 전략을 찾아낼 수 있게 되었다. 여전히 문제는 있었지만 시청자에게는 다양한 게임을 생중계로 볼 수 있다는 점에서 트위치가 대단히 매력적이었다. 그렇다면 트위치는 한 단계 더 나아가 어떻게 최고 실력의 게이머들과 함께할 수 있었을까?

다른 사람들의 즐거움을 위해 밤낮으로 게임을 하는, 뛰어난 플레이어를 고용하려면 너무 많은 돈이 든다. 다행히도 트위치 창업자들은 이를 해결하는 비즈니스 혁신 모델을 찾아냈다(3단계). 전문 플레이어가 자신의 취미 활동을 현금화할 수 있게 한 것이다. 이들이 트위치에서 충분한 수입을 올린다면 떠나지 않고 계속 머무를 것이란 계산이었다. 영리하게도 트위치는 게임 플레이어들에게 사이트에서 발생하는 광고 수익 일부를 나눠주었고, 예상대로 플레이어들은 큰돈을 벌어들이며 트위치에서의 활동을 지속해갔다.

2015년 기준, 인기 있는 스트리머나 최고의 게이머 1만 4,000명이 광고와 구독을 통해 6,000만 달러의 수익을 발생시킨 것으로 추정한다. 이 중 톱 플레이어는 한 해에 30만 달러를 벌어들였다.[16] 플레이어는 비디오게임 제작업체에서 후원을 받을 수도 있고, 토너먼트에 출전해 상금 수백만 달러를 벌 수도 있다. 2016년 중국 프로게이머 다섯 명으로 이루어진 팀은 시애틀에서 열린 도타2Dota2 결승전에서 우승해 910만 달러를 챙겼다.[17] 당신은 도타2라는 것을 들어보기는 했는가? 나는 들어본 적이 없었다.

이렇게 엄청난 금전적 가치를 창출하는 비즈니스 모델을 활용해 트위치는 최고의 게이머들을 보유한 것은 물론 더 많은 시청자, 광고주, 게임 개발자를 자기 사이트로 끌어들였다. 게임에 열광적인 팬들이 게임하기(몇몇 뛰어난 플레이어가 실행)와 구경하기(수백만 사용자가 참여)를 분리할 수 있게 해준 마지막이자 필살의 일격이 바로 이것이었다.

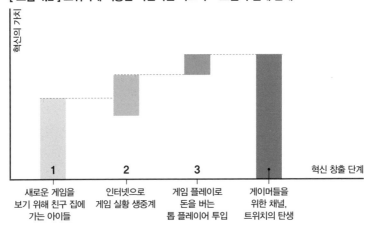

[그림 4.2] 트위치에 적용한 혁신적인 비즈니스 모델의 설계 단계

혁신의 가치

1	2	3	

혁신 창출 단계

1 새로운 게임을
보기 위해 친구 집에
가는 아이들

2 인터넷으로
게임 실황 생중계

3 게임 플레이로
돈을 버는
톱 플레이어 투입

게이머들을
위한 채널,
트위치의 탄생

새로운 사업 아이디어가 당장 성공한다면 어떻게 그 아이디어에 도달했는지는 중요하지 않다. 하지만 안타깝게도 대부분의 비즈니스 혁신은 즉각적인 성공으로 이어지지 않는다. 성공으로 향한 길을 나서기도 전에 크고 작은 수정이 이루어진다. 단계적 또는 계층적 접근법layered approach을 활용하면 혁신을 설계하는 데 유용하다. 문제를 하나의 큰 덩어리로 보지 않고 단계별로 하나씩 들여다보면 당신의 사업 모델이 효력을 발휘하지 못하는 이유를 알아내고 결함이 있는 부분을 바꾸기가 훨씬 쉽다.

디커플링을 통해 혁신을 끌어내고자 할 때는 마지막 3단계, 즉 추가된 혹은 향상된 혁신 부분을 만들어내는 것이 매우 중요하다. 가치의 추가 또는 증분이 이루어지지 않은, 전통적인 비즈니스 모델을 그대로 복사해서 옮겨놓은 디지털 버전은 혜택뿐만 아니라 많은 단점까지 내포하기도 한다. 그렇다면 파괴적인 디커플러가 되려면 혁신의 마지막 3단계를 어떻게 설계해야 할까?

기존 기업이든 신생 기업이든 가능한 디커플링 5단계 공식

디커플링의 성공 사례 대다수는 트위치처럼 스타트업을 설립하는 기업가에게서 비롯된다. 그런데 특이하게도 기존 기업(예를 들면 아마존)이 디커플링을 하는 경우도 있다. 나는 모든 유형의 디커플러를 조사했고 공통점을 찾아냈다. 이들은 의도적이든 직관적이든 핵심 단계 5가지를 수행했는데 이것은 디커플링에 실패한 기업들은 행하지 않은 것들이었다. 소매업, 통신업, 교육, 운송업, 미디어 및 금융 서비스를 포함해 광범위한 업계에 걸쳐 디커플러들은 놀라울 정도로 일관되게 다섯 단계를 실행했다. 요약해서 말하면 이 단계들은 제품과 서비스를 구매하는 고객 비용을 줄이는 방법으로 핵심적인 고객 욕구, 즉 전문화하려는 욕구를 처리한다. 디커플링을 통해 시장을 파괴하는 디커플러가 되려면 다음의 다섯 단계를 반드시 수행해야 한다.

[1단계: 타깃 세그먼트의 고객 가치사슬을 파악한다]

3장에서 나는 고객들이 자신의 요구와 욕구를 충족시키는 과정에서 발생하는 행동 변화가 시장을 파괴한다고 말했다. 고객은 소비 활동을 분리하는 과정에서 더는 같은 기업의 제품, 서비스를 이용하기 위해 그간 행해온 모든 활동을 하고 싶지 않음을 깨닫는다. 물론 여전히 기존 기업과 함께하고 싶을 수 있지만 그래도 CVC 활동 중 적어도 하나는 다른 기업에 열려 있을 수 있다. 따라서 패기 넘치는 디커플러라면 다른 경쟁자보다 한발 앞서서 고객 가치사슬 활동 중 하나 이상을 낚아챌 기회를 찾아내야 한다. 그러기 위해 먼저할 일은 유사한 욕구를 가진 특정 고객 그룹, 즉 타깃 세그먼트target segment를 파악하고 그들이 전형적인 고객 가치사슬에서 벌이는 활동을 세심하게 살피는 것이다.

디커플러는 종종 이 단계에서 두 가지 실수를 저지른다. 첫째, CVC를 지나치게 일반적으로 그려낸다. 자동차 회사 임원들은 자동차 구매 과정을 주로 이렇게 설명한다. 구매 필요성 인식하기→자동차 브랜드 파악하기→브랜드에 대한 관심 높이기→딜러 방문하기→차량 구입하기. 그런데 이는 충분히 구체적이지 않다. 디커플러라면 이런 질문을 던져야 한다. 사람들은 실제로 언제 새 차를 필요로 하는가? 정확히 어떤 식으로 자동차 브랜드를 파악하는가? 어떻게 특정 제품이나 모델에 관심을 갖게 되는가? 이런 식으로 여러 질문을 던져야 한다. 인식, 관심, 욕망, 구매 과정을 일반적이고 엉성하게 생각하면 구체성이 떨어져 실효를 거두기 어렵다.

또한 가치사슬의 관련 단계를 제대로 식별해내지 못해 허둥대는 경우가 많다. 자동차 구매 과정을 좀 더 잘 설명하려면 다음처럼 할 수 있다. 자동차 리스가 한 달 후에 만기라는 사실 인식하기→신차 구입의 필요성 느끼기→자동차 광고에 관심 갖기→자동차 제조사 웹사이트 방문하기→마음이 끌리는 브랜드 두세 개 정하기→다른 자동차 웹사이트 방문하기→동일한 범주에 있는 자동차들 옵션 비교하기→모델 선택하기→온라인으로 최저 가격 확인하기→선택한 모델이 있는지 확인하기 위해 가까운 딜러 방문하기→온라인 가격보다 좋은 가격에 판매하는지 확인하기→자동차 시승하기→자동차 금융, 보증 기간 및 기타 추가 사항 확인하기→최종 가격 협상하기→계약 체결하기→차량 인수하기→사용하기→다시 리스 만기 기다리기. 이처럼 새 리스 차량을 찾는 경우에 구매 과정은 총 18가지에 이른다.

이렇게 CVC를 상세하게 그려낸다면 자동차 구매 과정이 얼마나 복잡한지, 디커플링을 위한 옵션이 몇 개나 존재하는지를 충분히 이해할 수 있다.

1단계는 대단히 중요하다. 실제로 나는 기업들과 일하는 과정에서 1단계를 바로잡는 데만 전체 시간의 50퍼센트 이상을 할애한다. CVC는 디지털 파괴의 청사진이다. 따라서 포괄적이고 정확하게 구체화해야 한다. 그러지 않으면 당신의 분리 시도는 실패할 확률이 높다.

[2단계: 고객 가치사슬을 가치 유형별로 분류한다]

앞에서 보았듯 CVC 활동은 가치 창출, 가치에 대한 대가 부과, 가치 잠식으로 분류된다. 파괴자는 가격 협상하기나 자동차 시운전하기 같은, 소비자를 위한 가치 창출 활동을 낚아채야 한다. 자동차 금융 및 보험 판매하기, 계약 체결하기 같은 가치에 대한 대가 부과 활동을 노릴 수도 있다. 디커플러가 가치 창출 활동과 대가 부과 활동을 모두 가져올 수 있다면 수익성 있는 사업을 기대할 수 있다. 만약 가치를 창출하는 활동만 떠맡는다면 디커플러는 살아남기 위해 가치에 대한 대가를 부과하는 완전히 새로운 활동을 도입해야만 한다.

예를 들어 자동차 구매자가 여러 브랜드 차량을 한 장소에서 시운전할 수 있는 비즈니스를 개시하는 데 관심이 있다면 얼마든지 이 기능을 전통적인 딜러에게서 분리시킬 수 있다. 하지만 이 디커플러는 자동차 구매자에게 이런 추가 가치를 누리는 대가를 직접 청구하든지, 제조 업체에게서 대가를 받아내든지, 아니면 자동차 금융이나 서비스 계약 등의 다른 것을 고객에게 판매하는 식으로 어쨌든 돈을 벌 방법을 찾아야 한다. 이런 것이 모두 가치에 대한 대가를 부과하는 활동이다.

[3단계: 고객 가치사슬 중 약한 부분을 찾는다]

앞서 언급한 새 리스 차량의 구입, 사용, 처리와 관련한 18가지 활동 중 소비자는 일부 활동을 한 회사에서 수행할 수도 있다. 예를 들어 고객이 원하는 모델을 지역 내 딜러가 갖고 있고, 고객이 그 모델을 시운전하는 경우라면 그 고객은 기꺼이 하나의 회사를 고수할 것이다. 시승을 위해 다른 회사에 가는 것보다 편하기 때문이다.

이와 대조적으로 고객이 유사한 범주에 있는 여러 브랜드의 자동차를 비교해보고 모델을 선택할 때는 다른 회사들을 활용하고 싶어 할 수 있다. 포드Ford는 자사 자동차에 대해서는 많은 것을 알지만 GM 차량에 대해서는 거의 알지 못한다. 그리고 고객들은 포드 무스탕Mustang과 쉐보레 콜벳Chevy Corvette을 비교할 때 포드 웹사이트를 이용하지 않을 것이다. 다른 제조사에 대한 편견이 있을 수 있다는 우려 때문이다. 에드먼즈Edmunds, 트루카TrueCar, 카스닷컴Cars.com 같은 자동차 정보제공 업체들은 자동차를 비교하는 활동을 낚아챘다. 많은 자동차 구매자들이 이제 자동차 판매점에 발을 들여놓기 전에 온라인으로 모든 정보를 검색한다.

미래의 디커플러라면 CVC의 중요 단계를 모두 고려한 후, 고객이 현재 단일 회사를 통해 수행하는 활동이지만 기회가 주어진다면 다른 회사를 통해 수행할 수도 있는 활동이 무엇인지를 파악해야 한다. 이렇게 약한 사슬로 묶인 활동들이 디커플링의 주요 타깃이 된다.

[4단계: 약한 사슬을 분리한다]

네 번째 단계는 실제로 약한 사슬을 끊어내고, 고객에게 소비 활동을 분리하는 것이 그만한 가치가 있음을 느끼게 만드는 것이다. 성공적인 디커플러는 3장에서 소개한 전문화의 힘을 증대시켜 이를 달성한다. 성공적인 디커플러는 소비자가 각 활동을 수행하는 과정에서 소요되는 금전, 노력, 시간을 줄여준다. 총비용 면에서 고객이 기존 기업에 지불하는 비용보다 더 적은 비용을 지불하게 만드는 것이다.

자동차를 예로 들면 자동차 딜러는 보통 시운전에 대해 고객에게 비용을 청구하지 않는다. 고객이 부담하는 주요 비용은 시간과 노력이다. 여러 제조사의 차량들을 시험해보는 데 관심이 있는 고객에게는 이런 비용이 상당한 의미를 지닌다. 스타트업은 여러 제조사의 다양한 차량을 한자리에서 시운전할 수 있는 공간을 만든다거나 하는 방법으로 이런 비용을 낮출 수 있다. 아니면 일본의 딜러들처럼 구매자의 집 앞까지 차를 가져가 시운전 기회를 제공할 수도 있다. 스타트업도 이런 서비스를 수익화할 수 있을까? 중요한 질문이긴 하지만 현 초기 단계에서는 스타트업이 걱정할 부분이 아니다. 지금 단계에서는 성공적인 분리가 가능할지 기회를 탐색하고 평가하는 데 집중하겠다.

[5단계: 경쟁 기업의 반응을 예측한다]

경쟁 관계에 있는 전통 기업에게서 활동을 분리하는 파괴자는 기존 기업이 어떻게 반응할지 예상한 후 선제 조치를 취해야 한다. 5장에서 소개하겠지만 경쟁자들의 반응이 수천 가지나 된다 해도 그 모든 반응은 크게 두 가지로 분류된다. 기존 기업이 할 수 있는 대응 중 하나는 파괴자가 분리한 것을 재결합하는 것이고, 또 다른 하나는 고객에게 분리할 기회를 직접 제공하면서 선제적으로 분리하는 것이다.

디커플링 5단계는 디커플러가 파괴적인 사업 모델을 개발하고 연마하는 과정에서 실제로 무엇을 수행하는지를 명확하게 보여준다.

[그림 4.3] 디커플링을 사용한 파괴의 5단계 과정

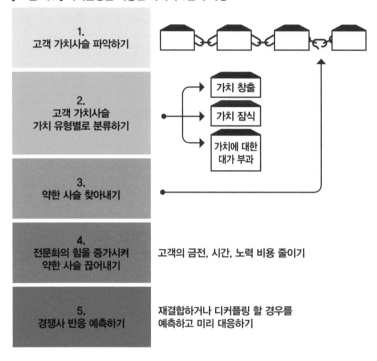

실제로 시장을 파괴하려는 기업가는 깊은 사고와 계획이 깃든 사업 모델을 만들기 위해 5단계 프레임워크를 사용해왔다. 또한 기존 기업 임원들은 이 프레임워크를 통해 디커플러의 배후에 깔린 기본 논리에 접근할 수 있다. 더 좋은 점은, 이것이 기존 기업이 발생 가능한 위협을 평가할 때 필요한 통찰을 제공한다는 사실이다. 잠시 후에 기존 기업의 방어 전략으로서 이 프레임워크가 얼마나 효용성 있는지에 대해 설명할 것이다.

우선은 다섯 단계를 좀 더 연구해보자. 아마추어 요리사라면 잘 알겠지만 새로운 요리법을 시도하는 일은 생각만큼 간단하지 않다. 조심하지 않으면 재료를 너무 익히거나 과정의 일부를 놓치기도 한다. 그래서 당신이 직접 요리에 나서기 전에 다른 사람이 요리하는 모습을 보길 권한다. 비즈니스도 마찬가지다. 디커플링을 실제로 적용하기 전에 신생 기업이 디커플링을 어떻게 실행해왔는지를 살피면 실전에 도움이 될 것이다.

하버드와 MIT 졸업생이 직접 실행해보았습니다

하버드와 MIT에서 내 수업을 들은 학생 중 몇 명이 자신의 스타트업에 디커플링 5단계 공식을 적용했다. 그중 부동산 업계와 패션 업계, 두 가지 사례를 소개하고자 한다. 이 책에서는 두 스타트업이 시장에서 효율적으로 활용한 비즈니스 모델 초기 버전만 다룰 것이다. 이후에 이들이 비즈니스 모델에 어떤 변화를 가했는지는 포함하지 않겠다. 그리고 적어도 한 사례에서는, 스타트업 설립자 본인도 디커플링 공식을 적용시키고 있단 사실을 내가 말해줄 때까지 깨닫지 못하고 있었음을 밝힌다.

내가 이 사례를 소개하는 이유는 기업가의 아이디어 선택과 결정을 인정한다거나 혹은 그들이 거둔 성공을 증명하려는 의도 때문이 아니다. 장기간에 걸쳐 성공을 거두는 스타트업의 능력은 5단계 디커플링 패러다임 외에도 인력, 자금, 기술, 실행, 적응 같은 여러 요소에 달려 있다.

이 말을 잘 기억하면서 이제 젊은 기업가들이 부동산 업계와 패션 업계에서 자신의 파괴적인 비즈니스 모델을 발전시키기 위해 디커플링 공식을 어떻게 사용했는지 살펴보자.

[사례(1) 부동산 업계에서의 디커플링]

작은 빵집을 열 계획이라고 가정하자. 당신은 빵과 쿠키를 손님에게 잘 보이도록 진열해놓고 싶다. 적당한 점포를 찾아야 하고, 어쩌면 필요 이상으로 큰 공간을 얻어야 할지도 모른다. 예전 같으면 아마도 프로로지스Prologis 같은 부동산 업체를 찾아갔을 것이다. 프로로지스는 18개국에 걸쳐 약 6,500만 제곱미터의 상업용 부동산을 보유한 부동산 업계의 거물이다.[18]

2012년 샌프란시스코에 기반을 둔 스타트업 스토어프론트Storefront는 임대 가능한 공간을 소유한 상점 주인, 건물주와 상업용 공간을 찾는 임차인을 연결시켜주는 온라인 플랫폼으로 이 문제를 해결하고자 했다.[19] 매장을 빌려줄 사람과 빌릴 사람을 연결해주는 웹사이트를 활용해 스토어프론트는 공간 소유하기와 제품 진열하기를 분리했다.[20] 제품을 만드는 사람은 이제 공간을 소유하지 않고도 제품을 진열할 수 있게 됐다. 스토어프론트는 디커플링 5단계 공식을 이렇게 적용했다.

1단계: 타깃 세그먼트의 고객 가치사슬을 파악한다

이 경우 타깃 고객은 제품 진열을 원하는 작은 소매점이다. 소규모 소매점이 물건을 팔기 위해서는 여러 CVC 활동 중 다음 네 가지 활동을 실행해야 한다. 판매할 상품 매입하기→판매 공간 소유하기 (점포 매입이나 임대)→상품 진열하기→상품 판매하기.

2단계: 고객 가치사슬을 가치 유형별로 분류한다

판매 공간을 확보하는 활동은 실제적으로 소매점에 아무런 가치를 제공하지 않는다. 이는 상품을 진열하고 팔기 위한 수단일 뿐이며, 가치에 대한 대가 지불 활동에 해당한다. 여기에서 가치 창출 활동은 상품 진열하기와 상품 판매하기이다.

3단계: 고객 가치사슬 중 약한 부분을 찾는다

소매점 CVC에서 약한 부분은 판매 공간 소유하기와 상품 진열하기 사이의 연결고리다. 왜냐하면 소규모 소매점 입장에서는 매장을 구하는 비용이 만만치 않으므로 가능하다면 이 부분을 버리고 싶어할 것이기 때문이다.

4단계: 약한 사슬을 분리한다

스토어프론트는 일부 상점이 사용하지 않는 공간을 다른 소매점에 대여할 수 있게 해주었다. 적당한 수수료를 주고 공간을 임차한 소매점은 사용하지 않던 공간에 자기 상품을 진열할 수 있다. 소규모 소매점이 판매 공간을 구하는 데 드는 비용을 낮춰줌으로써 스토어프론트는 판매 공간 소유하기와 상품 진열하기를 분리했다. 프로로지스 같은 기존의 상업용 부동산 개발업자에게서 가치에 대한 대가 부과 활동을 빼앗고 고객들, 즉 상점 주인과 판매 공간을 찾는 상인 둘 다를 위해 비용을 줄여주었다.

5단계: 경쟁 기업의 반응을 예측한다

스토어프론트가 인기를 끌면서 자기 상점의 공간을 대여해주는 가게 주인이 많아지면 프로로지스는 어떻게 대응할까? 프로로지스는 자사의 부동산 임차인들에게 매장의 전체 또는 일부 재임대를 금지하는 계약을 강요할 수 있다. 아파트 소유자들도 자신의 아파트를 임차인이 에어비앤비 같은 사이트에 올리지 못하게 하기 위해 같은 방법을 사용한다. 그 외에도 프로로지스는 가게 주인이 일부 공간을 재임대하고 스토어프론트로부터 받을 돈을 미리 반영해 임대료나 매매가를 올릴 수도 있다. 그러면 스토어프론트의 임차 고객이 공간 일부를 재임대함으로써 창출하는 수익 일부를 프로로지스가 확보하는 셈이다. 프로로지스가 어떤 대응안을 선택하든 스토어프론트는 이런 가능성을 모두 염두에 두고 대처 방안을 준비해야만 한다.

[사례(2) 패션 업계에서의 디커플링]

의류 업계에서는 뉴욕에 본사를 둔 키톤로Keaton Row와 시카고에 본사를 둔 트렁크클럽Trunk Club 같은 온라인 개인 스타일리스트들이 디커플링에 나섰다. 어울리는 의류 갖추기와 의류 구매하기 사이의 연결고리를 분리하는 것이다.[21]

소비자들은 옷차림에 필요한 품목을 고르기 위해 백화점이나 가게를 방문해야 했다. 그런데 이런 과정을 즐기는 사람도 있지만 그렇지 않은 사람도 있다. 키톤로와 트렁크클럽은 어떤 옷을 어디에서 구입해야 하는지 조언하거나 어울리는 옷을 배송해줌으로써 밖에 나가 쇼핑하기를 즐기지 않는 사람들의 부담을 덜어주었다.[22] 이들 업체는 전문화의 힘을 높이면서 의류 선택하기와 의류 구매하기의 연결고리를 분리했다. 여기에 깔린 기본 논리를 하나씩 보기 위해 5단계 공식을 실행해보겠다.

1단계: 타깃 세그먼트의 고객 가치사슬을 파악한다

의류를 이것저것 사는 것에서 끝나지 않는다. 자기 스타일에 어울리게 갖춰 입어야 한다. 그러기 위해서는 일련의 다음 단계를 따라야 한다.

스타일링이 가능한 여러 품목을 판매하는 소매점 방문하기 → 첫 번째 아이템(예를 들면 블라우스) 선택하기 → 두 번째 아이템(예를 들면 블라우스에 어울리는 스커트) 선택하기 → 세 번째 아이템(예를 들면 구두) 선택하기 → ······ → 모든 아이템 구매하기 → 구입한 아이템으로 스타일 연출하기.

2단계: 고객 가치사슬을 가치 유형별로 분류한다

아이템 선택하기는 누군가에게는 가치를 창출하는 활동이지만, 누군가에게는 가치를 잠식하는 활동이다. 메이시스Macy's 백화점은 고객이 물건을 살 때 가치를 확보한다. 여러 의류 아이템을 구매하는 활동의 최종 목표인 의상 착용하기는 쇼핑객에게 가치를 창출한다.

3단계: 고객 가치사슬 중 약한 부분을 찾는다

어떤 사람들은 옷을 고르고 서로 어울리는지 맞춰보기 위해 메이시스 백화점 같은 곳에 가는 활동을 매우 좋아한다. 반면 어떤 이들은 그런 활동을 엄청난 시간 낭비로 여긴다. 조사에 따르면 상당수 쇼핑객들이 물품을 개별적으로 구입하는 쇼핑을 좋아하지 않는다. 따라서 여기에 약한 고리가 존재한다.

4단계: 약한 사슬을 분리한다

키톤로와 트렁크클럽은 의상 아이템을 선택하는 활동을 분리한다. 디커플러들은 개인 스타일리스트(키톤로)와 알고리즘(트렁크클럽)을 활용해 고객 스타일을 파악하고, 고객을 대신해 어울리는 의상을 찾기 위한 온라인 검색 작업을 한다. 이들은 특정 아이템을 구매할 수 있는 인터넷 주소를 보내준다(키톤로). 아니면 실제 아이템을 고객의 집에 전달해주는 서비스를 제공해(트렁크클럽) 고객이 아이템을 선택하는 데 걸리는 시간과 노력을 줄여준다.

5단계: 경쟁 기업의 반응을 예측한다

이런 추세가 증가하면 메이시스는 어떻게 반응할까? 이런 서비스를 받는 사람이 많아지면 고객들의 매장 방문이 줄어들 수 있다. 혹은 고객을 대신하는 스타일리스트들이 쇼핑객이 되어 온라인몰을 검색하거나 매장을 방문하는 결과가 나타날 수도 있다. 이런 경우 메이시스는 가치에 대한 대가를 부과하는 활동을 잃지 않기 때문에 이 상황을 사업 모델의 큰 위협으로 보지 않을 수도 있다. 따라서 메이시스는 전문 스타일리스트와 대리 쇼핑객이라는 새로운 고객층에 천천히 적응하면서 백화점 매장의 전반적인 구성을 바꾸거나 웹사이트에 특별 섹션을 만들어 새로운 고객을 만족시키려 할 수도 있다.

한편 메이시스가 이런 추세를 주요한 위협으로 받아들일 수도 있다. 메이시스의 비즈니스 모델은 고객이 백화점 내 여러 곳을 돌아다니며 물건을 사야 수익을 올리는 방식이기 때문이다. 따라서 이 상황을 위협으로 본다면 메이시스는 키톤로 같은 개인 스타일리스트 서비스 또는 트렁크클럽 같은 회원제 서비스를 자사에 직접 도입해 운영할 수도 있다. 디커플러는 메이시스가 이 마지막 방법을 사용할 때를 대비해야 할 것이다.

앞에서 소개한 예는 스타트업이 더욱 계획적이고 체계적인 방법으로 비즈니스 모델을 구축하고 추진하기 위해 디커플링 공식을 활용한 일부 사례에 불과하다. 신생 기업가와 기존 기업의 임원은 5단계 해법을 고객을 직접 상대하는 비즈니스(예를 들면 키튼로, 트렁크클럽), 비즈니스를 상대하는 비즈니스(예를 들면 스토어프론트, 셀프민트)에 모두 적용할 수 있다.

5단계 처방전은 제품이나 서비스, 아이디어를 얻기 위해 일련의 활동을 수행하는 고객이 있는 한 사실상 어떤 상황에도 적용 가능하다. 현재 회사 한 곳에서 두 개 이상의 활동을 제공하고 있다면 신생 기업이 파고들어가 디커플링할 기회가 최소한 이론적으로는 존재한다는 얘기다.

벤처투자가는 어떤 유형의 디커플러를 가장 선호하는가

[세 가지 변수, 세 가지 시장가치]

신생 기업이 당신의 비즈니스를 분리하기 위해 위협한다고 가정해보자. 그런데 만약 그 스타트업이 자금 지원을 충분히 받지 못한다면 당신에게 큰 위협이 되지 않을 수도 있다. 그렇다면 스타트업이 자금 지원을 받을 수 있는지 여부를 어떻게 판단할 수 있을까?

스타트업이 시장을 파괴하기 위해 선택한 분리의 가치 유형을 중심으로 들여다보면 투자자의 관심도를 대략적으로 가늠할 수 있다.

투자 관점에서 가장 유망한 디커플링 유형은 무엇일까? 이를 파악하기 위해 나는 미국에 기반을 둔 325개 스타트업의 시장가치를 평가했다.[23] 그중 55개 스타트업이 가치 창출, 가치에 대한 대가 부과, 또는 가치 잠식 중 하나의 유형에 초점을 맞춘 디커플러임을 확인했다.* 투자 시장은 이 세 유형의 디커플링을 다르게 평가하는 듯했다. 투자자들은 가치를 창출하는 디커플러에게 훨씬 더 높은 시장가치를 부여한다. 그리고 가치를 잠식하는 디커플러에게 가장 낮은 시장가치를, 가치에 대한 대가를 부과하는 디커플러에게 중간 정도의 시장가치를 부여하고 있었다(그림 4.4 참조).

---

* 다른 기업들의 경우 여러 비즈니스에서 모든 유형의 디커플링을 사용한 기업(예를 들면 아마존, 구글, 페이스북)도 있었고 디커플링을 전혀 사용하지 않은 기업도 있었다. 그리고 기업의 비즈니스에 관한 설명만 보고는 판단할 수 없는 기업도 있었다. 극히 적었지만 두 가지 유형의 디커플링을 사용하는 기업(예를 들면 드롭박스, 스카이프)으로 확인된 경우도 있었다. 이런 경우에는 기업 웹사이트에서 중심적으로 소개하는 내용을 기반으로 소비자에게 가장 중요하다고 판단되는 유형을 선택했다.

[그림 4.4] 디커플링 유형에 따른 시장가치

시장가치(백만 $)

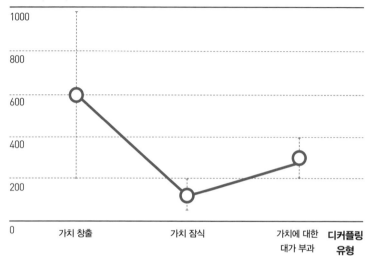

참고: 2016년 자금 조성 마지막 라운드에서 투자자로부터 1,000만 달러 이상의 가치를 평가받은 325개 미국 기반 스타트업 중 디커플링으로 시장을 파괴한 소비자 상대 기업 55개. 세로 점선은 표준편차의 반을 나타낸다.

온라인 통신업체 스카이프(2011년 마이크로소프트가 85억 달러에 인수), 모바일 VoIP 및 메시징 기업 바이버 미디어Viber Media(2014년 라쿠텐Rakuten이 9억 달러에 인수), 트위치(2014년 아마존이 9억 7,000만 달러에 인수)의 거래 금액이 증명하듯 시장은 가치 창출 활동의 디커플러를 가장 높게 평가한다.* 기업의 가치 평가액은 다양하지만 중앙값

---

* 스카이프는 인터넷 전화에는 요금을 부과하지 않지만, 스카이프로 일반전화를 걸면 요금을 부과한다는 점에 주목해보라. 따라서 스카이프는 통신사업자를 통해 가치를 확보하는 디커플러로 분류되지 않는다.

은 6억 달러 정도다(그리고 스카이프 같은 특별한 사례 때문에 평균은 27억 달러다).[24]

투자자들은 가치에 대한 대가를 부과하는 디커플러에게는 가치 창출 디커플러에 비해 낮은, 중앙값 3억 5,000만 달러(평균 16억 달러)의 가치를 매긴다. 클라우드 저장업체 드롭박스(2014년 자금 조성 당시 가치 평가액 100억 달러), 디지털 음원 서비스 업체 스포티파이Spotify(2018년 신규 상장 이전인 2015년 가치 평가액 85억 달러), 징가(2016년 시가총액 21억 달러), 전 세계를 운항하는 개인용 비행기의 검색과 예약을 도와주는 전용기 중개앱 젯스마터JetSmarter(2016년 가치 평가액 15억 달러) 등이 여기에 포함된다.[25]

디커플러의 세 가지 유형 중 가치 잠식 활동을 하는 디커플러는 투자자에게 가장 낮은 평가를 받는다. 디자이너 의류를 온라인으로 대여해줌으로써 고객들이 해당 매장을 방문해 고가 의류를 구입할 필요가 없게 해준 렌트더런웨이는 2016년 말 6억 달러가 넘는 가치를 인정받았다.[26] 소비자들이 슈퍼마켓에 가지 않고도 쇼핑을 할 수 있게 한 프레시다이렉트Fresh Direct는 2014년 중반 기준 4억 8,000만 달러로 평가됐다.[27] 달러셰이브클럽은 2016년 유니레버가 10억 달러에 인수했다.[28] 가치 잠식 디커플러의 시장가치 중앙값은 1억 달러(평균은 약 5억 달러)다.

[가치 창출 디커플러의 시장가치가 가장 높은 이유]

디커플링 유형에 따라 이렇게 차이가 큰 이유는 무엇일까? 나도 단정적으로 말할 수는 없다. 디지털 디커플링은 최근 현상이고 새로운 물결이며, 따라서 세 가지 유형의 디커플링에 각각 어떻게 가치 평가액이 책정되었는지 엄격한 통계 분석을 할 만큼 사례가 충분하지 않기 때문이다. 공개적으로 이용할 수 있는 자료가 부족해 성장률, 수익성, 직원 수 등 비교 대상 항목을 찾을 수가 없다.

예전에 대기업 고위 임원들 앞에서 연구 내용을 발표할 기회가 있었다. 그때 한 임원은 가치 잠식 디커플러에 대한 평가가 평균적으로 낮은 이유는 투자자 입장에서 볼 때 상승 잠재력이 제한적이기 때문이라고 추측했다. 기업 입장에서 제거할 수 있는 가치 잠식 활동이 그리 많지 않다. 무작정 제거하다 보면 기회가 완전히 사라지거나 가치 창출 활동 역시 없애야 하는 상황을 맞게 된다. 또한 임원들은 가치 잠식 디커플링은 기존 기업뿐 아니라 다른 신생 기업들도 쉽게 모방할 수 있음을 지적했다. 예를 들어 버치박스가 화장품 샘플을 제공하면서 사람들은 직접 매장에 갈 필요가 없어졌다. 하지만 이후 버치박스 모델을 복사한 샘플 및 정기 배송 스타트업이 수십 개 생겨났다.

경영진은 가치에 대한 대가 부과 활동을 하는 디커플러의 평균 가치 평가액이 높은 이유에 대해서는 이렇게 얘기한다. 이런 유형의 디커플러들은 고객에게 회사를 바꿔야 할 분명하고 납득할 만한 이유를 제공하기 때문에 빠르게 성장하면서 고객을 흡수한다는 것이다. 투자자는 빠른 성장이라는 이점을 높이 평가한다. 하지만 그렇다고 해서 그 디커플러가 자신의 비즈니스 존재를 정당화할 대체수익원을 찾을 거란 보장은 없다. 디커플링 유형에 따라 평가 가치액 차이가 큰 이유는 바로 이런 수익 창출의 불확실성 때문이다.

그럼 마지막으로 가치 창출 디커플러를 가장 높이 평가하는 이유는 무엇일까? 임원들은 스타트업이 기존 기업에게서 고객을 빼앗는 동시에, 스타트업이 (고객에게 계속 가치를 전달하는) 기존 기업에 의존할 때 성장 잠재력이 크다는 사실을 언급했다. 이런 식의 성장은 더욱 지속 가능하고 더욱 수익성이 좋다. 동시에 다른 기업이 모델을 복사할 가능성은 낮다(스타트업의 기술, 또는 높은 전환 비용 때문에). 따라서 투자자들은 이런 성장 잠재력을 중요하게 생각하고 이런 이유로 가치 창출 디커플러를 가장 높게 평가한다. 발표 자리에 모인 임원들은 주로 스카이프, 트위치, 왓츠앱WhatsApp 등을 예로 들었는데, 실제로 이들 기업 모두 초기 성장률이 대단히 높았다.

여기서 주의 사항을 밝힌다. 내가 시장가치를 판단하기 위해 들여다본 기업은 산업, 수익성, 시장 진입 시기, 규모 면에서 서로 상이한 미국 기반 회사 55개에 불과하다. 또한 이 분석에는 확실하게 식별 가능한 한 가지 유형의 디커플링만 실행하는 파괴자를 포함시켰다는 점도 기억하기 바란다. 그 때문에 아마존, 알파벳, 페이스북(왓츠앱, 인스타그램Instagram, 오큘러스Oculus를 소유) 등 대형 기술 기업은 제외했다.

따라서 이 분석은 디커플링 유형별 투자자의 선호도 차이를 보여주는 기본적인 기준 정도로 생각하면 좋겠다. 서로 다른 방식으로 분리를 실행하는 파괴자들이 더 많아지면 그때 시장가치와 디커플링 유형 사이의 연관관계를 더 잘 평가할 수 있을 것이다.

그럼에도 벤처캐피털 시장에서는 디커플링 유형이 의미하는 바가 크다. 만약 시장의 평가 가치와 디커플링 유형의 관계를 더욱 정확히 파악할 수 있게 되어 디커플링 유형이 중요한 역할을 하게 된다면 기존 기업은 진짜 경쟁자가 누구인지 제대로 파악할 수 있을 것이다. 투자자들이 더 높은 가치를 매기는 유형의 디커플링을 실행하는 스타트업이 더 많은 투자금을 모을 것이고, 이들은 당신의 비즈니스를 위협하는 존재로 떠오를 것이다. 특히 가치를 창출하는 디커플러와 가치에 대한 대가를 부과하는 디커플러를 주시하라. 가치를 잠식하는 디커플러의 위협은 그리 크지 않을 것이고 이들은 다른 방법으로 다룰 수 있다.

트위치보다 더 빠르게, 더 안전하게 시장을 점령하는 법

기존 기업의 임원들에게 시장 파괴가 어떻게 일어나는지를 물으면 무어라 답할까. 이들은 스타트업이 시행착오를 겪다가 우연찮게 이룬 혁신을 바탕으로 성공을 이룬 것 같다는 말을 하곤 한다. 하지만 앞서 보았듯이 그게 다가 아니다. 불확실했던 스타트업이 파괴적인 디커플러가 될 때야 비로소 성공적인 스타트업이 된다.

많은 스타트업을 가까이서 지켜본 끝에 나는 성공적인 디커플러라면 누구나, 종종 자신은 깨닫지도 못한 상황에서, 따르는 공식 하나를 찾아냈다. 디커플링에 열중하는 기업가들은 맹렬하게 좌충우돌하며 나아가는 경향이 있으며, 이들이 방향을 틀 때마다 그 이유를 설명할 수는 없다(그리고 설명할 필요도 없다). 하지만 성공한 기업가는 탄탄한 내재적 논리를 바탕으로 판단을 내리며 그것이 분리를 가능하게 하는 토대를 형성한다. 성공을 보장할 수는 없지만 분리의 비결을 설계할 수는 있다.

4장을 시작하면서 3개 단계를 쌓아올리는 방법으로 비즈니스 모델 혁신을 설계할 수 있음을 언급했다. 첫 번째 층은 전통적인 방식인 표준 비즈니스 모델이다. 여기에서는 전통적인 방식에 익숙한 기존 기업이 스타트업에 비해 이점을 누린다. 스타트업은 기존 기업의 비즈니스가 어떻게 움직이는지 알 수는 있지만 기존 기업만큼 잘 알 수 없다. 기존 기업은 이런 장점을 활용해 자신만의 세력을 확장해야 한다.

다음 층인 디지털화에서는, 기존 기업이 자사의 비즈니스를 온라인에 그대로 옮겨놓고 고객에게 불리한 점보다 혜택을 더 많이 제공하면 이점을 누릴 수 있다. 그러지 못하면 같은 과정을 수행하는 스타트업들이 우위를 점할 수 있다.

마지막 층인 혁신 추가 단계에서는 이전 두 단계에 더해 가장 큰 혁신을 더한 기업이 유리한 고지를 차지한다. 어떤 경우에는 제안된 기술 혁신이 너무 극적이어서 사업 성격을 완전히 바꾸기도 한다. 위키피디아Wikipedia는 추가 혁신 단계에서 크라우드소싱을 활용했다. 크라우드소싱이라는 마지막 혁신으로 인해 위키피디아는 브리

태니커 같은 전통적인 인쇄 백과사전은 물론이고, 심지어 마이크로소프트의 엔카르타Encarta 같은 디지털 백과사전 버전과도 현저히 다른 모습을 갖게 되었다.

여기에서 디커플링을 기본으로 한 추가적 혁신이 이루어질 때 디커플러들은 다음의 5단계를 수행해갈 수 있다. 즉 타깃 세그먼트의 고객 가치사슬 활동을 알아내고, 이것을 가치 유형별로 분류하며, 가치사슬 활동 중 가장 약한 고리를 찾아, 그 고리를 끊어내고, 다음으로 기존 기업이 이에 어떻게 대응할지를 예측하는 것이다. 신생 기업가들은 이 공식을 이용해 보다 체계적이고 구조적인 방식으로 혁신적인 비즈니스 모델을 만들어 위험을 줄일 수 있다. 반대로 기존 기업은 이 방법을 자사의 비즈니스를 파괴하거나 다른 기존 기업의 비즈니스를 파괴하는 데 활용할 수 있다.

디커플러가 의식적으로 이 방법을 따르든, 아니면 성공을 위한 중요 단계에 담긴 이치를 본능적으로 이해하든, 기존 기업은 디커플러가 언제든 들이닥칠 수 있음을 잊지 말고 이에 대비해야 한다. 이 공식을 깨친 기업가들은 더욱 무서운 도전자가 될 것이다. 이 공식을 손에 넣은 기업가들은 훨씬 더 강해진 모습으로 시장에 도전할 것이다. 이리저리 비틀거리며 성공에 다다른 트위치 창업자들과 달리, 새로운 세대의 디커플러는 시행착오를 줄이고 더 빠르게 성공에 이를 것이다.

위협이 닥칠 때마다 각각의 궤적을 살피려 하지 마라. 그 대신 디커플러를 추적할 수 있는, 즉 당신의 공간에서 벌어질 위협을 감시할 수 있는 '레이더 시스템'을 갖춰야 한다. 이 외에도 당신의 회사가 어떤 위협에 어떻게 대응해야 하는지도 충분히 고려해야 할 것이다.

나는 자금 조달 능력에 기초해 디커플링 유형별 위험도를 분별해보았다. 만약 당신의 비즈니스에서 발생할 수 있는 잠재적 손실이 분명하고, 스타트업이 강력한 자금력을 갖춘 데다, 그 스타트업이 가치 창출 디커플링을 하고 있다면 그때는 즉시 경보를 발령하고 대응할 준비를 하라. 기존 기업은 대응에 나서면서 선택할 수 있는 옵션을 많이 보유하고 있다. 다음 장에서는 몇 가지 유형으로 나누어 어떤 대응책이 가능한지 알아볼 것이다.

PART 2

파괴자의 공격에 어떻게 맞설 것인가

앞에서 보았듯이 디지털 디스럽션을 위한 새로운 접근방식이 많은 업계로 퍼져가고 있다. 이 방식은 고객 활동을 연결하는 고리를 깨뜨리거나 '분리'한다는 특징을 지닌다. 여전히 신기술로 무장한 스타트업들이 시장 파괴를 조장한다고 생각하는 사람이 많다. 하지만 디커플링은 신기술에 의한 스타트업이 아니라, 변화하는 고객의 요구와 욕구를 충족하도록 설계된 비즈니스 모델 혁신에서 발생하는 경우가 대부분이다.

지금까지 많은 스타트업이 별 계획 없이도 디커플링을 통해 고객의 변화하는 요구와 행동을 최대한 활용해 성공을 거두었다. 하지만 우리에겐 계획이 있다. 디커플링의 체계적인 과정 또는 로드맵을 실제로 알아냈고, 어느 사업체든 파괴를 설계하기 위해 이 로드맵을 활용할 수 있다. 디커플링에 성공하기 위한 방법이 있다. 물론 조리법이 음식의 맛을 보장하지 못하듯 이 로드맵이 무조건적인 성공을 보장하지는 않지만 다양한 산업에 진출하는 새로운 도전자들에게는 소중한 자료가 될 것이 틀림없다. 물론 대응책을 준비해야 하는 기업들이 방어에 나서는 데도 매우 중요한 역할을 할 것이다.

2부에서는 디커플링에 대한 주요 대응 방안을 다룬다. 어떤 업계에 속해 있는지, 기존 기업이 마주한 도전자가 누구인지에 관계 없이 선택 가능한 대응 방안은 몇 가지밖에 없다. 어떤 대응 방식을 택할지 결정하기 전에 당신에게 어떤 선택권이 있는지, 각 방안의 장점과 위험이 무엇인지를 알아야 한다. 특히 6장에서는 어떤 위험이 도사리고 있는지 알아내는 방법, 디커플링에 대응해야 할 때가 언제인지 가늠하는 방법을 보여준다. 기존 기업이 업계에서 발생하는 디커플링에 어떻게 대응해야 하는지 결정할 때 가장 중요한 것이 위험에 대한 세밀한 분석(예를 들면 잘못된 행동으로 인한 손실 위험 vs. 무대응으로 인한 손실 위험)임을 기억하기 바란다.

CHAPTER 5

디커플러에 대응하는

2가지 방법

달러셰이브클럽은 어떻게 질레트의 독점 시장을 파괴했나

[면도기-면도날 비즈니스 모델의 탄생]

1895년 어느 여름 아침, 크라운코르크앤드실 컴퍼니Crown Cork and Seal Company의 병뚜껑 판매원이자 발명가였던 40세의 킹 캠프 질레트King Camp Gillette에게 문제가 생겼다. 출근 준비를 위해 면도를 해야 했는데 면도날이 무뎌져―그가 아내에게 보낸 편지에 적은 바로는 '가죽 끈으로 날을 갈아도 안 될 정도로 무뎠다'―면도가 잘 되지 않았다. 그 시절에는 면도날이 무뎌지면 전문 도구로 날을 갈아주는 이발사나 칼 장수를 직접 찾아가야 했다. 이는 여간 불편한 일이 아니었고 설사 찾아간다 해도 날이 예리하게 잘 갈린다는 보장도 없었다. 면도날이 수명을 다해 더 이상 사용할 수 없게 되면 최대 1.50달러(신발 한 켤레 가격)를 지불하고 새 면도날을 사야 했다.

당시 질레트는 자신에게 부와 명성을 안겨줄 제품을 발명해야 한다는 생각에 골몰하고 있었다. 이에 직장 상사는 거창한 조언을 하나 던졌다. "한 번 사용하고 나면 버리는, 그래서 손님들이 계속 찾게 되는 그런(병뚜껑 같은) 걸 생각해보는 게 어떤가?"[1] 질레트는 고객들을 만나러 기차를 타고 다니면서 모든 사람이 늘 사용하고 일회용으로 만들 수 있는 제품이 무엇일까 고민했다.

그런데 그날 아침 기막힌 아이디어가 번개처럼 질레트의 머리를 스쳤다. 면도기를 일회용으로 만들면 어떨까! 값싼 면도날이 있다면 사람들은 무뎌진 면도날을 새 것으로 곧장 교체할 수 있을 터였다. 더는 가죽 끈에 면도날을 갈 필요도, 이발사나 칼 장수를 찾아갈 필요도 없는 것이다. "드디어 해냈소." 질레트는 아내에게 보내는 편지에 이렇게 썼다. "이제 우린 엄청난 부자가 될 거요."[2]

글쎄, 아직은 아니었다. 오늘날과 같은 벤처캐피털 산업이 없던 시절이라 질레트가 투자자를 유치하고 기술을 개발하고 생산을 하기까지는 8년이 걸렸다. 하지만 질레트는 끈기 있게 버텼고 1903년 첫 제품을 시장에 선보였다. 그는 면도기와 12개의 교체용 면도날 세트를 5달러에, 12개짜리 교체용 면도날만 담은 세트를 1달러에 내놓았다. 첫해에는 면도기 51개와 12개 면도날 세트 14개를 팔았다. 그다음 해에는 면도기 9만 1,000개와 면도날 세트 1만 개를 팔았다. 그뒤 판매량은 꾸준히 증가했고 1917년까지 판매한 면도기는 100만 개, 면도날 세트는 1,000만 개에 이르렀다.

어려움도 있었다. 질레트를 모방하는 기업들이 등장한 것이다. 이에 질레트는 1921년 첫 특허가 만료되자 '향상된' 면도기 기술로 새로운 특허를 신청했고, 자사의 '구형' 면도기를 개당 1달러도 안되는 할인가에 판매했다. 그러자 면도기 판매량이 400만 개 이상으로 급증했다.

결과는 놀라웠다. 할인가 판매로 면도기 사용자층이 크게 확대되자 가격이 그대로인 교체용 면도날 수요가 대폭 증가한 것이다. 그러자 질레트는 1달러짜리 세트에 들어가는 면도날 개수를 줄여 개당 가격을 효과적으로 인상해 이익을 꾀했다. 이후 면도날 가격은 연이어 올랐고 급기야 면도기 가격이 교체용 면도날 한 세트보다 더 저렴해졌다.[3]

본인들도 모르는 사이에 질레트는 모듈화 제품이라는 강력한 사업 모델을 발견한 것이다. 기업들은 제품, 즉 전체 면도기 중 내구성을 갖춘 본체 부품을 저렴하게 판매하거나 심지어 무료로 나눠줌으로써 사용자 기반을 구축하고 일회용 부품, 즉 면도날을 높은 이윤을 남겨 팔아 돈을 벌었다. 지금은 누구나 다 아는 이 '면도기-면도날' 모델은 거대하고 지속 가능한 수익원으로 작용했다. 한 세기가 지난 후 질레트는 미국에서 약 80퍼센트, 전 세계적으로 66퍼센트라는 시장점유율을 차지하면서 면도기 시장의 확고한 리더로 자리 잡았다.[4] 이 모델은 또한 면도기 업계뿐만 아니라 프린터와 잉크 카트리지, 비디오게임 콘솔과 게임, 전자책 단말기와 전자책처럼 전혀 연관 없어 보이는 다른 업계로도 확산되었다.[5]

[사람들이 달러셰이브클럽에 열광한 이유]

세상에 영원히 안전한 것은 없다. 면도기-면도날 모델처럼 강력한 파괴력을 지닌 비즈니스 모델도 마찬가지였다. 2011년 초, 면도기 업계 경험이 전혀 없는 30대 기업가 마이클 더빈Michael Dubin은 회원제 방식을 통해 온라인으로 면도기를 제공하는 웹사이트 달러셰이브클럽DSC을 만들었다. 이 웹사이트는 말 그대로 대박을 터뜨렸다. 2015년이 되자 DSC는 면도기 전체 온라인 판매량의 51퍼센트를 차지하면서 온라인 판매에서 21퍼센트로 밀려난 질레트를 초라하게 만들었다.[6] 자신의 이름을 회사명에 쓸 만큼 대단했던 업계 리더가 어떻게 웹사이트와 한국에서 외주제작한 제품밖에 없는 무명 기업가의 희생양이 되었을까?[7]

DSC가 제공하는 제품이 더 좋은 걸까? 아니다. DSC 제품은 그저 2개, 4개, 6개짜리 일회용 면도날이 달린 특색 없는 플라스틱 면도기에 불과했다. DSC의 제품 광고가 더 뛰어났을까? 어떤 이들은 DSC가 만든 동영상 덕분에 입소문이 났다고 말한다. 광고 영상에는 더빈이 등장해 이렇게 말한다. "우리 면도날이 좋으냐고요? 아니요. 우리 면도날은 ×나게 끝내줍니다."[8] 하지만 광고로 말하자면 질레트는 세계에서 가장 큰 광고주인 프록터앤드갬블Proctor&Gamble, P&G이 소유한 회사다. P&G는 2014년 한 해에만 광고비로 100억 달러를 썼다. 질레트는 가장 큰 자금 지원을 받았고 최고의 광고 대행사를 이용했고 모든 종류의 미디어를 활용했다. 그럼 마케팅도 아니라면 DSC가 쇼핑객들에게 더 많은 편의를 제공했을까? 그렇지 않다. DSC와 질레트 두 회사가 고객의 집 앞까지 면도기를 배송하는 운송 서비스는 유사했다.

나중에 나는 제자들에게도 그 이유를 물었다. 당시 학생들은 이미 DSC의 회원이 되어 있었다. 뛰어난 학생 중 한 명인 조나단이 대답을 내놓았다. 조나단은 어렸을 때부터 아버지가 면도하는 모습을 자주 보며 자랐다. 조나단의 아버지는 질레트 면도기가 가장 질이 좋았고 또 저렴했기 때문에 질레트를 사서 사용했다. 하지만 역시나 면도날을 교체하는 데 많은 돈을 써야 했다. 나중에 면도를 해야 할 만큼 성장한 조나단도 질레트 면도날 교체 비용이 많이 든다는 사실에 불만이 컸다. '질레트는 우리를 인질로 잡고 있어. 비싼 면도날을 살 수밖에 없도록 만든 거지. 이런 걸 만드는 데 무슨 비용이 그렇게 많이 들어간다고.'

그러다가 처음 들어보는 스타트업 DSC가 나타나더니 이런 약속을 내걸었다. 이제 당신을 인질처럼 느끼게 만드는 면도기-면도날 모델을 더 이상 사용하지 않겠다고. DSC는 자사 서비스의 가치를 이렇게 제시한다. "조건 같은 것은 없습니다. 언제든 취소하세요. 절대 당신을 묶어두지 않습니다."[9] 오랫동안 아버지가 질레트에게 갇혀 고생하는 것처럼 느낀 조나단은 마침내 질레트의 틀을 깨고 나왔다. DSC는 그에게 사용하는 만큼 비용을 지불하는 페이고pay-asyou-go라는 투명한 방식을 제안했고, 조나단은 그 제안을 받아들였다. 조나단은 그렇게 업체를 변경한 후 몇 년간 수백 달러의 면도 비용을 절약할 수 있었다.

조나단의 이야기가 보여주듯 면도기-면도날 비즈니스 모델은 두 가지 상황에서 효과적으로 작동한다. 첫째, 근시안적인 소비자가 장기간의 비용을 감내하고 단기적 상황에 초점을 맞출 때 효과가 있다. 이 소비자는 값싼 질레트 면도기 본체나 렉스마크Lexmark 프린터를 구입하지만 나중에는 자신도 모르게 교체용 면도날이나 잉크 값을 터무니없이 많이 지불하고 만다. 물론 조나단은 이런 소비자가 아니었다. 그는 아버지의 경우를 통해 질레트가 내놓은 비즈니스 모델이 장기간에 걸쳐 얼마나 큰 비용을 요구하는지를 알고 있었다.

안타깝게도 DSC가 등장하기 전에는 이 면도기-면도날 모델이 다른 선택사항들(전기면도기와 값싼 일회용 면도기는 제외)을 대체하면서 시장에서 소비자의 선택 폭을 줄여버렸다. 조나단은 선택의 여지가 없었다. 면도기와 면도날 모델이 잘 작동하는 두 번째 조건이 바로 이렇게 선택의 여지가 없는 상황이다. 수백만 명의 다른 소비자들처럼 조나단 역시 유사한 품질의 대체품이 부족한 상황을 견뎌낼 수밖에 없었다.

[달러셰이브클럽의 공격에 질레트는 어떻게 대응했을까]

질레트처럼 면도기-면도날 형태의 모델을 내놓는 대기업들은 고객들에게서 엄청난 초과 가치를 확보하기 때문에 자사의 사업 모델을 변경하려는 자극이나 동기가 거의 없다. 솔직히 말하면 그런 일을 절대 하고 싶어하지 않는다. 2004년에 P&G가 인수하기 전까지 질레트는 60퍼센트라는 놀라운 이윤을 남겼다.[10] 이런 회사들은 높은 이윤을 보호하기 위해 면도기처럼 단순한 제품의 특허에 투자한다. 매년 수억 달러를 연구개발에 투자하고 자신의 투자를 보호해달라고 주장하며 그렇게 얻어낸 특허를 정당화한다.

질레트는 1975년부터 2017년 7월까지 승인받은 특허가 거의 2,000건에 달했다. DSC가 등장한 이후 2012년 한 해에만 질레트는 125건의 새로운 특허를 확보했다. 독자 여러분은 지금 내가 제트엔진이나 백신처럼 복잡하고 새로운 기술을 말하고 있는 게 아니라는 점을 기억하길 바란다. 지금 우리가 얘기하는 것은 면도날이다! 이에 비해 거대 의약품 기업인 파이저Pfizer는 2015년 57건의 미국 특허를 받았으며, 뉴욕대학교 연구진은 통틀어 63건의 특허를 받았다. 마쓰다Mazda는 63건, 블랙앤드데커Black & Decker는 74건, 에어버스Airbus의 헬리콥터 담당부서는 75건의 특허를 (미국에서) 취득했다.[11] 그런데 어떻게 일회용 면도기와 면도용 크림을 만드는 회사가 헬리콥터를 만드는 회사나 제약회사보다 더 많은 특허를 필요로 한단 말인가?

1900년대 초, 질레트는 새롭고 혁신적인 제품을 모방 기업으로부터 보호하기 위해 특허를 활용했다. 하지만 1900년대 후반에는 디커플링의 발생 가능성을 차단하기 위한 수단으로 면도기나 면도날을 아주 살짝 변경한 부분까지 보호하는 특허를 사용하고 있었다.

질레트는 미미한 추가적 혁신을 이뤄내 고객에게 과도한 비용을 부과하고 있었는데, 이 모든 것이 자사의 수익성 높은 비즈니스 모델을 보호하기 위해서였다. 그리고 그것만으로 충분하지 않을 때는 다른 기존 기업들과 마찬가지로, 대체 사업 모델을 갖고 시장에 나올 조짐이 있는 기업들을 인수하는 전략을 구사했다. 예를 들어 2009년에 P&G는 명품 그루밍 제품을 만드는 아트오브셰이빙The Art of Shaving을 6,000만 달러에 인수했다.[12]

기존 기업들은 이렇게 자사의 비즈니스 모델 주위에 '장벽barrier', '담wall' 또는 '해자moat'를 만든다. 하지만 자신의 성 주위에 이렇게 해자를 만드는 데는 큰 문제가 있다. 전략이 통하지 않는다는 말이 아니다. 오히려 너무 잘 통하다가 어느 날 갑자기 효력이 사라지는 일이 발생한다. 질레트에게는 2012년 3월 6일이 그날이었다. 이날 DSC가 출시한 6중날 이그제큐티브Executive 모델은 질레트의 고급 면도기와 비교해도 전혀 손색이 없었다.[13] 그때부터 질레트의 시장점유율은 계속해서 하락했다. 남자들은 만나면 DSC 제품에 대해 얘기했고 소문은 순식간에 퍼져갔다.

조나단을 비롯한 밀레니얼 세대들이 가장 먼저 DSC를 받아들였다. 그러고는 DSC의 전도사 역할을 하면서 아버지와 할아버지도 '오염시켜' 제품을 갈아타도록 만들었다. 2013년에는 해리스Harry's를 비롯한 그루밍 제품 스타트업들이 온라인으로 제품을 출시하면서 시장에 뛰어들었다. 그렇게 해서 현재의 면도 용품 시장이 형성되었다.[14]

나는 학생들에게 만약 질레트가 교체용 면도날 가격을 DSC 수준으로 내린다면 다시 질레트로 돌아갈 의향이 있는지 물었다. 학생들 대답은 거의 만장일치로 "그럴 생각이 없다"였다. 이해할 만하다. 학대를 일삼던 연인에게 돌아갈 마음이 생길 리 없다. 고객에게 가학적인 기업으로 돌아가고 싶지 않은 것은 당연하다. 고객의 욕망을 거스르는 일은 얼마간은 효과가 있을 수 있지만 영원히 지속될 수는 없다. 결국엔 고객이 진정으로 원하는 것을 제공하는 새로운 회사가 생겨난다. 단순한 진리다. 비즈니스에 있어서 고객의 필요와 욕구를 거스르는 일보다 더 큰 위험은 없다.

이제 디커플링이 어떻게 작동하는지, 그리고 디커플링을 어떻게 설계해야 하는지를 이해했으니 정말 중요한 질문이 남았다. 디지털 파괴라는 이 거친 물결에 어떻게 대응해야 하는가?

기존 기업이 선택할 수 있는 대응 방안이 엄청나게 많지 않을까 싶겠지만 넓게 보면 실제로 일선에서 택할 방안은 두 가지뿐이다(앞으로 논의하겠지만 각 방안마다 많은 행동 또는 전략이 들어 있을 수 있다). 당신은 이 냉엄한 현실을 오히려 다행으로 받아들여야 한다. 수십 가지 잠재적 대응 방법을 샅샅이 살펴볼 필요가 없으니까 말이다. 하지만 두 가지 주요한 방안 중 어떤 것을 추구할지는 분명히 결정해야 한다. 그리고 그 결정이라는 것이 그리 간단하지가 않다.

따라 하거나, 인수하거나, 질식시켜버리거나

이미 보았듯이 디커플링은 산업 전반에 걸쳐 패턴화된 방식으로 펼쳐진다. 기존 기업이 두 개 또는 그 이상의 소비 활동을 고객에게 전달한 다음, 그런 연계된 활동에 대해 비용을 부과하는 상황에서 디커플링은 발생한다. 묶음 상품과 달리 연계된 활동은 적어도 두 개로 분리된다. 예를 들어 가치를 창출하는 활동(TV 프로그램 시청하기, 친구와 전화 통화하기, 적절한 제품을 찾기 위해 매장 둘러보기) 그리고 회사가 가치에 대해 대가를 부과하는 활동(시청자들에게 광고를 보게 하거나 구독료 내게 하기, 모바일 네트워크에 연결하게 하기, 선반에 있는 제품 구입하게 하기)으로 분리될 수 있다.*

그런데 이때 신규 진입 기업이 두 가지 활동을 분리해서 가치에 대한 대가를 부과하는 활동은 하지 않으면서 가치 창출 활동을 제공하려 할 때, 그리고 그 디커플러가 고객이 아닌 다른 대상(예를 들면 광고주, 소매업자, 헤비유저)에게 요금을 부과하거나 고객에게 요금을 적게 부과하는 방식으로 수익을 창출하는 경우, 기존 기업은 심각한 위협에 직면한다. 살아남으려면 대응책을 세워야 한다.

대부분의 기존 기업은 다음의 세 가지 방법 중 하나를 통해 대응하려 한다. 신규 진입 기업을 따라 하거나 인수해버리거나 가격을 대폭 낮춰 상대를 질식시키는 방법이다. 하지만 이런 방법을 사용하

---

* 3장에서 설명했듯이 세 번째 활동인 가치 잠식 활동이 존재하는 사례도 일부 있다.

면 설사 성공하더라도 조직 여기저기에 의도하지 않은 결과를 가져온다. 먼저 스타트업을 모방하는 기업은 이윤이 크게 줄어들 수 있다. 소규모 신생 기업은 기존 기업보다 수익이 적고 디커플링을 통해 남기는 이윤이 적어도 충분히 운영 가능하다. 하지만 NBC, 텔레포니카, 질레트 같은 거대 조직들의 비용 구조로는 그렇게 할 수가 없다.

다음으로 신생 기업, 즉 파괴자를 인수하는 데도 위험이 따른다. 기업 인수로 현금 보유액이 잠식되는 상황도 문제지만, 기존 기업이 자사 비즈니스에 새로운 비즈니스를 통합시키는 과정에서 어려움을 겪을 수 있다. 많은 기술 회사가 다른 기업을 인수했다가 아픔을 경험했다. 가장 유명한 사례로 타임워너Time Warner의 AOL 인수(990억 달러 결손 처리), HP의 오토노미Autonomy 인수(88억 달러 결손 처리), 마이크로소프트의 노키아 인수(76억 달러 결손 처리)를 들 수 있다.

마지막으로 파괴자를 질식시키기 위해 가격을 대폭 인하하는 방법 또한 수익에 영향을 미치며, 만약 미국 법무부가 이를 반경쟁적 관행으로 인식한다면 기존 기업은 법적 논란에 휩싸일 수 있다.

기존 기업의 관리자들은 성급한 대응을 자제해야 한다. 디커플링이 지엽적 수준에 머무를 경우(즉 고객 가치사슬의 일부에만, 그리고 특정 고객에게만 영향을 미치는 경우) 기존 기업도 그 수준에 맞게 대응해야 한다. 베스트바이는 소비자가 전자 기기, 전자식 유아용품, 전자완구 부문의 제품에 대해서는 쇼루밍을 하지만 미디어, 가전, 액세서리 등 다른 부문에서는 쇼루밍을 하지 않는다는 사실을 깨달았다.

이에 따라 베스트바이는 전체 매장에 영향을 미치는 대책안을 추진하지 않았다. 오직 전자 제품 부분에만 초점을 맞추었다.

모방하거나 상대 기업을 인수하거나 가격 전쟁을 시작하는 것은 지엽적이고 격리된 개입이라 할 수 없다. 잠재적으로 기존 기업의 조직 전체에 영향을 미치기 때문이다. 그렇다면 핵심 문제에만 집중하는 다른 대응 방법이 있을까? 결과적으로 대응 방안은 크게 두 가지로 나뉜다. 이해를 돕기 위해 가상의 시나리오를 생각해보자.

당신은 프로스팅(버터, 샘크림 등과 설탕을 혼합한 것)이 올라간 케이크를 판매하는 회사를 운영하고 있다. 그런데 새로운 스타트업이 나타나 당신 회사의 젊은 고객들에게 프로스팅만 별도로 구입할 수 있게 했고, 당신은 케이크를 굽고 팔면서 그대로 남은 프로스팅을 처리해야 한다. 당신은 어떻게 할 것인가? 한 가지 방법은 모든 케이크 구매자들에게 케이크와 프로스팅을 함께 구매하게 강요하는 것이다. 또 다른 대안은 고객이 원하는 것만 구매하게 하는 것이다. 다시 말하면 케이크와 프로스팅을 다시 합쳐서 판매할 수도 있고, 아니면 프로스팅이 올라간 케이크를 미리 분리해서 케이크와 프로스팅을 별도로 판매할 수도 있다.* 이 두 가지 방법은 어떤 업계든 관계 없이 모든 기업이 활용할 수 있다. 그렇다면 하나씩 차례대로 살펴보자.

---

* 프로스팅과 케이크의 예처럼 하나를 두 제품으로 나눌 때 사용하는 정확한 용어는 가격을 분리해서 판매하는 방식을 뜻하는 '언번들링'이다. 하지만 디커플링 옵션을 쉽게 설명하고 이해를 돕기 위해 케이크를 예로 사용했다.

대응안(1) 단순하게 재결합하기

[잃어버린 고객 다시 찾기]

　내 경험에 따르면 디커플링에 직면한 기존 기업들은 첫 대응 방법으로 분리된 두 개 또는 그 이상의 활동을 재결합하려recoupling 한다. 고객은 기존 기업을 통해 일부 활동을 수행하고 디커플러와 다른 활동을 수행하길 원하는데도 기존 기업은 고객에게 자사에서 제공하는 모든 활동을 함께할 것을 요구한다. 만약 누군가가 당신의 고객 가치사슬을 끊는다면 가장 확실한 첫 번째 대응은 분리된 사슬을 다시 결합시키는 것이다. 기존 기업은 고객과 계약 맺기, 제품 호환성 떨어뜨리기, 플랫폼 표준 통제하기, 사용 조건을 강요하는 법적 조치 취하기, 소프트웨어 시스템 폐쇄하기 등 다양한 방법으로 고객의 분리된 활동을 다시 붙여놓으려 한다.

　예를 들어 텔레비전 업계의 기성 기업들은 다양한 재결합 전략을 전개했다. 1999년 티보와 리플레이TVReplayTV 같은 DVR 제조 업체들은 TV 시청자들이 방송 프로그램을 녹화한 다음 광고를 건너뛰고 볼 수 있게 하는 하드웨어를 개발했다. 이 하드웨어를 통해 시청자들은 사실상 프로그램 시청 활동과 광고 시청 활동을 분리할 수 있었다. 이에 대응하기 위해 네트워크 방송사들은 프로그램 (이후가 아니라) 중간에 광고를 내보내고 제품 간접 광고를 활용했으며 TV 화면 가장자리에 팝업 광고를 띄우고 브랜드 후원 콘텐츠를 활용했다. 또한 TV 회사들은 티보 같은 DVR 제조 업체들의 협조를 끌어내

시청자들이 건너뛸 수 있는 광고의 양을 제한했고 이를 따르지 않는 다른 제조 업체들을 고소했다.

이런 재결합은 당장은 효과가 있는 듯 보이지만 장기적으로 지속 가능한지는 의문이다. 광고를 정말 싫어했던 TV 시청자들은 넷플릭스, HBO나우HBO Now, 아마존 비디오Amazon Video 같은 온라인 비디오 플랫폼을 빠르게 받아들였다. 이 시청자들은 불만을 표하는 수단으로 TV 시청을 중단하고 케이블 가입을 취소했다. 티보는 결국 방송사에 동조하는 방법, 그리고 TV 시청을 포기하는 사람들, 즉 잠재적 고객층에게 호소하는 방법 중 하나를 택해야 했다. 2015년 티보는 사용자가 버튼만 누르면 TV 프로그램 앞뒤 광고를 모두 뛰어넘을 수 있는 스킵 모드Skip Mode를 제공하기로 결정했다.[15]

소매 업계에서도 끊어진 고객 활동을 재결합하려는 노력을 많이 볼 수 있다. 오프라인 상점에서 제품을 둘러본 다음 모바일 앱을 사용해 가격을 비교하는 쇼루밍이 오프라인 소매 업체에 큰 위협을 가하는 사례를 앞서 보았다. 대부분의 오프라인 상점은, 물리적 공간 유지와 판매 직원 채용에 돈을 들이지 않는 온라인 상점과 경쟁할 수가 없다. 소규모 소매상들은 그 어느 때보다 큰 위기에 직면해 있다.

이 같은 상황을 극복하기 위해 호주 브리즈번Brisbane에 본사를 둔 글루텐 무첨가 식료품 업체 셀리악 서플라이즈Celiac Supplies는 매장을 방문하는 고객이 반드시 제품을 구매하든지, 아니면 '그냥 둘러보기만 하는' 대가로 수수료 5달러를 내야 한다는 방침을 세웠다. 셀리악 서플라이즈는 고객이 매장을 둘러보기만 하고 수수료를 내느니 무엇이라도 구매할 거라 생각했다. 이 정책을 통해 자사가 확보해놓은 수요를 온라인 업체가 거둬가는 상황을 막아낼 수 있을 거란 판단이었다.[16] 극단적이기는 하지만, 어쨌든 수수료 정책은 아마존을 비롯한 온라인 업체가 분리한 검색 활동과 구매 활동의 사슬을 다시 결합시키려는 노력의 일환이었다.

[끊어진 고리를 재결합하는 3가지 방법]

기존 기업이 이 같은 분리를 재결합하기 위해서는 어떻게 해야 할까. 고객이 여러 회사를 활용해 활동을 나누어 실행하는 데 드는 비용을 증가시키거나(3장에서 설명했듯이 전문화의 힘을 감소시키거나), 아니면 자사가 모든 CVC 활동에서 고객에게 독점적으로 제공하는 비용을 감소시켜야(통합의 힘을 증가시켜야) 한다.

셀리악 서플라이즈는 5달러 부과라는 새로운 정책으로 고객이 전문화를 위해 지불하는 비용을 증가시키려 했다. 그동안 셀리악 서플라이즈는 다른 곳에서는 구하기 힘든 특이한 제품과 틈새 제품을 진열해 가치를 창출하고 있었다. 하지만 쇼핑객이 매장에서 보고 기억한 제품을 온라인에서 구매하게 되면서 셀리악 서플라이즈는 더 이상 가치를 확보하지 못하게 되었다. 셀리악 서플라이즈는 어떻게든 돈을 벌어야 했고, 그래서 경솔하긴 했지만 그런 정책을 시행할 수밖에 없었다. 그렇다면 셀리악 서플라이즈가 고객의 분리 활동을 재결합하기 위해 다른 방법을 취할 수는 없었을까?

한 가지 대안은 (통합을 위한 금전 비용에 영향을 미치는) 가치에 대한 대가 부과 활동을 변경하거나 (통합의 노력, 시간 비용에 영향을 미치는) 가치 잠식 활동을 제거하는 것이다. 이렇게 절묘한 형태의 재결합을 활용한 사례가 있다. 예를 들면 연회비를 부과하거나(코스트코처럼) 주요 도시에서 구내 주차와 같은 편의 시설 사용에 수수료를 부과하는 방식으로 성공을 거둔 소매 업체들이 있긴 하다. 하지만 이런 방법에는 위험도 따른다. 소비자가 자신이 추구하는 핵심 활동이 과연 그만한 수고를 들일 가치가 있는지 의문을 제기하게 되면 회사가 제공하는 모든 활동을 포기하는 선택을 내릴 수 있기 때문이다.

또 다른 대안은 가치 창출 활동을 추가하는 것이다. 스스로 물어보라. "고객이 우리 회사와 모든 활동을 함께해야겠다고 마음먹을 만큼 고객에게 제공하는 총 가치를 증가시키려면 어떻게 해야 할까?" 간단히 말해 재결합이란 고객이 당신과 더 오래 머무르고 싶게 만들거나, 고객이 당신을 떠나는 데 더 많은 비용을 지불하게 만드는 것이다.

셀리악 서플라이즈와 TV 업계의 기존 기업들은 가치에 대한 대가 부과 방식을 변경함으로써 재빠르게 재결합을 시도했다. 기존 기업은 또 다른 방법, 더 강력한 방법으로 재결합할 수도 있다. 통신사업자들은 고객이 휴대단말기를 구입한 뒤 통신망을 바꾸는 것을 막기 위해 심카드와 소프트웨어 등의 기술을 이용해왔다. 또한 고객들이 단말기 구매하기와 이동 통신용 네트워크 사용하기를 분리하지 못하게 2년 약정 제도를 사용했다. 오래전부터 마이크로소프트,

어도비Adobe, 오라클Oracle 같은 소프트웨어 개발자들은 구매자가 저작권자의 소프트웨어를 사용하기 위해 모든 제한적 조건에 동의한다는 계약에 서명해야 하는 최종사용자 라이선스 동의end-user license agreement를 활용했다. 이 동의의 일부 조항에서는 다른 소프트웨어와의 통합을 위해 저작권자의 소프트웨어나 코드의 개조, 번역, 수정을 금하고 있다.

그리고 재결합을 위한 마지막 방법으로 기존 기업은 합법적인 정치적 로비에 기댈 수 있다.* 호텔 업계가 뉴욕, 샌프란시스코, 파리를 포함한 도시에서 집주인이 자신의 집을 에어비앤비 같은 사이트에 단기 임대용 주택으로 등록하지 못하게 시도했던 일을 생각해보라. 마찬가지로 미국의 뉴스 발행사들은 뉴스 콘텐츠 만들기와 배포하기를 분리하는 디지털 미디어 회사 페이스북과 구글 같은 디지털 플랫폼과 단체로 협상하기 위해 의회에 제한적으로나마 공정거래법의 적용 면제를 요청하기도 했다.

이렇게 소비자 활동을 재결합하려는 모든 시도는, 만약 해당 기업이 고객 욕구를 거스르려 한다면 위험을 불러온다. 고객들은 분리하기를 원하고, 스타트업은 고객에게 자유롭게 깨뜨리고 나올 수 있는 선택권을 제공하고 있고, 기존 사업자들은 수문을 걸어 잠그려고 애쓴다. 따라서 어떤 재결합 시도든 다음 두 가지 문제를 자세히 들여다보아야 한다. 즉 기존 기업인 당신은 얼마나 오랫동안 수문을 잠

---

* 〈이코노미스트(Economist)〉(2017년 4월 15일 자, 59쪽)에 따르면 미국 기업들은 로비 활동에 매년 30억 달러를 지출한다.

근 채 견딜 수 있는가? 그렇게 할 때 비용은 얼마나 드는가? 이런 맥락에서 프린터와 잉크 토너 업계 사례가 전하는 경고 메시지에 주목할 필요가 있다.

['본체-교체용 부품' 비즈니스 모델의 한계]

질레트의 면도기-면도날 모델이 성공을 거두자 다른 내구소비재 제조 업체들도 너 나 할 것 없이 그 모델을 자신의 사업에 맞게 변형하기 시작했다. 그들은 당장 손해를 보더라도 고객을 사로잡기 위해 내구성이 있는 본체의 가격을 낮췄다. 그리고 그 본체를 보조하는 교체용 부품에서 높은 마진을 확보해 손실을 메웠다. 고객들 역시 내구성을 갖춘 본체를 아주 싸게 구입할 수 있었기 때문에 이 모델은 소비자와 제조 업체 모두에게 이익이 되는 듯했다. 면도기-면도날 모델을 활용해 코닥Kodak은 카메라를 판매하고 수익성이 좋은 필름으로 부족한 이익을 보충했다. HP, 캐논Canon, 렉스마크 등 프린터 제조 업체들은 프린터를 판매하고 부족한 부분은 수익률이 높은 토너와 잉크를 팔아 만회했다. 더 최근에는 네슬레가 그 유명한 네스프레소 사업부에 이 모델을 도입했다. 고급 에스프레소 커피메이커를 저렴한 가격에 판매하고 대신 수익의 대부분은 커피 캡슐에서 벌어들이는 것이다.

하지만 면도기-면도날 모델에는 한 가지 함정이 있다. 소비자들이 쇼핑 과정을 결합해야만 한다는 것이다. 즉 고객이 질레트 면도기, 네스프레소 커피메이커, HP 프린터를 구입하고 난 뒤 같은 회사에서 면도날, 커피 캡슐, 토너를 반복적으로 구입해야만 회사가 이익을 취할 수 있다. 만약 고객들이 다른 곳에서 교체 부품, 즉 면도날을 구입한다면 회사는 내구성이 있는 부품, 즉 면도기 본체 판매에서 잃은 부분을 만회할 수 없다. 대형 제조 업체들이 자사의 교체 부품이 기술적으로나 법적으로 자사의 기기하고만 호환될 수 있게끔 노력하는 이유가 이 때문이다(질레트가 보유한 수천 개의 특허를 생각해보라). 신생 기업이 내구재와 교체 부품을 분리하겠다는 위협을 가하면 기존 기업은 강하게 반격을 가할 수밖에 없다.

현실은 어떨까. 임프레션 프로덕트Impression Products 사례를 보자. 이 회사는 수년간 가족이 경영해온 소규모 업체로 이미 사용해서 빈 토너 카트리지를 구입해 다시 토너를 채워 넣어 팔았다. 그런 만큼 복사기와 프린터 소유주들에게 렉스마크의 판매가보다 30~50퍼센트 싼 가격에 판매해왔다. 임프레션 프로덕트는 저렴한 토너를 원하는 고객들의 욕구를 충족시켜온 것이다. 어느 희극작가는 프린터 잉크와 토너의 비싼 가격에 대해 이렇게 말했다. "프린터 잉크가 유니콘의 피처럼 희귀한 물질로 만들어지든지, 아니면 프린트 제조 업체가 우리 모두를 엿먹이고 있는 것이다."[17]

카트리지에는 재사용될 시 이를 감지하고 사용을 막는 칩이 내장되어 있는데, 임프레션 프로덕트는 이미 사용한 카트리지를 재사용할 수 있도록 이 칩을 제거했다. 결과적으로 렉스마크 프린터는 카트리지가 리필된 재사용품임을 감지하지 못했고, 고객들은 저렴한 비용으로 임프레션 프로덕트의 리필 제품을 사용할 수 있게 되었다.

[프린터 업체와 재생 카트리지 업체 간의 소송]

렉스마크는 임프레션 프로덕트의 토너 카트리지 사업이 마음에 들지 않았다. 2013년 렉스마크는 특허 받은 자사 프린터용 카트리지에 타사가 승인받지 않은 토너를 채워 넣는 방법으로 재가공해 판매하는 행위가 특허권 침해라며 소송을 제기했다. 임프레션 프로덕트는 고객이 제품을 구입한 이후의 사용까지 특허로 제한해서는 안 된다고 반박했다. 일단 사람들이 제품을 구입한 후에는 그 제품으로 자신이 원하는 무엇이든 할 수 있어야 한다는 주장이었다.

전문가들은 이 사건의 평결이 미치는 영향이 인쇄 업계에만 국한되지 않을 것이란 사실을 알고 있었다. 〈포춘〉지는 특허권자가 고객이 이미 구입한 제품의 사용에 대해 통제권을 행사할 수 있다면 "(특허권자가) 약품을 팔면서 '복용 시 알약 전체를 삼켜야만 한다'거나 라디오를 판매하면서 '오직 일요일에만 사용해야 한다'고 주장할 수 있으며 따라서 약을 반으로 나눠 먹거나 요일을 깜박하는 바람에 다른 요일에 라디오를 사용한 사람을 특허권 위반으로 고소할 수 있다"고 썼다. 또한 자동차 업계가 한 번 구입한 차량은 재판매할 수 없다는 전매 금지 조항을 적용한다면 중고차 시장 전체가 흔들릴 수도 있는 일이었다. 〈포춘〉지는 특허권 소유자들이 "제품을 원래 목적 이외의 목적으로 사용하는 행위는 허가되지 않으며 그에 따라 발생한 손해에 대해 제품 소유주가 배상해야 한다"는 억지를 부릴 상황이 벌어질 수 있다고 지적했다.[18]

이 사건은 연방대법원까지 올라갔고, 여러 업계의 기업들 사이에도 의견이 반으로 갈렸다. 코스트코, 전화 제조 업체 HTC, 인텔 같은 기업들은 임프레션 프로덕트를 지지했다. 반면 전화 칩 제조 업체인 퀄컴Qualcomm과 여러 제약 업체, 특허를 보유한 기업들은 렉스마크를 지지했다. 한 통신사의 말을 빌리자면 그 소송은 "모든 사람에게 영향을 미치는 특허 소송"이자, 소비자들이 면도기와 면도날이라는 사업 모델을 분리할 수 있는지를 두고 싸우는 분리 기업과 결합 기업의 싸움이었다. 2017년 4년간의 소송 끝에 대법원은 7대 1로 임프레션 프로덕트의 손을 들어주었다. 법원의 판결에 따르면 렉스마크가 프린터와 잉크 카트리지를 판매하는 순간에 특허권은 소진되었으며, 소비자 또는 제3의 공급자에게 어떠한 사용 제한도 행사할 수 없다.[19] 이 판결은 내구소비재 부품(예를 들면 프린터, 면도기, 자동차)의 구입과 (다른 업체에서 제공받은) 교체 부품(예를 들면 잉크, 블레이드, 자동차 부품)의 수리 및 사용을 분리할 수 있는 고객의 권리를 강화했다.

당신이 기존 기업을 지지하는 입장이라면 이번 판결을 경각심을 일깨우는 계기로 삼아야 한다. 고객들은 당신을 분리하려는 강한 동기를 느끼고 있을지도 모른다. 그리고 그러한 동기는 당신의 재결합 노력을 우회하는 새로운 비즈니스 모델 또는 기술이나 법률을 활용하는 신생 기업의 부상을 이끌어낼 것이다.

고객의 의사에 반해서 수문을 강제로 닫고 물길을 막아둘 여유가 있는가? 얼마나 오랫동안 견딜 수 있는가? 얼마만큼의 비용을 치를 수 있는가? 재결합을 선택하기 전에 이 질문들을 하나하나 잘 생각해보라. 그리고 강제적으로 재결합하는 데 드는 비용을 과소평가하지 말기 바란다. 렉스마크 소송이 진행 중이던 2013년에서 2016년 사이에 다른 주요 업체들의 매출은 증가한 반면 렉스마크의 프린터 사업 매출은 7퍼센트 감소했다. 렉스마크가 합법적인 수단을 통해 프린터와 잉크를 재결합하려고 분주히 움직이는 동안 주요 경쟁 업체들이 렉스마크의 사업 여기저기를 갉아 먹어치운 것이다.[20]

대응안(2) 분리해서 리밸런싱 하기

[고객님, 원하는 대로 분리해서 사용하세요]

기존 기업 입장에서 무리수를 두지 않고 재결합할 수 있는 대안이 있다. 앞의 사례와 반대로 두 개 이상의 활동을 선제적으로 분리해 스스로 수문을 여는 것이다. 케이크 사례를 되짚어보자. 제과점은 고객들에게 프로스팅을 입힌 케이크를 사 먹으라고 강요하기보다는, 고객의 요구에 따라 케이크와 프로스팅을 별도로 판매할 수 있다. 이를 극단적으로 해석하면 어떤 산업에서든 기존 사업자는 회사가 고객 가치사슬에서 제공하는 활동 중 일부를, 어떤 부분이든 고객이 고르고 선택할 수 있게 허락할 수 있다는 말이다.

당신의 현재 사업 모델이 그렇게 급격한 변화를 감당하지 못할 수도 있다. 가치 창출 활동과 가치에 대한 대가 확보 활동을 분리할 경우 가치 창출 활동은 하지 못하면서 가치에 대한 대가를 청구하게 되는 위험을 감수해야 한다. 예를 들어 어느 누가 광고만을 보기 위해서 TV를 켜고 싶어하겠는가? 또한 가치에 대한 대가 부과 없이 가치 창출 활동을 제공해야 하는 위험을 안을 수 있는데, 이는 더 좋지 않은 상황이다. 어떤 통신 회사가 서비스 사용료를 받지도 않으면서 사람들에게 자사의 무선 통신망을 사용하게 허락하겠는가? 자신을 분리하는 행동이 무조건 맞는 대응은 아닌 것이다.

고객과 회사 모두에게 보상이 주어지고, 따라서 지속 가능한 방식으로 선제적 재결합을 하려면 비즈니스 모델을 변경해야 할 수도 있다. 그 방법을 이해하기 위해 간단한 사고 실험을 해보자. 당신이 매사추세츠 주 보스턴에 있는 가상의 고급 레스토랑 홀리아나의 주인이라고 하자. 당신은 식사하러 오는 사람들이 CVC의 네 가지 활동, 즉 예약을 하고 테이블을 차지하고 음료와 저녁을 즐기고 돈을 내는 일을 수행할 수 있게 해준다. 일반적으로 고객들은 당신의 식당에서 이 네 가지 활동 모두를 결합한 방식으로 수행한다.

그런데 새로운 스타트업이 레스토랑 업계에 등장하더니 모든 가능한 방법을 동원해 시장을 파괴했다고 상상해보자. 그 스타트업은, 음식점이 허용하든 안하든, 고객들에게 어디에서나 테이블을 예약할 수 있는 기술을 제공했다. 그리고 정치인들에게 로비를 해서 법안을 통과시켜 사람들이 아무것도 사 먹지 않으면서 식당 테이블에 앉아 있을 수 있게 하고 외부 음식을 식당 안으로 반입할 수 있게 했다. 만약 이런 상황이 허황된 가정으로 들린다면 제품과 서비스의 분리를 허용하는 법률적 사례가 실제로 많이 있다는 사실을 확인해

보기 바란다. 예로는 유럽 연합의 가정용 에너지(각 가정에서 에너지 공급 업체를 자유롭게 바꿀 수 있음), 미국의 교과서(학생들은 중고 교재를 얼마든지 재판매할 수 있으며, 구매자의 교과서 사용을 어떤 방법으로도 금할 수 없음), 폴란드의 자동차 수리 서비스(부품 제조 업체와 딜러도 자신이 원하는 자동차 브랜드의 부품을 생산하고 정비 서비스를 수행할 수 있음) 등을 들 수 있다.

파괴자의 교란 행위는 거기에서 그치지 않는다. 이 파괴자가 고객이 어디에서든 버튼 터치 한 번으로 음식과 음료를 주문할 수 있는 온디맨드on-demand 앱을 만들었다고 상상해보라. 식당에 오는 손님은 앱을 이용해 당신의 고급 레스토랑에서 멋진 테이블을 예약한다. 손님은 식당에 도착해서 자기가 예약한 자리에 일행과 함께 앉는다. 그러고는 앱을 통해 외부에 있는 바에서 술을 주문하고 다른 식당에서 저녁 요리를 주문한다. 주문한 술과 음식은 모두 당신의 식당 홀리아나의 테이블로 배달된다. 손님과 그 일행은 식사를 하고 즐거운 시간을 보낸다. 그런데 주인인 당신이 계산서를 가져오자 자기들이 소비한 것 중 홀리아나의 주방에서 서빙한 부분만 계산하겠다고 한다.

[비즈니스 모델 분해의 법칙, 리밸런싱]

이 가상의 사례에서는 기술과 법률이 당신이 다양한 고객 활동을 재결합하는 행위를 금지한다고 해보자. 그래서 당신은 고객들을 위해 네 가지 활동 모두를 분리하기로 결정한다. 고객으로 하여금 홀리아나에서 하고 싶은 활동을 선택할 수 있게 하는 것이다. 여기서 경제성을 따지고 들기 전에 반드시 따라야 하는 아주 중요한 비즈니스 모델 분해의 법칙 하나가 있다. 바로 리밸런싱rebalancing이다.

> **리밸런싱:**
> 가치를 확보하고자 하는 요소요소마다 가치를 창출하고,
> 가치를 창출하고자 하는 요소요소마다 가치를 확보하라.

고객이 외부의 예약 시스템을 통해 테이블을 예약하고 홀리아나에서 음식을 주문하지 않는 행위를 허락하기로 했다면 홀리아나는 무엇을 해야 할까? 이런 가치 창출 활동에 대해 요금을 청구할 필요가 있다. 어쨌든 고객들은 레스토랑에 도착했을 때 미리 예약한 테이블이 그들을 위해 세팅이 되어 있는 혜택을 받기 때문이다. 만약 고객이 다른 예약 시스템을 이용해 홀리아나의 테이블을 예약할 수 있게 허락하거나 외부 상인에게서 음료와 음식을 주문할 수 있게 허락한다면, 홀리아나는 고객이 테이블 중 하나를 점유하는 활동에 대해 고객에게 대가를 청구해야 한다. 이 모든 활동은 고객을 위한 가치를 창출하기 때문이다.

CVC를 완전히 분리한다면 홀리아나는 고객이 가치 창출 활동을

수행할 때마다 정확히 그 활동에 대해 요금을 부과해야 한다.* 앞의 마지막 활동, 즉 식사가 끝날 때 요금을 지불하는 활동을 예로 들자면 홀리아나는 마지막에 돈을 지불받는 방식을 폐지하고 이를 식당 경험 전반에 걸쳐 가치에 대한 대가 부과 활동으로 재분배할 수 있다. 만약 홀리아나가 마지막에 요금을 청구하기로 결정한다면 홀리아나는 그 마지막 대금 부과 활동 안에 고객을 위한 가치 창출 활동을 만들어내야 한다. 예를 들어 고객이 라이브 음악이나 다른 형태의 엔터테인먼트를 즐길 수 있게 해주는 것이다.

내가 말하는 리밸런싱이란 이렇게 가치 창출 활동과 가치에 대한 대가 부과 활동을 세심하게 결합시키는 과정을 뜻한다.[21] 다음에 설명하겠지만, 이는 누구나 실패 위험 없이 가치 누수를 피하기 위해 사용할 수 있는 방법이다.

그렇다면 왜 선제적 디커플링을 하기 위해 리밸런싱을 해야 하는지 궁금할 것이다. 징가, 슈퍼셀을 비롯한 모바일게임 개발자들은 게이머들이 60달러 넘게 선불로 지불하지 않아도 게임을 할 수 있게 함으로써 전통적인 비디오게임 산업을 무너뜨렸다. 스카이프, 구글 행아웃Google Hangouts, 기타 인터넷 전화VoIP 제공 업체들은 여전히 네트워크를 구축하고 유지하는 통신회사들이 부과하는 요금보다 훨씬 낮은 가격으로 통신 서비스를 제공함으로써 통신사를 분리했다. 아마존은 쇼핑객들이 오프라인 상점을 둘러보는 이점을 누

---

* 그렇다고 고객이 가치를 얻는 매 순간마다 요금을 지불해야 한다는 말이 아니다. 그보다는 결과적으로 모든 가치 창출 활동에 대해 비용을 지불하게 된다는 말이다.

리도록 내버려두면서도 결국에는 아마존닷컴에서 더 싼 가격으로 제품을 구매할 수 있게 하면서 업계를 분리했다.

이 파괴자들이 가치 있는 서비스를 제공하면서도 기존 기업과 달리 서비스에 대해 요금을 부과하지 않을 수 있었던 이유는 이들이 기존 기업과는 다른 수익원에 의존하기 때문이다. 즉 낮은 가격 및 낮은 한계비용의 조합에 의존하는 비즈니스 모델에 따라 운영되었기 때문이다. 하지만 기존 기업이 자기도 이런 디커플러가 되어서 스스로를 분리하고 싶다며 무작정 상대방의 방식을 따라 한다고 해서 성공을 거둘 수는 없다. 경제적으로 지속 가능한 방식으로 분리하기 위해서는 자사의 사업 모델을 조정해야 한다. 그리고 리밸런싱이 목표로 하는 것이 바로 비즈니스 모델의 조정이다.

리밸런싱 성공 사례: 베스트바이와 텔레포니카 이야기

[베스트바이의 입점 수수료 정책]

리밸런싱의 성공적 사례로 디커플링에 대한 베스트바이의 대응을 들 수 있다. 소매 업체는 사람들이 직접 매장을 찾아 물건을 보고 만지고 느끼게 함으로써 고객을 위해 가치를 창출한다. 그 과정에서 오프라인 소매점은 물리적 매장의 운영, 직원 고용과 관련해 많은 고정 비용을 발생시킨다. 베스트바이로서는 아마존 수준으로 가격을 낮추는 정책이 일시적인 도움은 됐겠지만 장기적인 해결책이 되지는 못했다. 베스트바이는 그 대신 자사 매장에 주요 제조사들이 제품을 진열하게 하고 그 대가로 비용을 청구했다. 베스트바이가 결론 내렸듯이 오랫동안 (고객이 제품을 어디서 사든 상관이 없는) 제조 업체를 위해 가치를 창출해왔으나 자신은 그 가치를 확보하지 못하고 있었던 것이다.

따라서 베스트바이는 가치가 창출되는 바로 그 순간에 제조사에게 대가를 지불하게 하는 입점 수수료 방법을 통해 가치를 확보하며 균형을 재조정했다. 이런 움직임은 판매한 상품에서 나오는 이윤에 의존했던 베스트바이의 전통적인 소매 사업 모델과 크게 달라진 부분이다. 이제 베스트바이는 고객들이 매장에서 텔레비전을 사든 안 사든 상관없이 돈을 번다.

수익원으로 입점 수수료를 사업 모델에 추가한 것 외에도 베스트바이가 다른 업체들의 부러움을 사는 이유가 있었다. 베스트바이는 고객의 욕구에 반하는 방법을 택하지 않았다. 만약 구매자들이 전자 제품을 구입하기 전에 만져보고 시험해보는 것을 중요하게 생각한다면 소매 업체는 고객이 그렇게 하게끔 권해야 한다. 고객이 앱을 사용해 온라인 가격 비교를 하는 행위를 막아봐야 임시방편에 불과하다.

또한 베스트바이는 새로운 경쟁자들을 고려해 가격 정책을 신중하게 조정해서 자동적이고 영구적인 가격 맞춰주기 정책을 시행했다. 그 결과 매장 내 대부분의 제품은 온라인 상점과 비슷한 가격으로 팔렸다.*이 정책은 베스트바이가 단지 가격 때문에 온라인 경쟁 업체에게 판매 기회를 뺏기는 일이 없도록 보장한다.

신규 진입 기업에 대응해 실시한 가격 정책 변화가 거의 항상 그렇듯 수익 저하로 이어진다면 기존 사업자는 다른 수익원을 찾아야만 한다. 어떻게든 빨리 새로운 서비스를 시작하고 싶은 마음은 이해하지만, 이럴 때 나는 기업들에게 새로운 수익원을 찾아내라고 권한다. 고객 가치사슬을 상세히 펼쳐 확인하고, 가치를 창출하는 활동이면서도 기존 기업이 아직 대가를 부과하지 않은 활동을 찾아내어 체계적으로 새로운 수익원을 찾아내라는 것이다.

대가를 얻지 못하고 있는 부분을 찾아내기란 사실 쉽지 않다. 만약 당신이 소매업자, 미디어 회사, 디지털 플랫폼 기업이라면 고객이 둘 이상일 것이고(예를 들면 소비자와 공급 업체), 이때는 이 분석을 고객 유형에 따라 별도로 수행해야 한다.

베스트바이의 경우 제품을 매대에 진열하고 쇼핑객들이 그 제품들을 보고 확인한 후 온라인에서 제품을 구입하는 과정에서 제조업체들이 '무료 서비스'를 누리고 있다는 사실을 알아냈다. 베스트바이는 이 상황을 가치에 대한 대가 부과 활동으로 바꾸기로 결정했다. 리밸런싱 규칙의 첫 번째 부분을 확실히 지키기 위해 베스트바이는 가치를 확보하고자 하는 지점에 가치를 추가로 창출해낼 방법을 알아냈다. 특별 매대를 만들어 경쟁 제품과 떨어진 매장 중앙부에 놓은 다음에 크고 밝은 표지판으로 시선을 끌었다. 베스트바이는 이 전략을 실행하면서 백화점에서 흔히 사용하는 숍인숍store-within-a-store 개념을 차용했다.

쇼루밍이라는 대세에서 수익을 끌어낸 베스트바이는 효과적으로 자신을 분리했다. 이로써 베스트바이는 고객의 새로운 쇼핑 습관, 베스트바이의 파괴자인 아마존과 어느 정도 평화롭게 공존할 수 있게 되었다.

[텔레포니카의 새로운 가격 정책]

비즈니스 리밸런싱을 성공으로 이끈 사례는 베스트바이만이 아니다. 2000년대 중반 스카이프, 왓츠앱, 바이버 등 모바일에서 콘텐츠와 서비스를 제공하는 온라인 동영상 서비스, 이른바 OTTOver-The-Top 모바일 앱이 스페인의 통신회사 텔레포니카의 매출액을 잠식하고 있었다. 텔레포니카의 가입자들은 휴대전화 요금제에 가입하면서 통신 요금을 줄이기 위해 음성 및 문자 메시지 사용량을 최소한으로 축소했고, 대신 주요 통신 수단으로 OTT를 사용했다.** OTT 기업들은 두 당사자가 대화하는 데 필요한 연결 connectivity(텔레포니카가 여전히 제공하는 활동)과 모바일 음성 및 메시징 앱이 제공하는 사람 대 사람 통신을 분리했다. 불행하게도 텔레포니카의 원래 사업 모델은 연결이 아닌 음성 기반 통신 서비스에서 발생하는 수익에 크게 의존하고 있었다.

---

* 나와 대화를 나누면서 베스트바이 CEO 허버트 졸리는 이베이 같은 마켓플레이스들과 아마존 마켓플레이스(Amazon Marketplace)는 최저가 보장 정책의 대상에서 제외했다는 점을 밝혔다.

** 2014년 기준, 미국과 달리 여전히 많은 국가에서는 음성 및 텍스트에 대해 사용량에 따른 지불 방식을 사용하고 있었다.

처음에 텔레포니카를 비롯한 전 세계 통신 사업자들은 재결합을 시도했다. 이들은 OTT 앱의 네트워크 이용을 차단하고, 가입자가 스카이프와 왓츠앱에 접속하는 것을 막기 위한 기술을 활용했다. 곧 가입자들이 이를 무력화할 방법을 찾아내자 통신 사업자들은 OTT의 무임승차 행위를 금지하는 법안을 통과시키려 애썼다. 하지만 대부분의 유럽 정부들은 OTT가 소비자들에게 혜택을 준다는 사실을 파악하고 그 법안을 통과시키지 않았다.

고객들의 행동이 달라졌음을, 그리고 OTT가 쉽게 사라지지 않을 것이란 현실을 직시한 텔레포니카는 리밸런싱으로 전술을 바꾼다. 텔레포니카는 고객들에게는 가치를 창출하는 활동이지만 자사 입장에서는 과거에 무료로 제공하던, 또는 고액의 보조금을 제공하던 활동인 연결에 대해 요금을 더 많이 부과하는 방식으로 가격 정책을 변경했다. 동시에 음성 및 텍스트 통신 요금을 대폭 낮추어 사용량에 따른 요금제를 고정 요금제로 바꾸었다.

2012년 사례 보고서에서 나는 텔레포니카가 24개국 고객의 사용 행태를 분석해 어떻게 가격 정책을 달리했는지에 대해 설명했다. 텔레포니카는 OTT 사용이 많은 국가에서는 무제한 통화나 문자 메시지에 대해 정액 요금을 부과하기 시작했다. 이 새로운 가격 정책은 소비자들이 OTT를 사용해 얻는 금전적 이익의 유혹을 극적으로 감소시켰다. 고객들은 여전히 OTT 서비스를 이용하지만 예전만큼 많이 사용하지는 않게 되었다(그 이후 OTT 서비스는 지속적인 혁신을 이어 갔고 통신사들은 이에 대응하는 데 어려움을 겪고 있다). 텔레포니카는 소비자를 위한 가치를 창출하고(통화 및 메시징 비용 줄이기), 다른 곳에 가치에 대한 대가를 부과함으로써(연결) 사업 모델을 재조정했다. 결국 이런 변화 덕분에 소비자의 새로운 행동을 받아들이고, 업계의 노련한 디커플러와 수익성을 유지하며 공존할 수 있게 되었다.

당신의 비즈니스 모델을 '리밸런싱' 하는 법

[고객 뜻에 맞서는 대응책은 결국 대가를 요구한다]

재결합하기는 자사를 디커플링하는 것과 근본적으로 다르고 그 과정에서 고객의 욕구를 거스른다. 때때로 당신의 고객들은 전문화를 원한다. 고객은 기존 기업이 모든 CVC 활동을 동일한 업체에서 수행하라고 강요하는 것을 싫어한다. 나는 고객의 분리 욕구가 물리학의 엔트로피(모든 물질과 에너지는 오직 한 방향으로만 바뀌며 질서화한 것에서 무질서화한 것으로 변화한다는 열역학 제2법칙–옮긴이) 개념과 유사하다고 생각한다. 전자, 별, 우리 딸의 침실 같은 물리적 시스템은 시간이 흐르면서 자연스럽게 더 무질서해진다. 시스템 무질서의 척도인 엔트로피 수준은 상승한다. 엔트로피의 법칙에 저항할 수는 있지만 그러려면 에너지를 소비해야만(특히 우리 딸의 침실에는 엄청난 에너지가 필요하다) 주어진 시스템을 보다 질서 있게 만들고 해체되는 경향을 되돌릴 수 있다.

마찬가지로 디커플링은 고객들이 이전에는 한 회사에서 이익을 얻으며 수행했던 다양한 활동을 여러 회사에 의존해 수행한다는 점에서 시장을 더 혼란스럽게 만든다. 기업은 고객의 욕구에 반격을 가할 수 있지만, 그러려면 새로운 재결합 기술을 개발하고 구속력이 강한 계약서를 고안해서 집행하고 정치인에게 로비를 벌여야 하는 등 시간과 돈과 노력을 엄청나게 들여야 한다. 고객에게 맞서는 방법은 확실한 대가를 요구한다. 반면에 리밸런싱을 통해 고객의 편에 서는 방법은 제대로만 실행하면 대가를 치를 일이 없다.

이제 당신이 선제적 디커플링을 하기로 결정했다면 '어디를' 리밸런싱해야 하는지 파악해보자. 그리고 그에 필요한 도구를 살펴보자.

[리밸런싱 단계(1) 고객 CVC에서 누수 지점 찾기]

나는 리밸런싱을 시도하려는 기존 기업에게 조언할 때 먼저 고객들의 전체 CVC를 펼쳐놓고 최대한 구체적으로 살펴보라고 말한다. 고객이 실제로 그 기업의 제품 또는 서비스를 어떻게 알게 되었고 어떻게 평가하고 있으며 다른 제품, 서비스와 어떻게 비교해서 그것을 선택하고 돈을 지불하고 사용하고 재사용하고 어떻게 처분하는지(물리적 제품인 경우)를 파악하기 위해 모든 활동을 구체적으로 명시하길 권한다. 나는 CVC가 하나의 커다란 송유관이고, 그 송유관의 도관 하나하나가 CVC 활동이라고 생각한다. 결합 상태에서는 모든 도관이 단단하게 용접되어 있고, 원유(즉 가치)가 송유관의 시작부분부터 끝부분까지 계속해서 흘러간다.

그런 다음, 기존 기업이 여전히 한 끝에서 다른 끝으로 가치를 균

일하게 지속적으로 흘려보낼 수 있게 하면서도 송유관을 잇고 있는 도관들을 분리할 방법이 무엇인지 찾아내고자 한다. 이게 가능하려면 당연히 송유관에 누수 지점이 한 군데도 없어야 한다. 만약 누수가 있다면 이것은 경쟁자가 몰래 침입해 누수 지점 아래에 양동이를 대고, 기존 기업이 비싼 돈을 들여 설치한 인프라나 공정 작업을 거치지 않고도 가치의 많은 부분을 확보할 기회를 얻고 있음을 의미한다. 누수에 대해 좀 더 자세히 이해할 필요가 있다. 누수는 공식적으로 다음과 같이 정의할 수 있다.

누수 = 창출된 가치 – 대가가 부과된 가치

내가 기업들에게 디커플링을 권하기 전에 먼저 찾아보는 CVC 활동들이 있다. CVC의 특정 지점에서 창출되는 가치와 그 지점까지 기업이 대가를 부과한 가치의 차이를 발견할 수 있는 곳이 있는지 본다. 차이가 발견된다면 내가 말하는 '누수'가 발생한 것이다. 누수가 생길 경우 디커플러가 불쑥 끼어들어 기존 기업이 아직 확보하지 못한 가치를 가로채간다. 아마존이 토이저러스, 서킷 시티 Circuit City, 라디오 셰크Radio Shack에게 한 일이 바로 이런 것으로 아마존은 그들에게서 쇼루밍 누수를 확보했다. 마찬가지로 스카이프는 텔레포니카에게서 모바일 연결성을 확보했고, 임프레션 프로덕트는 렉스마크에서 프린트 누수를 확보했으며, 티보는 NBC에게서 프로그램 시청 누수를 확보했다. 이 파괴자들은 각각 가치가 창출되지만 나중에 가서야 대가가 부과되는 부분을 가치 전달 송유관에서 찾아냈다. 돈을 가져가지 않고 테이블 위에 두는 행위는 디커플러에게 돈을 집어갈 기회를 주는 것과 다름없다.

디커플러들과 공존하는 유일한 방법은, 막대한 자원을 들여서 보이는 대로 하나씩 진압하는 게 아니라 그들의 동기를 최소화하는 것이다. 리밸런싱은 당신이 가치를 창출하는 모든 지점에서 가치를 확보할 수 있게 함으로써 그 역할을 한다. 따라서 선제적 분리에 나서기 전에 리밸런싱을 통해 성공적으로 비즈니스 모델을 변경하기 위한 전제조건으로 당신의 비즈니스 모델에 존재하는 누수를 확실하게 계산해야 한다. 당신이 테이블 위에 남겨놓은 것이 무엇인지 알아내고, 디커플러가 그 주변에 비즈니스를 구축하기 전에 그 가치를 차지해야 한다.

[리밸런싱 단계(2) 소비자 잉여 계산하기]

누수 계산법을 알아보기 위해 앞서 예를 들었던 가상의 식당 홀리아나로 돌아가보자. 홀리아나의 고객은 그곳에서 식사를 하기 위해 테이블을 예약해야 하고, 홀리아나는 예약하고 나타나지 않는 경우가 없도록 4달러의 예약 수수료를 부과한다고 가정하자. 예약한 고객들은 빈 테이블이 자신을 기다리고 있음을 알기에 어느 정도의 가치(5달러라고 하자)를 느낀다. 또한 고객은 홀리아나의 테이블을 차지하고 있다는 데서도 가치를 얻는데, 이는 25달러에 해당한다고 하자. 음료와 저녁 식사에서 얻는 가치는 70달러 정도 된다. 이 액

수는 고객이 지불하는 가격이 아니라 홀리아나에서의 한 끼 식사가 고객에게 주는 전체 가치다. 홀리아나는 4달러의 예약 수수료와 별도로 전체 서비스에 75달러를 부과한다.

그림 5.1은 고객이 홀리아나와 함께 네 가지 활동을 모두 수행하기로 선택할 때 발생하는 가치 창출 및 가치에 대한 대가 부과 활동을 보여준다. 그림에 나온 수치를 보면서 생각해보자. 네 가지 활동에 대해 이런 특정 가치를 느끼는 사람들은 왜 홀리아나에서 식사를 할까? 객관적으로 고객들이 얻는 가치는 100달러어치지만 결제 금액은 79달러밖에 안 된다. 이 21달러 차이가 경제학자들이 말하는 '소비자 잉여consumer surplus'다. 이성적으로 생각할 때 사람은 자기가 얻는 가치가 실제 결제 금액을 초과할 때만 재화나 용역을 구입한다.

이제 새로운 법안이 통과되어 어떤 식당을 찾은 사람들이 다른 식

[그림 5.1] 홀리아나 식당에서 창출된 가치와 대가가 부과된 가치의 비교

가치	테이블 예약하기	테이블 차지하기	음료와 식사 즐기기	금액 지불하기	총액
창출	$5	$25	$70	$0	$100
대가 부과	$4	$0	$0	$75	$79
잉여					$21

당에서 식사를 주문해 먹을 수 있게 되었다고 가정해보자. 이상하게 들릴지 모르지만 조금만 더 들어보기 바란다. 이 경우 파괴적인 스타트업들은 상황을 눈치채고 모바일 앱을 활용해 고객이 원하는 레스토랑까지 식사 배달 서비스를 제공할 것이다. 그러면 홀리아나의 고객은 식탁을 예약하고 차지하면서도, 막상 홀리아나에서는 물 한 잔 외에 어떤 것도 주문하지 않고 다른 식당의 음식과 음료를 먹을 수 있다(그림 5.2 참조). 홀리아나는 이제 분리될 위험에 처한 것일까? 누수 계산을 통해 알아보자. 저녁 외식 CVC의 마지막 두 활동에 존재하는 홀리아나의 누수는, 창출된 가치에서 분리 활동 가능성이 발생하기 바로 전 순간에 확보한 가치를 빼면 나오는 값이다.

누수(테이블 예약해서 차지하기) = 30달러 – 4달러 = 26달러

이 부분의 누수 금액이 상당하기 때문에 파괴자들은 식당 손님들이 CVC를 분리할 수 있는 비즈니스를 구축할 만한 경제적 유인을

[그림 5.2] 홀리아나에서의 디커플링

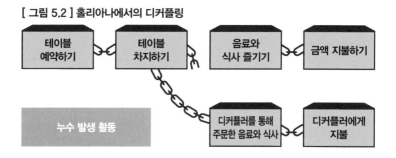

지니게 된다. 파괴자의 의도는 이런 식이다. "테이블을 예약하고 어느 식당에나 가되 음식은 우리에게서 주문하라. 그러면 우리가 당신 테이블까지 음식을 가져다주겠다." 파괴자가 제공하는 음식과 음료는 당연히 홀리아나와 비교해서 같은 가격에 품질이 훨씬 더 좋거나, 더 낮은 가격에 품질은 동등해야 한다.

후자의 경우를 가정해보자. 홀리아나는 음식과 음료를 75달러에 팔지만 파괴자는 비슷한 품질의 음식과 음료를 35달러에 판매한다고 하자. 디커플러는 비싼 임대료를 지불하거나 테이블 담당 직원을 둘 필요가 없기 때문에 더 적은 요금을 부과해도 여전히 돈을 벌 수 있다. 이런 상황이 홀리아나가 위험에 처해 있음을 의미할까? 글쎄, 식당을 찾는 손님들 중 상당수가 분리하기를 택할 경우에만 그렇다. 그럼 어떻게 하면 그것을 미리 알 수 있을까?

[리밸런싱 단계(3) 잉여 가치 비교하기]

잉여 가치를 비교해보면 디커플러가 사업을 구축하고 시장에 진입하기 이전에 그들이 우리 고객을 훔쳐갈지 여부를 추론할 수 있다. 분리하기를 선택한 고객의 소비자 잉여를 계산하고, 그 고객이 원래의 결합 과정을 통해 얻는 잉여와 비교해보자. 홀리아나의 예약 시스템을 이용해 테이블을 차지함으로써 고객은 26달러(30달러-4달러)의 잉여를 얻는다. 그리고 디커플러의 앱을 이용해 음식과 음료를 따로 주문할 경우 고객은 35달러(70달러-35달러)를 더 얻게 되므로 총 61달러의 잉여 가치를 얻는다.

소비자 잉여(홀리아나 + 디커플러) = 26달러 + 35달러 = 61달러

소비자 잉여(홀리아나) = 100달러 - 79달러 = 21달러

홀리아나와 모든 활동을 결합해서 실행하기로 선택할 경우 고객 잉여는 21달러에 불과하므로 다른 요인들이 동등하다면 많은 고객이 분리에 나설 가능성이 높다(그림 5.3 참조). 소비자는 이제 분리를 위한 추가적 인센티브를 지니게 되었고, 실제로 분리할 경우 40달러의 증분 가치를 얻게 된다. 디커플러 또한 26달러의 누수를 이용할 수 있기 때문에 이 서비스를 제공할 경제적 유인을 지닌다. 종합적으로 말해 이 두 가지 조건, 즉 더 많은 소비자 잉여와 상당한 양

[그림 5.3] 결합 옵션과 분리 옵션에서의 소비자 잉여 비교

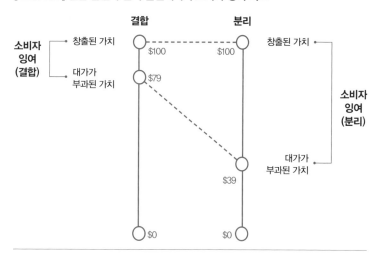

참고: 만약 CVC가 하나의 사업체에 의해 이행된다면 CVC 말미에 존재하는 누수는 소비자 잉여와 같다.

의 누수가 홀리아나의 문제를 설명해준다.

만약 당신의 기업이 홀리아나와 비슷한 상황에 처했다면 재결합으로 또는 디커플링과 리밸런싱으로 대응에 나설 수 있다(그림 5.4 참조). 가능한 대응안이 무엇인지 목록을 만들거나 각각의 장단점을 놓고 열띤 토론을 벌일 필요는 없다. 딱 두 가지 방법만 놓고 실행 비용, 실행의 어려움, 관련 위험 정도를 평가해 어떤 방법이 좋은지 따져보면 된다. 일반적으로 리밸런싱은 디커플러를 적극 끌어들이는 경제적 유인을 제거하기 때문에 가장 적합한 접근법이다. 반면에 재결합은 이런 인센티브를 그냥 놔둔 채 그저 디커플러의 진입 계획을 방어하는 역할만 한다. 그렇다면 당신은 어떤 방법을 택해야

[그림 5.4] 디커플링에 대한 2가지 대응: 재결합 또는 분리해서 리밸런싱

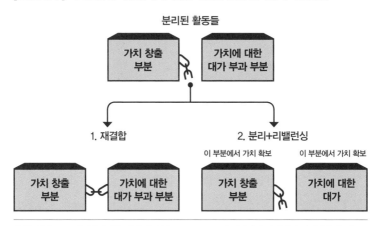

출처: 탈레스 S. 테이세이라와 피터 재미슨(Peter Jamieson), 〈디지털 파괴자의 디커플링 효과(The Decoupling Effect of Digital Disruptors)〉, Harvard Business School Working Paper no. 15–031, 2014년 10월 28일, 8.

할까? 이 질문에 답하기 위해 다시 셀리악 서플라이즈의 이야기를 살펴보자.

"둘러보기만 할 거면 수수료 5달러를 내세요"의 결말

[셀리악 서플라이즈가 쇼루밍에 대응한 방법]

셀리악 서플라이즈 사례가 보여주듯 시장에서 기반을 굳혔다고 인정받는 업체들이 모두 대규모 기업인 건 아니다. 이 자그마한 소매점은 자신의 탄탄한 비즈니스가 디커플링에 의해 위협받고 있다고 생각했다. 셀리악 서플라이즈의 오너인 조지나 파츠사노 Georgina Fatseas-Sano는 지역 내 다른 상점들도 쇼루밍과 관련해 유사한 문제에 직면해 있음을 깨닫고 '그냥 둘러보기만' 하는 사람들에게 수수료 5달러를 부과하는 방식으로 대응했다. 그녀는 한 의류회사에서 신발과 옷을 착용해보고는 그냥 가는 쇼핑객들에게 대가를 청구하기로 한 사례를 지적했다. "그건 제가 처음으로 떠올린 아이디어가 아니에요." 조지나는 말했다. "다른 상점들도 그렇게 한다는 얘기를 들었어요. 그저 매장 입구에 안내문을 붙인 적이 없을 뿐이죠. 저는 그저 우리 삶에 공짜가 없다는 사실을 일깨워주고 싶었어요."[22]

쇼루밍의 대가로 5달러를 내라는 건 쇼핑객들을 응징하겠다는 말로 들릴 수 있다. 상당히 특이한 방식이다. 당신은 아마도 조지나가

동원한 가치에 대한 대가 부과하기 전략을 받아들이기 힘들 것이다. 하지만 조지나 입장에서 생각해보자. 그녀가 가게를 차리고 판매원을 고용해서 쇼핑객을 돕고 전문적인 조언을 하고 그 대가로 아무런 보상도 받지 않는다면 공정한 일일까? 기업이 가치를 창출하고 그 가치를 얻는 소비자로부터 한 푼도 확보하지 못하는 것이 공평한가? 보상받지 못한 가치의 일부를 확보하겠다는 그녀의 욕구는 정상적이었지만, 방법에는 논란의 여지가 많았다. 조지나는 애초부터 사람들이 5달러를 지불할 것이라 기대하지 않았다. 단지 사람들이 쇼루밍은 불공정한 행위이고 그런 행위 때문에 비즈니스가 타격을 받는다는 사실을 깨닫기를 바랐다. 실제로 그 정책을 도입하고 몇 주가 지날 때까지 쇼핑객에게서 5달러를 받은 건 네 번뿐이고, 그중 한 번은 고객이 스스로 알아서 내겠다고 한 경우였다.

이런 방법이라도 쓰지 않았다면 작은 상점의 주인인 조지나 같은 사람이 자기가 창출해냈지만 그대로 빠져나가는 가치의 일부라도 확보할 방법이 있을까? 같은 어려움에 직면했던 베스트바이는 공급 업자에게 대가를 부과했다. 하지만 베스트바이는 전자제품 업계에서 강자의 위치에 있었다. 셀리악 서플라이즈도 공급 업자들에게 입점 수수료를 강요할 수 있을까? 아마 그러지 못할 것이다. 다른 소규모 상점들 또한 마찬가지다. 코스트코가 회비를 낸 사람만 매장에 들인다고 해서 소규모 상점이 매장에 들어오는 고객에게 회비를 받을 수는 없다. 안타깝게도 조지나는 그 새로운 정책이 매장으로 향하는 고객의 발길에 미칠 결과를 생각하지 못했다. 셀리악 서플라이즈를 찾는 고객은 급격히 줄어들었고 2016년 매장은 문을 닫았다.

[고객 욕구에 따르거나 저항하거나]

하지만 조지나는 그대로 주저앉지 않았다. 그녀는 그동안 자신이 적절한 조언과 제품 추천을 통해 고객에게 가치를 제공해왔음을 깨닫고 사업 모델을 바꾸기로 결정한다. 먼저 그녀는 만성소화장애나 글루텐 과민증, 관련 질병을 앓는 사람들을 위해 강좌와 개인 상담을 제공하고 대가를 청구하기 시작했다. 다시 말해 그녀는 고객들이 상담을 예약할 때 미리 돈을 지불하게 함으로써 사업 모델을 리밸런싱했다. 그러다 소매업과 상담 서비스가 어울리지 않는다는 결론을 내린 조지나는 소매업을 아예 접고 셀리악 서플라이즈를 '교육 센터'로 바꿔 재개장했다.[23] 이제 그녀는 만성소화장애를 호소하는 사람들에게 식이요법 자문 서비스를 제공하는 사업을 하고 있다.

조지나는 재결합이 사업을 바로잡는 정답이 아님을 어렵게 깨달았다. 디커플링이 당신의 비즈니스를 목전에서 위협하고 있다면 단순히 재결합에서 영구적인 해결책을 찾으려 하지 마라. 단기적인 재결합 계획과 선제적인 디커플링 계획을 둘 다 세워라. 재결합 계획을 실행할 때는 균형 잡힌 비즈니스 모델을 개념화하고 실험해볼 수 있는 시간을 좀 더 번다는 생각으로 진행하길 바란다. 재결합을 유지하는 데 너무 많은 비용이 들거나 기술적으로 한계에 봉착한다 해도 당신에게는 아직 계획이 남아 있다. 그리고 그 계획이 잠재적으로 더 오랜 기간 지속 가능한 방법이 될 것이다.

만약 디커플링이 당신 사업에 즉각적인 위협이 되지 않는다면 그 때는 상황이 좀 다르다. 더 많은 시간을 벌려 하기보다는 당신이 속한 시장이 어떻게 변할지 예상하면서 도전자가 공백을 메우기 전에 당신 제품이나 서비스를 변경하는 공격적인 행동을 취할 수 있다. 이렇게 하려면 당신의 비즈니스 모델뿐만 아니라 시장에 내놓는 제품을 개량하면서 비즈니스 안팎으로 변화를 꾀해야 할 것이다. 수익성 좋은 새로운 비즈니스 모델을 만들어낼 수 없을 경우에만 재결합 방식에 의지해야 한다.

내가 지금 디커플링 대응 방법에 대해 하나의 똑 부러지는 답을 제시하지 않고 있다는 점에 주목하라. 나는 그런 해답이 있다고 믿지 않는다. 나는 지금까지 '해결책'이나 '해답' 대신 '방법'이라는 단어를 의도적으로 사용했다. 재결합과 선제적 디커플링은 구현 가능한 두 종류의 대응 방법일 뿐이다. 다시 말해 재결합하기와 선제적 디커플링 하기, 이 두 가지는 회사를 다른 곳으로 옮기는 이동 경로와 같다. 운전자 본인이 자신의 차량과 운행 여건을 가장 잘 알 듯, 당신 역시 자신이 직면한 시장 상황과 회사가 직면한 제약을 가장 잘 알고 있다. 어떤 경로를 택하든 그 길을 따라갈 방법을 가장 잘 판단할 사람은 당신뿐이다.

내가 제안하는 프레임워크는 궁극적으로 성공 가능성이 가장 희박한 해결책을 걸러내도록 고안된 '필터링' 가이드이다. 당신이 어떤 해결책을 들고 갈지는 비용, 법률 및 기술 환경, 누수 기회, 가장 중요하게는 고객의 욕구에 따르거나(디커플링) 저항하고자 하는(재결합) 당신의 의향 등 상황이나 조건에 따라 달라진다. 또한 파괴자가 구글, 아마존 같은 거대 기술 기업이든 아니면 임프레션 프로덕트나 달러셰이브클럽 같은 소규모 스타트업이든, 기업의 대응은 파괴자의 크기에 달려 있지 않음에 유의하길 바란다.

지금까지 살펴봤듯이 디커플링은 비즈니스 모델 혁신의 물결이다. 물결이라는 특성상, 디커플링은 어디에나 밀려들면서 업계 내외에서 새로운 기업들을 끌어들인다. 신생 기업 대부분은 작고 날렵하며 어디에서 나타날지 예측 불가능하다. 하지만 이들의 일반적인 동기, 움직임, 선택 범위를 연구해보면 전체적인 궤도를 추적할 수 있다. 당신을 쫓아오는 특정 스타트업이나 기술적 파괴자 하나에 초점을 맞추지 마라. 시야를 넓혀 밀려오는 물결 전체를 관찰하고 나서 그 물결에 대응하는 것이 중요하다.

단 어떤 행동을 취할지 결정하기 전에 과연 내가 반응을 해야 하는지를 먼저 생각하자. 붙이든 부수든 고치든 당신의 비즈니스 상황은 쉽지 않다. 상당히 많은 돈과 시간을 투자해야만 한다. 기다리면 나아질까? 이 질문에 답하려면 행동을 취하는 데 드는 비용뿐 아니라 무대응 시 발생할 손실 위험까지 고려해야 한다. 행동을 취하는 데 드는 비용은 당신 회사가 속한 시장, 접근방식, 자원 같은 세부 사항에 따라 달라질 것이다. 이는 기존 기업이 쉽게 실행할 수 있는 상당히 표준적인 계산법이다. 하지만 무대응으로 인한 손실의 위험은 더 종잡기 어렵다.

다음 장에서는 대응하지 않음으로써 잠재적으로 발생할 두 가지 주요 위험에 대해 살펴보려 한다. 첫째, 아무 대응도 취하지 않아 조만간 분리를 당하게 된다면 어떤 위험에 처하게 될까? 둘째, 새로운 진입자가 당신의 사업을 분리하려 들 때 잃을 것은 무엇인가? 이 같은 위험 정도를 평가하기 위한 프레임워크와 도구에 대해서도 함께 알아본다.

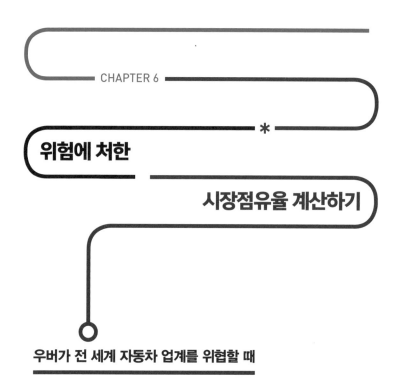

CHAPTER 6

위험에 처한
시장점유율 계산하기

우버가 전 세계 자동차 업계를 위협할 때

[제너럴 모터스와 테슬라, 그리고 우버]

2017년 4월, 고급 전기차 제조 업체 테슬라는 시가총액이 530억 달러를 넘어서면서 제너럴 모터스GM를 제치고 미국에서 가장 높은 가치를 지닌 자동차 제조사로 올라섰다.[1] 자동차 업계 관계자들은 깜짝 놀랐다. 놀랄 이유는 충분했다. 제너럴 모터스는 100년이 넘는 역사를 지닌 기업으로 쉐보레, GMC, 캐딜락 등 인기 브랜드를 보유하고 있었다. 2016년에는 자동차 1,000만 대를 생산하면서 1,660억 달러 매출과 100억 달러의 이익을 거둬들였다. 반면에 당시 테슬라는 7만 6,000대를 판매해 70억 달러 매출과 10억 달러의 손실을 냈다.[2] 미국 최대 자동차 딜러인 오토네이션AutoNation의 CEO 마이크 잭슨Mike Jackson은 이 상황을 두고 "도저히 이해할 수 없는 일"이라고 말했다. 심지어 테슬라의 CEO 일론 머스크Elon Musk조차 놀라움을 표했다. "아무리 생각해도 이 시가총액은 우리가 생각하는 것보다 높게 책정되었다."[3]

테슬라의 주가가 상승하는 동안 투자자들은 전기자동차가 점점 연결성이 높아져 자율주행차의 모습을 갖추면 GM을 비롯해 여타 화석연료를 사용하는 자동차 제조 업체들을 빠르게 파괴할 것이라 장담했다.[4] GM도 이 위험을 인식하고 있었다. 일찍이 2013년부터 GM의 CEO는 테슬라를 두고 "조심하지 않으면 큰 혼란을 불러올 기업"이라 언급하며 테슬라를 따라잡기 위해 총력전을 펼쳤다.[5] 2016년 GM은 저렴한 가격의 전기자동차를 테슬라보다 일찍 시장에 내놓은 덕에 적어도 한 부분에서는 테슬라를 따라잡는다.[6]

하지만 GM은 여전히 안심할 수 없었다. 가솔린으로 움직이는 차든 전기 배터리로 움직이는 차든 사람들이 새 차를 사는 한 GM은 계속 사업을 이어갈 것이다. 문제는 곧 어떤 종류의 자동차도 구입하지 않는 사람이 점점 더 많아질 것이란 점이다. 사람들의 이동 습관 변화를 연구해온 GM 경영진은 밀레니얼 세대가 이전 세대의 소비자들에 비해 자동차 보유율이 낮으며, 보다 실용적으로 자동차를 구입한다는 사실을 알아냈다. 인구 밀도가 높고 교통체증이 심한 도시에 사는 젊은 소비자들은 자동차를 자유의 상징이 아닌 부담으로 여겼다. 그들이 생각하기에 교통수단이란 엄청난 돈을 지불하고 소유해야 하는 제품이 아니라 모바일 앱을 사용해서 온디맨드 방식으로 필요할 때마다 이용할 수 있는 서비스였다.[7]

2017년 6월 기준으로 소유물이 아닌 서비스로서의 자동차car-as-a-service 제공 업체 중 가장 큰 기업이라 할 수 있는 우버는 15회에 걸친 투자 설명회를 통해 120억 달러를 조성했고, 회사 가치는 거의 700억 달러에 이르렀다.[8] 고객들은 전 세계 76개국에 걸쳐 633개 도시에서 우버 서비스를 이용했다.[9] 만약 우버가 최종적으로 테슬라보다 GM에 더 큰 파괴를 불러온다면 어떨까? 서비스로서의 교통수단 증가는 어떤 위험을 내포하고 있으며 GM은 이에 어떻게 대응해야 할까?

[공유차 1대가 자동차 15대를 사라지게 한다?]

자산 이용률을 기준으로 위험을 평가해보면 위험도는 상당히 높다. 평균적으로 미국에서 자가용 사용 시간은 하루에 56분, 즉 24시간 중 4퍼센트도 되지 않았다.[10] 이는 세계적인 렌터카 업체 에이비스Avis의 차량 임대 시간이 24시간 중 66~76퍼센트, 집카의 차량 사용 시간이 32~48퍼센트인 점을 감안하면 매우 낮은 수치이다.[11] 값비싼 자산을 갖춰야 하는 산업에서 기업은 이용률 최적화를 통해 경쟁한다. 항공 업계에서는 라이언에어가 하루의 40퍼센트인 10시간 가까이 비행기를 하늘에 띄우고 있고, 루프트한자Lufthansa, 브리티시항공British Airways, 에어프랑스Air France는 각각 34, 28, 26퍼센트의 이용률을 기록하고 있다.[12] 호텔 업계에서는, 미국에서의 평균 객실 이용률이 66퍼센트로 에어비앤비에 등록된 부동산 이용률(20퍼센트)보다 3배 이상 높았다.[13] 이런 수치에 비춰볼 때 지난 115년 동안 자동차 업계를 지배해온 자동차 개인 소유에 기초한 비즈니스 모델은 자산 이용 시간 기준으로 본다면 최악의 모델이다.

차량 공유 또는 라이드 헤일링 서비스는 이런 비효율성에 정면으로 도전장을 내민다. 이들 회사는 개인 차량 소유주들로 하여금 사용률이 낮은 자신의 차량을 시장에 내놓아 렌터카 업체 차량처럼 차를 활용할 수 있게 한다. 이 방법은 단기적으로 자가용 이용률을 두 배로 증가시킨다.[14] 우버는 자율주행 기술을 통해 우버 이용률을 더욱 높이기를 희망하고 있다.

2016년 우버는 미국 펜실베이니아 주 피츠버그에서 자율주행차 포드 퓨전Ford Fusion을 선보였다. 각 차량에는 장애물을 감지하기 위해 360도를 볼 수 있는 라이다lidar(light와 radar의 합성어)와 카메라 20대가 탑재되었다. 차량은 운전자 대신 소프트웨어가 운전한다.[15] 이론상 자율주행 소프트웨어는 인간 운전자와 달리 절대 잠을 자지 않고, 연간 유지 보수와 주유 시간을 제외하면 거의 100퍼센트의 자산 이용률을 달성할 수 있다.

이렇게 이용률이 높아지면 사람들이 필요로 하는 자동차 수는 감소하고, 이에 따라 전례 없는 규모로 자동차 산업이 붕괴될 것이다. 그렇다면 이 같은 위험의 규모는 얼마나 큰 것일까?

미국 교통조사위원회The U.S. Transport Research Board는 공유

차량 한 대가 15대의 자가용을 도로에서 사라지게 했다고 추정했다. 유럽 의회가 내놓은 보고서는 차량 공유를 전면 채택할 경우 유럽 국가들의 개인 소유 자동차 수가 63~90퍼센트까지 줄어들 수 있다고 주장했다. 또한 세계 최대의 자동차 수출국이자 세계 5위의 신차 시장인 독일에서의 감소 규모가 가장 클 것이라 예상했다.[16] 일부 자동차 업계의 경영진이 인식하지 못하는 사이, 서비스로서의 교통수단은 자동차 개인 소유라는 현재의 비즈니스 모델을 멸종 위기로 몰고 가게 된다.

[제너럴 모터스의 도박]

GM 경영진은 서비스로서의 운송과 전기자동차 중 무엇이 더 위험한지를 따지기보다는 전방위적 조치를 취함으로써 리스크를 줄이기로 결정했다. 테슬라에 도전하기 위해 완전한 전기차 생산을 준비하던 2016년 GM은 우버의 최대 경쟁사인 리프트의 지분 11퍼센트를 매입하기 위해 5억 달러를 투자했다. 사실 GM은 리프트를 인수하려고 했지만 리프트가 이 제안을 거절했다.[17] 그리고 또 같은 해, 디트로이트의 거인 GM은 메이븐Maven이라는 차량 공유 서비스를 시작했다. 메이븐을 통해 고객들은 몇 시간 또는 몇 주 동안 자가용을 빌릴 수 있는데, 차를 렌트한 고객은 개인 용도는 물론이고 이를 리프트나 우버처럼 돈을 버는 용도로도 사용할 수 있다. GM은 메이븐에 얼마를 투자했는지는 밝히지 않았다.[18]

2016년 GM이 단행한 투자 중 가장 큰 투자는 따로 있었다. 크루즈 오토메이션Cruise Automation이라는 소규모 스타트업을 거의 10억 달러에 인수한 것이다.[19] 크루즈 오토메이션은 자율주행차를 움직이는 소프트웨어를 만드는 회사다. GM이 인수할 당시 크루즈 오토메이션은 설립된 지 2년이 된, 직원이 46명밖에 되지 않는 스타트업이었다. 정해진 코스에서 여러 시험을 거치기는 했지만 상용화하기에는 기술이 부족했고 혁신적인 비즈니스 모델을 갖춘 상태도 아니었다.[20] GM의 CEO 메리 바라Mary Barra는 스타트업 인수에 대해 이렇게 설명했다. "모든 조각을 하나로 끼워 맞추는 겁니다. 전기, 자율, 공유를요. 사람들은 여전히 한 지점에서 다른 지점으로 이동해야 하죠. 그리고 우리는 자율주행이 그 일을 하는 데 큰 역할을 하리라 믿습니다."[21]

2017년 미국 2위의 자동차업체 포드는 구글과 우버에서 근무했던 두 명의 자율주행 기술자가 설립한, 당시 이름도 알려지지 않았던 스타트업 아르고AIArgo AI에 10억 달러를 투자했다. GM과 포드의 과감한 투자 규모는 경쟁자들을 놀라게 했다. 테슬라는 예전 직원들을 상대로 소송을 벌이는 과정에서 이런 대형 거래의 장점에 대해 언급했다. "기존의 자동차 제조 업체들이 (테슬라의 오토파일럿 기능으로) 후발주자의 위치를 벗어나려 엄청난 열의를 보이면서 단번에 큰돈을 벌 수 있는 환경이 만들어졌다. 아직 데모 소프트웨어 개발자에 불과한 사람들로 이루어진 팀을 많게는 10억 달러나 주고 인수하고 있다."[22] 이는 신기술 때문에 파괴될지도 모른다는 두려움을 느낀 기존 기업의 경영진이 여기저기에 큰돈을 거는 도박이나 다름없었다.

기업 인수라는 방법으로 스타트업에 대응한 GM의 전략이 좋은 아이디어였는지는 시간이 말해줄 것이다. 하지만 기존 기업 입장에서는 스타트업을 낚아채는 대응만이 능사가 아닌 경우가 많다. 재정 부담이 너무 크기 때문이다. 자원이 충분한 회사라도 GM의 방식을 따르기 전에 다시 한 번 생각해봐야 한다. 디커플러가 시장점유율의 상당 부분을 위협하지 않는다면 기업 입장에서는 굳이 디커플러에 대응할 필요가 없을 때도 많기 때문이다.

대응을 시작하기 전에 언급한 대로 과연 조금이라도 대응할 필요가 있는지 생각해야 한다. 이 결정은 대응 시 드는 비용(재정 및 경영진의 시간)과 무대응 시 기존 비즈니스에 미칠 손실 위험을 견준 후에 내려야 한다. 무대응과 관련해 기존 기업은 두 가지 유형의 위험을 반드시 고려해야 한다. 디커플러가 시장에 진입할 위험, 시장에 진입한 디커플러가 당신 고객의 상당수를 빼앗아갈 위험이다. 각 위험에 대해 하나씩 들여다보자.

위험 평가하기(1) 파괴자가 나의 시장을 위협하고 있는가

스타트업이 시장에 진출해 당신의 사업을 분리할 조짐이 보이는가? 기업의 임원은 분리의 위험이 존재하는지 지속적으로 관찰하면서 위험에 대한 경계를 늦추지 말아야 한다. 특히 임원이라면 끊임

없이 자신에게 세 가지 질문을 던져야 한다.

첫째, 자사가 고객에게 어떤 활동들(예를 들면 검색하기와 구매하기)을 함께 수행해야 하는 공동 소비co-consumption를 요구하고 있는가? 가능성은 높지 않지만, 어쨌든 그렇지 않다는 답이 나온다면 그 사업체는 걱정할 필요가 없다. 왜냐하면 분리할 것이 없기 때문이다.

하지만 회사가 활동들을 묶어서 수행하기를 요구하고 있다면 관리자들은 다음 후속 질문을 던져야 한다. 당신 생각에, 파괴자가 가치 창출 부분을(예를 들면 신기술 또는 비즈니스 모델 혁신을 사용해) 가치에 대한 대가 부과, 가치 잠식, 또는 다른 가치 창출 활동과 분리할 가능성이 있는가? 그렇지 않다는 대답이 나온다면 관리자는 분리를 가능케 할 새로운 기술 혁신의 등장을 주의 깊게 살펴야 하겠지만 이에 즉각적으로 대응할 필요는 없다. 하지만 그렇다는 대답이 나온다면 신규 진입 기업들이 기존 기업을 디커플링으로 파괴할 가능성이 높다. 이 경우라면 관리자는 위험을 심각하게 받아들이고 객관적 평가에 나서야 한다.

위험을 심각하게 받아들인다면 관리자는 세 번째 질문을 던져야 한다. 파괴자가 고객의 연결된 활동을 분리하면서 가로채갈 수 있는 누수가 존재하는가? 아마존이 전통적인 소매 업체에게 했듯이 말이다. 그렇지 않다면 관리자는 상황을 계속 주시하되 아무런 조치도 취하지 말아야 한다. 하지만 누수가 있을 경우 기존 기업은 경보를 울려야 한다. 이는 디커플링 위험이 실재한다는 의미이며, 기업은 앞 장에서 설명한 두 가지 주요 방법 중 하나를 통해 정식으로 대응

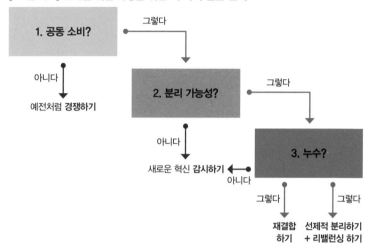

[그림 6.1] 분리될 위험 측정을 위한 세 가지 질문 단계

1. 공동 소비?

그렇다

아니다

예전처럼 경쟁하기

2. 분리 가능성?

그렇다

아니다

새로운 혁신 감시하기

아니다

3. 누수?

그렇다

재결합
하기

그렇다

선제적 분리하기
+ 리밸런싱 하기

해야 한다(그림 6.1 참조).

이 세 가지 질문 절차를 어떻게 활용할지, 2012년 질레트가 처했던 위기 상황에 적용시켜 알아보자.

질문#1: 공동 소비가 있는가? 그렇다. 면도 업계의 강자 질레트는 강력한 특허의 힘을 빌려 면도기와 교체용 면도날, 즉 별개인 두 가지 활동을 자사의 고객들에게 강요했다.

질문#2: 분리 가능성이 있는가? 수십 년 동안 없었다. 하지만 근래 들어 고객의 불만이 증폭되고 있다. 동일한 제조 업체를 통해 저렴한 면도기 구입 활동과 비싼 면도날 보충 활동을 연결하는 사슬은 그만큼 약해졌다.

질문#3: 누수가 있는가? 그렇다. 면도기-면도날 형태의 비즈니스 모델 사례에서처럼 교체용 면도날을 구입하기 전에 누수 가능성이 크다.

질레트의 임원진이 2012년 즈음에 이 분석을 실행했다면 파괴의 위험이 고조되었음을 알았을 것이다. 질레트는 달러셰이브클럽이 어느 날 불쑥 등장하기 전부터 준비하고 있었어야 했다. 하지만 과연 얼마나 시장점유율을 잃게 될지도 예상할 수 있었을까? 파괴자가 시장에 진입할 가능성에 대해 알아보았으니 이제는 기존 기업이 고객을 잃을 위험을 평가해보자.

위험 평가하기(2) 고객이 나의 시장을 떠나려 하는가

[당신의 사업에 문제가 생겼음을 말하는 확실한 징후]

당신의 사업이 디커플링 가능성에 직면했다고 해서 이것이 해당 스타트업이 바로 시장점유율을 가로챌 거란 뜻은 아니다. 따라서 당신이 대응에 나설지 여부를 결정하는 다음 단계는 스타트업이 얼마나 고객 마음을 끌어당길지를 평가하는 것이다. 이 평가는 고객들이 구매 선택을 어떻게 하는지를 자세히 살펴봄으로써 정성적으로 수행할 수 있다.

무엇을 구매할 것인지에 대한 선택권은 늘 고객에게 있다. 그리고 이제는 여러 분야에서 그 어느 때보다 선택권이 많다. 예를 들어 고객이 자동차를 구매할 때 수십, 수백 가지 옵션을 앞에 두고 어떻게 선택을 내리는가? 고객이 가격, 리터당 주행거리, 디자인, 편안함 또는 액세서리 등등 모든 면을 고려하면서 차량을 비교하기란 거의 불가능하다. 요구르트 같은 간단한 제품을 살 때조차도 포장, 첨가된 설탕, 향, 맛을 비롯해 여러 특징을 놓고 결정을 내려야 한다.

고객은 이렇게 복잡한 문제에 마주치면 2단계 접근방식을 활용해 선택 작업을 단순화한다. 첫째, 고객은 빠르고 간단하게 걸러내는 필터링 기법을 사용해 바람직하지 않은 선택을 제거한다. 둘째, 나머지 옵션에 대해서는 좀 더 천천히 자세하게 비교한다. 예를 들어 요구르트를 사고자 하는 소비자는 먼저 유명 브랜드가 아닌 제품이나 값비싼 옵션들을 없앨 수 있다. 그러면 마케팅 용어로 구매 고려 군consideration set이 남는다. 구매 고려군이란 고객이 최종적으로 하나의 브랜드를 구입하기로 결정하기 전에 적극적으로 고려하는 브랜드들을 말한다.[23]

구매 고려군은 지난 수십 년간 마케팅에서 가장 중요한 개념 중 하나로 자리 잡았다.[24] 마케팅에서는 소비자 제품에 속하는 브랜드들이 각 고객을 위해 한 판의 큰 시합에서 단판 승부를 벌이는 식으로 경쟁하지 않는다고 단정한다. 그보다는 올림픽과 비슷한 방식으로 경쟁한다고 생각한다. 이를 수영 종목과 비교하면 선수들은 한 번의 대결로 메달을 결정짓기보다는 예선과 준결승을 차례로 거쳐 결승에서 금메달을 놓고 정면승부를 벌인다. 각 거리에 따라 예선을 벌이고 최종적으로 8명 선수만이 결승전에 진출한다. 이렇게 결승전에서 경쟁하는 수영 선수들을 구매 고려군에 비유할 수 있으며, 8이라는 숫자의 크기도 서로 비슷하다. 소비자 구매에 있어서 각 고객은 자신만의 구매 고려군 구성원과 크기를 선택한다.

고객들은 정확히 어떻게 그렇게 하는 것일까? 마케팅에 관한 학술 연구 결과에 따르면 고객은 다양한 옵션에 대한 인식과 선호도뿐만 아니라 브랜드 이미지, 제품 차별화, 범주별 특정 요소를 바탕으로 구매 고려군을 구성한다. 구매 고려군은 사람, 범주, 심지어 국가별로 크게 다르다.[25] 예를 들어 일반적인 요구르트 구매자들은 자신의 구매 고려군에 3~4개의 브랜드를 유지한다는 연구 결과가 있다. 미국의 전형적인 자동차 구매자는 자신의 구매 고려군에 8개의 제조사-모델 조합(브랜드)을 고수하는 반면 노르웨이의 일반적인 자동차 구매자는 단지 2개 브랜드만을 포함시킨다.[26] 계좌 개설을 위해 은행을 선택할 때 고객들은 보통 한두 군데 은행만을 염두에 둔다고 한다.[27]

그런데 이 모든 게 파괴와 무슨 관계가 있단 말인가? 모두 파괴와 관계가 있다. 일부 브랜드의 경우 구매 고려군은 고객을 위한 경쟁이 시작되는(그리고 끝나는) 곳이다. 고객들이 당신 회사가 더 이상 자신의 구매 고려군에 포함되지 않는다고 마음먹는 순간, 당신은 판매를 할 수 없게 된다. 이미 자리 잡은 회사라면 많은 충성 고객들의 구매 고려군에 포함되어 있기 때문에 계속 남아서 영업을 할 수 있다고 보면 된다.

규모가 크든 작든 새로운 경쟁자가 시장에 진입할 때, 당신은 항상 두 가지 목표를 세워야 한다. 즉 당신은 고객의 구매 고려군의 일부로 남으면서 동시에 진입 기업을 구매 고려군에서 배제시키는 것이다. 만약 충성 고객이 당신을 구매 고려군에서 삭제해버리고 빈자리에 신규 기업을 추가한다면 당신은 최악의 상황을 맞게 될 것이다. 그보다 더 큰 혼란은 없다.

그렇다면 당신은 그러한 삭제와 포함이 심각한 위험을 내포하는지 아닌지를 어떻게 판단할 수 있을까? 고객에게 직접 물어보거나 고객의 선택을 관찰해서 당신이 구매 고려군 안에 들어 있는지 빠져 있는지를 추론하면 된다. 고객의 구매 고려군 구성이 어떻게 되어 있는지 평가하고 고객이 다음 구매 시 어떤 옵션을 고려하고 있는지 물어보거나 유추함으로써, 진입 기업이 비즈니스에 미치는 위험 정도를 파악하면서 여러 대안 옵션을 두고 경쟁의 판도가 어떻게 바뀌는지 알 수 있다. 고객의 고려 사항 변화는 당신의 시장 그리고 아마도 당신의 비즈니스에 문제가 생겼음을 말해주는 첫 번째 확실한 징후라 할 수 있다.

[제너럴 모터스 사례로 파괴 위험의 정도 파악하기]

당신 회사가 디젤이나 가솔린으로 내연기관에 동력을 전달하는 자동차 제조 업체인 GM이라고 가정해보자. 당신은 새 중형차를 찾는 사람들에게 현재 고려 중인 옵션에 대해 물어본다. 사람들은 쉐보레(GM 브랜드)와 포드, 크라이슬러(FCA 브랜드)가 판매하는, 가솔린으로 구동되는 모델을 고려하고 있다고 말한다. 이런 구매 고려군은 이들이 스스로 "중간 가격의 가솔린 자동차 중 어떤 차를 구입해야 하는가?"라는 근본적인 질문을 하고 있음을 시사한다.

그렇다면 GM이 그 고객들 사이에서 직면하는 파괴적 혼란의 정도는 가장 낮은 수준이다. GM이 그 사람에게 차를 팔 수도 있고 아니면 직접적인 경쟁자에게 고객을 빼앗길 수도 있지만, 이 경우 시장점유율이 크게 달라지진 않는다. 왜냐하면 오랫동안 경쟁 관계를 유지해온 기업들이 시장을 나눠 먹고 있기 때문이다. 경쟁은 전통적으로 이어온 제조 업체들 간의 브랜드 라이벌 관계에 달려 있는데, 고객들은 이미 확립된 범주(즉 중형의 내연기관차)를 바로 벗어나지는 않을 것이다. 따라서 혼란을 초래하지는 않는다.

또 하나, GM의 고객 중 일부 고객들은 전기자동차를 살지, 내연기관이 장착된 차를 살지를 놓고 검토 중일 수 있다. 이 경우 크라이슬러, 포드, 쉐보레 모두 두 종류의 자동차를 모두 제작하고 있기 때문에 여전히 파괴적 혼란의 가능성은 낮다. 그런데 고객들이 실제로 "전기차를 사야 하나, 아니면 가솔린차를 사야 하나?"라고 묻는(또는 묻듯이 행동하는) 상황이 되면 사실 그 고객의 구매 고려군은 약간 달라졌다고 봐야 한다. 이제 고객은 중저가 전기차인 모델 3Model 3을 출시한 테슬라도 자신의 구매 고려군에 포함시킬지 모른다. GM은 볼트BOLT 같은 전기자동차 옵션을 제공할 수는 있지만, 그렇다고 전기차 시장에서 '큰소리칠' 만큼 인정받고 있지는 않다. 따라서 이제 전기자동차 때문에 신규 진입자가 어느 정도 시장점유율을 훔

처갈 가능성이 더 높아지므로 GM의 위험은 약간 더 높아진다.[28] 처음 질문과 비교해 이 질문을 던지는 사람 수가 현저하게 적을 수 있지만, 그 수는 빠르게 증가할 것이다.

훨씬 더 적은 경우의 수긴 하지만, 이번에는 자율주행차와 전통적인 자동차 모두를 포함하는 구매 고려군에서 선택하기를 한다면 어떨까? 2018년 기준으로 기존 자동차 제조 업체들은 완전 자율주행 차량을 만들어 판매하지 않고 있다. 따라서 앞의 두 가지 교통수단, 즉 전기차와 자율주행차를 진지하게 고려하는 고객들이 등장한다면 이들은 전통적인 자동차 제조 업체들을 파괴적 혼란으로 몰고 갈 수도 있다. 그럼에도 이는 비즈니스 모델 붕괴보다는 기술적 혼란을 야기하는 수준이 될 것이다. 그리고 디커플링으로 발전하지는 않을 것이다.

2019년에는 "자율주행차를 사야 하나?"라고 질문을 던지는 개별 고객은 거의 없었다. 하지만 반 자율주행과 완전 자율주행 차량이 시장에 나오면 현재의 GM 고객들이 구글의 웨이모Waymo나 다른 경쟁 업체들을 구매 고려군에 추가하면서 상당한 변화가 일어날지도 모른다. GM이 자체적으로 자율주행차를 만들어 판매할 수도 있지만 그럼에도 자율주행차는 여전히 전통적인 미국 자동차 회사들에게 높은 수준의 위험을 야기하는 파괴적 기술로 부상할 수 있다.

[기술 혁신보다 비즈니스 모델 혁신이 더 파괴적이다]
2장에서 설명했듯이 가장 심각한 파괴적 혼란은 종종 기술 혁신보다는 비즈니스 모델에서 발생한다. 자동차 구입을 고려하는 사람이 자동차를 구매할지 아니면 투로, 우버, 블라블라카 같은 개인 교통수단을 사용할지를 고려하고 있다면 자동차 업계는 비즈니스 모델의 혁신, 특히 디커플링을 경험하게 될 것이다. 이 경우 갑작스러운 시장점유율의 의미 있는 변화라는 점에서 기존 자동차 제조 업체들은 최고조의 파괴 위험에 직면한다. 현재 고객 중 상당수가 "차를 꼭 사야 하나?"라는 질문을 하기 시작한다면 특히 GM은 가장 큰 위험을 맞을 것이다. 이 고객들은 자신의 구매 고려군에 큰 변화를 가할 것이다. 첫 단계에서는 라이드 헤일링 또는 라이드 셰어링 스타트업을 구매 고려군에 추가하고, 두 번째 단계에서는 어쩌면 GM을 구매 고려군에서 아예 빼버릴 수도 있다(그림 6.2 참조). 그렇게 되면 가장 강력한 형태의 파괴가 일어나게 되는 것이다.

비즈니스 모델 혁신은 두 가지 측면에서 기술 혁신보다 훨씬 더 파괴적이다. 첫째, 비즈니스 모델 혁신은 고객에게 비싸고 새로운 '하드웨어' 기술을 받아들이라고 요구하는 일이 별로 없기 때문에 시장에 미치는 영향이 더 빨리 확산된다. 혁신적 기술은 때때로 기업(새로운 진입 기업 또는 기존의 자리 잡은 경쟁자)으로 하여금 시장의 상당 부분을 가로챌 수 있게 한다. 그리고 그 기술의 특성이나 속성에 따라 그 시장이 빠르게 아니면 천천히 개편될지 결정된다. 클레이튼 크리스텐슨은 점진적인 시장점유율 변화를 이끄는 '지속적인' 혁신과 비교되는 어떤 갑작스러운 변화를 '파괴적' 혁신이라고 했다.[29] 물론 특정 기술이 결과적으로 파괴적이 될지, 지속적이 될지

[그림 6.2] 고객 고려 사항 그리고 파괴 가능성

파괴의
심각성

차를 꼭 사야 하나? ▶비즈니스 모델 혁신(예를 들어 디커플링)

자율주행차를 사야 하나? ▶파괴적 기술 혁신

전기차를 사야 하나, 가솔린차를 사야 하나? ▶기술 혁신 유지하기

어떤 가솔린차를 사야 하나? ▶일반적인 경쟁

질문을 던지는 고객 수

를 미리 예측하기는 어렵다. 궁극적으로 기술은 많은 고객들이 그 기술을 소유하기 위해 돈을 지불할 때에만 시장을 파괴할 것이다(두 이론의 주요 차이점에 대해 더 알고 싶다면 책 말미의 '디커플링과 파괴적 혁신의 차이'를 참조하라).

또 다른 중요한 차이로는, 거의 모든 경우에 기술 혁신 추구는 대체로 기업의 통제에 따라 결정이 내려진다는 점이다. 일부 특허 기술은 실질적인 대안이 없는 것이 사실이다. 하지만 기업들 대부분은 자기가 특정 기술 개발을 얼마나 간절히 원하는지를 판단할 수 있다. 자동차 업계를 예로 들자면 GM 같은 회사들은 전기자동차와 자율주행차를 개발해야 하는지, 얼마나 빨리 개발해야 하는지를 결정할 수 있다. 설사 다른 회사가 지적재산권을 보유하고 있더라도 핵심 기술의 지적재산권을 개발하든지 양수하든지, 아니면 지적재산권 보유자와 협력 관계를 맺든지 하는 방법을 통해 속도를 맞출 수 있다. 비즈니스 모델 혁신, 특히 디커플링은 기존 기업이 행사할 수 있는 통제력이 훨씬 작다. 여기서 디커플러는 소비자이기 때문이다. "내가 그 범주에 있는 제품을 꼭 구입해야 하는가?"라는 질문을 할지 말지 결정하는 주체는 소비자다. 그 질문을 결정하는 일은 대체로 경영진의 권한 밖의 일이다.

모든 질문과 자료를 종합해보면 개별 고객이 스스로에게 묻는 질문, 그와 관련한 고객의 구매 고려군 변화는 당신의 회사가 직면할 시장 경쟁의 유형을 좌우한다. 그리고 그 결과 발생할 파괴의 수위를 결정한다. 따라서 구매 고려군에 대해 세심한 주의를 기울인다면 파괴자가 시장에 진입할 가능성, 당신과 막상막하의 경쟁을 벌이면서 당신의 시장점유율을 얼마나 빼앗아갈지에 대한 위험 수위를 측정하는 데 도움이 될 수 있다.

자기 선택 메커니즘: 그 고객은 무엇을 얻고 무엇을 포기하는가

세 가지 질문 과정, 그리고 구매 고려군의 개념 모두 위험에 대한 정성적 평가qualitative assessment와 관계가 있다. 하지만 때로 정성적 평가만으로 충분하지 않을 때가 있다. 이런 경우 시장점유율 잠식의 위험을 정량적quantitative으로 정확하게 측정하기 위해 개별 고객들의 구매 고려군을 더 철저하게 조사해야 한다. 고객의 가치사슬을 분석하고 내릴 만한 결정들을 종합하면 시장 수준(즉 점유율)에서 발생할 파괴 정도를 알아낼 수 있다. 이를 위해 먼저 파괴자의 관점에서 파괴자가 얻을 수 있다고 생각하는 잠재적 이득을 먼저 확인해보자. 그리고 나서 기존 기업 관점에서 자사가 입을 수 있는 손실 위험에 대해 알아본다. 두 가지 관점 모두 유용할 것이다.

진입 기업이 차지할 시장점유율을 평가하기 위해 사용할 표준적인 접근방식은 그 기업의 판매를 확인하고 성장을 예측하는 것이다. 하지만 기존 기업의 임원 입장에서는 신생 기업의 매출과 성장률을 확인할 수 없으므로 이런 분석을 수행할 수가 없다. 그렇다면 또 다른 방법은 기업가치 평가(예를 들면 현금흐름 분석, 대차대조표 평가, 시장 비교)라는 접근방식에 기초해 잠재적 성장을 추정하는 것이다. 그런데 이런 접근법은 비즈니스 아이디어나 비즈니스 모델의 '영향'을 그 '실행'과 혼동한다는 점에서 우리 목적에 부합하지 않는다. 그리고 그 가능성을 미리 예측하기란 어려운 일이다.

다행히도 디커플링이 기존 기업의 비즈니스에 미칠 영향을 측정하는 데는 이 같은 실행 부분을 고려할 필요가 없다. 즉 포시즌스 호텔이 주택 공유 사업이 자사의 사업에 미칠 잠재적 영향을 판단하고자 한다면 당연히 분석에서 에어비앤비 설립자, 임원 및 종업원의 역할을 부차적인 것으로 간주할 것이다. 또한 에어비앤비 이전에 등장한 홈어웨이HomeAway, VRBO를 비롯해 수십 개의 다른 단기 임대 주택 검색 업체 직원들의 능력은 대부분 무시할 것이다.

실행 능력은 일반적으로는 중요하지만 여기서는 핵심 요인이 아니다. 중요한 것은 비즈니스 모델과 그 모델의 잠재적 영향이다. 포시즌스 같은 기존 사업자의 시장점유율이 감소할 위험이 있는지를 판단하기 위해, 기존 사업자는 자사의 현재 고객들이 시장에서 제공되는 새로운 상품이나 서비스에 어떻게 반응할지를 가장 먼저 평가해야 한다.

어떻게 대응할지는 비용, 특히 고객의 금전 비용, 노력 비용, 시간 비용에 따라 달라진다(3장 참조). 우리는 개별 고객들이 이런 다양한 비용을 각자 다르게 받아들인다는 점에 주목해야 한다. 소비자 조사 결과에서 나타나듯이 젊은이들과 저소득 계층은 가격에 더 민감하게 반응하는 반면, 노인과 고소득층은 가격에 덜 민감하다.[30] 노력 비용과 시간 비용에서도 이와 비슷한 결과가 나온다.[31] 또한 가격 비용에 더 민감한 소비자들은 노력 비용에는 덜 민감하다는 연구 결과도 있다.

내가 이전에 실시한 온라인 현장 실험에서는, 패션 전자상거래 분야에서 가장 할인을 많이 해주는 제품을 찾아나서는 온라인 쇼핑객들이 제품을 찾기 위해 검색과 클릭에 더 많은 노력을 들일 것이라는 결과가 나왔다.[32] 반면 가격에 민감하지 않은 쇼핑객들은 노력 비용에 매우 민감한 태도를 보인다. 이들은 판촉용품에 몇 달러 아끼자고 온라인 상점을 오랫동안 둘러보고 싶어하지 않기 때문에 더 비싼 제품, 할인이 많이 안 된 제품이라도 구입을 꺼리지 않는다.

이 점을 깨달은 나와 내 동료는 전자상거래 웹사이트에서 할인율이 높은 제품을 의도적으로 '숨겨' 놓았다. 사이트 방문객이 클릭을 몇 번 더해야 그 제품을 찾을 수 있게 해놓은 것이다. 그러면 가격에 민감하지 않은 고객들은 제값을 다 주고 업체에 이윤이 많이 남는 상품을 구입하는 반면, 노력에 민감하지 않은 고객들은 어쨌든 시간을 들여 낮은 가격과 낮은 이윤의 상품을 찾아 구매한다. 따라서 온라인 패션 소매업자 입장에서는 일거양득이 된다. 이윤이 많이 남는 가격에 판매하는 품목의 수를 줄이지 않으면서도 더 많은 고객을 얻을 수 있다.

고객이 지불해야 하는 비용 사이에서 발생하는―하나를 얻기 위해 다른 하나를 포기하는―트레이드오프는 디커플러와 기존 기업 모두에게 중요하다. 한 기업이 경쟁 업체보다 상당히 낮은 가격에 고객의 시간이나 노력 비용의 투입을 줄여주면서 경쟁 업체와 동일한 품질의 제품이나 서비스를 제공하는 경우는 거의 없다. 그런 상태는 지속될 수가 없다. 그 기업은 손해를 보거나 한 종류의 고객 비용을 높여야 할 것이다.

예를 들어 일부 개인 소유 차량 운송 옵션은 고객에게 더 저렴할 수 있는 반면에 사용하기는 더 번거로울 것이다(예를 들면 투로). 또 어떤 옵션은 사용하기 쉬울 수 있지만 더 비쌀 수 있다(예를 들면 우버 블랙Uber Black을 들 수 있다. 렌터카 업체와 제휴한 프리미엄 우버 서비스로 고급 리무진 차량을 중계해준다.-옮긴이). 이런 차이는 시장에서 학자들이 '자기 선택 메커니즘self-selection mechanisms'이라고 부르는 것을 만들어낸다. 일부 소비자들은 가격에 민감하기 때문에 더 저렴한 옵션을 선호할 것이고, 가격에 둔감하지만 노력에 민감한 다른 소비자들은 더 비싼 옵션을 선호할 것이다. 요컨대 경영진은 기존 기업과 파괴자의 비용 비교 분석 시 서로 다른 비용에 대한 고객 민감도를 포함시켜야 한다.

　기존 기업을 분리하려는 고객의 의향을 정량화하기 위해 우선 기존 업체와 비교해 디커플러가 제공하는 비용 차이를 계산한다. 그다음 표적 시장에 속한 인구가 돈, 시간, 노력을 평가하는 정도를 계산하는 것으로 시작한다. 이 분석은 디커플러가 어느 정도의 이익을 얻을 수 있는지를 보여준다. 현재의 시장점유율을 감안해서 당신은 디커플러가 얻는 잠재적 시장점유율, 반대로 기존 기업이 잃는 잠재적 점유율에 도달할 것이다. 특정 시장에 속한 모든 기존 기업과 디커플러에 관련한 모든 데이터를 고려해서 계산하면 디커플러가 잠재적으로 모든 기업에게서 훔칠 수 있는, 그리고 전통적인 사업 모델을 사용하는 모든 기존 기업이 잠재적으로 잃을 수 있는 총 시장점유율에 도달하게 된다. 이런 시장점유율의 '손 바뀜' 현상이 빠르게 발생할지 아니면 10년이 걸릴지는 중요한 문제이지만 여기서는 아니다. 디커플링에 대한 대응 여부를 결정할 때 중요한 것은 위험에 처한 기존 기업의 시장점유율이다. 그렇다면 이어서 이 계산법을 차근차근 더 살펴보도록 하자.

샐러리 파이낸스는 영국 대출 시장을 얼마나 잠식할 수 있을까

[샐러리 파이낸스의 디커플링]
　샐러리 파이낸스Salary Finance는 영국에서 가장 빠르게 성장하고 있는 직원 복리후생 금융기술(핀테크) 회사 중 하나다. 구글 UK의 댄 코블리Dan Cobley, 아세시 사카르Asesh Sarkar와 다니엘 샤카니Daniel Shakhani가 공동 설립한 이 회사의 사회적 목적은 직장인들이 빚을 더 빨리 갚도록 돕는 것이다.

사람들은 신용카드 빚, 개인 융자, 고액단기신용대출, 당좌차월 등 어떤 형태로든 개인 대출을 받는다. 샐러리 파이낸스는 회사원들에게 이 같은 개인 대출을 제공하는 직원 복리후생 플랫폼을 개발했다. 고용주는 이 플랫폼을 무상으로 도입할 수 있는데 샐러리 파이낸스를 통하면 여러 개의 개인 대출을 1년에 평균 7.9퍼센트 이자라는 단일 저비용 대출로 통합할 수 있었다.

낮은 이자율 외에 직원들이 받는 혜택은 속도와 편리함이다. 신청서는 작성하는 데 5분이면 충분하고, 신청하면 48시간 이내에 검토가 이루어진다. 신청이 승인되면 이후 샐러리 파이낸스는 직원 급여에서 자동으로 지급액을 공제받는다. 고용주들도 혜택을 얻는다. 고용주는 높은 금리 때문에 재정적 고통을 받는 직원들을 자유롭게 해주는 가외 특전을 제공하는 셈이기 때문이다.

우리는 샐러리 파이낸스의 사업 모델을 분석했고, 샐러리 파이낸스가 고객이 개인 대출을 받아서 갚는 과정에 존재하는 단계를 분리했음을 알게 됐다. 과정은 다음과 같다. 은행에 간다→직접 대출을 신청한다→은행이 요구하는 서류를 제공한다→은행이 상환 능력을 평가한다→은행이 대출을 승인한다→은행이 대출 자금을 제공한다→이자를 지불한다→원금을 상환할 자금을 확보한다→원리금을 상환하러 은행에 가거나 돈을 송금한다→은행은 대출금이 완전히 상환되었음을 확인한다.

샐러리 파이낸스를 통해 고용주는 직원이 고용된 사실을 확인해 주고 급여 공제를 통해 대출금을 상환할 수 있게 해준다. 이는 채무 불이행의 위험을 줄여주는 동시에 고객이 대출을 신청하기 위해 들여야 하는 노력도 줄여준다. 또한 고객의 이자도 낮춰준다. 전체 과정에서 이 부분까지, 샐러리 파이낸스는 몇 가지 혜택을 제공하긴 하지만 사실은 어떤 활동도 분리하지 않는다. 고용주는 샐러리 파이낸스를 통해 직원들 월급에서 자동으로 월부금을 공제함으로써 대출금을 상환할 수 있게 하는데, 대출금 상환을 위해 은행에 가거나 수표를 보내야 하는 가치 잠식 활동이 벌어지는 바로 이 지점에서 디커플링이 발생한다. 샐러리 파이낸스의 주장대로 "상환에 드는 번거로움을 덜어주는 것"이다.

[기존 은행 vs. 샐러리 파이낸스, 고객 비용 비교하기]

샐러리 파이낸스는 디커플링의 좋은 예다. 최종 제품을 크게 변경하지 않고 사업 모델을 혁신했기 때문이다. 소비자 입장에서 개인 대출은 어디서 돈을 구하든 대체로 같은 상품이다. 하지만 대출 담보 설정에 드는 비용은 완전히 다른 얘기다. 소비자들이 고려하는 주요 사항은 대출에 따르는 이자율인데, 이 이자율은 종종 1년을 단위로 하는 연이율APR로 책정된다. APR은 대출 규모와 대출 대행사(대부분 은행과 카드사)에 따라 다르다.

[표 6.1] 유수의 은행 세 곳과 샐러리 파이낸스의 비용 차이

기존 은행	유형	대출 규모	연이율	연이율 차이	비용 차이
홍콩상하이 은행(HSBC)	중액 대출	£4,000	18.9%	-11.00%	-£440
	고액 대출	£8,000	3.3%	4.6%	£368
바클레이즈 은행 (Barclays)	중액 대출	£4,000	22.9%	-15.00%	-£600
	고액 대출	£8,000	4.9%	3.00%	£240
로이즈 은행 (Lloyds)	중액 대출	£4,000	26.3%	-18.40%	-£736
	고액 대출	£4,000	4.6%	3.30%	£264

출처: HSBC 은행, 개인 대출, https://www.hsbc.co.uk/1/2/loans/personal-loan; 바클레이즈 은행, 개인 대출, http://www.barclays.co.uk/Howtoapply/BarclayloanPersonal 대출/P1242591272078; 로이즈 은행, 유동적 원금상환 대출, https://www.lloydsbank.com /lans /personal-loan.asp, 모두 2017년 6월 15일과 21일에 접속해서 확인했음. 로이즈 은행의 연이율은 유동적 원금상환 대출 옵션에 해당됨. 로이즈 은행은 또한 '유동적' 개인 대출 옵션보다 낮은 연이율의 '온라인 전용' 개인 대출을 제공했음.

표 6.1은 영국의 가장 큰 소비자 대출 은행 3개를 비교한 것으로, 평균적인 중액 대출금 4,000파운드와 고액 대출금 8,000파운드에 대한 연이율을 나타낸다.[33] 위의 표에서 '연이율 차이'는 샐러리 파이낸스의 연이율 7.9퍼센트에서 해당 은행의 연이율을 뺀 값이다. '비용 차이'는 대출자가 실제로 1년에 부담하는 비용을 파운드로 나타낸 것이다. 샐러리 파이낸스 이용이 더 저렴한 경우 표에서 수치는 음수로 나타나고, 기존 은행이 더 싸면 양수로 나타난다. 이 수치들은 평균 비용을 나타낼 뿐이며 대출 신청자의 신용등급이나 은행이 대출 승인을 거부할 가능성은 고려하지 않았음을 분명히 해둔

다.* 하지만 소비자들은 금융기관에 대출을 신청하기 전에 아마도 이와 유사한 수치를 비교할 것이다. 대부분의 경우 샐러리 파이낸스는 비용이 덜 드는 옵션이다. 다른 부분, 특히 고액 대출의 경우에는 기존 은행이 더 저렴하다.

하지만 금전 비용만이 소비자들의 의사결정에 영향을 줄 수 있는 유일한 비용은 아니다. 명시적이든 암묵적이든 고객들은 제품과 서비스의 조달과 구매, 사용에 관련된 시간과 노력을 고려한다. 고객이 당좌 예금을 개설한 은행을 분리하는 데 드는 비용을 완전히 평가하려면 이런 추가 비용을 고려해야 하며, 다른 곳에서 대출을 받는 것이 얼마나 더 쉽고(또는 더 어렵고) 더 빠른지(또는 더 느린지) 평가해야 한다. 요컨대 우리는 고객이 디커플링의 총비용을 더 낮게(음수) 또는 더 높게(양수) 보는지를 평가해야 한다.

고용주들도 샐러리 파이낸스가 제공하는 과정을 일부 지원하기 때문에 직원들은 여타 일반 은행에 비해 샐러리 파이낸스에 대출을 신청하고 담보를 제공하고 이자를 상환하는 데 적은 노력을 들인다. 노력 비용 역시 중요하다. 시간 절약 면에서는 샐러리 파이낸스를 제외한 각 은행의 승인을 얻기까지 며칠이 걸릴지는 단정 지어 말하기가 꽤 힘들다. 단순하게 생각해서 승인이 떨어지기까지 걸리는 시간은 모두 동일하다고 가정한다. 만약 시간 비용을 확인했는데 동일하지 않은 것으로 드러나면 그때는 시간 비용 차이를 계산에 포

---

* 따라서 역선택(adverse selection)은 계산에 포함되지 않았다.

함시켜야 한다.

이제 비용 민감도를 고려해보자. 소매업과 마찬가지로 소비자 대출 업계에서도 가격 민감도가 높은 고객들은 노력에 그다지 민감하지 않은 경향이 있고, 반대로 노력에 민감한 고객은 가격 민감도가 떨어진다. 어떤 사람들은 평균 연이율이 매우 높은 신용카드 대출을 받는데, 이유는 바로 대출받기가 쉽기 때문이다. 소비자들이 어려워하는 부분은 가장 싼 은행 대출을 선택하기 위해 모든 옵션을 비교하는 것이다. 옵션 비교에 시간을 들이는 사람들은 가격에 더 신경을 쓰는 경향이 있다.

자, 그러면 영국의 소비자 대출 산업에서 가격 민감도를 어떻게 평가해야 할까? 일단 대출을 원하는 사람들에게 서로 다른 수준의 노력과 가격(예를 들면 연이율)을 요하는 대출 옵션을 보여주고 트레이드오프 결정을 내려달라고 부탁할 수 있다. 그 결과를 근거로, 사람들이 은연중에 서로 다른 비용에 대해 얼마나 민감한 태도를 보이는지 가늠해볼 수 있다.

샐러리 파이낸스가 208명을 대상으로 실시한 설문조사에서는, 개인 대출 미결제 금액이 많은 소비자 중 85퍼센트가 샐러리 파이낸스를 고려할 의사가 있으며, 15퍼센트는 고려할 의사가 없는 것으로 나타났다. 자신의 구매 고려군에 샐러리 파이낸스를 추가한 85퍼센트 중 14.7퍼센트는 연이율을 줄이기 위해 대출기관 변경을 고려했다. 다시 말하면 이 사람들은 가격에 매우 민감하고 노력에는 거의 민감하지 않은 소비자다. 응답자의 61.7퍼센트는 어느 정도 가

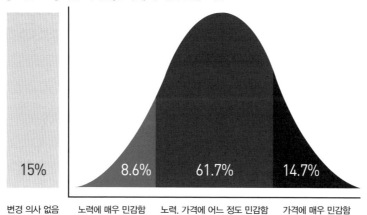

[그림 6.3] 대출 이자율(연이율)에 대한 민감도 분포

15%

8.6%

61.7%

14.7%

변경 의사 없음　　노력에 매우 민감함　　노력, 가격에 어느 정도 민감함　　가격에 매우 민감함

격과 노력에 민감했다. 이들은 연이율을 최소한 2퍼센트포인트 줄일 수 없다면 대출기관을 바꾸지 않을 사람들이다.* 자신이 원하는 선에서 조금이라도 모자라면 현재의 선택을 고수할 것이다. 표본의 8.6퍼센트에 해당하는 네 번째 고객 그룹은 가격 민감도가 매우 낮고 노력 민감도가 높았다. 은행의 충성 고객인 이들은 대출기관을 변경하려면 적어도 4퍼센트포인트의 연이율 감소가 있어야 한다고 응답했다. 실제로 이는 충족시키기 어려운 요구였다(그림 6.3 참조).

　각 은행과 샐러리 파이낸스를 비교하면서 금전 비용과 노력 비용의 차이를 계산해보았고 고객들의 비용 민감도(각 고객 세그먼트를 붙잡기 위해 무엇이 필요한지)를 알게 됐으니, 이제 디커플러가 기존 기업

---

* 샐러리 파이낸스가 실시한 설문조사를 바탕으로 정확하게 연이율 차이를 계산했지만 여기서는 자세한 설명은 줄이겠다.

에게서 고객을 빼앗아갈 가능성을 계산할 수 있다.

[샐러리 파이낸스의 시장 점유율 계산하기]

22.9퍼센트의 높은 연이율을 책정한 바클레이즈의 중액 대출상품을 예로 들어보자. 바클레이즈에서 4,000파운드의 대출을 받으면 고객들은 샐러리 파이낸스의 316파운드보다 높은 연간 916파운드의 금전 비용을 지불하게 된다. 샐러리 파이낸스와 거래하는 것이 더 싸고 쉽기 때문에, 이 디커플러는 결국 15퍼센트를 제외한 모든 고객을 설득할 수 있을 것이다. 바클레이즈는 현재 고객인 회사 직원들이 활용하는 중액 대출 비즈니스를 많으면 85퍼센트까지 샐러리 파이낸스에 빼앗길 위험이 있다. 바클레이즈가 2016년에 시장점유율 15.6퍼센트를 차지했다는 점을 고려하고 소비자 대출 포트폴리오가 중액·고액 대출로 균등하게 나눠져 있다고 가정했을 때, 잠재적 손실은 전체 시장의 6.6퍼센트로 나타났다.[34]

바클레이즈의 고액 대출을 한 번 보자. 연이율은 4.9퍼센트로 샐러리 파이낸스의 평균 연이율 7.9퍼센트에 비해 경쟁력이 더 높았다. 하지만 샐러리 파이낸스는 급여에서 공제되는 자동결제 방식이라 이용하기에 더 편했다. 바클레이즈는 연이율에서 3퍼센트포인트의 장점을 내세워 거래 은행을 절대 변경하지 않을 고객 15퍼센트와 가격 민감도가 높은 고객 14.7퍼센트, 어느 정도 노력(및 가격)에 민감한 고객 61.7퍼센트를 그대로 유지할 수 있을 것이다. 샐러리 파이낸스는 가격에 무감각하고 노력에 민감한 고객 8.6퍼센트만 빼앗아올 수 있고, 바클레이즈의 시장점유율은 0.7퍼센트만 위험에 처하게 된다.

분명히 말해두는데 여기서 하는 계산은 도전자의 파괴 잠재력의 상한선을 나타낸다. 2016년 영국에서는 주요 8대 은행이 소비자 대출 시장의 65퍼센트를 장악했다. 샐러리 파이낸스의 사업 모델은 무려 28.9퍼센트포인트 시장점유율을 가로챌 수 있는 잠재력을 지

[표 6.2] 기존 은행의 잠재적 손실 및 MaR™

기존 은행	유형	잠재적 손실	시장점유율	위험에 처한 시장점유율
HSBC	중액 대출	85.0%	31.4%	13.4%
	고액 대출	0.0%		0%
바클레이즈	중액 대출	85%	15.6%	6.6%
	고액 대출	8.6%		0.7%
로이즈	중액 대출	85.0%	5.7%	2.4%
	고액 대출	8.6%		0.2%
차순위 5개 은행	모든 대출	45.1%	12.2%	5.5%
합계			65.0%	28.9%

참고: 네 번째 칸의 시장점유율은 중액 대출과 고액 대출 사이에 골고루 분포되어 있다고 가정함.
출처: 스탠더드앤드푸어스(Standard&Poor's)의 한 분과인 Capital IQ Inc.의 데이터 '소비자 대출 (Consumer Loans [FY 2016] (£GBPmm, Historical Rate)', 2017년 7월 19일 확인. 그리고 영국 중앙은행(Bank of England), Bankstats, Money&Lending, A5.6, '학생 융자를 제외한 소비자 신용(Consumer Credit Excluding Student Loans)' 엑셀 통합 문서, 'NSA Amts Outstanding' 워크시트, 2017년 6월 29일 최종 업데이트, http://www.bankofengland.co.uk/statistics/pages/bankstats/current/default. aspx에서 확인할 수 있음, 2017년 7월 확인. 이 데이터를 기반으로 저자가 계산한 값임.

니고 있었다. 이 결과는 부분적으로 샐러리 파이낸스가 대형 은행에 비해 연이율이 낮고(중액 대출의 경우), 대출 확보와 상환이 상대적으로 용이하다는 점 덕분이었다(표 6.2 참조).

[샐러리 파이낸스의 시장 파괴 가능성]

혹시 핀테크 스타트업 한 곳이 거대 기존 은행들을 상대로 잠재적이나마 이렇게 많은 시장점유율을 빼앗아가는 것이 무리라고 생각한다면 잠깐 기다려보라. 이게 전부가 아니다. 나는 샐러리 파이낸스의 설립자들과 이야기를 나누면서 샐러리 파이낸스가 더 저렴하고 더 빠른 서비스를 제공해 기존 은행을 넘어 대출 업계 전체를 대체하려 한다는 느낌을 받았다.*

나는 한 번 더 분석에 들어갔다. 최종 분석을 해보기로 마음먹고 이번에는 신용카드사도 기존 기업에 포함시키기로 했다. 샐러리 파이낸스는 잠재적으로 카드 회사의 소액대출 사업에 어떤 영향을 미칠까? 나는 그것이 궁금했다.

카드사는 은행보다 소액 대출을 하는 경우가 많기 때문에 고객 평균 매달 1,000파운드의 미결제액이 발생한다고 가정한다. 영국의 경우 2016년 신용카드 대출의 평균 연이율은 약 22퍼센트로 이는 샐러리 파이낸스의 79파운드보다 훨씬 더 많은 연 220파운드의 이자 비용이 발생한다는 의미다.[35] 반면에 카드사에서 대출을 받기는

---

* 참고로 나는 샐러리 파이낸스에 어떠한 지분도 갖고 있지 않다.

상당히 쉽다. 카드를 사용하고 다 갚지 않으면 자동적으로 대출을 받는 셈이 되기 때문이다. 따라서 샐러리 파이낸스 대출을 받기 위해서는 신용카드보다 더 많은 노력이 필요하다.

이 두 가지 가정 하에 샐러리 파이낸스는 결국 가격에 민감한 고객 14.7퍼센트와 가격과 노력 모두에 다소 민감한 고객의 61.7퍼센트를 차지할 것으로 기대한다. 영국의 신용카드 대출이 2016년 전체 소비자 대출 시장의 35퍼센트를 차지했음을 감안하면 샐러리 파이낸스는 신용카드 대출 부분에서 4분의 3이 조금 넘는 고객을 빼앗아오는 것만으로 전체 시장점유율의 27퍼센트를 차지할 가능성이 있다. 이렇게 생각하면 샐러리 파이낸스는 편리함에서 신용카드와는 거의 같고 비용 면에서는 신용카드보다 훨씬 더 저렴하므로, 신용카드 대출의 대안으로 자리매김하고자 노력해야 한다(그림 6.4 참조).

참고로 여기서는 간결한 계산을 위해 전체 시장의 성장은 빼고 단지 점유율 변화만을 고려한다. 하지만 시장 규모에서 예상되는 성장도 쉽게 계산할 수는 있다. 위험에 처한 시장 그리고 위험에 처한 전체 시장을 계산하는 방법에 대한 자세한 내용은 책 말미에 있는 'MaR™ 및 TMaR™ 계산하기'를 참조하기 바란다.

이 분석은 은행과 카드사에게 무엇을 말해주는가? 첫째, 기존 기업이 대처하지 않는다면 샐러리 파이낸스의 사업 모델이 기존의 대출기관들을 파괴할 수 있음을 보여준다. 앞에서 언급했듯이 기존 기업 입장에서는 스타트업이 아니라 비즈니스 모델을 분석 대상으로 삼아야 한다. 각각의 기업은 위험에 처한 전체 시장을 계산하면서

[그림 6.4] 위험에 빠진 전체 시장(TMaR)™에 대한 근거

소비자 대출

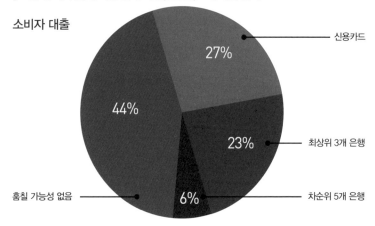

출처: 208명의 소비자를 대상으로 실시한 샐러리 파이낸스 설문조사. 스탠더드앤푸어스의 한 분과인 Capital IQ Inc.의 데이터 '소비자 대출', 2017년 7월 19일 확인. 그리고 영국 중앙은행, Bankstats, Money&Lending, A5.6, '학생 융자를 제외한 소비자 신용' 엑셀 통합 문서, 'NSA Amts Outstanding' 워크시트, 2017년 6월 29일 최종 업데이트, http://www.bankofengland.co.uk/statistics/pages/bankstats /current/default.aspx에서 확인할 수 있음. 2017년 7월 확인한 이 데이터를 기반으로 저자가 계산한 값임.

샐러리 파이낸스의 디커플링 유형으로 인해 위험에 처한 자신의 잠재적 시장점유율을 가늠해볼 수 있다. 샐러리 파이낸스에게 빼앗길 실제 손실은 계산에 넣지 않는다. 만약 잠재적 손실이 가장 높은 은행인 HSBC가 샐러리 파이낸스를 인수하거나 세력을 약화시키거나 아니면 완전히 없애버린다 해도 이 위험에서 완전히 벗어날 수는 없다. 유사한 비즈니스 모델을 앞세운 또 다른 디커플러가 샐러리 파이낸스를 대체할 가능성이 있기 때문이다. 기존 기업은 시장점유율 잠재력을 동력원으로 이용할 수 있지만 결코 스타트업을 가두거나 제거할 수는 없다. 따라서 영국의 개인 소액 대출 기관들은 큰 위험에 처해 있는 것이다.

대응할 것인가 말 것인가, 위험 수준 파악하기

무대응으로 인해 사업이 위험에 빠질 수 있음을 보여주는 초기 징후는 무엇일까? 일반적으로 자사의 제품, 기술, 프로세스 안에서만 살피면 징후를 명확하게 볼 수 없다. 그리고 그것을 보기 시작했을 때는 이미 너무 늦었을지도 모른다. 바깥을 보아야 한다. 당신의 고객을 살펴야 한다.

앞서 본 것처럼 기존 기업의 임원들은 신규 진입 기업으로 인해 시장이 처한 위험을 밝혀내기 위해 두 가지 접근방식을 취할 수 있다. 현 고객의 구매 고려군에 대해 먼저 정성적 분석을 해보면 고객이 신규 진입자에게서 구매를 고려하고 있는지 여부를 파악할 수 있다. 고객이 당신의 시장에서 제품을 구매할 필요가 있는지 의문을 품게 만드는 디커플러가 있다면 이들은 가장 높은 수준의 위험을 야기한다.

후속 조치인 정량적 분석은 당신 회사가 직면하는 위험 정도를 파악하는 데 도움이 된다. 물론 위험에 처한 시장을 계산하려면 기업 수준과 시장 수준에서 현재 고객과 잠재 고객, 경쟁 업체에 관한 상당량의 데이터가 필요하다. 이 데이터 중 일부를 활용할 수 있다면 기존 기업은 이번 장에서 제공한 계산법을 통해 디커플러가 시장점유율을 얼마나 훔쳐갈지, 어떤 기업이 가장 큰 점유율 손실을 입을지 평가하는 데 도움이 된다.

만약 당신의 비즈니스가 처한 손실 위험 수준이 낮다면 당신은 적어도 현재로서는 대응을 삼가는 것이 좋다. 이 경우 이번 장 앞부분에서 설명한 3단계 질문을 참고해 시장에 다른 디커플러가 나타나는지 지속적으로 관찰하게 하라.

위험에 처한 시장의 정량적 분석에서 디커플링으로 인한 잠재적 시장점유율의 손실 위험이 높게 나타난다면 대응을 고려해야 한다. 당신은 각 사례별로 어떤 유형의 대응을 할지, 얼마나 많은 자원을 할당할지 결정하게 될 것이다. 최선의 대응책이 위험에 비해 너무 큰 비용이 든다면 언제든 대응하지 않는 쪽을 선택할 수 있다. 위험 정도에 비해 대응 비용이 적절하다면 이전 장에서 설명한 것들 중 적절한 대응 방안을 헤아려본다. 이 단계들을 모두 거치면 디커플링에 대한 대응 여부 및 대응 방법을 결정할 수 있을 것이다(그림 6.5 참조).

1. 디커플링으로 인해 위험에 처한 시장점유율을 계산하라(유사한 디커플러들 모두).
2. 위험 수준이 높으면 대응 비용을 계산하고 위험 수준과 저울질해보라. 이 계산은 당신이 디커플링에 대응해야 할지 말지를 결정할 수 있게 한다.
3. 대응하기로 결정했다면 재결합할지 분리할지를 결정하라.

4. 분리를 선택한다면 리밸런싱을 통해 비즈니스 모델을 변경할지 말지를 결정하라.

그림 6.5를 보라. '의사결정 나무'는 기존 기업이 혼란에 효율적으로 대처하도록 도움을 준다. 나는 대기업과 함께 일하면서 임원진들이 열심히는 했지만 초기 대응이 의도한 결과를 낳지 못해 처음부터 다시 분석을 수행하는 모습을 종종 보았다. 의사결정 나무는 의사결정자가 가능한 모든 방법뿐만 아니라 만일에 발생할 수 있는 사태까지 정리해서 제시할 수 있게 도와준다. 또한 팀이 잘못된 또는 비효율적인 선택을 내렸을 때 그에 대해 다시 논의하는 과정을 용이하게 해준다. 대규모 조직에는 이해당사자들이 많기 때문에 신

[그림 6.5] 대응 여부와 대응 방안 결정을 돕기 위한 의사결정 나무

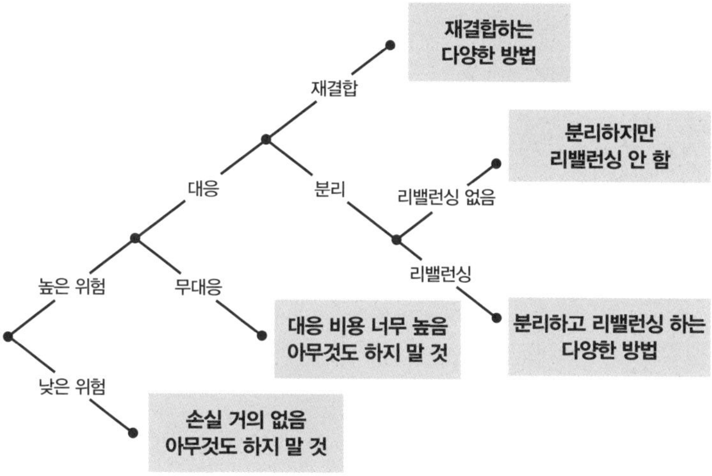

속하게 결정을 낼 수 없다. 주요 이해당사자들을 고려해 몇 달간의 검토를 거친 후 최선의 대응 방안에 도달하게 돼도 그나마 다행이라 할 수 있다. 하지만 때때로 최선의 대응 방안에 이르지 못하기도 한다. 의사결정 나무를 이용해 가능한 옵션을 미리 준비해놓으면 지난 결정에 대해 다시 논의해야 할 때 훨씬 더 빠르고 간단하게 재평가할 수 있다.

어느 기업이 시장 위험을 분석한 후 손실 위험이 감내하기에는 너무 크다는 결론을 내렸다고 가정해보자. 그 기업은 행동에 나설 수밖에 없었고, 재결합과 분리 중 재결합을 선택했다. 그런데 만약 재결합 시도, 일례로 규제 변경을 위한 로비가 실패로 돌아갔다면 그 다음에는 어떻게 해야 할까? 처음부터 다시 시작할 필요는 없다. 만약 다른 대내외적 환경 요인이 변하지 않았다면 기술 또는 계약을 활용하는 다른 형태의 재결합을 시도하면 된다. 재결합 가능 옵션이 모두 소진된 상태라면 가능한 한 리밸런싱 없이 디커플링을 추진해야 한다. 만약 이 방법도 효과가 없다면 리밸런싱을 시도해야 한다. 마지막으로 이 옵션들 중 어떤 방법도 효과가 없을 때는 과연 조금이라도 대응할 만한 가치가 있는지 다시 검토할 수 있다. 일반적으로 대응 옵션들이 실패로 돌아간다면 의사결정자는 의사결정 나무의 오른쪽에서 왼쪽으로, 역방향으로 따져봐야 한다. 분석을 완전히 처음부터 다시 할 필요는 없다.

과격한 대응의 부작용, 야후가 우리에게 남긴 교훈

[구매 고려군 자체를 주시할 것]

위험 수위가 낮은 기업은 당장 대응에 나서지 말고 위협에 대비해 시장을 계속 감시해야 한다. 분야별로 다르겠지만 당신 고객의 구매 고려군에 포함되는 브랜드가 순식간에 바뀔 수 있기 때문이다. 예를 들어 내 과거 연구 결과에서도 밝혀졌듯이 소비자, 특히 젊은 사람들은 음료, 과자류, 주류 분야에서 아주 변덕스러운 태도를 취한다. 소비자는 텔레비전 광고를 한 번 본 것만으로도 그 제품을 자신의 구매 고려군에 포함시킨다.[36] 그 외에 여러 분야에서는, 브랜드가 구매 고려군에 포함 또는 배제되기까지 상당한 시간이 더 걸린다. 그 결과, 기존 기업은 설문조사나 그 밖의 시장조사 도구를 통해 고객의 구매 고려군을 지속적으로 감시해야 한다. 스낵류 같은 분야라면 기존 기업은 한 달에 한 번씩 모니터링을 하는 게 좋다. 의류, 자동차, 은행 같은 분야라면 분기마다 또는 1년이나 2년마다 할 수 있다.

구매 고려군을 관찰하면 당신의 고객을 훔칠 가능성이 있는 브랜드, 가능성이 없는 브랜드를 알 수 있다. 당연히 특정 브랜드의 성공 가능성은 많은 요인에 달려 있다. 일반적으로 미국에서 소비재의 구매 고려군 크기는 해당 분야 전체 브랜드 수의 10분의 1 정도다.[37] 경쟁이 덜한 시장에서는 브랜드들이 고객의 구매 고려군에 포함될 가능성이 더 높아진다. 물론 단순히 소비자의 구매 고려 대상이 되었다고 해서 판매가 보장되는 것은 아니다. 여러 브랜드, 그리고 당신의 시장을 파고드는 스타트업뿐만 아니라 인접한 시장까지 감시하는 일은 매우 중요하다. 기본적으로 이 모든 것들이 당신 고객의 구매 고려군에 들어올 수 있기 때문이다.

여기에서 잊지 말아야 할 것은 눈에 띄는 모든 스타트업이 아닌 구매 고려군 자체를 주시해야 한단 점이다. 구매 고려군 관찰하기는 언제든 가능하지만, 모든 스타트업을 추적하기란 대단히 힘든 일이다. 리서치 회사인 CB 인사이트CB Insights는 산업별로 새로운 스타트업을 포함하는, 이른바 디지털 풍경 지도를 만든다. 이들이 만든 2017년 미용 산업 파괴 지도에는 벤처캐피털이 지원하는 스타트업 70여 곳이 포함됐다. 건강관리 지도에는 500개 이상의 스타트업이 올라 있었다. 그리고 은행 업계에는 파괴자가 될 가능성이 있는 기업이 무려 1,000곳이 넘었다.[38] 아무리 분석에 중점을 두는 기존 기업이라도 이렇게 많은 스타트업들을 감시하고 사업 진척 상황을 추적하려면 어려움을 겪을 수밖에 없다. 그러지 말고 구매 고려군을 관찰하는 데 집중하라.

또한 시장 안에 매몰되지 말고 시장 밖에서 생각하라. 스타트업이 당신 제품과 직접적으로 경쟁하는 제품을 생산하지 않는다 해도 고객이 스타트업의 제품을 구매 고려군에 포함시킨다면 그 스타트업은 자연히 당신 회사의 경쟁자가 된다. 많은 가정에서 사람들은 케이블 텔레비전을 영화관, 발레, 주말여행과 같은 고려군에 둔다. 어버이날 선물은 어떤가. 내 동료 바라트 아난드Bharat Anand 교수가 즐겨 드는 예로, 어버이날 선물로 꼽히는 넥타이의 경쟁 제품은 전동 정원 관리 기구, 전자 기기, 심지어 외식이 될 수 있다. 이 모두가 동일한 구매 고려군에 포함되는 것이다.[39] 그리고 어떤 사람들에게 는, 승차 공유 서비스와 자동차 소유가 같은 구매 고려군에 포함되 어 있다.[40] 고객은 다른 제품이 당신 제품과 겉으로 얼마나 비슷하게 생겼는지를 따지지 않는다. 당신도 그런 고객의 관점을 기준으로 경 쟁 기업을 정의 내려야 한다.

디커플링 비즈니스 모델의 상한(또는 잠재력)을 정량화하기 위해 위험에 처한 시장 계산법을 활용해보라. 초기에 스타트업이 향후 대 기업에 미칠 위험을 예상하기 힘들 때 이 계산을 해보면 특정 사업 체가 초래하는 위험이 아니라 비즈니스 아이디어가 지닌 파괴적 잠 재력이나 위험을 측정하는 데 도움이 된다. 스타트업의 잠재적 이득 은 당신의 잠재적 손실이다. 계산된 손실이 클수록 그 위험이 실제 로 닥쳐서 자사의 시장점유율에 영향을 미치기 '전에' 강력한 대응 책을 강구하려는 유인이 커질 수밖에 없다.

[1,000억 달러에서 48억 달러로]

하지만 주의하자. 너무 거창한 대응은 부정적인 결과를 낳는다. 모든 진입 기업에 대해 부산하게 고민하고 대응할 필요는 없다. 디 커플링 같은 비즈니스 모델 혁신이 증가할 때 모든 스타트업에 대 응하다 보면 엄청난 경제적 부담을 떠안는다. 야후가 그런 사례다. 2012년 구글 부사장이었던 마리사 메이어Marissa Mayer를 CEO로 영입한 야후는 당시 미국에서 구글과 마이크로소프트에 이어 3위를 달리는 검색엔진 기업이었다. 업계 순위가 더 낮아질 것을 우려한 야후는 다년간 기업 쇼핑을 이어갔다. 2016년 기준, 메이어는 23~28억 달러를 들여 53개의 디지털 및 기술 스타트업을 인수했다. 물론 기업 인수합병을 위해서는 자금뿐만 아니라 최고경영자 입장에서 엄청난 시간과 노력을 들여야 했다. 하지만 야후는 결국 스타트업 33곳을 폐업시키고 11곳의 제품 생산을 중단시켰으며 5곳은 방치하다시피 했다. 제대로 흡수해서 동화시키는 데 실패한 것이다. 전체적으로 야후가 완전한 통합을 이룬 스타트업은 2곳에 불과했다.[41] 2017년 성장 동력을 상실한 야후는 버라이즌Verizon에 48억 달러에 매각되었다. 야후가 전성기에 1,000억 달러의 가치를 평가받았다는 사실을 생각하면 천당과 지옥의 차이라 할 수 있다.[42] 과잉 대응은 무대응과 마찬가지로 기업을 죽일 수 있단 얘기다.

이 장에서 제공하는 도구는 여러 관점에서 파괴적 위험에 대처하는 데 쓸모가 있다. 고객이 디커플링을 시도하려는 조짐이 보이지 않는지 조기에 확인하려면 구매 고려군의 변화 양상을 자세히 살펴보라. 다음으로 취해야 할 관점은 디커플러 입장에서 생각해보는 것이다. 4장에서 논했듯이 금융 시장에 디커플러가 진입해 전쟁을 벌일 의욕을 보인다는 것은 곧 기존 기업에게서 시장을 가로챌 기회를 인지했다는 의미다. 그들이 보는 것을 보고자 노력하다 보면 위험에 처한 것이 무엇인지 당신이 더 잘 알게 될 것이다. 그러기 위해 사용할 수 있는 방법이 디커플러의 잠재적 이득을 계산하는 것이다. 고객과 디커플러의 관점에서 디커플링을 바라보고, 그런 다음 당신의 입장에서 위험에 처한 시장을 계산함으로써 그 상황을 평가해보라. 궁극적으로 고객이 절약하는 부분과 디커플러가 잠재적 이익으로 얻을 수 있는 부분, 기존 기업이 위험에 처한 부분은 정확히 동일한 것이다. 한쪽의 가치가 다른 쪽으로 이동할 뿐이다. 이 가치의 손바뀜 현상이 일어날 때 누가 얻고 누가 잃느냐가 달라질 따름이다.

요약하자면 위험에 처한 시장 계산하기와 3단계 질문 과정, 구매 고려군 관찰하기는 다가오는 위협을 감지하는 '레이더 시스템' 역할을 한다. 이런 도구는 의사결정 나무와 함께 사용하면 다양한 유형의 위험을 평가하는 데 유용하다. 대응해야 할 경우 당신이 언제 그리고 어떤 최상의 대응책을 준비해 나서야 할지 결정할 수 있게 해줄 것이다.

PART 3

당신도 파괴적 비즈니스를 구축할 수 있다

1부에서는 비즈니스를 파괴하는 주범인 고객들이 행하는 디커플링 활동에 대해 살펴보았다. 2부에서는 기존 기업의 대응 여부, 시기, 방법에 대해 자세히 알아보았다. 기존 기업은 디커플러에 맞설 때 두 가지 방식으로 대응할 수 있다. 다양한 고객 활동을 다시 붙여놓거나(재결합), 아니면 파괴된 활동들을 받아들이고 평화적으로 공존하는 방법을 찾을 수 있다(리밸런싱). 파괴자가 시장에 진입하기 전후로 당신이 어떤 조치를 취해야 할지 결정하려면 특정 조치를 취하거나 무대응으로 맞설 때 수반되는 여러 위험을 평가해야 한다. 고객의 선택, 선호도 및 관련 비용에 대해 심층적인 분석을 해보면 기존 기업은 자신의 업계에서 발생하는 분리 위협에 대해 어떻게 접근해야 하는지 알 수 있다.

이 내용을 토대 삼아 우리는 이제 파괴적 비즈니스를 구축하고 성장시키는 일에 대해 본격적으로 알아볼 것이다. 그리고 그 과정에서 기존의 패러다임을 재검토하고 재고해보려 한다. 어떻게 하면 파괴적 비즈니스를 시작할 수 있을까? 어떻게 성장시킬까? 성장기를 넘어 성숙기에 들어선 다음에는 어떻게 쇠퇴를 막을 것인가? 당신이 자신의 기존 비즈니스 내에서 새로운 사업을 시작하든(사내 기업가 intrapreneur) 아니면 기업가로서 새롭고 혁신적인 출발을 시작하든 디커플링 이론의 기본 원칙만 제대로 적용한다면 비즈니스 여정에서 마주할 어려움들의 해법을 찾아낼 수 있다.

3부는 기업 라이프사이클의 일반적인 과정에 따라 장을 구성했다(다음 그림 참조). 크든 작든 전통적이든 파괴적이든 모든 사업체는 시장 침투를 통해 점유율을 늘려가는 과정에서 비슷한 패턴을 유지한다. 초기 단계에는 일반적으로 수익 증가와 시장점유율 상승 속도가 느리다. 이 첫 단계에서 살아남는다면 두 번째 단계로 나아가며 대개 훨씬 더 빠른 성장 속도를 보인다. 어떤 기업은 이 단계에서 허우

적대기도 한다. 두 번째 단계에서 살아남은 기업은 마침내 세 번째 단계에 도달하고 감소, 둔화 또는 쇠퇴를 맞는다. 이 단계에서의 도전 과제는 가능한 한 오래 성장을 지속하거나 새로운 성장을 촉진하는 것이다.

비즈니스 라이프사이클

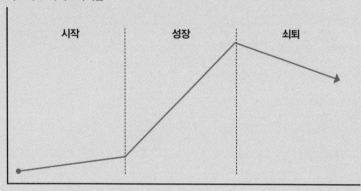

물론 기업마다 각 단계에 머무는 시간이 다르고 거기에서 거둔 수익이나 시장 점유율도 다르다. 하지만 모두 이 라이프사이클을 따른다. 게다가 업종, 규모, 역사에 관계 없이 각 단계에서 기업은 기본적으로 같은 종류의 어려움에 마주친다. 비즈니스와 관련해서 흔히 대기업은 큰 어려움을 겪고 중소기업은 다소 사소한 어려움을 겪을 거라 생각한다. 일부는 사실이다. 기업은 각 단계마다 경험을 쌓고 그 단계를 통과해야 다음 단계로 넘어간다. 시작 단계에 있는 회사들은 모두 비용 대비 효율적인 방법으로 첫 번째 고객들을 획득해야 하는 난관을 해결하고자 노력한다. 성장 단계의 기업들은 어떤 신제품을 개발하고 어떤 시장을 장악할지, 이런 새로운 계획을 지원하기 위해 인력과 프로세스를 어떻게 조직할지 결정하는

데 더 중점을 둔다. 세 번째 단계에서는 교착 상태에 빠진 성장에 어떻게 대응할지, 시장점유율을 빼앗긴 시장의 내부 또는 외부에서 어떻게 하면 스스로 혁신할 수 있을지에 더 초점을 맞추는 경향이 있다.

3부에서는 디커플링 이론에서 배운 것들을 적용해가면서 파괴적 기업의 시작 단계부터 살펴보려 한다. 기업이 직면하는 어려움을 이전과 완전히 다른 각도로 조명해볼 것이기에 기업 리더와 관리자들의 사고가 한층 더 깊고 넓어질 것으로 기대한다. 그럼으로써 그들이 새로운 해법에 이르는 각자의 길을 찾아내고 사업을 더욱 번창시킬 수 있기를 바란다.

먼저 파괴적 비즈니스가 만들어지는 단계부터 시작하자. 시작 단계를 지나 성장기를 거치고 마침내 쇠퇴 단계에 이를 때까지의 여정을 함께하는 동안 여러분은 가장 중요한 핵심을 마음에 늘 간직하고 있어야 한다. 절대 고객에게서 눈을 떼지 마라. 고객이야말로 당신이 얻을 수 있는 가장 큰 자산임을 명심하기 바란다.

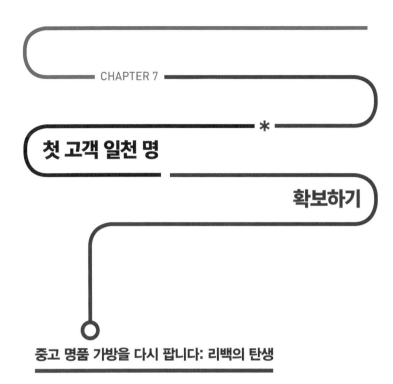

CHAPTER 7

첫 고객 일천 명

확보하기

중고 명품 가방을 다시 팝니다: 리백의 탄생

[찰스 알버트 고라, 리세일 비즈니스에 나서다]

2014년 젊은 기업가 찰스-알버트 고라Charles-Albert Gorra는 중고 명품 드레스를 온라인으로 판매해야겠다는 아이디어를 떠올렸다. 본격적으로 사업에 나서기 전에 그는 비용이 많이 들지 않는 방식으로 자신의 아이디어를 시험해보기로 하고, 지인들에게 드레스 몇 벌을 구해 깨끗이 세탁한 뒤 이베이에 올려놓았다. 그런데 알고 보니 중고 명품 시장은 존재하기는 했지만 상품이 아무리 많이 팔려도 판매자가 거둘 수 있는 이윤이 너무 적었다. 하지만 아직 포기하기에는 일렀다. 그는 비교적 가치가 높은 내구재 분야를 파고들면 전도유망한 비즈니스를 구축할 수 있을지 모른다고 생각했다.

그는 오프라인 중고 시장을 검색하다가 중요한 사실을 깨닫는다. 구입한 상품에 이윤을 붙여 되파는 재판매업자reseller 중 이윤을 많이 남기는 대규모 사업자들은 주로 사용률이 낮은 상품, 즉 소비자가 구입 후 별로 사용하지 않은 상품을 판매하고 있었다. 사용 빈도가 낮을수록 주인이 그 제품을 팔아 현금화할 의향이 컸다. 자주 사용하는 안경이나 휴대전화 같은 제품은 소유주가 매일 쓰다 보니 중고품 판매 비즈니스에 별 도움이 되지 않았다.*

그가 깨달은 사실이 또 하나 있다. 사업에서 재미를 보는 재판매업자들이 주로 거래하는 제품은 감가상각률, 즉 시간이 지남에 따라 가치가 떨어지는 비율이 낮은 상품이라는 점이다. 기술 제품은 금방 쓸모없는 제품이 되었다. 따라서 소비자는 기술 제품을 처분하고 싶어하지만 재판매업자가 얻을 이윤은 얼마 되지 않았다. 그에 비해 명품 핸드백, 금 세공품, 캠핑카 등은 사용률과 감가상각률이 모두 낮다는 점에서 재판매하기에 이상적이었다. 이런 제품들은 시간이 지나도 가치를 유지했고, 소유주의 사용 빈도도 그리 높지 않았다.

이 사실을 바탕으로 고라는 명품 핸드백을 온라인으로 팔기 시작했고, 이번에는 성공을 거두었다. 본래 주인에게는 팔 마음이 생길만큼 후한 가격을 쳐주었고, 고라 자신도 충분한 이윤을 남기면서

---

* 미국 중고 휴대전화 시장에서 거래되는 제품은 대부분 리퍼브 제품이거나 구형 모델이다.

이베이에서 제품을 판매했다. 고라는 이 시장에서 매력적인 기회를 엿보았다. 시장조사기관 엔피디그룹NPD Group에 따르면 고라가 사업을 시작할 당시 18세에서 45세 사이의 미국 여성은 평균적으로 7개의 브랜드에서 출시된 핸드백 13개를 소유하고 있었다. 고라 자신이 조사한 바로도 "여성의 옷장은 80퍼센트 이상이 미개척 상태"나 다름없었다. 이런 옷장에는 사용 흔적이 약간 묻어나는 명품 핸드백이 들어차 있었고 그 주인들은 그것을 중고 시장에 내놓을 생각조차 하지 못하고 있었다.

누이 좋고 매부 좋은 방식으로 가치를 창출할 수 있으면서 창출한 가치 일부에 대가를 부과할 수 있다는 사실을 확인한 고라는 스타트업을 설립하기 위해 벤처 자본으로 종잣돈을 마련했다. 1년이 채 되지 않아 고라와 동업자는 480만 달러를 끌어모았고, 여성들에게서 명품 핸드백을 구매하는 온라인 웹사이트 리백을 설립했다.

[도대체 무엇을 어떻게 시작해야 할까]

이 시점에 고라는 모든 기업이 파괴적 기업으로 가는 과정에서 겪는 한 가지 문제에 봉착했다. 어디에서 시작해야 하는 걸까? 어떻게 회사를 일으켜야 뛰어난 사업 아이디어를 활용하고 성장해갈 혁신적 기업을 구축할 수 있을까? 종잣돈은 어떻게 사용해야 할까?

스타트업에 성공한 기업가들, 스타트업 분야의 전문가들은 사업을 시작하는 과정에서 제품, 기술, 소통 창구 등을 비롯한 사안을 한번에 처리하라고 권한다. 그리고 또 하나, 실리콘밸리에서 격언처럼 통용되는 주문 중 하나는 현재 시장에 있는 것보다 '열 배는 더 좋은' 제품이나 서비스를 목표로 해야 한다는 것이다. 말이 된다. 열 배 더 좋은 제품을 만들면 감당하기 힘들 정도로 고객이 몰려들 테고 필요한 만큼 투자를 받을 수 있고 능력 있는 직원들이 함께 일하겠다고 몰려들 테니 말이다.

전문가들은 또한 처음부터 네트워크 효과network effects(특정 상품을 사용하는 수요자가 모여 네트워크를 형성하고 이 때문에 또 다른 사람들이 모이는 효과를 발휘함-옮긴이)를 적극 활용하라고 조언한다. 고객들이 이메일이나 스카이프, 메신저 앱 등의 소통 채널이나 통신 서비스 같은 네트워크에 합류하면 사람이 더 많아질수록 더 많은 가치를 끌어모을 수 있고, 이것이 다시 새로운 이용자들의 합류 가능성을 높여준다는 것이다.

그리고 이들에 따르면 기술 인프라 구축도 잊어서는 안 된다. 최근 가장 빠른 성장세를 보이는 기업의 대다수는 기술 스타트업이었다. 새로운 사업을 구축하고 빠르게 성장시키길 원한다면 무조건 구글, 페이스북, 아마존이 한 과정을 그대로 따라 하고 지금 당장 기술 인프라를 구축해야 할 것만 같다. 마지막으로 전문가들은 사업을 시작하면서 처음부터 끝까지 고객 경험을 공유해야 한다고 말한다. 어쨌든 고객은 대체로 자신을 대신해 모든 문제를 해결해줄 회사를 '고용'하고 싶어하니까 말이다.

이것은 막 사업을 시작하는 기업가들이 듣는 수많은 조언 중 몇 가지에 불과하고 틀린 말이 없다. 이들 조언 하나하나가 파괴적 스타트업들이 뿌리 내리고 성장하게끔 이끌어준 것 또한 사실이다. 그러나 한데 모아놓으면 기업가들이 따라 하기에는 너무나 벅찬 뒤죽박죽 조언이 아닐 수 없다. 예를 들어 다른 기업보다 열 배 더 좋은 제품을 만들어내기란 결코 쉽지 않다. 아무 시장이나 골라 거기에서 제일 잘나가는 제품이나 서비스를 살펴보라. 당신은 그것보다 열 배 더 좋은 제품을 고안할 수 있겠는가? 그런 다음 그 제품을 제조하고 그것을 중심으로 비즈니스를 구축할 수 있겠는가? 당신이 신생 벤처 기업이라는 사실을 잊지 마라. 당신에게는 최고의 엔지니어나 영업사원, 막대한 자금력과 핵심 자원이 없다.

네트워크 효과도 마찬가지다. 네트워크 효과를 구축하기란 하늘의 별 따기만큼이나 어렵다. 사업 초기에는 더욱 그렇다. 네트워크 효과는 엄청나게 많은 고객을 확보해야만 제대로 빛을 발한다. 그러나 스타트업과 신생 벤처 기업은 대체로 네트워크 효과를 일으키는 데 필요한 자원과 능력을 갖고 있지 않다. 기술 인프라 구축도 마찬가지다. 제품 제작과 생산, 판매에 이르는 전 과정에서 사용자 경험을 창출해야 한다는 조언 역시, 처음부터 끝까지는 고사하고 시장에서 기존 기업보다 더 나은 고객 경험을 단 한 조각이라도 만들어낼 수 있다면 다행일 따름이다.

이제 열 배 나은 제품 개발하기, 기술 인프라 구축하기, 네트워크 효과 구축하기, 전 과정에서 고객 경험 창출하기를 비롯한 기타 여러 과제를 한 번에 처리한다고 생각해보라. 일반적인 스타트업에게는 사실상 불가능한 일이다. 한 번 시도해보려는 사람도 있겠지만 계속되는 좌절과 혼란에 결국 실패할 가능성이 크다. 새로운 벤처의 기업가와 경영자들은 하나의 목표에 집중하고 그 목표를 가능한 한 최대치로 달성하는 것이 훨씬 더 낫다.

그렇다면 그 목표는 무엇이 되어야 할까? 디커플링 이론이 답을 말해준다. 앞에서 본 것처럼 디커플링 이론은 혁신의 중요한 원동력으로 고객의 역할을 강조한다. 이 통찰을 여기에 적용하면 파괴적인 비즈니스를 시작하기 위해 어떤 방식을 취해야 하는지를 알 수 있다.

규칙 #1: 고객 활동을 취득하라.
규칙 #2: 다시 첫 번째 규칙으로 돌아가라.

시작 단계에 있는 스타트업은 사업 운영을 지탱할 정도의 충분한 고객을 확보하기 위해 안간힘을 쓴다. 이 과업은 사실상 무척 힘들고 기업의 성공에 필수적이기에 기업가들은 고객 확보를 최우선으로 해야 한다. 고객을 끌어들이지 못하는 비즈니스에 무슨 미래가 있겠는가? 스타트업이 디커플러에서 성장을 멈추고 실패하는 이유는 대부분 고객을 충분히 확보하지 못했거나 끌어들인 고객에게 이익이 되는 서비스를 제공하지 못했기 때문이다. 그렇다면 이런 의문이 든다. 파괴적인 신생 벤처 기업들은 어떻게 첫 번째 고객들을 확보할 수 있을까?

메이시스와 제이크루, 샌드위치 신세가 되다

[메이시스 백화점의 위기, 시어스 유통의 몰락]

경험도 이름도 전혀 없는 신규 기업이 성숙한 시장에서 어떻게 기존 기업의 고객을 뺏을 수 있을까? 이를 이해하기 위해 한 발 물러서서 시장이 어떻게 발전해가는지 확인해보자.

대부분의 시장은 초반에는 모든 고객에게 관심을 호소하면서 양산 제품이나 별 차별화 없는 제품을 판매하는 비즈니스로 시작한다. 그러다가 기회를 포착한 기업이 시장 대부분을 장악할 유일하고 독특한 시스템을 개발해낸다. 그 기업은 시장의 가장 큰 부분을 차지하기 위해 고객이 신경 쓰는 주요 측면이나 특질을 파악하고, 자사의 새로운 제품이나 서비스를 그에 맞게 포지셔닝 하는 방식을 활용한다.

1858년 메이시스 백화점은 고객이 다양한 품목의 양질의 소비재를 합리적인 가격에 대형 매장 한 곳에서 편리하게 구매하게 하는 비즈니스를 시작했다. 초창기에 메이시스는 가장 저렴한 상점도 아니었고 가장 고급스럽거나 가장 편리한 상점도 아니었다. 그렇게 한두 가지 측면이 덜 만족스러워도 희생을 감수하고 백화점에 와서 물건을 사려는 고객 덕분에 비즈니스는 그럭저럭 괜찮았다.

급성장하는 시장에서 첫 사업 아이템으로 활약하는 양산 제품들은 결국 경쟁자들을 끌어들이게 된다. 그 시장에 진입을 고려하는 기업들은 기존 업체와 경쟁하기 위해 또 다른 양산 제품을 들고 들어올 수 있다. 그러나 이는 어리석은 행동이다. 그 시장에서 고객들은 새로운 상품과 기존 상품을 명확히 구분하지 못하기 때문이다.

그래서 신규 진입 기업들은 대량 생산된 양산 제품 대신에 전문화를 택한다. 즉 고객이 더 가치 있게 여길 만한 한두 가지 특질을 택해 그 특정 측면을 더욱 강조한 이른바 틈새 상품niche offerings을 만들어낸다. 이를 통해 신규 진입 기업은 새로운 고객, 일례로 구색이나 맞춤customization보다는 낮은 가격, 높은 품질, 편의성을 중시하는 고객을 빠르게 획득한다. 그리고 이는 특징 없는 양산 제품을 만드는 기존 기업 입장에서 보면 자사의 고객 중 일부가 틈새 시장으로 빠져나감을 의미한다.

오랫동안 틈새 기업들은 메이시스와 다른 백화점의 시장 지배력에 도전해왔다. 극적인 성장을 통해 미국의 식료품 부문에서 선두를 확보한 월마트는 더 낮은 가격에 유명 브랜드 의류를 판매하기 시작했다. 노드스트롬Nordstrom은 고급 의류와 맞춤 의류를 판매하기 시작했다. 그리고 갭Gap 같은 소규모 프랜차이즈 가맹점과 개인 상점들은 입지 조건이 좋은 쇼핑몰 안에 최신 유행을 반영한 매장으로 고객들을 끌어들였다. 특화된 또는 전문화된 상품을 원하는 고객 욕구를 충족시키기 위해 새로운 진입자가 생겨났고, 각 진입자는 작은 부분, 즉 자신의 우위를 가장 잘 보여줄 핵심 특질을 선택했다.

더 많은 신생 기업이 시장에 진입하면서 애초의 양산 제품은 이제 가장 저렴하지도 않고 품질이 가장 좋지도 않으며 그렇다고 다양한 구색을 갖추지도 못한 어중간한 상황을 맞는다. 말 그대로 '샌드위

[그림 7.1] 의류 시장의 발전 양상

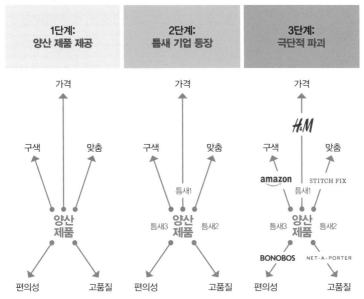

치 신세가 되어버린다.' 그렇게 샌드위치 기업의 시장점유율이 잠식된다. 2018년에 이르자 니만 마커스Neiman Marcus와 시어스 같은 대형 백화점이 이러한 상황에 맞닥뜨렸고 파산 위기에 몰렸다. J.C.페니와 메이시스를 포함한 여러 기업이 갈 곳을 잃고 중간에 끼어 고전하고 있다. 점점 더 많은 틈새 기업들이 시장에 진출하면서 확실한 대응에 실패한 기존 기업은 전문화로 무장한 채 '주변부터 먹어치우며 들어오는' 기업들에게 시장점유율을 뺏기고 있다. 그림 7.1은 틈새 기업이 경계선에서부터 가하는 공격에 직면한 대량 판매 기업의 관점에서 본 시장의 전개 상황을 보여준다.

[더욱 극단적으로, 더욱 세밀하게 고객 욕구를 충족시킨다]

그런데 이게 끝이 아니다. 전문화 다음 단계에 이르면 새로운 진입자가 한두 측면에서 훨씬 더 강력한 특질을 지닌 제품을 제공한다. 이들은 고객 비용을 줄이기 위해 디지털 도구라는 걸 사용한다. 계속해서 소매 업계를 예로 들자면 지난 몇 년간 의류 업계에는 새로운 파괴자들이 진입했다. 온라인 남성 의류 브랜드 보노보스, 온라인 안경 브랜드 와비파커 같은 스타트업은 고객들이 오프라인 상점에 찾아갈 필요 없이 집에서 자신이 원하는 의류나 안경을 착용해볼 수 있는 편리함을 제공하며 유명세를 탔다.

인도치노Indochino는 적절한 가격에 맞춤 제작한 남성 정장과 셔츠를 제공하면서 급성장했다. 스티치픽스stitchfix는 고객의 취향을 기본으로 전문가가 옷을 골라 보내준다. 더 이상 스타트업이라 할 수 없는 아마존도 이 전략을 채택해 아마존패션Amazon Fashion이라는 스타트업을 만들었다. 아마존패션은 모든 아이템을 갖추고 빠른 속도로 의류를 배송해주는 전자상거래 업계의 거인이다. 아마존패션은 탄생할 때부터 가장 많은 제품을 갖추고 적절한 가격에 판매하는 능력을 뽐냈다.

이들은 고객이 중요하게 생각하는 측면을 극단적으로 파고든다. 패션계의 파괴자들은 부차적 측면(예를 들면 금전, 노력, 시간 비용의 절감)에서 강점을 지닌 제품을 선보여 자신만의 특질을 중히 여기는 소수의 고객 마음을 움직인다. 실제로 이런 고객들은 자기가 생각하는 측면을 매우 중요하게 여기기 때문에 스타트업으로 빠르게 이동

한다. 이 스타트업들은 특정 부분에서 극단적인 제품, 서비스를 제공함으로써 위치를 공고히 한 후, 다음 측면을 정복하기 위해 나선다. 결론적으로 이런 다수의 파괴적 스타트업들은 자리를 잡은 니치 기업과 처음부터 대량으로 양산된 제품을 제공해온 기존 기업 모두의 숨통을 짓누른다.

디커플링도 이와 유사한 역학 관계를 따른다. 그런 측면에서 디커플링은 전문화 이론과 다를 바 없다. 3장에서 언급했듯이 때때로 당신의 고객은 전문화를 원하고, 그런 고객의 마음이 스타트업에게 진입 기회를 제공한다. 이때 디커플링은 고객 유형이나 제품 유형을 기반으로 전문화하지 않고, 고객 가치사슬을 구성하는 활동을 전문화한다. 만약 당신이 파괴적 비즈니스, 특히 활동을 분리하는 비즈니스를 시작하려 한다면 시장에서 일어나는 전문화의 역사를 이해해야 한다. 분리 욕구를 느끼는 고객들은 누구인가? 그들이 관심을 두는 측면은 어디인가? 어떻게 그들의 고객 활동 중 일부를 뺏아올 수 있는가? 이것이 바로 당신이 가장 먼저 제기해야 할 질문이다.

가장 크지만 가장 어려운 스타트업, 온라인 마켓플레이스

[온라인 세상의 '보이지 않는 손']

앞선 질문에 대한 답을 찾기 위해 온라인 마켓플레이스를 살펴보자. 온라인 마켓플레이스는 시작하기가 정말 힘들다. 하지만 일단 자리를 잡으면 가장 크게 성공하는 스타트업이 될 수 있다. 성공한 온라인 마켓플레이스의 설립 과정을 분석해보면 파괴적 스타트업으로 자리잡기 위한 팁을 엿볼 수 있다.

온라인 마켓플레이스는 완전히 다른 유형의 고객을 끌어들여 연결시키는 디지털 플랫폼이다. 우버는 차량 운전자와 탑승자를 연결한다. 에어비앤비는 주택 소유주와 단기 세입자를 연결시킨다. 이베이는 판매자와 구매자를 연계한다. 엣시Etsy는 공예가 및 예술가를 구매자와 연결해준다. 양쪽 고객을 상대로 장터 기능을 하는 온라인 비즈니스는 이뿐만이 아니다. 구직 사이트는 고용주와 고용인을 연결해준다. 미디어 기업도 기본적으로 소비자와 광고주를 연결하는 플랫폼 역할을 한다. 심지어 자기 웹사이트에 자사가 생산하고 재고로 보유하고 있는 제품을 보여주는 데만 그치지 않고 다른 회사 제품을 함께 소개하는 소매 업체도 제조 업체와 쇼핑객을 연결하는 장터 또는 플랫폼 역할을 하고 있는 것이다.

애덤 스미스Adam Smith는 《국부론Wealth of Nations》에서 상품의 수요와 공급이 균형을 이루게 하면서 시장을 움직이는 '보이지 않는 손invisible hand'에 대해 설명했다. 인터넷이 등장하기 이전에도 운전자와 탑승자는 택시와 자동차 승차를 위해 자유롭게 거래했다. 임대 부동산 소유주도 단기 세입자와 자유롭게 거래했고, 공예품을 만드는 사람과 사는 사람도 서로를 찾아내어 거래를 했다. 이론적으로 '보이지 않는 손'은 이렇게 판매자와 생산자가 상대방을 찾을 수 있게 도와준다.

물론 현실에서는 서로를 찾지 못하는 경우가 발생했다. 탈것이 필요해 길모퉁이에 서서 기다리는 사람과 택시 운전기사가 멀리 떨어져 있을 수 있다. 또는 집을 빌리고 싶은 사람이 바로 몇 미터 떨어진 곳에 좋은 집이 나왔다는 사실을 몰랐을 수도 있다. 순수하게 시장의 기능만으로 서로가 연결되기란 어렵고 번거롭고 불확실했다. 온라인 마켓플레이스의 역할은 '보이지 않는 손'을 대체해 상품과 서비스를 팔고자(또는 사고자) 제안하는 활동과 그 제품의 실제적인 배달(또는 수령)을 분리하는 것이었다. 이런 마켓플레이스들은 수요와 공급을 연결시키면서 자기 사이트가 구매자와 공급자가 만나 거래하는 가장 큰 장터가 될 것이라고 잠재적 사용자들을 설득한다.

당신이 스포츠 기념품이나 중고 컴퓨터, 유기농 토종 토마토처럼 독특한 물건을 사야 한다고 해보자. 당신은 일반적인 대량 생산 제품을 파는 소매점이 아니라 전문점을 찾아가야겠다고 생각한다. 하지만 전문점이라고 모든 물건이 다 있지는 않을 테니 무작정 갔다가는 시간만 버릴 수 있으므로 벼룩시장이나 중고품 시장, 농산물 직판장 같은 장터를 방문하기로 한다. 장터에 간 당신은 모든 판매자의 가판대를 둘러보고 그중 한 곳을 골라 물건을 선택할 수 있다. '시장에 가는' 이 활동은 오프라인 장터에서 일어나지만 온라인 마켓플레이스에서도 일어날 수 있다. 이 활동은 구매자의 가치사슬에서 핵심적인 단계가 된다(구매자의 가치사슬은 그림 7.2의 좌측 하단에서 시작한다).

[이베이, 공급자와 수요자 모두를 위한 플랫폼]

생산자나 공급자 역시 아마존이나 우버 같은 온라인 마켓플레이스에서는 고객의 역할을 한다. 장터가 활성화되려면 공급자를 확보하고, 구매자를 위해 가치를 창출하듯 공급자를 위해서도 가치를 창출해주어야 한다. 공급 업자도 그들만의 가치사슬이 있다(공급자의 가치사슬은 그림 7.2의 좌측 상단에서 시작한다). 공급자의 가치사슬은 자체적인 공급품(의류 업체라면 옷, 토마토 재배자라면 종자)을 정하고, 그 아이템을 만들거나 매입하고, 상품을 내놓을 장터를 선택하고, 그곳에 판매자로 등록하고, 자기 상품을 진열하고 파는 활동을 포함한다.

다양한 상품을 제공하면서 온라인 마켓플레이스 역할을 하는 이베이를 예로 들어보자. 양측 모두를 위한 플랫폼인 이베이는 직접 제품을 생산하지는 않는다. 그 대신, 수요와 공급을 한데 모아 거래를 활성화시키면서 생산자와 구매자의 고객 가치사슬이 겹치는 부분에 존재하는 활동을 분리한다. 이런 측면에서 이베이는 전통 시장

[그림 7.2] 이베이를 통해 본 공급 측면과 수용 측면의 고객 가치사슬

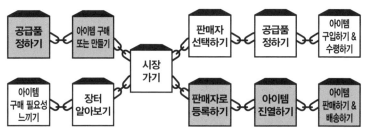

의 공급자와 수요자 연결시키기 역할을 분리해낸다. 또한 판매자와 구매자가 서로 만나 거래를 하는 오프라인 시장을 완전하게 대체하는 역할도 한다.

이베이와 엣시, 우버, 에어비앤비 같은 디커플러들이 전통적인 오프라인 시장이 가진 비효율적인 면을 해결하는 데 일조했음을 알 수 있다. 기술과 데이터, 인터넷을 사용하는 온라인 마켓플레이스는 수요 공급의 균형을 더욱 잘 맞춰주고, 시장 참여자들의 서로에 대한 신뢰, 그리고 판매 제품에 대한 신뢰를 향상시키면서 동시에 금전, 시간, 노력 비용과 거래 비용을 줄여준다. 온라인 마켓플레이스는 부가가치를 전달하고 판매자와 구매자 모두를 위해 비효율성을 줄여준다. 그 결과 오프라인 시장보다 훨씬 더 크게 성장할 수 있는 새로운 시장을 만들어낸다.

양측 모두를 위한 온라인 마켓플레이스는 시작하기가 어렵고 복잡하다. 온라인 비즈니스에서는 한쪽 고객도 확보하기가 힘들기 때문이다. 공급자와 수요자 양자 모두를 위한 마켓플레이스는 상대방에게 제안하는 가치가 다른 두 유형의 고객을 자사의 플랫폼으로 끌어들여야만 한다. 우버에서 승객은 목적지까지 자신을 데려갈 수 있는 저렴하고 편리한 차량을 원하지만, 운전자는 우버 플랫폼을 통해 돈을 벌고 싶어한다. 어떤 고객군을 끌어들이고자 노력해야 하는지는 기업가에게 닭이 먼저냐 달걀이 먼저냐 하는 문제와 같다. 일하려는 사람이 없는데 어떻게 직원을 구할 수 있으며, 직원을 구하는 직장이 없는데 어떻게 취직을 할 수 있겠는가. 두 고객군을 모두 확보하는 데 성공했다 해도 거기에서 끝이 아니다. 양측을 신속하게 그리고 효율적으로 연결시켜야 한다. 그렇게 하지 못하면 고객들은 당신의 플랫폼에 남지 않는다. 기업가 입장에서 어떻게 서로 다른 두 유형의 고객을 확보하고 유지해야 하는지 알게 된다면 전형적인 (즉 어느 한쪽을 다루는) 비즈니스에서 고객을 확보하는 방법은 쉽게 알게 될 것이다.

에어비앤비는 어떻게 '첫 고객' 일천 명을 유치했나

[아파트 빈방을 빌려드립니다]

온라인 마켓플레이스 중 하나를 골라 시작 과정을 살펴보면 고객 유치의 기본 원칙을 알 수 있다.[1] 에어비앤비의 경우 어떻게 첫 고객 천 명을 유치할 수 있었는지 알아보자. 2008년 친구 사이인 브라이언 체스키Brian Chesky, 조 게비아Joe Gebbia, 네이선 블레차르지크Nathan Blecharczyk는 샌프란시스코의 한 아파트에서 함께 살며 디자이너로 일하고 있었다. 어느 날 샌프란시스코에서 대규모 디자인 콘퍼런스가 열릴 예정이었고, 당연히 호텔 방 잡기가 힘들어졌다. 세 사람은 자기가 살던 아파트의 남는 공간을 빌려주고 가욋돈을 벌어보고자 했다. 이들은 간단한 웹사이트를 만들어 아파트 사진을 올리고 아침 식사 제공을 약속했다. 첫 주에 손님 세 명이 숙박을 했고 각각 80달러를 주고 갔다. 얼마 지나지 않아 이들은 세계 각지에서 이메일을 받기 시작했고, 여기에서 사업 아이템을 착안했다. 3개월 후, 샌프란시스코에서 열린 2008년 민주당 전당대회 기간에 맞춰 이들은 첫 스타트업을 시작했다. 전당대회 덕분에 이들은 웹사이트에서 다수의 집주인과 손님을 확보할 수 있었다.

초기에 에어비앤비 사이트는 매우 빈약했다. 세 명의 설립자들 역시 닭을 먼저 시작해야 할지 달걀부터 시작해야 할지 확신하지 못했다. 사이트에 들어와 둘러보는 사람들을 끌어들이려면 숙박시설이 필요했다. 하지만 집주인들이 시설 등록을 하게 하려면 사이트를 찾는 사람들이 충분히 많아야 했다. 아무도 임대 시설에 등록되어 있지 않으면 사이트를 찾는 사람이 없을 테고, 사이트를 찾는 사람이 없으면 사이트에 임대 공간을 등록하려는 사람도 없을 터였다. 결론부터 말하자면 공급 측면이 성장시키기 더 어려운 부분이었다. 처음에는 자기 집을 모르는 사람에게 공개한다는 점을 불편하게 여기는 사람들이 많았다. 잠재적 임대주들은 자신의 공간을 광고하기를 꺼렸다. 그래서 에어비앤비는 그 일을 대신 해주겠다고 나섰다. 그리고 에어비앤비 사이트에 집을 올린 사용자에게 온라인 생활정보지 크레이그리스트에도 집을 올릴 수 있게 해주었다. 또한 크레이그리스트에 임대 공간을 등록한 소유주들에게 에어비앤비에도 등록할 의향이 있는지 자동적으로 묻는 방법을 개발했다.

에어비앤비는 크레이그리스트를 이용하는 동시에 온라인 광고 내용에서 차별화를 두었다. 크레이그리스트는 에어비앤비에게는 없는 자산인 엄청난 사용자층을 지니고 있었다. 에어비앤비 설립자들은 일반적인 호텔 경험 이상을 원하는 여행자들이 크레이그리스트를 찾는다는 사실을 알고 있었다. 에어비앤비는 크레이그리스트보다 더 상세한 설명과 사진을 제공했기 때문에 크레이그리스트는 에어비앤비에게 손님을 소개시켜주는 매력적인 '공급 장치'나 다름없었다. 에어비앤비의 자세한 설명 덕분에 크레이그리스트에 들렀던 사람들은 에어비앤비로 몰려갔다. 그리고 에어비앤비에 들른 사람들은 다음번에 예약할 때는 다른 곳에 가지 않고 곧바로 에어비앤비에서 예약을 했다.

[중요한 것은 수요자가 아닌 공급자]

한 도시나 나라에서 성공한 전략이 다른 곳에서도 무조건 성공하진 않는다. 이 사실을 잘 알고 있던 에어비앤비는 임대주들을 자사 웹사이트로 끌어들이는 다양한 전략을 실험했다. 미국 외의 첫 진출국인 프랑스에서 에어비앤비 직원들은 여러 지역에서 A/B 테스트 (다른 조건이 동일한 상태에서 A와 B의 차이점을 두고 어느 쪽이 더 효과적인지 알아보는 실험-옮긴이)를 실행했다.

먼저 실험 대상이 되는 도시나 마을을 둘로 나누었다. 지역의 절반에서는 현대적인 기술을 거의 사용하지 않고 확장성 없는 전술 non-scalable tactics을 사용해 직접 사람들을 찾아다니며 에어비앤비를 홍보했다. 두세 명이 한 팀이 되었는데 이들은 시장 상황을 파악하기 위해 많지 않은 에어비앤비 사용자들과 이야기를 나눴다. 파티를 열고 설명회를 개최하고 마을 여기저기에 부스를 설치하고 포스터를 붙였다. 그리고 임대에 관심을 보이는 사람들의 정보를 모았다. 그러고 나서도 잠재적 임대주들이 참고할 자료를 계속해서 제공하는 등 에어비앤비를 홍보해 나갔다.

에어비앤비가 실험 대상 지역 절반에서 몸으로 부딪히는 전략을 실험했다면 나머지 절반 지역에서는 페이스북 광고를 이용해 잠재적 임대주를 찾아 나섰다. 기본적인 온라인 매스 마케팅을 사용해 고객 확보에 나선 것이다.

실험을 모두 마친 후 에어비앤비는 두 가지 실험의 결과를 비교했다. 첫 번째 실험에서 잠재적 임대주를 에어비앤비 웹사이트로 보내는 데 든 비용(파티, 부스 설치, 여러 '현장' 활동에 든 비용 포함)과 두 번째 실험에 든 비용을 각각 집계해 두 방식의 비용 대비 효과를 분석했다. 결과는 어땠을까? 놀랍게도 한 사람의 잠재 고객을 에어비앤비 웹사이트에 끌어들이기 위해 직접 몸으로 부딪히는 실험에 투입된 비용이 페이스북 광고 비용에 비해 다섯 배나 낮았다.

2009년 여름, 에어비앤비는 일부 지역에서는 빠른 성장세를 보였지만 정작 중요한 뉴욕 시장에서는 별다른 성과가 없었다. 이유를 알아내기 위해 게비아와 체스키는 뉴욕으로 날아가 임대주 24명이 올려놓은 방과 집(즉 자기 사이트에 등록된 시설)을 직접 예약해보았다. 이들은 임대주들이 에어비앤비 사이트에 올려놓은 설명이 형편없다는 걸 알게 된다. 게비아에 따르면 "사진의 질이 아주 좋지 않았다. 휴대전화 카메라로 찍었는데 크레이그리스트에 올린 사진 수준과 별반 다르지 않았다. 깜짝 놀랐다. 고객 입장에서는 돈을 지불하고 사용할 방이 어떻게 생겼는지 제대로 알 수가 없으니 예약을 할 리가 없었다."

게비아와 체스키는 간단하지만 효과적인 방식으로 이 문제를 해결했다. 체스키는 이렇게 말했다. "일반 스타트업 같으면 '이메일을 보내거나 사용자들에게 사진 잘 찍는 법을 가르쳐준 뒤에 다시 테스트해보자'고 했을 것이다. 우리는 '그런 거 다 필요 없다'고 했다."[2] 이들은 5,000달러를 들여 전문 사진사를 고용해 뉴욕에서 임대 공간을 올린 사람들의 집을 일일이 찾아가 사진을 찍어주었다. 이 방법을 사용하자 뉴욕에서 에어비앤비 예약이 두세 배 늘었다.[3] 그리고 월말이 되자 뉴욕의 에어비앤비 매출은 두 배로 뛰어올랐다. 그러자 다른 지역의 집주인들도 덩달아 자기 집의 사진을 더 나은 사진으로 바꾸기 시작했고, 사진의 질이 좋지 않은 방은 빨리 나가지 않는 현상이 벌어졌다. 이는 미래 임대주들에게 경쟁에서 사진의 품질이 얼마나 중요한지를 일깨우는 중요한 사례로 남았다.

초기에 최소한의 등록 물건을 사이트에 확보하는 전략을 사용해 에어비앤비 설립자들은 공급 측면을 강화했다. 이 전술 덕분에 그들은 수요를 끌어들이고 유지할 수 있었고, 이는 또 다시 임대 주택의 공급을 천천히 그러나 훨씬 더 많이 끌어들였다. 처음에는 움직이기 힘들지만 일단 힘을 받으면 가속도가 붙는 크고 무거운 바퀴처럼, 성공을 향한 에어비앤비의 바퀴도 처음에는 느리다가 나중에는 속도를 더해가며 돌기 시작했다. 그리고 에어비앤비는 향후 엄청난 성장을 기록한다.

첫 고객을 확보하는 7가지 원칙

에어비앤비의 성공 스토리가 특히 흥미로운 이유는 그들의 성공이 새롭고 혁신적인 아이디어를 바탕으로 수요를 끌어낸 것이 아니라는 사실 때문이다. 홈어웨이, VRBO, 카우치서핑Couchsurfing 등 여러 온라인 비즈니스에서 이미 단기 임대 서비스를 제공하고 있었다. 그럼에도 에어비앤비만이 맨주먹에서 천 명, 그다음은 백만 명까지 사용자층을 급속히 성장시켰다. 이는 첫 고객을 양성해낸 에어비앤비의 기량이 얼마나 뛰어났는지를 보여주는 증거다.

당신이 기업가라면 에어비앤비의 초기 고객 유치 과정에서, 나아가 엣시와 우버처럼 빠르게 성장하는 온라인 마켓플레이스에서 무엇을 배울 수 있겠는가?[4] 에어비앤비의 성공 사례를 통해 우리는 다음의 일곱 가지 원칙이 작용함을 확인할 수 있다.

원칙 #1: 고객을 대량으로 확보하라. 고객을 한 명 한 명 유치하려면 시간이 너무 많이 든다. 에어비앤비가 호텔방이 부족했던 콘퍼런스 기간을 이용하고 크레이그리스트 사용자들을 활용했듯 소규모 스타트업은 고객을 대량으로 유치해야 한다. 우버와 엣시는 일찍이 이 전략을 사용했다. 우버는 스포츠 경기와 콘서트가 끝나고 한꺼번에 몰려나오는 고객들을 겨냥했다.[5] 엣시 설립자들은 대규모 공예품 전시회에 직접 찾아가 자사의 사이트를 홍보했으며 한 번 갈 때마다 전시회에 참가한 모든 공예가들을 사이트에 등록시켰다.[6]

원칙 #2: 경쟁 기업과 정면으로 맞서지 마라. 스타트업은 기존 기업의 표적 내지는 공격 대상이 되어선 안 된다. 기존 기업의 고객을 노리지 마라. 대신에 기존 기업이 서비스를 제공할 수 없거나 제공하지 않을 고객들을 찾아 나서라. 콘서트가 끝나면 수많은 사람이 쏟아져 나오고 택시 회사는 그 사람들을 모두 감당할 수 없다. 마찬가지로 민주당 전당대회 등 주요 행사로 사람들이 몰려들면 호텔 방을 잡기가 힘들어진다. 우버나 에어비앤비 같은 스타트업들은 이때 과잉 수요를 낚아채는 방법으로 기존 기업들의 '감시 대상'에서 벗어날 수 있었다. 그렇게 이들이 시장에 발판을 마련했을 즈음에는 반대로 기존 기업이 이들을 따라잡아야 할 것이다.

원칙 #3: 비확장형 방식을 채택하라. 대형 기술 회사들은 인터넷 기술 등을 활용하는 확장형 전술scalable tactics에 집착하는 경향이 있다. 이들은 수천 혹은 수백만 명의 고객들에게 통하지 않는 전략은 실패로 받아들인다. 전문가들은 종종 스타트업도 그와 비슷한 방식을 따라야 한다고 권한다. 하지만 스타트업과 대형 기술 회사는 필요한 것, 바라는 것이 서로 다르다. 스타트업은 첫 고객 열 명이 절실하지만 대기업은 이미 확보한 고객층에 열 명이 추가되든 말든 신경 쓰지 않는다.

에어비앤비처럼 과감하게 사람들 집을 찾아다니고 전문 사진사를 고용해 집 사진을 대신 찍어주거나 엣시처럼 전시회에 직접 사람들을 보내는 방법 등을 활용함으로써 신생 마켓플레이스는 새로 합류한 사람들이 빠르게 내부 문화를 익히고 적응하게 만들어야 한다. 처음에는 효과가 없어 보이더라도 통한다 싶은 전술, 고객의 욕구를 꿰뚫어보는 통찰력을 제공하는 전술에 집중하라. 규모 확장은 기업의 라이프사이클 후반에나 신경 써야 하는 부분이다. 사업 초기에 고객을 충분히 유치하지 못하면 나중에 규모 확장 자체가 불가능해진다.

원칙 #4: 초기 고객들을 키워라(그리고 공급 업자부터 확보하라). 스타트업의 초기 고객은 해당 기업에 엄청난 도움을 주지만 실상 둘 사이의 관계는 극도로 취약하다. 한 번의 실수로도 고객들은 사라진다. 우버, 에어비앤비, 엣시의 경우처럼 고객들이 떠나지 않고 계속 머무른다면 이들은 스스로 더 많은 사용자들을 끌어들이면서 기업 성장의 원동력이 되어 강력한 간접 네트워크 효과를 만들어낸다. 수요와 공급, 양쪽을 끌어들여야 하는 온라인 마켓플레이스의 경우 수요 측을 공략하기 전에 먼저 공급 측 고객을 확보하는 데 집중하길 권한다. 그리고 당신이 수익성을 바라보든 확장성이 뛰어난 방법을 생각하든 관계 없이, 모든 고객에게 최고의 경험을 제공해야 한다. 이런 초기 투자는 나중에 배당금이 되어 돌아올 것이다. 곧 알게 되겠지만 당신의 첫 번째 고객들은 당신의 사업이 돌아갈 수 있게 돈을 지불하는 역할뿐 아니라 그 이상의 무언가를 해내는 사람들이다.

원칙 #5: 간단하고 단순한 기술, 오프라인 도구를 활용하라. 기술 스타트업들은 이벤트 조직하기, 현장에서 사람들과 함께하는 활동 만들기, 사용자가 자신의 서비스를 아는 사람들에게 알리도록 장려하기 등 오프라인으로 고객을 유치하는 방법을 무시하는 경향이 있다.

하지만 에어비앤비는 이런 오프라인 고객 유치 수단을 적극 활용해 초기 성장을 가속화했다. 온라인 채널을 통해 고객을 유치하는 방법은 시간이 지나 사업 성장률이 어느 정도 안정된 후에 사용한다.

원칙 #6: 처음에는 기술보다 활동을 장려하라. 기술은 비즈니스 프로세스를 확장하는 데 도움이 된다. 하지만 일반적으로 기술 자체만으로는 사업을 순조롭게 시작할 수 없다. 파괴적인 사업을 구축하기 위해서는 단순하고 간단한 방식으로 돌아가야 한다. 온라인 마켓플레이스는 수요 공급의 균형을 맞춰야 한다. 비즈니스 초기에는 기술만으로 이 어려운 일을 해낼 거라 기대해선 안 된다. 우버는 첫 번째 운전자를 등록시키기 위해 집집마다 찾아다녔다. 에어비앤비도 임대주를 구하기 위해 똑같은 일을 했다. 그리고 설득당한 임대주가 방이나 집을 등록하면 에어비앤비 직원들이 그 공간을 빌릴 사람들을 찾기 위해 안간힘을 썼다.[7] 플랫폼 매니저는 반드시 구매자와 거래가 이루어질 수 있게끔 공급자를 확보해야 한다. 그렇지 않으면 구매자와 공급자가 연계되지 않을 수 있고, 그렇게 한 번 플랫폼을 떠난 사람들은 다시 돌아오지 않을 것이다. 한 번에 하나씩 고객에게 어필해야 한다. 그 단계가 지난 후에야 기술의 도움을 받아 과정을 가속화할 수 있다.

원칙 #7: 고객의 눈으로 당신의 비즈니스를 보라. 지금까지 나는 고객의 눈을 통해 파괴를 보는 것이 중요함을 강조해왔다. 이는 서로 다른 두 유형의 고객 그룹, 즉 공급자와 수요자를 상대하는 온라인 마켓플레이스에서도 통하는 말이다. 우버와 에어비앤비의 경영자들은 구매자들이 어떤 일을 겪고 있는지 알아보고 경험하기 위해 정기적으로 자사의 서비스를 직접 이용했다.[8] 그들은 또한 자동차를 운전하거나 집을 임대해봄으로써 공급자들이 어떤 어려움을 겪고 있는지 파악했다. 고객을 확보해야 하는 새로운 비즈니스라면 누구나 온전히 고객 입장에서 바라볼 줄 알아야 하며, 두 유형의 고객이 지불하는 노력, 시간, 금전 비용을 낮추기 위해 사업 운영의 묘를 발휘해야 한다.

리백은 어떻게 '단번에' 성공할 수 있었을까

[리백 비즈니스 모델의 특이점]

이상의 일곱 개 원칙은 공급자와 구매자 양쪽 모두를 고객으로 하는 온라인 마켓플레이스를 연구하는 과정에서 찾아낸 것이다. 그런데 여러 업계에 속한 수십 개의 파괴적 기업과 작업하는 과정에서 이 원칙이 다른 업계에서도 유효함을 확인했다.[9] 리백이 그 좋은 사례다.

리백의 설립자 찰스-알버트 고라가 벤처 자금을 확보하고 나서 집중한 부분은 무엇일까? 기술 인프라 구축하기나 열 배 더 좋은 제품 만들기, 또는 처음부터 끝까지 고객 경험 설계하기가 아니었다. 그보다는 어떻게 여성들을 설득해서 자사 사이트에서 가방을 팔게 만드느냐 하는 것이었다(원칙 #4: 공급 업자부터 확보하라).

그는 중요한 사실 하나를 깨닫는다. 명품 가방을 소지한 여성들은 판매 과정 자체에는 신경 쓰지 않았다. 그들에게는 결과가 중요했다. 가방을 팔고자 하는 사람이 가장 신경 쓰는 일은 빠르고 손쉽게 핸드백을 팔아 그에 상응하는 돈을 받는 것이었다. 여성이 중고 핸드백을 이베이에서 팔지 않거나(너무 복잡하다) 중고품 위탁 판매점을 찾지 않는(시간이 너무 오래 걸리고 비용이 너무 많이 든다) 이유가 바로 이 때문이다.

무엇보다 고객의 노력, 시간, 금전 비용을 줄여야 한다는 사실을 깨달은 고라는 마침내 해결책을 찾아냈다. 자신이 직접 그 제품을 구매하는 것이었다. 여성들은 리백 사이트를 방문해 핸드백의 브랜드와 스타일 등의 정보를 제공하고 사진 몇 장을 함께 올린다. 그러면 리백은 24시간 내에 그 물건을 얼마에 사겠다는 제안을 한다. 제안을 받아들이면 아무리 늦어도 2~3일 이내에 돈을 지불한다. 이처럼 고객 욕구 충족에 집중하는 것이 리백 비즈니스 모델의 근간이었다.

만약 고라가 자신의 욕구나 투자자의 욕구에 집중했다면 본인이 직접 가방을 구매하고 돈을 지불하지는 않았을 것이다. 또한 온라인 위탁 판매점, 온라인 마켓플레이스 역할을 하면서 재고를 남기지 않고 판매자와 구매자를 연결시켜주는 대가로 수수료나 받는 일을 했을 것이다. 물론 고라에게도 회사 운영비를 낮추고 싶은 마음, 안 팔릴지도 모를 핸드백에 대한 투자금을 줄이고 싶은 마음이 있었다. 하지만 그는 고객의 욕구에 집중해 고객이 거래할 때마다 드는 비용을 줄여주는 방식을 선택했다(원칙 #7: 고객의 눈으로 당신의 비즈니스를 보라).

[리백이 찾아낸 틈새 시장]

2017년 여름, 고라와 직접 대화를 나눌 기회가 있었다. 고라의 말에 따르면 리백에서 판매하는 핸드백의 평균 가격은 1,000달러 정도였다. 가장 비싼 물건은? 중고 에르메스Hermès 버킨 젤리즈 토고 핸드백으로 가격이 무려 1만 3,000달러였다! 신상품은 2만 1,000달러다. 당시만 해도 다시 팔기 위해 중고 명품 가방을 사들이는 개인 업자는 없었다. 중고 시장에서 돈이 궁한 기업가도, 명품 가방의 원 제작업체도 그런 비즈니스를 하지 않았다. 아무도 손대지 않고 있던 빈 공간을 고라가 발견한 것이다(원칙 #2: 경쟁 기업과 정면으로 맞서지 마라).

회사가 직접 중고품을 구입해 판매하는 모델이기 때문에 고라는 더 많은 투자금이 필요했고, 이를 유용하게 사용할 거란 점을 투자자들에게 설명해야 했다. 특히 재고로 쌓이지 않고 잘 팔릴 좋은 제품을 제때 구매할 수 있다는 점을 보여주어야 했다. 또한 중고 명품 가방을 적절한 금액에 살 수 있다는 점도 보여주어야 했다. 너무 높은 가격에 물품을 구입하게 되면 이익을 포기해야 하고, 너무 적은 가격을 제시하면 판매자들을 설득하기 힘들기 때문이다. 마지막으로 회사가 구입한 핸드백을 적절한 가격에 되팔 수 있다는 점도 증명해야 했다. 이 부분에서 리백의 비즈니스 모델에 혁신적인 기술이 필요하게 된다. 리백은 어떤 제품을 얼마에 구입하고 다시 얼마에 팔아야 할지를 결정하는 알고리즘을 개발하기로 한다.

20대 중반의 남성인 고라는 핸드백에 대해 딱 그 또래 남성만큼만 알고 있었다(다시 말해 아는 게 별로 없었다). 여성 핸드백을 디자인해본 적도 없고 생산하거나 팔아본 적도 없었다. 대신 그는 한때 투자은행 겸 증권회사 골드만삭스Goldman Sachs와 사모펀드 TPG에서 자금 조달 및 투자 활동을 지원하는 업무를 한 적이 있었다. 그는 그 경험을 살리기로 했다. 고라는 금융상품의 가격 책정과 차익거래 업무에서 쌓아온 지식을 명품 핸드백에 적용하기로 한다. 금융상품과 명품 핸드백 사이에 공통점이 있을 줄 누가 상상이나 했겠는가?

하지만 둘 사이에는 공통점이 있었다. 고라의 혁신적인 아이디어는 투자자들을 설득하는 데 도움이 되었다. 투자자들은 먼저 회사가 돌아갈 수 있도록, 그다음에는 중고 명품 가방을 사들일 수 있도록, 마지막으로 기술을 구축할 수 있게끔 자금을 쏟아부었다(원칙 #6: 처음에는 기술보다 활동을 장려하라).

처음에 투자자들은 보유 자산을 적게 유지하면서도 사업 가능한 온라인 위탁 판매나 온라인 마켓플레이스 방식에 투자하고 싶어했다. 하지만 고라는 판매자들에게 더 큰 이익을 안겨줄 방법을 끝까지 고수했고 투자자들을 간신히 설득해냈다. 이 글을 쓰는 시점을 기준으로 리백은 최근 조달한 1,550만 달러를 포함해 총 2,830만 달러의 벤처 펀딩을 받았다. 3년 된 스타트업 치고는 상당히 좋은 결과였다.

[리백이 초기 고객을 확보한 방법]

고라와 이야기를 나누는 자리에서 그는 가장 큰 어려움이 '고소득 여성이 찾지도 않는 서비스를 팔아야 한다는 것'이라고 답했다. 그의 말을 빌려 부연 설명을 하자면 "구글에서 '가방 파는 방법'을 검색하는 사람은 거의 없다." 따라서 고라는 검색엔진 광고를 통해 판매자를 유치할 수가 없었다. 소셜미디어나 디스플레이 광고 같은 온라인 채널도 대부분 효과가 없었다.

고라는 고객을 깨우쳐줘야 한다는 점을 깨달았다. 리백이 실시한 가장 성공적인 마케팅은 '옷장이 돈이 될 수 있다는 점을 고객에게 가르쳐주는 것'이었다. 리백은 사내 영업팀을 꾸렸고, 이들은 SNS 유명인사, 쇼핑 상담 및 대행인, 의상 컨설턴트, 명품 매장 판매원들에게 접근해 사용하지 않는 핸드백을 리백에 판매할 수 있다는 사실을 그들의 고객에게 전해달라고 부탁했다(원칙 #1: 고객을 대량으로 확보하라). SNS에서 영향력을 발휘하는 유명인사 중 리백과 제휴를 맺은 사람들에게는 판매용 제품을 소개해줄 때마다 수수료를 지급했다. 고라는 이렇게 말했다. "이 제휴 프로그램이 가장 저렴하게 고객을 유치하는 경로가 되었다(원칙 #5: 간단하고 단순한 기술, 오프라인 도구를 활용하라)."

고라는 이런 식으로 수천 건의 제휴 관계를 성사시켰다. 그리고 이런 저비용 접근방식은 확장형 전술이 아니었다고 단정적으로 말했다(원칙 #3: 비확장형 방식을 채택하라). 고라는 빠른 성장을 위해 투자를 두 배 늘리고 내부 인력을 추가하고 인터넷 채널을 이용할 수 있는 형편이 아니었다. 다음 단계로 나아가기 위해서는 다른 수단을 찾아야 했다. 적당히 효과를 발휘할 방법 중 하나는 틈새 케이블 TV 프로그램의 직접반응광고direct response advertising(광고주와 접촉할 수 있는 방법을 제공함으로써 잠재 고객의 직접적 반응을 촉구하려는 의도로 만들어진 유료 광고-옮긴이)였다. 하지만 이런 광고는 도달 범위가 제한적이었다. 소셜미디어는 도달률은 높았지만 역시 효과적이지 않았다.

고라는 고객 유치 수단을 찾던 중에 가성비cost-effectiveness와 확장성 사이에 존재하는 트레이드오프 관계에 부딪힌다. 널리 알려진 수단으로는 높은 도달률과 높은 가성비를 둘 다 얻을 수 없었다. 그래서 그는 가장 저렴한 고객 유치 수단을 찾아야 했고, 이 수단은 확장성이 낮은 방법일 터였다. 시간이 지남에 따라, 고라는 비용 대

[그림 7.3] 리백의 고객 확보 채널 경로

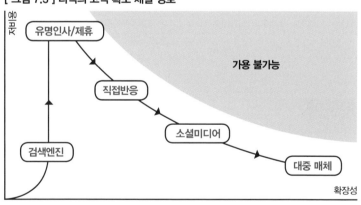

참고: 이 차트에 나온 채널과 미디어가 모든 스타트업에 적용되지는 않는다.

비 효율성을 포기하고 규모를 늘리기 위해 노력하면서 효율적 경계선efficient frontier curve를 따라야 할 것이다(그림 7.3 참조). 2018년 후반 기준으로 리백은 여전히 고객 유지 채널로 대중 매체는 활용하지 않는다. 하지만 리백의 급속한 성장세를 감안할 때 언젠가는 대중 매체 활용을 고려할 수밖에 없을 것이다.

[리백이 한 단계 더 성장하려면]

중고 명품 핸드백 시장에서 판매자의 입장을 완벽히 숙지한 고라는 구매자에게로 초점을 옮겼다. 그는 벤처캐피털 자금 중 일부를 사용해 중고 고급 핸드백을 판매하는 온라인 소매 업체 트렌들리닷컴Trendlee.com을 설립했다. 사실상 고라는 핸드백의 구매와 판매를 서로 다른 유형의 비즈니스로 취급하며 양측을 아우르는 소매 업체를 구축하고 있었다. 고라는 이렇게 말했다. "리백은 중고 명품 핸드백을 구매하는 사이트로 연령대가 좀 높은 고소득층 고객을 확보하고 편리함을 보장한다. 이에 비해 트렌들리는 중고 명품 핸드백을 파는 아직은 저평가된 사이트로 비교적 젊고 경제적으로 덜 부유한 고객을 확보하고 있다. 현재는 두 고객층이 겹치는 부분도 있지만 많지는 않다." 고라는 언젠간 두 브랜드를 하나로 합칠 계획이지만 그 계획은 "중고 핸드백을 파는 고객층과 사는 고객층이 동일한 하나의 고객층을 이루기 시작해야 가능한 일"이다.

중고 핸드백을 구매하고 판매하는 일이 대단히 혁신적이라고 할 수 있을까? 그 일이 제조 업체에게 파괴적일까? 나는 워크숍에서 예거 르쿨트르Jaeger-LeCoultre, 샤넬, 에르메스 같은 명품 브랜드 회사의 고위 임원들을 만난 적이 있는데, 당시 그들은 중고 온라인 마켓플레이스에 대해 우려를 표했다. 중요한 문제는 과연 세상이 명품 핸드백을 계속해서 만들어내는 회사를 필요로 하고 있느냐, 아니면 이미 제작되어 세상에 나온 핸드백을 더 효율적으로 분배할 필요가 있느냐 하는 것이다. 고라는 아마도 두 번째를 생각한 듯하다. 6장에서도 말했지만 당신의 고객 중 일부가 당신이 속한 업계 전체의 가치에 대해 의문을 품을 때 파괴는 가장 크고 격렬하게 일어난다.

의도적이든 아니든 고라는 첫 고객을 유치하면서 일곱 가지 원칙을 모두 활용했고, 사업 초기 그는 큰 성공을 거두었다. 비즈니스가 성장하고 새로운 고객층을 유치한 뒤에는 당연히 고라는 이 원칙에서 벗어날 것이다. 일곱 가지 원칙이 파괴적 비즈니스를 시작하는 데 도움을 줄 수는 있지만 100만이나 1,000만 단위로 거래가 이뤄지는 대량판매 시장mass market으로 성장해가는 과정에는 유효하지 않을 수 있다.

고라가 그동안 공급자 측면에서 시스템을 구축하고 비확장형 오프라인 접근에 초점을 맞추었다면, 앞으로는 수요 측면에서 기술을 구축하고 확장 가능한 온라인 수단에 집중해야 할 것이다. 여전히 고객들을 만족시켜야 한다는 사실은 같겠지만, 초기 고객에만 신경 쓰는 것이 아니라 더 많고 더 다양한 사람들의 욕구를 해결해 나가야만 할 것이다. 과거에 효과가 있던 방식을 버린다는 건 쉬운 일이 아니지만 반드시 해야 하는 일이다. 계속 성장하기 위해 리백은 규모와 세력을 키워야만 한다.

초기 고객은 내부 직원보다 더 많은 일을 한다

내가 계속해서 강조한 것처럼 디커플링 이론은 스타트업이든 사내 벤처corporate venture든 모든 파괴적 비즈니스의 핵심 과제가 고객 활동 획득이란 사실을 명확하게 보여준다. 다양한 목표를 세우고 여러 노력을 기울이다가 꼼짝 못하고 손을 놓아버리지 말고, 신생 기업가와 사내 기업가intrapreneur는 어떤 고객들에게 어떤 서비스를 제공할지 선택하고 그 고객들을 유치하는 데 집중하는 것이 좋다. 그것이 리백의 찰스-알버트 고라가 취한 접근방식이다. 제품 개발부터 운영, 기술, 고용에 이르기까지 그가 내린 모든 결정에는 합리적 비용으로 좋은 고객을 확보하려는 노력이 담겨 있다. 충분한 고객을 확보하지 못하면 그 어떤 것을 구축해도 소용 없다는 것을 고라는 잘 알고 있었다.

스타트업 입장에서 고객을 확보하고자 한다면 당신이 과연 진정한 가치를 제공하고 있는지를 먼저 확인해야 한다. 고객이 원하고 필요로 하는 것에 비즈니스를 집중시키면 그저 보수를 받는 것보다 훨씬 더 많은 이점을 얻는다. 모든 회사는 새로운 제품 개발과 시험을 위한 연구개발이 필요하고, 광고를 위한 마케팅, 서비스 제공을 위한 운영, 사용자 문제 분석과 해결을 위한 품질 관리를 필요로 한다. 스타트업은 초기 단계에서 그 모든 일을 해낼 인력을 확보하지 못한다.

하지만 다행스럽게도 스타트업은 꼭 그렇게 할 필요가 없다. 초기 고객을 현명하게 선택하고 이들에게 서비스를 효과적으로 제공한다면 스타트업은 적은 비용으로 더 많은 것을 얻을 수 있다. 에어비앤비의 초기 고객들은 회사가 플랫폼을 개선하는 데 도움을 주었고 창업자들에게 무엇이 효과가 있고 그렇지 않은지를 깨닫게 해주었다. 초기 고객은 또한 실수에도 더 관대한 것으로 드러났다. 회사가 자신의 의견에 귀 기울여주기 때문에 개선이 이루어질 때까지 참고 기다리는 경향이 있다. 또한 우버와 엣시의 고객들은 무료 입소문 마케팅을 통해 회사를 지원했다.

초기 고객은 사후봉사 지원도 할 수 있다. 내가 자문했던 클라우드 소프트웨어 스타트업의 CEO는 고객 서비스 직원을 따로 고용하지 않았다. 대신 오래되고 충성도 높은 고객들에게 설문하는 방법을 통해 문제를 해결한다고 한다. 사업 초기가 아닌, 나중에 유치한 고객들은 이런 지원 서비스를 제공하는 경우가 거의 없다. 그렇게 해서 실제로 기업 라이프사이클 후반부에 이르면 회사의 첫 고객들이 내부 직원보다 더 많은 역할을 해온 것으로 드러난다. 물론 이런 고객들에게는 할인, 소개 수수료 형태의 금전적 보상이나 표창, VIP 자격 부여 같은 비금전적 특권 같은 인센티브를 줄 필요가 있다.

결국 스타트업의 실패는 두 가지 요인으로 설명할 수 있다. 당연하게도 첫 번째 요인은, 신규 사업체가 충분한 고객을 확보하지 못하는 경우다. 이번 장에서 다룬 문제가 바로 그것이다. 사업을 시작한다는 것은 또한 '적절한' 고객을 충분히 확보한다는 것을 의미한다. 그런데 적절한 고객이라는, 눈에 보이지 않는 이 문제가 스타트업 실패의 두 번째 요인이 된다. 때로 새로운 벤처들은 고객을 위해 가치를 창출하긴 하지만 비즈니스를 유지할 정도로 충분한 몫을 확보하지 못하기도 한다. (5장에서 본 바와 같이) 이런 가치 누수의 일부를 제거하는 일이 다음 단계로 넘어가기 전에 거쳐야 할 필수 전제조건이다.

처음 1,000여 명의 고객을 확보하게 되면 이후에 신생 기업은 전혀 다른 과정으로 진입해야 한다. 급성장의 길이다. 성장을 위해 기업가는 필히 어떤 새로운 제품이나 시장을 개발할지, 규모의 경제와 범위의 경제를 어떻게 구축할지, 기존 기업에게서 어떤 활동을 훔쳐올지, 새로 영입한 직원들을 어떻게 조직할지와 같은 사안들을 처리해야 한다. 상당히 어려운 일이다. 디커플링은 이 문제들을 해결할 신선하고 유용한 관점을 제시할 텐데 다음 8장에서 이어 살펴보도록 하자.

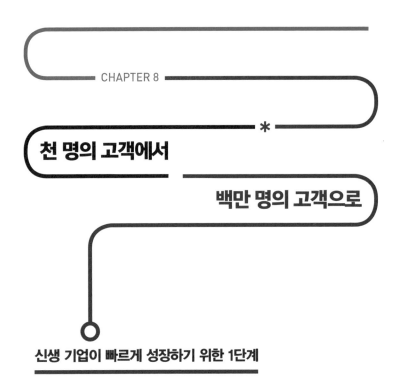

CHAPTER 8

천 명의 고객에서

백만 명의 고객으로

신생 기업이 빠르게 성장하기 위한 1단계

[핵심 역량을 발휘할 수 있는 시장을 먼저 찾아라]

벤처 기업이 첫 번째 고객 유치를 통해 자사 사업 모델의 장점을 증명했다면 그다음 과제는 무엇일까. 성장, 즉 단일 제품 사업에서 여러 제품을 판매하는 회사로 전환하는 것이다. 회사는 어떤 제품, 어떤 서비스를 만들고 어떤 마케팅을 해야 할까? 어떤 시장에 진출해야 할까? 자본 환경이 좋고 성장 전망이 높은 산업을 택하는 것이 정답일 수 있다. 세계적인 투자자 워런 버핏은 다음과 같이 말했다. "뛰어나기로 소문난 경영자가 경제 상태가 안 좋기로 소문난 업계와 한판 씨름을 벌이면 넘어지지 않고 남는 쪽은 업계의 나쁜 평판이다." 그렇다면 역시 취약한 시장을 피하고, 강하고 성장하는 시장에 뛰어드는 것이 가장 좋을 것이다.

하지만 이 접근방식이 보기보다 그리 당연하지 않을 수 있다. 시장조사 전문기관 베인앤컴퍼니Bain&Co.의 1991년도 기업 성장 연구 결과에 따르면 "통념과 달리 '핫'한 산업에 뛰어들고 상승 추세에 동참한다고 해서 가장 수익률 높은 성장을 기록하는 것은 아니다. 사실 지속적인 수익 성장을 기록하는 회사들은 대부분 성숙한 시장mature market에 있다."[1]

그렇다면 문제는 무엇일까. 경쟁 기업들이 '핫'한 시장으로 너무 몰려드는 경향이 있다는 점이다. 성장하는 시장에 강력한 경쟁자들이 동시에 몰려들면 시장점유율과 이윤을 확보하기가 어렵다. 베인앤컴퍼니는 기업의 높은 성장률이, 진출한 시장의 역대 성장률보다는 경쟁 업체 대비 해당 기업의 실적 내지 성과와 더 관련 있음을 알아냈다.[2] 그 좋은 예가 부동산 업계다. 전 세계 여러 도시에서 다년간 집값이 두 자릿수 상승률을 보였다. 이런 지속 성장은 많은 건설업자들이 주택 건설에 투자하게 만들었다. 하지만 과도한 경쟁 때문에 실제로 성장 혜택을 보는 업체는 극소수에 불과했다.

새로운 사업체가 빠르게 성장하려면 경쟁우위 달성을 목표로 시장을 선택해야 한다. 그런데 어떻게? 1990년대 초, 미시간 경영대학원의 프라할라드C. K. Prahalad 교수와 런던 경영대학원의 게리 하멜Gary Hamel 교수는 기업들이 특별한 기술이나 강점, 즉 '핵심 역량core competencies'을 발휘할 수 있는 시장에 진입해야 한다고 말했다.

코카콜라 사는 마케팅과 유통에 뛰어났다. 디즈니는 가족 친화적인 캐릭터 개발과 스토리텔링에 장점이 있다. 피델리티Fidelity는 저비용 펀드매니지먼트에서 빛을 발했다. 이런 것이 각 기업의 핵심 역량이다. 그리고 전문가들은 이 회사들이 새 제품을 출시하고 새로운 시장에 진입할 때 이런 핵심 역량을 고수해야 한다고 조언한다. 경쟁 업체들보다 우위를 유지할 거란 계산이다. 〈이코노미스트〉에 따르면 "이 개념은 핵심 역량에서 핵심 프로세스, 핵심 비즈니스 등 기업의 본질과 행동을 구성하는 모든 것으로 확산되었다. 경영 컨설턴트들은 급변하고 예측할 수 없는 시대에 기업의 숨은 잠재력을 일깨우기 위해 핵심에 집중해야 한다고 조언했다." 2000년대 초, 베인앤컴퍼니의 컨설턴트 크리스 주크Chris Zook를 비롯한 여러 사람들은 이런 아이디어를 바탕으로, 기업이 핵심 기술과 핵심 능력을 향상시키기 위해 더 많은 투자를 하면서 기존 비즈니스와 인접한 새로운 시장에서 비즈니스를 개발해야 한다고 주장했다.

[인접 영역으로의 확대]

'핵심 역량'이란 개념은 늘 모호했다. 핵심 역량이 기술인가? 과정인가? 아니면 능력인가? 기술과 과정과 능력은 또 어떻게 다른가? 크리스 주크의 대답은 이렇다. 그는 2001년에 제임스 앨런James Allen과 공저로 출간한 《핵심에 집중하라Profit from the Core》에서 핵심 역량을 '전략적 자산'으로 보았다. 그러면서 기업들이 이런 자산을 배치할 수 있는 다양한 인접adjacent 공간을 마련할 것을 제안했다.[3]

P&G는 중산층을 타깃으로 한 소비재 마케팅에 핵심 기술을 지니고 있다. 이 기술을 '인접한 고객 세그먼트'로 옮겨 고소득 가정을 타깃으로 하여 세면도구, 치위생 제품, 모발 관리 제품을 판매할 수 있다. GE는 제조업에서 보유한 자산을 전력, 항공, 건강관리 제품, 주요 설비 같은 '인접 산업'으로 확대 적용한다. 디즈니는 미국에서 쌓은 패밀리 브랜드family brand(한 회사에서 생산하는 유사 제품이나 전체 품목에 하나의 상표를 동일하게 사용하는 것-옮긴이) 구축 기술을 도쿄, 홍콩 같은 '인접 지역'에서 활용했다. 월마트는 내구소모재의 저비용 구매에서 확보한 기술 덕분에 할인점에서 농산물을 대량으로 판매하고 대형 할인점에서 식료품을 판매하는 등 '인접 채널'로 이동할 수 있었다. 델Dell은 DTCdirect-to-consumer 판매에서 쌓은 기술을 '가치사슬에서의 인접 활동'인 적시제조방식just-in-time manufacturing, 그리고 완제품 물류를 다루는 아웃바운드 로지스틱스outbound logistics에 동원했다.

종합하자면 주크와 앨런은 서로 다른 범주의 인접 영역을 제안했다. 기업 임원은 각 범주 내에 존재하는 무수한 옵션 중 하나를 선택할 수 있었다.

핵심 역량을 정의하고 인접 영역으로 성장하는 전략은 개념적으로 타당하며, 규모의 경제와 범위의 경제에서 파생된 시너지 개념을 구체화한다. 대부분의 비즈니스는 규모의 경제학을 이용해 시작한다. 즉 같은 상품, 같은 서비스를 반복 공급해 시장 침투율을 높이는 것이다. 이런 기업들은 규모에 맞는 생산 효율성 덕분에 경쟁 업체에 비해 단가를 낮출 수 있어 유리하다. 수요가 고갈되면 이들은 범위의 경제를 가능하게 해주는 새로운 시장에서 제품과 서비스를 생산하는 다양화 전략으로 방향을 전환할 수 있다. 유사한 기술이나 자원을 필요로 하는 둘 이상의 다른 제품(예를 들면 버스와 트럭)을 생산함으로써 단가 또한 낮춘다. 두 경우 모두, 기업의 자체 비용 감소는 수익 증가로 이어진다. 기업이 고객에게 부과하는 가격을 낮추거나 더 많은 이익을 뽑아낸 후 그 돈을 재투자하기 때문이다.

우버는 사람들을 차에 태우고 다니는 것으로 사업을 시작했다. 여러 도시에서 여러 유형의 차(처음에는 콜택시나 임대 차량black cars, 그 다음에는 개인 소유 차량)로 더 많은 사람들을 태우고 다니면서 사업을 성장시켰다. 2016년 우버는 성장에서 범위 확장으로 방향을 전환한다. 우버는 자사의 주요 승차 공유 사업을 위해 개발한 지도와 경로 알고리즘을 다른 사업에 활용하기 시작했다. 우버이츠UberEats라는 음식 배달 서비스와 우버러시UberRush라는 우편물 배송 서비스가 바로 그것이다. 우버는 전 세계 4,000만 명에 이르는 기존 운전 인력을 신규 비즈니스에 투입했고, 운전자들은 자투리 시간을 더 효율적으로 활용할 수 있게 됐다. 승차 고객이 없는 시간에는 피자를 배달하고 단 몇 달러라도 벌 게 된 것이다. 우버는 아예 모든 주문형 사업을 관장하는 우버에브리싱UberEverything 사업부를 신설했다. 이

부서의 목적은 승차 공유 비즈니스에서 얻은 핵심 역량을 활용할 수 있는 인접 기회를 찾는 것이다.[4]

[인접 영역 접근방식이 가지는 함정]

우버가 핵심 역량을 토대로 삼아 인접 시장으로 확장해가는 방식이 급성장의 원동력으로 작용할지 여부는 아직 단정할 수 없다. 물론 이 방식을 택해 효과를 본 기업은 많다. 하지만 여기에는 부정적인 면도 따른다. 인접 비즈니스로 진출한다는 말은 단순하지 않다. 여기에는 당신의 현재 고객이 중요하게 생각하지 않는 것을 선택하겠다는 뜻이 내포돼 있다. 완전히 새로운 고객층을 유치해야 하는 부담을 져야 할 수도 있단 얘기다.

2006년 코카콜라 본사는 빠르게 성장하는 커피 시장에 진입하기 위해 커피 맛 청량음료를 출시했다. 새로운 음료는 고객 입맛을 만족시키지 못했고, 코카콜라는 1년 만에 커피 맛 음료 생산을 중단했다. 콜게이트Colgate도 구강관리 분야에서 확보한 핵심 역량을 기반으로 빠르게 성장하는 냉동식품 분야에 도전했다. 1982년 콜게이트 브랜드를 단 냉동식품들이 출시됐지만 가장 충성도 높은 고객들마저 이에 회의적인 반응을 보였다.

당신의 고객에게 물어보라. 브랜드 관리자 입장인 당신은 고객들이 당신 생각보다 브랜드 범위를 훨씬 더 좁게 보고 있다는 사실에 놀랄 것이다. 당신이 아주 인접해 있다고 생각하는 영역을 고객들은 아주 멀리 떨어진 영역으로 볼 수 있다.

'인접 영역' 접근방식의 두 번째 결점은 진입할 인접 시장을 분석하는 기업들이 수많은 후보군을 발견할 것이란 사실이다. 마이크로소프트는 초기 윈도우 데스크톱 운영 체제를 넘어 확장해가면서 인접 서버 운영 체제 시장이나 인접 데스크톱 애플리케이션 시장, 인접 데스크톱 하드웨어 시장, 인접 소기업 서비스 시장, 혹은 인접 소비자 엔터테인먼트 시장으로 진입할 수도 있었다. 당초 시장과 거의 유사한 시장에 추가로 뛰어들 수도 있었다는 말이다. 1980년대 이후 마이크로소프트는 실제로 여러 인접 시장에 진출해서 일부(오피스Office와 엑스박스Xbox)에서는 눈부신 성공을 거두었고, 다른 분야(윈도우폰Windows Phone과 준Zune MP3 플레이어)에서는 엄청난 실패를 맛보았다. 자사의 기존 역량과 기술을 기반으로 성장해가려는 기업들이 수없이 많은 상황에서 무엇을 추구해야 할지 결정하기란 쉽지 않다.

성장의 핵심은 고객 CVC 인접 영역에 있다

[방향의 전환: 기업의 시너지가 아닌 고객의 시너지]

인접 영역 말고도 급속한 성장을 향해 나아갈 다른 방법, 더 확실한 방법이 있다. 디커플링 이론에 뿌리를 둔 방법이다. 기존 방식은 기업의 성장을 회사가 얻을 시너지 측면에서 생각한다. 이런 식이다. 어떻게 하면 나의 강력한 브랜드, 광대한 유통망, 마케팅 능력,

생산 능력, 지적 재산을 활용해 새로운 제품이나 시장으로 확장할 수 있을까?

그런데 우리는 이런 질문을 고객 입장에서 던질 수도 있다. 고객이 자신의 CVC에서 하나의 활동을 수행하기 위해 우리 제품을 구매하고 있을 때 CVC 상에서 그 활동과 인접한 다른 활동까지 우리와 하고 싶게 만들려면 어떻게 해야 할까? 혹은 이렇게 생각해볼 수도 있다. 고객이 기존 기업을 통해 두 가지 이상의 활동을 하거나 별도의 여러 기업을 통해 하나씩 활동할 때보다 우리를 통해 두 가지 활동(가능하면 더 많은 활동)을 하면서 비용을 더 줄이려면 우리는 추가로 무엇을 더 제공해야 할까? 이런 관점으로 접근하기 시작하면 '고객 측 시너지customer-side synergies'를 찾아낼 수 있다.

> **고객 측 시너지:**
> 단일 기업이 제공하는 여러 활동을
> 소비하면서 고객이 얻는 비용 절감.*

다시 한 번 말하지만 고객 행동을 주도하는 것은 비용 절감이다. 기업은 고객 비용을 줄일 기회를 어디서 찾을 수 있을까? 가장 쉬운

---

* 내 동료 바라트 아난드 교수에게서 처음으로 이 개념에 대해 들었다.

방법은 고객의 가치사슬을 자세히 살피고 이해하는 것이다. 특히 고객 측이 얻을 시너지 기회는 인접 활동에 존재할 가능성이 가장 크다. 만약 당신 회사가 이런 시너지를 제공할 수 있다면 당신을 통해 기존 기업에게서 하나의 활동을 분리한 고객은 어쩌면 다른 활동까지 당신과 함께하려 할지 모른다. 나는 이런 추가적인 활동을 CVC 인접 활동CVC adjacencies이라 하는데, 이것이야말로 성장을 위해 추구해야 할 다음 단계다.

> **CVC 인접 활동:**
> 고객이 기존 기업에서 분리하기 위해
> 선택한 활동의 바로 앞과 뒤에 있는 활동.

[구글이 일으킨 고객 시너지]

2000년대 초, 컨설턴트로 활동하면서 나는 여러 도시의 기업들을 방문했다. 당시 방문 예정인 회사에 대한 정보는 사전에 핫메일 Hotmail로 전달받았다. 어떤 회사인지 어느 도시에 있는지 이메일로 확인한 다음, 검색엔진 알타비스타Altavista를 통해 해당 회사의 정확한 주소지를 확인했다. 그리고 인터넷 지도 맵퀘스트MapQuest를 클릭해서 지도상의 위치를 확인했다. 그리고 또 다른 브라우저 창을 열어 익스피디아Expedia로 비행기 표를 예약한 다음에는 다시 핫메일로 돌아가 예약이 제대로 되었는지 확인했다. 다시 말해 나는 사이트 네 개를 왔다 갔다 하면서 각 사이트마다 로그인을 하고, 동일한 내용을 카피해 붙여넣기를 하고, 이따금 '유지관리로 인해 사이트 이용 불가' 메시지가 떠서 기다리기도 하는 등 꽤 복잡하고 귀찮은 과정을 거쳐야 했다. 한 번 할 때마다 인내력의 한계를 느낀 적이 한두 번이 아니었다.

그러던 어느 날 구글이 등장했다. 2004년에 나온 지메일Gmail로 나는 검색과 이메일 확인을 한곳에서 할 수 있게 되었다. 2005년에 등장한 구글맵Google Maps은 지메일에 적힌 주소를 클릭만 하면 지도상 위치를 보여주었다. 2011년에 탄생한 구글플라이트Google Flights 덕분에 내용 복사와 붙여넣기 없이도 간단하게 비행기 표를 구매하게 되었다. 구글은 내가 출장 시 필요로 하는 활동들의 주요 인접 영역을 모두 충족시켰다. 그럼으로써 과거에 지불해야 했던 엄청난 노력 비용과 시간 비용을 줄여주었다.

고객 측 시너지는 전통적인 회사 측 시너지 방식과 비교했을 때 상당한 이점이 있다. 회사 측 시너지 면에서 보면 핵심 비즈니스에 인접한 비즈니스가 아주 많을 것이다. 하지만 고객 측 시너지에서는 당신이 고객에게 제공하는 기존 CVC 활동에 인접한 활동이나 비즈니스 기회는 몇 개 되지 않는다. 인접 활동은 개수도 적은 데다 찾아내기도 쉽다. 이미 분리한 활동 앞뒤로 하나씩, 딱 두 개밖에 없기 때문이다.

회사 입장에서는 분리된 활동 바로 옆은 물론 그 근처의 비인접 활동도 고려할 수 있지만, 비즈니스를 성장시키기 위해 노력하는 중이라면 바로 인접한 활동이 역시 첫 번째 고려 대상이 될 것이다.*

바로 인접한 활동이나 근처에 있는 활동 중 당신이 어떤 활동을 목표로 삼든, 중요한 것은 어떻게 하면 기존 기업에게서 또는 자체적으로 실행하는 고객에게서 그 활동을 '훔쳐오느냐' 하는 것이다. 디커플링을 통해 활동을 훔쳐오려면 3장에서 논의한 원칙을 적용해야 한다. 해당 활동들을 실행하는 과정에서 고객이 지불하는 비용을 확실히 줄여주는 것이다.

[고객 CVC 인접 활동 결합을 통해 성장하기]

초기 고객에게 인접 활동을 제공하는 데 성공했다면 다음에는, 새로 제공하는 활동과 원래 제공하던 활동 사이에 고객 측 시너지가 강력하게 연결되도록 해야 한다. 그러지 않으면 새로운 활동을 수행할 권리를 얻을 수 있을진 몰라도 자칫 원래 활동을 제공할 능력을 잃을 수 있다. 3장에서 보았듯이 통합 비용이라는 것을 관리함으로써 당신이 제공하고 있는 일련의 활동들의 연결고리를 강화해야 한다. 고객이 새롭게 조합된 활동을 당신과 모두 수행할 때 드는 비용이 다른 곳에서 수행할 때 드는 비용과 비교해 더 적은지 확인해보라.

---

* 예를 들어 '검색하기'와 '선택하기'는 인접한 고객 가치사슬 활동이며, '결제하기'와 '수령하기' 역시 마찬가지다. 하지만 '검색하기'와 '결제하기'는 인접 활동이 아니며, '선택하기'와 '처분하기' 역시 인접 활동이 아니다.

이메일 서비스 제공자로 아웃룩Outlook(마이크로소프트 소유)을 사용한다면 이메일 계정에서 스카이프Skype(마이크로소프트가 인수)를 사용하여 각 거래처와 쉽게 연락할 수 있다. 또한 거래처와 통화할 때는 마이크로소프트가 인수한 또 다른 사업체 링크드인에서 거래처에 대한 정보를 빠르게 얻을 수 있다. 고객에게 유리한 두 가지 활동을 통합하는 경우 그림 8.1과 같이 CVC를 따라 바깥으로 이동하면서 인접 활동을 계속 붙여갈 수 있다. 이 방식이 '결합'을 통한 성장의 근본을 이루게 된다.

결합하기:
기존 기업에게서 확보한 인접 고객 활동 간의 연결고리를
순차적으로 추가하고 강화하는 행위.

이론적으로 결합 과정은 파괴자가 기존 기업에게서 모든 활동을 다 가져오면서 자신이 새로운 기존 기업이 될 때까지 계속된다. 물론 기존 기업의 위치에 올라선 다음에는 그 역시 다른 파괴자로부터 자신을 보호해야 한다. 그러려면 새로 결합한 활동들을 단단히 묶어둘 수 있는 통합력 또는 통합의 힘을 증가시켜야 한다. 지속적으로 고객에게 비용 시너지를 전달하라. 그러면 고객은 자신의 활동들을 당신과 함께 결합하고 싶어할 것이다.

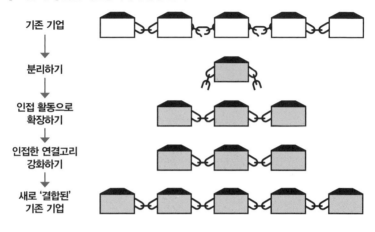

[그림 8.1] 결합 커플링에서의 성장 단계

기존 기업

↓

분리하기

↓

인접 활동으로
확장하기

↓

인접한 연결고리
강화하기

↓

새로 '결합된'
기존 기업

따라서 디커플링 이론은 우리에게 성장에 접근하는 대안적인 방법을 알려준다. 첫째, 핵심 활동(처음 분리할 때 사용했던 활동)을 강화하라. 그런 다음 한 번에 하나씩 초점을 맞춰가며 인접 활동으로 확장해나가라. 새로운 인접 활동으로 진출하기 전에 새로 제공하는 인접 활동의 연결고리를 강화하라. 한 번에 처리할 수 있는 직접적인 인접 활동(그리고 근처에 있는 몇 가지 다른 활동)은 두 개밖에 없으므로 전체적인 조직 입장에서는 성장 경로 예측이 보다 더 쉬워진다. 당신은 잘 짜인 접근방식을 활용해 핵심 사업 활동에서 시작해서 활동 범위를 하나씩 늘려가며 주의 깊게 확장해나갈 수 있다. 이렇게 할 때 당신의 성장 과정은 훨씬 더 체계적이고 예측 가능해지며, 결과적으로 성공 가능성은 더 높아진다.

20년 초고속 성장 기업, 알리바바의 성공 비결

[왜 기존의 성공 분야를 확장하지 않았을까]

 기업 성장을 위해 고객 측 시너지를 어떻게 이용하는지 이해하려면 알리바바Alibaba를 보면 된다. 영어 교사였던 마윈Jack Ma이 1999년에 설립한 알리바바는 2019년 기준 가장 높은 시가총액을 자랑하는 기업 중 하나다. 또한 소매업, 전자상거래, 온라인 클라우드 서비스, 휴대전화, 물류, 결제, 콘텐츠 등 광범위한 분야에 걸쳐 수십억 달러 가치를 지닌 사업체를 열 개 이상 거느리고 있다. 2011년에서 2016년까지 회사 매출은 연평균 87퍼센트 성장했다. 영업이익은 94퍼센트 증가했고, 현금 흐름은 120퍼센트 증가했다.[5] 이렇게 큰 규모의, 이미 자리를 잡은 디지털 회사가 이토록 급속 성장하는 경우는 매우 이례적이다. 알리바바는 설립 후 거의 20년이 지나서도 빠른 성장을 거듭했다.

 알리바바는 어떻게 이것이 가능했을까? B2B 온라인 마켓플레이스로 시작한 알리바바는 2003년 C2C 전자상거래로 전환했고, 2004년에는 인스턴트 메시징 서비스 알리왕왕Aliwangwang과 온라인 결제 서비스 알리페이Alipay를 인수했다. 다음 해에는 고객에게 콘텐츠와 웹서비스를 제공하기 위해 야후차이나Yahoo China 인수에 나섰다. 2008년에는 B2C 온라인 소매 업체인 티몰TMall을, 2009년에는 클라우드 저장 업체인 알리바바 클라우드 컴퓨팅Alibaba Cloud Computing을 출범시켰다. 그 후로도 검색엔진 에타오eTao(2010년),

모바일 운영체제OS를 만든 스타트업 알리인Aliyin(2011년), 스마트 물류 네트워크 차이냐오Cainiao(2013년)를 차례로 개시했다. 2015년 알리바바는 스마트폰 제조사 메이주Meizu의 대주주로 등극했다.

이들 중 얼마나 많은 회사가 주크와 앨런이 말하는 소위 비인접 영역에 속해 있는지에 주목하라. 소매업, 클라우드 컴퓨팅, 결제, 물류, 전자제품 제조 사이에 범위의 경제가 존재하는지 그다지 명확하지 않다. 서로 다른 산업에 속한 기업들은 경쟁하기 위해 필요한 자원도 다르고 직원들의 기술도 다르다. 보통 기업이었다면 고전적인 규모의 경제를 활용해 경쟁우위를 달성하고 시장을 장악하기 위해 핵심 역량에 집중했을 것이다.

그렇다면 알리바바는 왜 기존의 B2B 온라인 마켓플레이스를 고수하면서 그 분야에서의 성장에 초점을 맞추지 않았을까? 그냥 그렇게 했더라면 틀림없이 더 많은 시장에서 더 많은 고객들에게 더 많은 제품을 팔았을 것이다. 20세기 후반에 월마트도 바로 그 방식을 활용해 성장을 이루었다.

[알리바바, 고객 CVC 전체를 장악하다]

알리바바의 확장 전략은 고객 측 시너지 효과와 CVC 인접 활동에 정확하게 초점을 맞추고 있다. 2016년에는 온라인 쇼핑의 약 50퍼센트가 휴대전화를 통해 이루어졌으며, 나머지는 노트북, 데스크톱, 태블릿에서 이루어졌다.[6] 온라인 쇼핑을 하고 싶은 소비자들은 먼저 어떤 장치, 즉 어떤 운영체제와 브라우저 조합을 사용해 인터넷에 접속할지 결정해야 했다. 그런 다음, 대부분의 소비자들은 브라우저를 열고 웹사이트에 들어가 통신 서비스, 이메일, 소셜네트워크, 채팅 앱 등에 접속했다. 그러다가 갑자기 무언가 구매할 게 생각나면 전자상거래 웹사이트(예를 들어 구글이나 바이두) 안팎에서 검색을 실행했다. 그리고 거기에서 자기에게 적합한 전자상거래 사이트가 어디인지 알게 된다. 중국에서 비즈니스 고객들은 알리바바를 찾았다. 하지만 개인 소비자가 다른 소비자에게서 제품을 찾을 때는 타오바오를 이용했고, 소매 업자에게서 물건을 찾을 때는 티몰로 갔다. 구매자는 더 많은 제품 정보를 얻고 가격을 흥정하기 위해(중국에서 흔히 볼 수 있는 관행) 주로 채팅 앱을 통해 판매자들과 연락을 주고받았다. 그다음은 소비자가 구입비용을 지불하고 물류 사업자가 제품을 배송해주기를 기다려야 했다. 이것이 전형적인 온라인 쇼핑객의 고객 가치사슬 활동의 범위였다.

이 CVC를 분석해보면 명확한 패턴이 발견된다. 원칙적으로 고객은 결국 각각의 관련 활동을 알리바바의 여러 회사 중 한 곳에서 수행할 수 있게 된 것이다(그림 8.2 참조). 메이주는 전화기를 생산하고, 알리윈Aliyun은 운영체제다. 구매 과정을 시작한 고객은 알리바바 소유의 야후차이나 콘텐츠 사이트 이용을 시작으로 에타오 검색엔진에 들어갈 수 있다. 그런 다음 알리바바의 온라인 매장들, 즉 알리바바와 타오바오, 티몰 중 하나를 선택하고 알리왕왕을 통해 판매자와 소통한다. 마지막으로 소비자는 알리페이로 결제하고 차이냐오

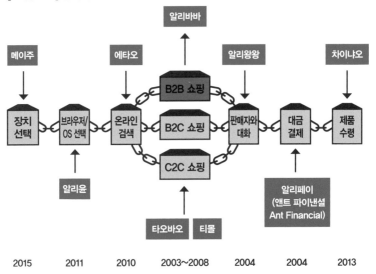

[그림 8.2] 알리바바가 전체 CVC를 장악한 방법

를 통해 상품을 받는다.

　알리바바는 알리바바 웹사이트로 쇼핑객 CVC의 한 단계에 집중하며 성장하기 시작했다. 그런 다음에 다른 고객 활동들을 확보하고자 나섰다. 업계의 인접 영역으로 나가는 전통적 접근방식이 아니라 (결제, 모바일폰, 물류는 인접 업계가 아니다), 인접한 CVC 활동들 안으로 들어가는 방식을 택했다. 2019년에 이르러 알리바바는 CVC 활동의 대부분에서 서비스를 제공하게 되었다. 알리바바가 기업 측 시너지 효과를 어느 정도 달성할 수 있었던 것은 범위의 경제 덕분일지도 모른다. 월마트가 사용한 방식도 똑같았다. 월마트는 20세기 후반에 소비내구재에서 대량 농산물로, 그다음에는 잘 상하는 식료품

류와 휘발유 판매까지 확대해가면서 물류 비용과 부동산 비용을 줄였다. 하지만 이와 달리 알리바바는 곧바로 기업 측 시너지 효과를 추구하지 않았다. 알리바바의 진정한 성공은 고객 측 시너지 효과에 있었다.

당신이 다른 소비자에게서 또는 소규모 소매 업자에게서 텔레비전을 구입하려는 소비자라고 가정해보자. 만약 동일한 환경에서 손쉽게 옵션을 검색해서 비교할 수 있고 온라인으로 상대방과 대화하고 돈을 지불하고 제품을 받을 수 있다면(동일한 사이트, 동일한 로그인, 동일한 계산) 당신의 구매 과정은 더 간단해지고 빨라진다. CVC를 따라 이동하면서 서로 다른 회사를 사용하지 않기 때문에, 각 회사가 실시하는 정책이나 사용자 경험이 다를까 봐 걱정하지 않아도 된다. 모든 활동이 통합된 과정을 통해 이루어진다. 알리바바는 처음의 사업에서 벗어나 외부로 진출하면서 인접한 CVC 활동을 한데 모아 쇼핑객을 위한 여러 가지 시너지 효과를 만들어냈다. 그러면서 더 많은 고객들이 알리바바의 계속 증가하는 서비스 포트폴리오를 채택하고 사용하게 만들었다. 고객이 알리바바를 통해 지출하는 부분이 더 많아지게 된 것이다.

알리바바는 어떻게 이런 통찰력을 지닐 수 있었을까? 알리바바가 새로 시작하는 비즈니스에서 고객을 유치하는 비용은 상당히 낮았다. 왜냐하면 이미 서비스를 제공하던 고객들이었기 때문이다. 그렇게 알리바바는 9개 사업체가 발맞춰가며 수십억 달러 비즈니스로 성공할 수 있었다.

에어비앤비의 CVC 확장 전략

여러 CVC 활동에서 기회를 잡아 성장하는 회사는 알리바바만이 아니다. 예를 들자면 에어비앤비는 고객이 장기 주택, 사무실 또는 창고 공간을 임대할 수 있게 지원함으로써 임차인과 집주인을 연결시켜주는 것이 핵심 역량이었고, 그 핵심 역량을 중심으로 성장을 도모하려 들 수도 있었다. 하지만 2016년에 에어비앤비는 트립스 Trips라는 프로그램을 시작하면서 플로렌스의 요리 교실에서부터 뉴욕의 바이올린 제작 워크숍까지 에어비앤비 등록 임대인들에게 더 나은 체류 경험과 지역 행사 예약을 가능하게 해주는 서비스 업그레이드를 제안했다. 그렇게 시작한 프로그램은 범위를 넓혀가며 비행기 및 렌트카 예약과 함께 레스토랑 예약 서비스까지 제공하게 되었다.[7]

에어비앤비 CEO 브라이언 체스키는 이 상황을 이렇게 설명했다. "어느 도시를 여행하게 되면 호텔에 1달러를 사용할 때마다 항공에 1달러 그리고 그 도시에 3달러를 사용하게 된다. 이를 '1일 경비 daily spend'라고 한다. 항공사는 항공료로 끝나고, 호텔은 숙박비로 끝난다. 하지만 대부분의 여행은 어디서 먹는지, 어디서 즐기는지, 하루 종일 뭘 하는지 같은 1일 경비로 이루어진다. 그래서 우리는 장기적으로 그쪽으로 연결해 나가면 큰 기회가 있을 것으로 생각했다."[8]

다른 관점에서 보자면 에어비앤비 역시 전통적인 인접지 접근방식의 규칙을 따르지 않고 있었다. 여행 CVC를 넘어 계획하기, 예약하기, 방 찾기, 지역 행사 예약하기 등의 활동까지 다루면서 돈을 따라가고 있었던 것이다. 에어비앤비는 레스토랑 예약하기 부분에서 특별한 기술이 없었고, 예약 업계는 이미 오픈테이블OpenTable 같은 앱이 장악하고 있었으며 경쟁이 치열했다. 에어비앤비는 이를 보완하기 위해 레시Resy라는 전문 서비스 제공 업체와 제휴했다. 에어비앤비가 항공예약 사업에 뛰어들게 되면 전문지식을 개발하거나 확보해야 하며, 익스피디아나 프라이스라인Priceline 같은 거대 온라인 여행사와 경쟁할 가능성이 높다.[9] 과연 누가 이길 것인가? 답은 누가 가장 큰 고객 측 시너지 효과 꾸러미를 제공할 것인가에 달려있다.

만만치 않은 도전처럼 들리긴 하지만, 많은 회사들이 정면으로 도전장을 내미는 것도 충분한 가치가 있는 일일 듯하다. 고객 측 시너지 활용의 장점은 새로운 상품이나 서비스를 내놓으면서 새로운 고객을 찾아야 한다는 기업의 압박감을 줄여준다는 점이다. 기업은 현재의 고객에게 그저 새로운 서비스를 제공하기만 하면 된다. 제공하는 데 드는 비용도 훨씬 더 저렴하다. 게다가 새로이 제공하는 상품이나 서비스는 굳이 동급 최강이 아니어도 된다.

에어비앤비는 남들을 따라서 차별화되지 않은 제품이나 서비스를 도입했음에도 여전히 원래의 고객들에게 가치를 제공할 수 있었다. 출장을 떠나는 여행객이라면 단일 애플리케이션, 단일 디자인, 단일 환경, 단일 업무지원 서비스, 단일 결제 절차를 사용하여 모든 요구 사항을 충족시키기를 선호할 것이기 때문이다. 고객 입장에서는, 트립어드바이저로 시작해서 힐튼으로 갔다가 다시 델타에서 오픈테이블로 옮겨 다니는 것보다 이 모든 서비스를 통합하고 결합해서 사용하는 것이 더 쉽다. 다른 기업과 서비스 품질 및 가격에서 대략 비슷한 수준을 유지할 수 있는 한, 에어비앤비가 현재 고객들에게 일련의 인접 서비스들을 제공할 수 있다면 다른 사이트를 대신할 수 있는 더욱 매력적인 대안이 될 수 있다.

성장을 위한 조직화는 어떻게 할 것인가

당신이 분리 이론에 따라 성장의 길을 추구한다고 생각해보자. 아마도 알리바바의 발자취를 따르면서 상당히 다른 여러 사업에 진출할 확률이 높다. 만약 성공한다면 당신의 초기 고객들은 엄청난 이익을 얻을 것이고, 당신과의 거래를 늘리는 방식으로 그에 보답할 것이다. 서로 다른 비즈니스는 성공에 필요한 핵심 역량도 서로 다르다는 점을 감안할 때, 디즈니와 코카콜라가 했던 것처럼 동일한 기술과 과정을 주축으로 사업을 구축한다는 생각은 타당하지 않을 것이다. 새로 시작하는 비즈니스는 이전과 매우 다른 기능을 필요로 할지도 모르기 때문에 P&G가 했던 방식대로 기능적 역할을 위주로 비즈니스를 조직하는 것 역시 말이 되지 않을 것이다.

가장 타당한 방식은 고객을 중심으로, 그리고 당신이 고객에게 제공하는 가치를 중심으로 사업을 조직하는 것이다. 그러면 CVC 내에 있는 서로 다른 활동들을 커버하는 식으로 사업을 확대해가게 되므로 조직 구조도 당연히 CVC 활동을 중심으로 구성되게 마련이다. 그리고 사업 단위business unit에서는 주요 CVC 활동에 대응하는 일대일 전략을 수립해야 한다. 오랜 격언이 말하듯 구조는 전략을 따른다.

한 가지 주의사항이 있다. 3장에서 논의한 바와 같이 CVC 활동 중에는 가치를 창출하는 활동이 있는 한편, 가치에 대한 대가를 부과하거나 가치를 잠식하는 활동도 있다. 여러 비즈니스를 모아 하나의 집합적 사업 단위로 만들면서 오로지 가치에 대한 대가를 부과하는 사업체 모양새를 갖춘다면 이는 말도 안 되는 일이다. 또한 가치를 잠식하는 활동으로만 꾸려진 사업체는 더더욱 말이 되지 않는다. 각 사업 단위는 사업체로서 기능을 유지해야 한다. 말하자면 해당 사업 단위 책임자의 관리 하에 적어도 하나의 가치 창출 활동과 하나의 대가 부과 활동에 대해 지속적으로 책임을 져야 한다. 각 단위 내에서 부서를 나눠 각 부서가 가치 창출 부분(상품 개발, 마케팅, 주문 처리 등), 가치에 대한 대가 부과 부분(수익화 또는 요금 청구), 가치 잠식 부분(규정 준수)에 집중하게 해도 좋을 것이다. 최종적으로 모든 사업 단위는 CEO 한 사람에게 보고하면 된다.

판도라 라디오를 예로 들어보자. 청취자의 CVC에서 여러 활동을 아우르고 성장하면서 판도라는 두 개의 개별 사업 단위를 조직할 수 있다. 하나는 CVC의 청취 부분을 관리하는 사업 단위로, 다른 하

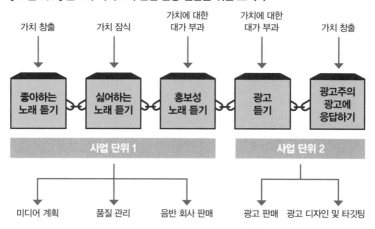

[그림 8.3] 판도라 라디오의 인접 활동 결합을 위한 조직화

나는 광고주를 상대하는 사업 단위로 나눌 수 있을 것이다. 첫 번째 사업 단위에는 미디어 계획, 품질 관리, 음반 회사와의 상업적 관계를 담당하는 부서를 포함할 수 있다. 두 번째 사업 단위에는 광고 판매, 광고 설계 및 광고 타깃팅 담당 부서를 둘 수 있다(그림 8.3 참조). 각 사업 단위는 각자가 담당하는 고객들에게 가치를 제공하기 위해 CVC의 충분한 구성요소를 결합하면 된다. 사업 단위 내의 부서들은 가치를 만들어내고 그 대가로 고객들로부터 가치를 확보하기 위해 협력하면 된다. 여기서 CEO의 주된 역할은 각 사업 단위 책임자의 말을 듣고, 청취자의 욕구와 광고주의 요구 사이에서 균형을 맞추는 일이다.

고객 활동을 중심으로 조직하고 체계화하면 여러 제품과 서비스를 매끄럽게 통합할 수 있고 따라서 고객 만족도를 높일 수 있다. 애플은 디지털 콘텐츠, 데이터 클라우드, 소매 경험 등 자사의 온라인 및 오프라인 서비스, 하드웨어, 소프트웨어를 거의 완벽하게 통합시킴으로써 여러 범주에 걸쳐 충성 고객을 끌어모았다. 이렇게 촘촘하게 짜인 통합성은 회사 내부 조직에도 그대로 반영되었다. 애플 소비자들은 아이폰으로 동영상을 녹화하고, 아이클라우드iCloud에 업로드해서, 아이맥iMac 컴퓨터에서 동영상을 열고, 아이무비iMovie로 동영상을 편집한 다음, 아이튠즈 스토어에 있는 소셜미디어 앱 중 아무거나 활용해서 동영상을 친구나 가족과 공유할 수 있다. 즉 고객은 복잡하고 여러 활동이 요구되는 과정을 아무 마찰 없이 매끄럽게 수행할 수 있다. 애플에서는 내부적으로 직접 책임자DRIDirect Responsible Individual로 임명된 한 개인이 업무 수행에 필요한 모든 역할과 제품과 사람들을 하나로 엮어 해당 업무를 완수할 책임을 진다.

오늘날 우리는 애플의 통합적인 조직 구조를 당연하게 생각할 수 있지만, 한때는 상당히 이례적인 일로 받아들여졌다. 스티브 잡스 Steve Jobs가 애플의 비즈니스를 대하는 방식은 혁신적이었다. 남들과 다른 기술 제품을 만들어내겠다는 목표가 아니라 고객이 인간으로서 원하고 필요로 하는 것이 무엇인지를 생각하면서 비즈니스에 접근했다. 2011년에 그는 "그 철학은 애플의 DNA에 내재해 있다"고 하면서 "기술만으로는 충분하지 않다. 인문학과 결합된 기술만이 우리의 가슴을 울리는 결과를 낼 수 있다고 믿는다"고 말했다. 스티브 잡스가 보기에 PC 세상 이후에 등장하는 장치들은 "PC보다 훨씬 더 직관적이고 사용하기 쉬워야 하며, 소프트웨어와 하드웨어와 애플리케이션은 PC보다 훨씬 더 매끄러운 방식으로 연결되어야 한다. 우리가 만드는 컴퓨터 칩뿐만 아니라 우리 조직도 이런 종류의 제품을 만들 수 있는 올바른 구성을 갖추었다고 생각한다."[10]

잡스는 자신이 한 말을 실천했다. 2000년 가을, 그는 예정되어 있던 첫 번째 애플스토어의 출시를 취소하면서 고객의 자연스러운 쇼핑 행태에 맞게 완전히 재구성할 것을 주문했다. 그는 당시 애플의 소매전략 책임자를 언급하며 이렇게 말했다. "론 존슨Ron Johnson은 우리가 잘못 이해하고 있다고 말했다. 그는 모든 것이 제품 위주가 아니라 사람들이 하는 활동 위주로 이루어져야 한다고 생각했다. 여러분도 알다시피 그의 생각이 옳았다."[11]

결합을 통한 성장 전략의 빛과 그림자

앞에서 본 것처럼 결합을 통한 성장 전략은 기업에 다양한 이점을 제공한다. 첫째, 결합을 통한 성장은 저항이 가장 적은 방식이자 마케팅을 잘 활용하는 방식이다. 의도적으로 고객 측 시너지를 이용하기 때문에 고객들은 새로운 제품과 서비스를 사용하는 것이 본인들에게 직접적인 이익이라 생각해 더 쉽게 받아들인다. 둘째, 당신의 새로운 제품과 서비스가 타사의 것과 비슷하거나 약간 더 낮은 수준의 '유사품'이어도 충분히 고객을 설득할 수 있다. 당신은 업계 모든 면에서 최고가 될 필요가 없다. 애초에 그렇게 되기를 바라서도 안 된다. 애당초 당신에게 고객 확보를 가능하게 해준 처음 제품이나 서비스가 나중에 내놓은 제품이나 서비스보다 여전히 더 나은지 그것만 확인하면 된다. 마지막으로 고객 가치사슬의 결합을 통한 성장은 회사 미래에 대한 비전을 제시하고 직원들에게 우선순위가 무엇인지를 명확하게 알려준다. 스티브 잡스가 좋아했던 말처럼 "단순한 것은 명료하다."

그런데 이 같은 결합을 통한 성장은 운용에 있어 단점이 있다. 이 전략을 채택함으로써 당신 회사는 어쩌면 매우 이질적인 비즈니스에 뛰어들어야 할지 모른다. 때문에 새로운 기술을 제대로 습득하지 못했을 때 실패할 가능성이 크다.

다음에 어디로 성장해 나가야 할지 판단할 때가 오면 고객의 가치사슬에 있는 각 활동에 대해 체계적으로 생각해보라. 고객의 눈으로 CVC 활동을 펼쳐서 확인해보라. 그런 다음 당신 자신에게 다시 초점을 맞춰 고객이 각 활동을 수행하는 데 도움이 되는 제품과 서비스를 시장에 출시하려면 어떤 기술이 필요한지를 결정하라. 그 기술을 현재 당신 회사가 보유한 기술과 비교해보라. 만약 필요한 기술과 보유한 기술이 잘 조화를 이룬다면 당신은 그 활동을 확실히 결합할 수 있다. 그렇지 않다면 내부적으로 능력을 쌓거나 제휴나 파트너십을 통해 기술을 빌리거나 기술을 지닌 인력 채용이나 회사 인수를 통해 기술 격차를 메워야 할 것이다.

나는 회사가 어떤 방향으로 성장해갈지, 성공적인 결합을 위해 필요한 기술이 무엇인지, 기술 격차가 있다면 어떻게 메울지 확인하고 결정하는 데 도움을 주기 위해 보통 아래와 같은 그림을 제공한다 (그림 8.4).

[그림 8.4] 향후 결합할 부분을 결정하는 방법의 예

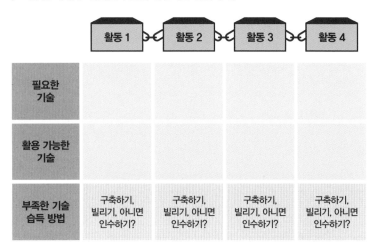

고객 욕구에 집중하는 방식은 종종 큰 자금이 들 때가 있다. 하지만 그 금액을 지불할 능력만 있다면 상당히 긍정적인 결과를 얻을 수도 있다. 알리바바와 에어비앤비 초기, 그들은 신사업에 필요한 기술이 부족한 상태였다. 벤처캐피털 투자자들은 그들이 필요한 기술을 구입할 수 있도록 투자를 했고 그 투자는 대단한 성과로 이어졌다.

만약 당신 회사가 기술 습득에 필요한 비용을 감당할 수 있고 성공적으로 결합 전략을 동원한다면 급격한 성장을 맛볼지 모른다. 당신의 사업은 더욱 다양해지고 경제적 변화, 경쟁자의 출현, 정부 규제 같은 외부 영향에 훨씬 더 잘 견딜 수 있게 될 것이다. 이런 외부 요소가 몇몇 사업 단위에 영향을 미칠 수야 있지만 모든 사업 단위가 동시에 타격을 입고 휘청거리진 않을 것이다.

그럼에도 언젠가는 당신 회사가 성장을 멈추거나 심지어 쇠퇴하는 날이 온다. 그렇다면 그에 대비해 무엇을 어떻게 해야 할까? 9장에서 몇 가지 아이디어를 제시하려 한다.

CHAPTER 9

한 번 더 성장하려면,
고객 중심 기업으로 다시 세팅하기

컴캐스트 vs. 넷플릭스 전쟁

[컴캐스트가 넷플릭스에 비용을 청구한 이유]

2010년 미국 최대 통신사 중 하나인 컴캐스트에는 문제가 하나 있었다. 컴캐스트는 가정과 기업체에 인터넷 서비스를 제공하는 업체로 미국 여러 지역에서 독점 혹은 복점 경쟁체제를 구축하고 있었다. 하지만 케이블 TV와 엑스피니티Xfinity의 맞춤형 콘텐츠 사업에서 정체를 겪고 있었다.

컴캐스트가 보기에 문제의 근원은 넷플릭스였다. 고객들은 넷플릭스를 통해 콘텐츠 스트리밍을 할 수 있게 되었다. 그전에는 집집마다 컴캐스트의 인터넷 서비스와 엑스피니티 주문형 비디오 시스템을 신청했었다. 이제 넷플릭스의 비디오 스트리밍은 컴캐스트 고객에게 두 가지 변화를 촉발했다. 첫째, 고객들은 주문형 비디오, 비디오게임, 영상 채팅video chat처럼 데이터를 많이 사용하는 인터넷 서비스를 소비하기 위해 인터넷 속도를 업그레이드했다. 둘째, 영화마다 개별 비용을 지불하는 엑스피니티 방식보다 '일정 비용으로 마음껏 영화를 볼 수 있는' 넷플릭스 방식을 선호하게 되면서 고객들은 엑스피니티 서비스를 해지하기에 이른다. 어떤 면에서 넷플릭스는 컴캐스트에게서 비디오 콘텐츠 시청하기 활동을 분리해내고 컴캐스트에게는 인터넷 접속만을 남겨놓은 셈이었다(그림 9.1).

[그림 9.1] 컴캐스트가 바라본 넷플릭스의 컴캐스트 분리

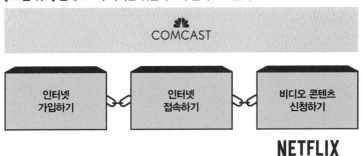

미국에서 넷플릭스의 맞춤형 서비스는 급속한 성장을 거두었다. 2015년에는 피크 시간대에 컴캐스트의 광케이블을 통해 전송되는 인터넷 트래픽 중 최대 3분의 1을 넷플릭스가 차지할 정도였다.[1]

컴캐스트는 자사의 귀중한 자원이 이렇게 광범위하게 사용된다는 것을 확인하고 가정용 대역폭 처리 용량을 늘리기 위해 수십억 달러를 투자하기로 계획했다. 컴캐스트 CEO 브라이언 로버츠Brian Roberts는 넷플릭스 또한 혜택을 보니 비용을 부담해야 한다고 생각했다. 어쨌든 넷플릭스는 컴캐스트의 인프라를 이용해 비디오 스트리밍이라는 수지맞는 장사를 하고 있었다. 컴캐스트가 넷플릭스의 비즈니스를 위해 데이터를 제공하고 있으니 넷플릭스도 그 비용을 함께 지불해야 공평하다는 것이 로버츠의 주장이었다. 워터파크에서 손님들이 사용한 물에 대해서는 워터파크 측이 수도료를 내야 하는 것 아닌가? 건물에서 세입자를 위해 에어컨을 가동했다면 건물에서 전기료를 부담해야 하는 게 아닌가? 컴캐스트는 자사의 가장 귀중한 자원으로 넷플릭스의 비즈니스를 지원하고 있었고, 따라서 넷플릭스 수익금의 일부를 원했다.

[넷플릭스의 컴캐스트 분리하기]

처음에 넷플릭스 CEO 리드 헤이스팅스Reid Hastings는 인터넷망을 이용해 전달되는 인터넷 트래픽에 대해 데이터의 내용이나 유형을 따지지 않고 이를 생성하거나 소비하는 주체에게 차별 없이 동일하게 취급해야 한다는 망 중립성 원칙을 인용하며, 비용을 지불하지 않겠다고 선언했다.* 그러자 로버츠는 넷플릭스의 데이터 사용이 일정 수준에 다다르면 인터넷 서비스 속도가 느려지도록 만드는 '스로틀링throttling' 방법을 사용해 넷플릭스를 곤경에 빠뜨렸다.

어느 지역에서 컴캐스트의 대역폭 소비가 많아지면 컴캐스트는 통신망에 많은 트래픽을 유발시키는 넷플릭스의 서비스 속도가 느려지도록 만들어 넷플릭스 사용자에게 불이익을 주기로 한 것이다.

고객들은 넷플릭스의 비디오 화질이 떨어지고 화면 끊김 현상이 발생하자 불만을 제기하기 위해 전화기를 집어 들었다. 사람들은 컴캐스트와 넷플릭스 중 누구에게 전화를 했을까? 상상해보자. 컴퓨터에서 넷플릭스 영화를 보고 있는데 문제가 생기기 시작했다. 혹시나 하는 마음에 유튜브나 NBC.com 같은 다른 비디오 사이트를 클릭했더니 다른 서비스는 아무 문제가 없다. 그렇다면 다른 사람은 모르겠지만 나는 넷플릭스에 전화를 걸었을 것이다. 실제로 헤이스팅스는 수많은 전화와 위협과 구독 취소 요청에 시달렸고, 결국 데이터를 제한하지 않는다는 조건 하에 컴캐스트에게 돈을 지불하기로 결정했다. 그에게는 선택의 여지가 없었다. 당장 고객 이탈이라는 출혈을 막아야 했다.

하지만 넷플릭스의 헤이스팅스는 그대로 물러서지 않았다. 알고 있었든 아니든, 그는 로버츠의 주장대로 컴캐스트가 넷플릭스를 위한 공급자 역할만 하는 게 아니라고 생각했을 것이다. 오히려 그 반대로 넷플릭스는 현재 컴캐스트의 배급 통로 역할을 하고 있다. 컴

---

* 2017년 12월 버락 오바마(Barack Obama) 대통령 시절, 미국 연방통신위원회(Federal Communications Commission)는 트래픽을 임의적으로 차단하거나 전송 속도를 제한하지 못하게 하자는 취지에서 도입한 망 중립성 원칙을 일부 폐지했다. 이 글을 쓰는 현재(2018년 5월), 미국 연방통신위원회가 2017년 12월에 폐기한 인터넷 망 중립성 정책을 부활시키는 법안이 미 상원을 통과했다.

캐스트는 저속 및 초고속 인터넷을 판매한다. 전자는 월 30달러 정도, 후자는 월 60달러에서 100달러다. 하지만 두 서비스 모두 한계 비용marginal cost은 비슷하다. 필요한 인프라가 이미 마련되어 있기 때문에 컴캐스트가 무얼 판매해도 비용이 더 들지 않는다. 고속 인터넷과 저속 인터넷 사이의 가격 차이는 컴캐스트에게 완전한 순이익이나 다름없다.

헤이스팅스는 컴캐스트의 고객들이 초고속 인터넷으로 업그레이드하는 주된 이유가 넷플릭스를 시청하기 위해서라고 주장했다. 단지 이메일, 온라인 뉴스 읽기, 노래 듣기가 목적이었다면 고객이 인터넷 속도를 높이기 위해 돈을 낼 이유가 없다는 것이다. 넷플릭스는 고객 가치사슬의 가운데에서 디커플링을 함으로써 사실상 컴캐스트에게 최고의 이윤을 남기는 서비스를 제공하는 역할을 했다(그림 9.2 참조). 그리고 그 주장을 근거로 넷플릭스는 오히려 컴캐스트 수익의 일부를 요구한다. 헤이스팅스는 공개적으로 넷플릭스가 컴

[그림 9.2] 넷플릭스가 바라본 넷플릭스의 컴캐스트 분리

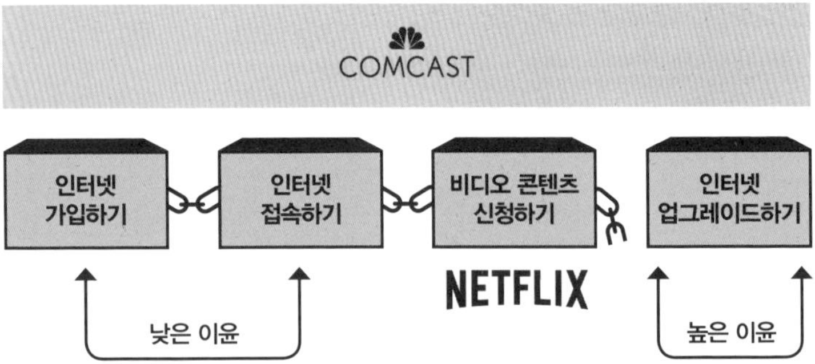

캐스트에게 돈을 지불해야 할 것이 아니라 컴캐스트가 넷플릭스에게 돈을 지불해야 한다고 주장했다.

헤이스팅스는 여러 차례 공개적으로 이런 주장을 펼쳤고 급기야는 연방통신위원회에 청원을 올린다. 로버츠는 휴전을 선언했다.[2] 결국 컴캐스트와 넷플릭스는 서로 어떤 돈도 지불하지 않기로 한다.[3] 넷플릭스를 공격함으로써 자사의 성장세 하락을 막으려던 컴캐스트의 시도는 실패로 돌아가고 말았다.

[마이크로소프트, 모토로라… 정체 기업의 공통점]

성장을 멈추고 퇴보하기 시작한 대기업은 컴캐스트가 처음이 아니다. 2008년에 마이크로소프트, 2009년에 GE와 모토로라, 2012년에 맥도날드McDonald's, 2014년에는 IBM 등 많은 대기업이 같은 일을 겪었다. 이들을 연구한 학계와 컨설턴트들은 이런 현상이 혁신과 적응의 실패 때문이라고 지적했다. 1955년부터 2006년 사이에 나의 동료 데릭 밴 베버Derek van Bever와 동료 연구원들이 포춘 100대 기업에 오른 410개 기업을 대상으로 조사한 결과, 적어도 한 부분의 주요 매출 성장이 정체되는 경험을 한 회사가 350여 곳이나 되었다. 주요 매출 성장의 정체란 다년간 평균 이상의 성장세를 보이다가 급격한 하락세 이후 계속 하락을 거듭하는 현상을 말한다.[4] 연구원들은 이들 기업이 경험한 성장 정체 중 87퍼센트는 경영진이 통제할 수 없는 외부 요인에서 비롯된 것이 아니라고 주장한다. 그들은 성장 정체의 주된 이유 세 가지로 고객 선호도의 변화, 혁신의 결여, 현 비즈니스의 성장 기회 이용 실패를 꼽는다.

그러면서 근본적으로 더 빠르게, 더 똑똑하게, 더 나은 방식으로 혁신할 것을 제안한다. 연구원들은 해결책으로 임원들이 더 힘든 질문을 던지고, 회사가 당연하게 생각하는 것들에 이의를 제기하고, 중간급 직원들을 전략적인 대화에 끌어들이고, 외부로부터 아이디어를 구해야 한다고 말한다. 다른 전문가들도 비슷한 조언을 한다. 그들이 보기에 기업이 적응하지 못하는 이유는 뒤처지기 때문이다. 그 문제에 대한 해결책은 혁신하고, 또 혁신하는 것이다.

컴캐스트의 대응 사례는 기존 기업의 성장 정체 이면에 존재하는, 보다 근본적인 요소에 대해 생각하게 만든다. 20세기 중반, 고객들은 주로 유선전화(구리선 이용)를 통해 전자식으로 의사소통을 했고, 공기를 통해 전송되는 전자파로 홈엔터테인먼트를 제공받았다. 1980년대에 이르자 케이블 텔레비전이 오락, 특히 비디오를 보는 주요한 새로운 방법이 되었다.

하지만 2000년대 후반에 이르면서 인터넷이 소통하고 즐길 수 있는 주요한 수단으로 자리 잡았다. 넷플릭스가 성장하면서 컴캐스트의 고객들은 더 빠른 인터넷 서비스가 필요했다. 컴캐스트는 넷플릭스를 수익성과 성장성을 겸비한 광대역 인터넷 비즈니스를 이끌어주는 채널 파트너로 대우하지 않고, 쇠퇴하는 케이블 TV 비즈니스의 경쟁자로 취급했다. 넷플릭스가 자사 고객에게 데이터를 제공하는 속도를 줄임으로써, 즉 자사 고객에게 불이익을 주는 방법을 사용해 넷플릭스라는 '파트너'에게서 가치를 확보하고자 했다. 컴캐스트는 넷플릭스가 컴캐스트의 귀중한 자원을 이용하고 있다고 생각했다. 때문에 그런 대응이 자사 고객에게 어떤 영향을 미칠지 고려하지 않은 채 넷플릭스를 공격했다. 컴캐스트는 믿을 만한 오락, 통신, 정보를 원하는 고객의 궁극적인 요구를 간과했다.

디커플링 이론에는 한 가지 공통점이 있다. 기업은 혁신을 멈출 때가 아니라 자사의 초기 성장을 이끌어준 고객의 욕구에 집중하던 눈을 다른 데로 돌릴 때 성장 정체를 겪는다는 것이다. 현대 비즈니스 용어로 하자면 정체 기업은 고객 중심적 사고를 상실한다. 그렇다고 회사가 고객의 모든 요청과 요구를 들어주어야 한다는 말은 아니다. 고객 중심이란 중요한 의사결정을 할 때 경쟁자, 비즈니스 파트너, 직원, 리더, 회사 자체에 초점을 맞추기보다 고객에게 초점을 둔다는 뜻이다. 고객 중심은 맹목적인 복종이 아니라 우선순위 결정, 그리고 목적의 문제다.

스타트업들은 분리를 통해 고객의 욕구가 얼마나 중요한지를 깊이 그리고 직관적으로 이해하게 된다. 기존 대기업들은 고객에 대한 관심을 잃어버리고, 대신에 고객들에게 서비스를 제공하는 과정에서 기업이 구축하거나 획득한 자원을 보호하는 데 초점을 맞춘다. 그들은 고객이 변한다는 사실, 자기 자신도 고객과 함께 변해야 한다는 사실을 망각한 채 확보한 자원에 집착한다.

자원에 집착한 블록버스터, 고객에 집중한 넷플릭스

[디커플링 앞에서 왜 대응하지 않는가]

앞에서 우리는 디커플링이 고객 유형이 아닌 고객 가치사슬 활동을 기반으로 한 전문화의 한 형태임을 확인했다. 디커플러는 혼자 모든 고객 가치사슬 활동을 만족시키던 기존 기업에게서 활동을 낚아챈다. 기존 기업은 재결합하거나 리밸런싱을 통해 비즈니스 모델을 혁신하지 않으면 가장 중요하고 수익성 높은 활동 중 일부를 뺏기게 될 것이다. 기존 기업이 디커플링에 의해 고객 가치사슬의 활동을 잃는 것은, 넓은 범주에서 시장 전문화의 하나로 볼 수 있다. 이런 현상은 기존 기업을 이익이 나지 않는 '중간 지대'로 몰아붙인다. 그렇다면 기존 기업은 왜 이런 일이 일어나도록 내버려두는 것일까? 스스로 중간 지대에 갇히느니 경쟁자처럼 극단적인 입장을 취하면 되지 않을까?

컴캐스트 사례가 보여주듯 답은 성공을 거둔 임원이 자사의 비즈니스를 어떻게 보느냐에 달려 있다. 부유한 기존 기업은 새로운 기회를 포착하거나 변화를 고려할 때, 자기가 내리는 결정이 현재 비즈니스에 어떤 영향을 미칠지를 가장 먼저 생각한다. 이 자원을 잃을 위험이 있는가? 그렇다면 당연히 새로운 일을 시작하지 말아야 할 이유가 된다. 문제의 자원이 현금인 경우도 있지만 보통은 현금보다 더 중요한 자원을 갖고 있다.

자동차 제조 업체를 예로 들자면 이들은 공장을 보호하고 부품 공급 업자와 긴밀한 관계를 유지할 방법을 강구한다. 신문사는 인쇄 기기와 기자들을 보호하고자 한다. 통신 사업자는 구리 및 광섬유 케이블과 안테나 망을 보호할 방법을 찾는다. 그 자원이 무엇이든 간에 기존 기업은 다음으로 이런 질문을 던진다. 새로운 기회를 이용하려면 우리의 가장 소중한 자원을 어떻게 활용해야 할까? 만약 새로운 기회를 위해 소중한 자원을 활용할 수 없는 상황이라면 기존 기업은 새로운 기회를 별 이점이 없는 기회로 인식한다. 왜 내가 땡전 한 푼 없는 상대방과 같은 입장에서 성공을 놓고 다투어야 한단 말인가?

[블록버스터의 위기는 넷플릭스 탓이 아니다]

블록버스터Blockbuster는 한때 직원 6만 명과 점포 9,000개를 거느린 세계 최대의 비디오 대여 체인점으로 군림한 바 있다. 그러나 CEO 존 안티오코John Antioco의 경영체제 아래에서 5년 동안 거의 10퍼센트 성장률을 보이던 블록버스터는 갑자기 성장을 멈추더니 결국 2010년 파산을 신청했다. 업계 전문가들은 블록버스터의 사망이 우편으로 DVD를 제공하는 온라인 서비스, 특히 넷플릭스의 부상 때문이라고 했다. DVD 우편배달 서비스 사업 모델은 영화, TV 프로그램, 비디오게임을 대여하기 위해 상점에 가야 하는 가치 잠식 활동을 제거했다. 새로운 모델은 고객들에게 대환영을 받았다. 하지만 안티오코는 소비자가 물리적 미디어(처음에는 비디오카세트, 그다음은 DVD)를 빌리고 반환하려면 블록버스트 점포를 방문해야만 하는 전통 모델을 결코 버리지 않았다. 왜 그는 고객의 변화를 감지하고 적응하는 데 실패했을까?

넷플릭스와 DVD 우편배달의 수요가 증가하는 것을 보면서, 안티오코를 비롯해 임원들은 수천 개 상점과 직원을 보유한 블록버스트가 새로운 게임에서 경쟁우위를 차지할 수 없다는 사실을 정확하게 알고 있었다. 그래서 애초에 소비자를 상대하는 직원과 점포를 포기하지 않았고 광범위한 배송 자원을 필요로 하는 서비스 도입을 거부했다. 자원이 풍부한 기존 기업 입장에서 볼 때 새로운 비즈니스 모델을 도입해도 넷플릭스 같은 스타트업들에 비해 큰 이점을 얻지 못할 거라 생각했기 때문이다. 블록버스트의 근시안적인 결정이 반드시 잘못된 분석 때문이라고 할 수 없다. 오히려 주요 강점이라고 생각하는 것을 우선시하고 지키려는 마음자세 때문이다. 하지만 그로 인해 블록버스터는 곧 불어닥칠 소비자 행동의 급격한 변화의 바람을 보지 못했다.

업계에 관계 없이 자원 중심적 사고가 만연한 기업이 많다. 전통적인 소매 업체들은 매장을 수입의 핵심 동인으로 인식한다. 매장을 많이 추가하면 수익이 증가한다고 본다. 통신사들은 네트워크로 연결된 집들을 수익의 원천으로 인식한다. 더 많은 집을 추가하면 수익이 증가한다고 생각한다. 은행들은 지역 내에 있는 지점이 수익을 만들어낸다고 본다. 지점을 더 추가하면 수익이 증가한다고 이해하고 있다. 일반적으로 기존 기업은 자사의 가장 소중한 자산 성장의 직접적인 결과가 수익 증가라고 생각한다. 그러한 자원이 돈을 지불하는 고객을 끌어들이고, 기업은 이 고객들로부터 최대한 뽑아먹는다. 기존 기업이 돈을 버는 방식이 그렇다. 기존 기업의 임원이 결정을 내릴 때 어떤 기준을 적용하는지를 보면 이들의 사고방식이 드러난다. 소매 업계는 매장 면적의 평방피트당 매출을 기준으로 삼고, 소매 은행은 지점당 계좌 수나 수익을 보며, 텔레콤 회사는 광섬유 케이블 마일당 수입을 따진다.

이들에게는 고객을 끌어들일 의미 있는 자원이 결여되어 있기 때문에 이들과 다른 마음자세를 지닌 파괴자들이 접근한다. 우버는 차가 없었다. 에어비앤비는 호텔 객실을 소유하고 있지 않다. 넷플릭스는 매장이 없었다. 파괴자가 보기에 매출 증가는 오직 고객 유치라는 한 지점에서만 발생한다. 고객을 인수하는 데 자산이 필요하다면 그들은 직접 자산을 구축하거나 다른 사람에게서 빌린다. 그렇다고 해서 파괴자들은 자산 구축을 최종 단계로 보지 않는다. 어떤 방식으로 자원을 확보하든 상관없이 파괴자는 고객에게서 뽑아먹기 위해서가 아니라 오직 고객을 확보하기 위해 자산을 최대한 활용할 뿐이다.

파괴자의 사고방식은 자원 중심적이 아니라 순전히 고객 중심적이다. 스타트업이 흔히 사용하는 기준을 보면 알 수 있다. 이들은 고객생애가치Customer Lifetime Value(한 고객이 한 기업의 고객으로 존재하는 전 기간 동안 구매할 것으로 예상되는 이익 흐름에 대한 현재가치-옮긴이), 사용자당 평균 수익average revenue per user, 일정한 구매 주기 내에서 지속적인 구매가 계속되거나 구매 가능성이 높은 활성 고객당 수익revenue per active customer을 기준으로 삼는다.

자원 중심:
특정 기업이 소유한 자원이 가장 귀중한 재산이다.
모든 비즈니스에서 의사결정은
이 자원을 확장하고 활용하는 데 도움이 되어야 한다.

고객 중심:
고객이 가장 귀중한 재산이다.
모든 비즈니스에서 의사결정은
고객 수를 늘리고 고객을 활용할 수 있는 능력을
향상시키는 데 중점을 두어야 한다.

['고객 중심' 넷플릭스의 자기 파괴]

고객 중심의 관점을 지닌 기업이 자원 중심의 관점을 지닌 기업과 어떻게 다른 행보를 보이는지 알아보기 위해 다시 넷플릭스로 돌아가보자. 2011년 리드 헤이스팅스는 내가 여태껏 보았던 디지털 회사의 리더 중 가장 용감한 전략적 결정을 내렸다. 당시 우편으로 DVD를 배송하는 넷플릭스의 원래 사업 모델이 엄청나게 성장하면서 업계를 파괴적 혼란으로 밀어 넣고 블록버스터에 큰 피해를 주고 있었다.

그렇게 계속해서 주가와 수익이 치솟는 와중에, 넷플릭스는 정신이 나간 게 아닌가 싶은 일을 저지른다. 자사의 비즈니스 모델을 스스로 파괴한 것이다. 넷플릭스는 그 몇 년 전에 비디오 스트리밍 사업을 시작했고, 수차례 실험을 거친 후 스트리밍이 결국 DVD 우편배송 서비스를 앞지르고 새로운 독립형 서비스가 될 것이라고 선언했다. 이 결정은 고객, 공급자(영화사), 투자자들 사이에 엄청난 논란을 불러일으켰고, 일부는 헤이스팅스의 퇴진을 요구하는 지경에까지 이르렀다. 하지만 헤이스팅스는 비디오 스트리밍 사업을 포기하지 않았고, 2017년이 되자 그의 결정이 현명했다는 사실이 확연하게 드러났다. 스트리밍이 DVD 우편배송 사업을 크게 앞선 것이다. 2017년 2분기, 넷플릭스의 스트리밍 가입자 수는 DVD 가입자 수의 12배를 넘어섰다.[5]

넷플릭스의 결정은 헤이스팅스를 비롯해 회사 임원들이 얼마나 고객 중심적 사고를 지녔는지 보여준다. 전통적인 기존 기업이었다면 회사의 가장 귀중한 자원인 수백만 개의 DVD와 전국에 퍼져 있는 여러 운송 및 취급 시설에 초점을 맞췄을 것이다. 하지만 온라인에서 콘텐츠를 스트리밍 하는 회사에게 그런 자산은 문제가 되지 않았다. 사실 그런 자산은 가치가 없었다. 새로운 자원에는 강력한 서버, 고속 데이터 통신망 및 할리우드 영화 제작사와의 라이선스 계약을 포함해야만 했다. 헤이스팅스의 선견지명, 그리고 항상 고객을 중심으로 생각하는 마음이 없었다면 이러한 전환이 쉽지 않았을 것이다. 서로 완전히 다른 사업 모델을 추진하려면 처음과는 또 다른 전략적 자원이 필요하기 때문이다. 이렇게 비즈니스 모델 전환을 과감하게 실행하기 위해, 그는 인터넷 서비스 제공자의 가장 중요한 전략적 자원인 고속 데이터 통신망을 사용하기 시작했다. 그 결과, 넷플릭스는 자사 고객에게 불이익을 주면서까지 자기의 귀중한 자원인 셋톱박스와 케이블을 지키고자 했던 컴캐스트와 맞붙게 되었던 것이다.

넷플릭스와의 대결 과정에서 컴캐스트가 고객을 무시했다는 사실은 그리 놀랄 만한 일은 아니다. 미국 고객만족연구소American Customer Satisfaction Institute가 실시한 2007년 고객만족도 조사에서 컴캐스트는 미국 국세청보다 낮은 점수를 받으며 고객만족도에서 최악의 기업으로 선정되었다. 이와 대조적으로 넷플릭스는 문제가 생기자 자사의 고객을 구하기 위해 컴캐스트에게 돈을 지불했다. 그 후 자원이 아닌 고객 소유에 가장 큰 가치가 존재한다는 사실을 깨달은 넷플릭스는 자사가 컴캐스트에 고부가가치 고객들을 데려왔다고 주장하며 수익의 일부를 요구했다.

넷플릭스는 고객들의 진화하는 욕구에 순응했다. 컴캐스트는 고객의 욕구를 따르는 선택 대신 자원을 보존하기로 결정했고, 그 때문에 엄청난 대가를 치러야 했다. 컴캐스트는 고객들의 진화하는 욕구에 부응하기는커녕 고객들을 위험에 처하게 함으로써 자사 케이블 텔레비전 사업부의 성장 정체에 아주 부실한 방법으로 대응했다. 기존 기업과 스타트업은 종종 같은 상황을 놓고 근본적으로 다른 견해를 보인다. 컴캐스트는 자원의 고갈을 겪은 반면 넷플릭스는 고객들의 서비스 구독이 증가했다.

혁신 기업의 대명사, 마이크로소프트에서 일어난 일

기존 기업의 자원 중심적 사고방식이 성장 정체의 근본적인 원인이라면 전문가들의 조언에 따라 단순히 더 많은 혁신을 이뤄낸다 해도 정체 상황을 피하거나 완화할 수 없다. 당신이 동원할 수 있는 엔지니어, 과학자, 디자이너들을 모두 소집해서 무언가 대단하고 새로운 제품이나 서비스를 만들어내라고 요구하거나, 전략 부서를 조직해서 훌륭한 새로운 전략을 고안해내라고 말하기는 쉽다. 하지만 당신이 컴캐스트나 블록버스터의 입장이라면 넷플릭스와 한판 승부를 겨루는 데 필요한 결정을 그런 식으로 내릴 수는 없을 것이다. 오히려 기존 기업의 임원이라면 자원에 대한 애착을 잠시 밀어두고 초점을 고객들에게 돌려야 한다.

심지어 가장 혁신적이라고 하는 기존 기업에도 자원 중심적 사고가 지배적이며, 이 때문에 회사는 쉽게 성장 정체에 처한다. 마이크로소프트는 컨설팅, 서버 제품, 광고 네트워크 같은 비즈니스 솔루션과 전화, 서피스Surface 태블릿, 엑스박스 비디오게임 플랫폼 같은 소비자 제품을 개발한 혁신적 기업이다. 그럼에도 불구하고 이런 모든 제품군 중 마이크로소프트의 매출과 이익에서 가장 큰 몫을 지는 효자 제품은 윈도우와 오피스, 두 가지였다.

이런 불균형은 회사 내부의 권력 관계에도 영향을 미친다. 윈도우나 오피스 소프트웨어 제품 담당자가 회사에서 가장 높은 직위에 오르고 가장 많은 연봉을 받고 가장 강한 실권을 지닌 최고 책임자가 된다. 이들은 회사 현금 흐름의 대부분을 창출해내기 때문에 혁신을 포함한 거의 모든 중요 사항에 대해 결정권을 지닌다. 그 결과 젊은 소프트웨어 엔지니어가 새로운 검색엔진 알고리즘을 생각해내거나 하드웨어 엔지니어가 스마트폰에 관해 혁신적인 아이디어를 들고나온다 해도, 윈도우나 오피스의 최고 책임자가 승인을 해야 아이디어 개발과 상용화로 이어질 수 있다. 만약 최고 책임자가 보기에 새로운 검색엔진이나 전화기가 윈도우 운영체제나 오피스 생산성 스위트productivity suites를 더 많이 판매하는 데 도움이 된다면 그 아이디어는 자금 지원을 받을 가능성이 커진다. 그렇지 않다면 아무리 혁신적이거나 유망한 아이디어도 흐지부지 끝날 수 있다. 윈도우와 오피스를 운영하는 경영진들이 회사의 미래를 완전히 결정한다고 할 수는 없지만 그래도 상당한 영향력을 행사하는 것이 사실이며, 이들은 종종 새로운 아이디어와 혁신에 대해 가장 먼저 거절할 수 있는 무언의 권리를 누린다.

그보다 더 나쁜 상황이 벌어지기도 한다. 아이디어가 윈도우나 오피스 판매에 도움이 되지는 않지만 너무 좋아서(예를 들어 새로운 가상현실 헤드셋이나 차세대 소셜네트워크) 그냥 버리기가 아까우면 윈도우나 오피스 담당 고위 경영자들이 그 아이디어를 빼앗는다. 또는 고위 경영자가 그 아이디어를 그냥 깔고 앉아 아무도 연구에 참여하지 못하게 하는 사태도 발생한다. 이런 일이 자주 발생하다 보니 윈도우와 오피스 외부에 있는 사람들은 이를 '침 발라놓기'라고 부른다. 초등학교 시절 친구들과 함께 밥 먹던 때를 생각해보라. 불량배 같은 아이들이 거들먹거리면서 돌아다니다가 남의 과자를 빼앗아 먹는다. 그러다가 배가 부르면 과자를 집어서 침만 발라놓고 도로 내려놓는다. 자기가 먹을 수 없다면 자기보다 작고 약한 아이들도 먹을 수 없게 하기 위해서다.

마이크로소프트의 엔터테인먼트 및 디바이스 부문 사장이었던 로비 바흐Robbie Bach는 게임, 음악, 비디오, 전화, 소매 업계를 20년간 담당했다. 그는 나와의 인터뷰에서 누군가 자기 과자에 침을 발랐던 사례를 떠올리며 이렇게 말했다. "우리 팀은 좀 더 나은 미디어 플레이어를 만들고 싶었다. 하지만 윈도우 팀은 자기들이 미디어 플레이어를 만들고 싶어했다. 그래서 결국 윈도우 팀이 디자인을 맡게 되었다. 그 사람들이 사악해서 그랬을까? 아니다. 일하다 보면 이기주의가 발생한다. 그러면 두 팀 다 지는 거다. 누구도 성공하지 못한다. 그리고 결국 모든 피해는 고객에게 돌아간다. 그래서 어떻게 됐을까? 결국 애플이 승자가 됐다."[6]

어느 순간부터 마이크로소프트의 임원들은 고객의 이익에 가장 부합하는 제품을 출시하는 것이 아니라 자신에게 이익이 되는 결정을 내렸다. 마이크로소프트는 강력한 혁신 엔진을 보유하고 있었지만 사내 일부 세력들은 유망한, 심지어 업계 판도를 바꿀 기회를 말살시키면서 혁신 제품의 등장을 방해했다.[7] 의사 결정권자들은 높은 수익이 기대되는 사업에 자원을 활용하려 했지, 불확실하고 입증되지 않은 아이디어에 시간, 돈, 명성을 투자하기를 원하지 않았다. 이는 마이크로소프트에만 한정된 이야기가 아니다.

2014년 최고경영자에 오른 사티아 나델라Satya Nadella의 지도력 아래, 마이크로소프트는 다시 고객에게 시선을 돌리기 시작했다. 성공을 이룬 여느 회사들이 그 과정에서 경험했듯이 내부 혁신은 쉽지 않은 일이다.

최고급 쇼핑몰 개발 업체인 웨스트필드 코퍼레이션Westfield Corporation을 보라. 2012년 웨스트필드는 새로운 사업부인 웨스트필드 리테일 솔루션Westfield Retail Solutions를 만들어 혁신을 시도하면서 소매 파트너를 위한 혁신적인 솔루션 개발 책임을 맡겼다.[8] 고위 간부들은 새로운 사업부의 중요성을 이해하고 있었지만, 중간 관리자들의 지원 및 협력 부족으로 사업은 어려움을 겪었다. 조엘 카우프만Joelle Kaufman 전 전략담당 부사장은 당시 상황을 이렇게 기억했다. "우리가 (웨스트필드 리테일 솔루션에서) 하는 일에 대한 기대가 엄청났다. 하지만 결정적 순간에는 아무 변화도 일으키지 못했다. 전통 비즈니스를 담당하던 관리자들은 그날그날 넘어가는 데만 신경 쓰고 있었다." 그들에게는 디지털이 하루 일당량을 채우는 일과는 아무 관계도 없어 보였고, 따라서 디지털 솔루션을 지지하지도 않았다. 사사로운 이익을 좇아 자기가 중요하다고 생각하는 일에 관심을 쏟았다.

대부분의 유명 대기업에서도 이와 유사한 역학 관계를 볼 수 있다. 혁신의 결여는 연구개발 문제가 아니라 고객 중심적 사고의 문제. 따라서 사내 제품 개발자들에게 '무조건 혁신'을 요구한다고 해서 성장 정체를 막을 수는 없다. 혁신을 하려면 먼저, 리더와 관리자에게 존재하는 고객 중심적 사고를 가로막는 장애물을 제거해야 한다. 그 과정에서 인간의 본성과 직접 대면하게 된다. 현실에서 기업들은 고객 중심적이지 않다. 사람들이 고객 중심적이다. 그러면 고객을 우선시하기 위해서는 회사 내에 어떤 사람들이 필요한지 살펴보자.

고객 중심 혁신안: 인센티브를 바꾸든지 사람을 바꾸든지

동기심리학 분야의 학자들이 말하듯 사람은 두 가지 조건이 충족되어야만 원하는 일을 자유롭게 수행할 수 있다. 첫째, 임무를 수행할 수 있는 기본적인 기술과 자원을 보유하고 있어야 한다. 일을 수행할 능력이 부족한 상태에서도 노력할 수는 있지만 확실한 성공에는 이르지 못한다. 둘째, 일을 할 능력도 있어야 하지만 그 일을 하고 싶은 마음이 있어야 한다. 따라서 직원들에게 고객의 욕구에 집중하도록 동기를 부여하려면 기업은 직원들이 그렇게 할 수 있게 준비를 갖추어주고 적절한 인센티브를 제공해야 한다.

직원들이 고객의 진화하는 필요와 욕구에 부응할 수 있게 준비시키려면 기업은 직원들이 알아서 할 수 있게 많은 일을 맡겨야 한다. 즉 직원이 고객을 관찰하거나 연결할 기회, 고객을 이해하고 그들의 요구에 대응할 수 있는 지적 접근, 고객을 대신해 회사 내부에서 효율적으로 활용할 수 있는 내부 프로세스, 마지막으로 고객을 대하는 실제 경험이 필요하다. 직원들이 이런 기회와 도구를 충분히 활용하지 못할 수도 있지만, 어쨌든 대부분의 대기업은 이런 기회와 도구를 전달할 프로세스를 마련해놓고 있다.

두 번째 조건인 고객 중심주의를 촉진하기 위한 인센티브는 무엇일까? 기업에 가장 큰 장애가 되는 것이 인센티브이다. 마이크로소프트, 웨스트필드, 블록버스터, 컴캐스트의 경우에도 이 부분이 부족했다. 카우프만에 따르면 웨스트필드의 경우 회사 비즈니스의 전통적인(그리고 하락하는) 부분에서 일하는, 자원 중심적 사고를 지닌 관리자들은 고객 중심주의에 뿌리를 둔 혁신을 좋은 것으로 생각했을지는 모르지만 여기에 보상이 따르지 않는다고 생각했다. 이 관리자들은 주로 자원이 풍부한 사업 부분이 성장하는 과정에서 혜택을 받으며 회사 생활을 했다. 따라서 새로운 계획을 위해 일하는, 자원이 부족한 부서의 관리자들에게서 도와달라는 요청을 받으면 관행적으로 거절부터 해온 것이다.

카우프만은 "오해 아닌 오해가 존재했다"고 하면서 과거 사고방식을 옹호하는 관리자들의 마음을 이렇게 표현했다. "우리가 수익의 99퍼센트를 책임지고 있다. 디지털 파트가 투자의 대부분을 가져가고 있지만 비용 대부분을 부담하는 건 우리다. 임원들은 디지털 부분에 많은 시간을 할애한다. 우리도 멋지고 새로운 비즈니스에 함께하고 싶다. 우리에게 새로운 계획을 실행하는 데 필요한 자금을 대라고 하지만, 막상 그것 때문에 우리 사업부에서 목표 달성을 하지 못하면 줄어드는 건 우리가 받는 보너스뿐이다." 카우프만은 "혁신에 성공했을 때 사내 참여자 모두가 승리한다는 생각을 하게 만들어주지 못하면 그 조직은 패할 수밖에 없다"고 말한다.[9] 결국 자원 중심적 사고가 승리할 것이다.[10]

인센티브 부족 문제를 해결하기 위해 CEO와 임원, 이사회 및 그외 책임자들이 기억해야 할 것이 있다. 직원들이 생각하는 우선순위와 고객의 욕구를 한 줄로 일치되도록 재조정하는 방법에는 두 가지가 있다. 첫째, 여러 종류의 인센티브를 제공해 직원들이 금전적 보상(급여, 상여금)과 승진 등의 혜택을 확보할 수 있게 한다. 이를 무리한 요구로 받아들이는 대기업도 많다. 임원 한 명이 보상과 승진 결정을 독단적으로 처리할 수는 없기 때문이다. 따라서 지도층 모두가 함께하는 노력이 필요하다. 둘째, 이미 고객을 최우선으로 여기는 임원이나 관리자들을 불러들이는 방법이 있다. 요약하자면 같은 사람들을 쓰면서 인센티브를 바꾸든지, 아니면 사람을 바꾸든지, 방법은 둘 중 하나다. 다음에 소개하겠지만 두 가지 방법 모두 효과를 발휘할 수 있다.

(1)인센티브 바꾸기: 인튜이트의 성장 비결

[인튜이트는 어떻게 수십 년간 성장할 수 있었을까]

소프트웨어 제조 업체 인튜이트Intuit는 인센티브를 신중하게 조정함으로써 고객 중심 혁신을 군건히 이어오고 있다. 1983년에 설립된 인튜이트는 터보택스TurboTax, 퀵북스QuickBooks 같은 금융, 회계, 세금 관련 소프트웨어를 개발하고 판매한다. 2017년 미국에서 인튜이트 매출은 52억 달러에 이르렀고, 4분기 매출과 연간 영업이익은 둘 다 연간 12퍼센트 성장을 기록했다. 또한 2017년 한 자문 회사는 인튜이트의 재무 실적이 상장기업 중 상위 1퍼센트에 속한다고 평가했으며, 인튜이트의 주력 제품인 퀵북스는 시장점유율 80퍼센트를 기록했다.[11] 인튜이트는 기업 라이프사이클의 말기 단계에서도 성장하는, 상당히 독특한 사례라 할 수 있다.

재정적 안정과 시장에서의 성공에도 불구하고 2018년 인튜이트는 스스로 파괴 작업에 들어갔다. 인튜이트는 업계 리더 자리와 성장을 위해 과거에도 여러 차례 자체적으로 파괴를 감행했었다. 인튜이트는 폐쇄적이고 중앙 집중식으로 관리되는 소프트웨어 회사에서 개방형 플랫폼으로 전환하는 비즈니스 모델 혁신을 꾀했다. 인튜이트는 자신을 플랫폼으로 내세웠다. 독립 개발자들이 자사 제품에 연결할 수 있는 모바일 및 데스크톱 앱을 만들어 고객과 개발자, 인튜이트 모두에게 이익이 되게끔 자극하고 유도했다.[12] 적어도 인튜이트의 리더십팀의 바람은 그랬다.

공동 창업자이자 현 이사회 의장인 스콧 쿡Scott Cook은 인튜이트 설립 이후 내내 독창적이고 혁신적이면서도 고객에 주력하는 문화를 회사에 주입하고자 노력해왔다. 쿡은 혁신을 '참신함 그리고 중요성'이라고 정의했다. 즉 새로운 계획은 참신해야 할 뿐만 아니라 고객에게 의미 있는 향상을 제공해야 한다는 것이다. 이런 혁신을 키워내기 위해 쿡은 혁신에 상당한 자금을 지원했다. 인튜이트의 연구개발 지출 비중은 수익의 19퍼센트로 구글(15.5퍼센트), 마이크로소프트, 아마존, 애플(4.7퍼센트)보다 높다.[13] 하지만 자금 지원만으로는 대기업 내부에 도사리고 있는, 소리 없이 조직의 변화를 방해하는 세력을 넘어서기에 충분하지 않았다. 쿡 역시 이 사실을 잘 알고 있었다. "직원들은 아이디어가 있고 그 아이디어에 신이 난다. 문제는 회사가 방해가 된다는 것이다. 그 많은 회의를 거치면서 임원들에게 일일이 설명하고 승인받아야 하며 파워포인트를 사용해 발표를 해야 한다. 나를 비롯해 임원들은 혁신을 가로막는 장벽을 제거해야 한다."

이런 장벽을 제거하기 위해 인튜이트는 고객 주도형 혁신Customer Driven Innovation이라는 접근방식을 제도화했다. 쿡은 말했다. "관리자들로 하여금 단순히 거수기 역할을 하지 못하게 했더니 효과가 있었다. 프로젝트를 놓고 좋다, 나쁘다 마음대로 결정할 수 없게 했다. 대신에 고객을 중심으로 한 실험과 시험 결과에 따라 프로젝트 승인 여부를 결정하게 했다. 고객은 우리가 개발한 제품과 서비스에 추진력을 더해준다. 그래서 회사는 고객 시험 결과에 따라 결정을 내려야 한다는 것을 알고 있다. 관리자의 의견이 아니라 소비자 시험 결과를 존중해야 한다."

[자발적 혁신을 부르는 인센티브 정책]

고객 주도형 혁신의 일환으로 인튜이트는 주요 프로세스 및 인센티브 유형 몇 가지를 고안해냈다. 많은 사람들은 '인센티브'라고 하면 먼저 금전적 보상을 떠올리지만, 금전적 이외의 보상도 직원들이 고객 중심의 혁신을 추구하게 만들 수 있다. 금전, 시간, 노력 비용의 감소가 고객에게 분리를 위한 동기를 부여하듯이, 직원들에게 고객을 대표해서 혁신할 수 있게 시간을 더 많이 제공하고 그 과정을 더 쉽게 만들어준다면 혁신 활동에 자발적으로 참여하도록 장려할 수 있을 것이다.

인튜이트는 직원들이 고객과 긴밀한 연락을 취할 수 있게 함으로써 고객 중심의 혁신을 추구하기 쉽게 만들어주었다. 소수의 직원들이 고객의 집이나 작업장을 방문해서 직접 경험하게 하는 '팔로우 미 홈follow-me-homes' 프로그램을 정기적으로 실행하게 했으며, 고객의 집을 방문한 직원은 고객이 소프트웨어 제품을 열고 설치하고 사용하는 모습을 지켜볼 수 있었다. 이 프로그램에서 아이디어를 얻어 2011년에는 소프트웨어 개발자인 휴 몰로치Hugh Molotsi가 스타트업과 유사한 형태의 소규모 내부 팀을 이끌어 퀵북스와 함께 사용할 수 있는 신용카드 결제 서비스인 퀵북스 머천트 서비스를 만들어냈다.[14] 2017년까지 직원들은 매년 약 1만 시간의 팔로우 미 홈 정책을 시행하고 있었다. 인튜이트에서 CFO를 역임했던 브래드 헨스케Brad Henske는 이렇게 말했다. "일전에 마이크로소프트가 인류학자를 고용해 사람들이 어떻게 일하는지 연구했다는 글을 읽은 적이 있다. 우리도 회사에 그런 사람들이 있다. 바로 우리 직원들이다."[15]

인튜이트는 또한 고객 중심 혁신에 대한 내부 저항을 줄이기 위해 금전적 인센티브를 도입했다. 쿡은 "관리자의 보너스는 수익 및 이익 창출에 따라 지급된다. 대형 프로젝트를 실행하게 되면 그 일에 종사하는 2~3년 동안은 보너스가 줄어들게 된다. 성과에 따라 중간 및 고위 관리자들의 보너스가 달라진다는 사실을 고려하면 관리자들이 새로운 혁신을 싫어하는 이유도 충분히 이해가 된다. 우리는 그 점을 바꾸고 있다." 쿡은 금전적 인센티브를 통합하고 동시에 경영진의 판단이 아닌 고객 테스트 결과에 따라 결정을 내림으로써, 인튜이트의 하위직 직원 수천 명의 아이디어 제안을 가로막던 주요 장벽 두 가지를 제거했다.

고객 중심의 혁신을 장려하기 위해 인튜이트 직원들을 위한 인센티브를 변경하면서 쿡은 단순한 일체형 시스템이 아니라 직원들의 다양한 요구와 욕구를 충족시킬 수 있는 맞춤형 인센티브를 제공했다. 금전적 인센티브는 최고위급과 중간급 의사결정자에게 효과가 있었지만 연구에 따르면 일부 인튜이트 관리자들에게는 별 효과가 없었다. 쿡은 말했다. "과거에 혁신 부문에서 상을 받은 사람들을 대상으로 설문조사를 실시했다. 우리는 사람들이 원하는 것이 돈이라고 생각했다. 하지만 그들은, 진정으로 필요한 것은 시간이라고 했다. 그 사람들에겐 돈보다 시간이 훨씬 더 중요했다. 그래서 그들을 일상적인 임무에서 벗어나게 해줘야겠다고 생각했다. 그리고 3개월 완전 휴가 또는 6개월 반일제 휴가를 주었다." 특히 규모가 큰 기존 기업의 경우에는 포괄적 인센티브 제도가 실패할 가능성이 높다. 직원들이 돈을 중요하게 생각한다면 회사는 돈을 제공해야 한다. 직원들이 시간을 소중히 여긴다면 회사는 시간 역시 제공해야 한다. 칼 마르크스Karl Marx가 언젠가 말했듯이 "각자의 필요에 따라" 제공해야 한다.

인튜이트 사례에서 알 수 있듯이 인센티브는 고객 중심의 혁신을 촉진할 수 있는 최고의 수단이다. 시간이 지남에 따라 전체 인력에게 지속적으로 작용할 가능성이 가장 높은 도구다. 적절한 인센티브가 없다면 당신이 할 수 있는 일은 그저 혁신이 일어나기를 기도하고 최선을 바라는 것밖에 없다.

(2)사람 바꾸기: 악셀 스프링거 이야기

[유럽 최대 출판미디어 그룹의 변화]

인튜이트는 고객 중심의 혁신을 촉진하면서 직원 변경에는 그다지 신경 쓰지 않았다.[16] 하지만 때로는 새로운 사람을 영입해야 할 때도 있다. 2019년 유럽 최대의 출판미디어 기업인 악셀 스프링거 Axel Springer는 매출액 기준으로 세계 25위 미디어 대기업 중 하나로 다수의 신문·잡지 비즈니스를 소유·운영하고 있었다.[17]

2002년 현대화 및 변화의 필요성을 인식한 이사회는 신문사에서 편집장을 역임했던 마티아스 되프너Mathias Döpfner를 CEO로 영입했다. 악셀 스프링거를 세계 최고의 디지털 출판사로 만들고 싶었던 되프너는 2006년에 본격적인 변신을 시작했다. 미디어 회사의 3대 핵심 사업인 저널리즘(콘텐츠), 상업 광고, 안내 광고를 디지털화하는 것이었다. 사실 되프너의 도전은 불가능에 가까웠다. 당시 디지털 비즈니스가 거둬들이는 매출은 회사 총 매출의 1퍼센트에 불과했기 때문이다.[18]

악셀 스프링거의 유료 모델 부문 사장인 얀 바이어Jan Bayer는 나와의 인터뷰에서 회사 지도부가 새로 가고자 하는 방향에 얼마나 집중하고 있는지를 보여주었다. 악셀 스프링거 이사회는 잡지나 신문 같은 기존 사업의 수익 감소에 별다른 조치를 취하지 않고 있었다. 바이어는 이렇게 말했다. "우리는 신문 판매 부수의 감소에 대해 어떤 논의도 하지 않았다. 자연스러운 현상이라고 생각했다. CEO 마티아스 되프너는 그저 앞만 바라보고 있었다." 내가 바이어에게 회사의 방향 전환에 대해 놀라웠던 점이 있다면 무엇이었는지 물었다. 그는 "(기존 사업이) 얼마나 빠른 속도로 줄어들고 있는지 과소평가하고 있었다"고 대답했다. 이렇게 기존 사업이 급격히 감소하고, 많은 구세대 미디어 전문가들이 회사에 존재하는 상황을 감안할 때 회사는 새로운 인재들을 수혈할 수밖에 없었다. 인센티브 조정만으로는 원하는 만큼 신속하고 과감하게 혁신할 수 없다고 판단했다. 구체적으로 말하자면 악셀 스프링거는, 디지털 기술과 사업 모델에 대해 알고 있을 뿐만 아니라 그 분야에서 일하기를 좋아하고 "다양하며 기업가적인 성격"을 지닌 사람들을 필요로 했다.[19]

[악셀 스프링거의 '공동 책임제']

되프너는 기술 및 디지털 스타트업을 인수하는 방법으로 인재를 영입하기로 마음먹었다. 2007년부터 2017년 사이에 악셀 스프링거는 미국의 비즈니스 인사이더Business Insider, 이마켓터eMarketer, 스릴리스트Thrillist.com 등 전 세계에서 약 150개 스타트업을 인수했다. 또 되프너와 이사회는 에어비앤비, 우버 등 미디어 분야가 아닌 사업에도 소액 투자를 했다.

본질적으로 악셀 스프링거의 접근방식은 벤처캐피털 기업을 모방하고 있었다. 그들은 어떤 대가를 치르더라도 스타트업 창업자들을 지키고 유지하려 했고, 창업자들이 악셀 스프링거의 다른 사업부와 엮이지 않고 독립적으로 비즈니스를 운영할 수 있게 해주었으며 소규모 사업체들이 인수되기 전에 시행하던 인센티브 구조를 유지하게 해주었다. 창업자들은 사업 일부에 대해 소유권을 계속 유지하고 있었고 수익성을 높이면 보상도 받았다. 악셀 스프링거에 회사를 넘긴 한 창업자는 악셀 스프링거가 제공하는 가장 좋은 인센티브는 "우리 브랜드가 독립적인 상태를 유지하면서 우리만의 미래를 건설할 기회를 주었다"는 것이라고 했다.[20]

되프너의 과감한 변화 시도는 효과가 있었다. 바이어에 따르면 2017년 악셀 스프링거 매출의 75퍼센트가 디지털 제품 및 사업에서 발생했다고 한다. 회사는 과감한 변화에 성공했지만 당연히 이면에는 아픔을 겪은 기존 사업부도 있다. 옛 사업(신문과 잡지 출판)과 새 사업(디지털 기업) 사이에 문화적 충돌이 일어났다. 되프너가 스탠

퍼드 사례연구에서 설명했듯이 "초기의 문제라고 한다면 조직에서 약 90퍼센트의 패배자(인쇄)와 10퍼센트의 승자(디지털)가 발생했다는 점이다. 패배자 측은 수적으로 우세하다는 이유만으로 변화를 거부하고 이를 제압할 수 있는 위치에 있었다. 그래서 '인쇄 부문의 승인을 유도하기 위해서는 공동 책임제를 만들어야 한다'고 생각했다."[21]

악셀 스프링거는 '공동 책임제'를 어떻게 만들 것인가? 해답은 디지털 스타트업과 기존 비즈니스가 같은 공간에서 일하면서 서로 도움을 주고받도록 만드는 것이었다. 한 예로 회사는 주요 타블로이드 신문 〈빌트Bild〉와 온라인의 빌트 격인 빌트닷데Bild.de를 통합 운영하게 했다. 악셀 스프링거의 오프라인 안내 광고 사업부는 온라인 안내 광고 사업부와 짝을 이뤄 일해야 했다. 이렇게 통합된 사업부는 사업 운영과 성공에 함께 책임을 져야 했고, 이는 오래된 직원과 새로 들어온 직원이 사이좋게 지내야 함을 의미했다. 디지털과 인쇄 분야 전체에 걸쳐서 콘텐츠 제작, 디자인, 마케팅, 손익을 관리하는 일은 비즈니스 총괄 관리자의 몫이었다.

결국 되프너는 고객에게 이익이 되는 변화와 혁신을 이뤄내기 위해 악셀 스프링거의 인력 구성을 조정했다. 그는 대량 해고를 하지 않고 기존 사업에서 일하던 '구세대' 인력을 계속 고용하기로 결정했다. 사실상 그는 직원들에게 스스로 운명을 선택하게 했다. 직원들은 예전 그 자리에 계속 머물러 있으면서 쇠퇴하는 비즈니스와 함께 도태되던가, 아니면 배우고 적응하면서 새롭게 성장하는 사업으로 전환할 수 있었다. 적응한 사람들은 외부인들과 함께 일하게 된다. 외부인들은 이미 디지털 미디어 비즈니스를 시작하고 성장시킬 만한 내적 동기와 기술을 보유한 사람들이다. 스스로 기회를 결정할 수 있었던 직원 개개인은 회사를 이끌고 나가는 큰 힘이 되어 주었다.

종합해서 말하자면 직원들은 나이가 많고 충성스러운 고객과 젊고 변덕스러운 고객이라는 두 그룹의 고객들을 모두 만족시키는 법을 배워야 했다. 창단 멤버들과 새로운 미디어 인력이 서로 적절한 균형을 찾기란 쉬운 일이 아니었지만, 되프너의 지휘 아래 결국 해낼 수 있었다.

고객 중심으로 재정비하기 위한 리더의 선택

많은 기업들이 빠른 성장을 거듭하다 갑작스러운 성장 중단, 그에 따른 매출 정체 또는 감소를 경험한다. 여러 번 말했지만 획기적인 방법을 통해 성장 정체에서 벗어나려는 노력은 그다지 좋은 방법이 아니다.

먼저 고객을 중심으로 조직을 재정비해야 한다. 파괴적 스타트업들은 자사의 실물 자산이나 기타 자원이 아닌 고객에게 의도적으로 초점을 맞춘다. 신규 진입 기업이 그렇게 빠르게 성장하는 이유는 그 때문이다. 기업은 오랜 시간 성장하고 자리를 잡아가는 과정에서 자사의 가장 귀중한 자원을 유지하고 활용하기 위해 노력한다. 하지만 이런 방식은 새로운 진입자들에게 기존 기업의 취약점을 노출시킬 뿐이다. 기존 기업은 정체를 피할 수 있다. 그 말은 고객 우선주의로 가는 길에 놓인 장애물을 피하고 처리할 수 있게 조치를 취해야 한다는 뜻이다. 전에도 얘기했지만 이는 고객 개인이 중요하게 생각하는 것에 주의를 기울인다는 것을 의미한다.

기업 차원에서 리더는 관리자들로 하여금 자원 중심적 사고에서 벗어나 다시 고객에게 초점을 맞추도록 만들어야 한다. 예를 들어 리더는 새로운 프로젝트에 회사의 주요 자산을 활용하려는 관리자에게 벌칙을 가하는 방법을 고려할 수 있다. 블록버스터는 새로운 사업을 위해 기존 매장 공간이나 매장 직원을 활용하자고 제안하는 관리자에게 높은 '임대료rent'를 부과할 수 있었을 것이다. 마이크로소프트는 회사가 관행으로 여기던 일 처리 방식을 정반대로 바꿀 수 있으며, 윈도우나 오피스 책임자가 새로운 아이디어나 혁신안을 진행하지 않고 깔고 앉아 있을 경우 그들의 예산을 삭감할 수도 있다. 먹지도 않으면서 남의 과자에 침을 바르는 행위에 대해 대가를 치르도록 해야 했다.

반면 변화하는 고객들을 만족시키는 데 도움이 되는 방법이라면 여타 자산의 개발과 사용을 장려할 수도 있어야 한다. 리더는 관리자들이 이런 새로운 자산에 투자하는 대가로 받을 수 있는 내부 리베이트를 도입함으로써 변화를 이끌어갈 수 있다. 캘리포니아 주가 전기차를 구입하는 사람들에게 세금을 환급해주는 것처럼, 경영진은 직원들이 고객의 변화하는 요구에 부응하기 위해 새로운 자원을 구축하거나 획득할 수 있게 자금을 제공할 수 있다. 분명한 점은, 리더는 새로운 자원이 세 가지 형태, 즉 가치 창출 활동 증가, 가치에 대한 대가 부과 축소, 가치 잠식 활동 제거 중 한 가지 형태로 고객에게 실질적이고 향상된 가치를 제공할 것으로 기대해야 한다.

CEO는 또한 고객의 이익 증진을 위해 노력하는 경영진과 관리자가 혜택을 얻도록 적절한 인센티브를 제공해야 한다. 회사 전체의 인센티브 구조를 종합적으로 살펴보라. 어딘가에서 어떤 면에서 사람들은 고객에 대한 흥미를 잃었다. 오로지 경쟁자, 협력자, 또는 자기 자신의 경력만 생각하면서 시간을 보내고 있다. 직원들이 고객에 대해 다시 생각할 수 있도록 장려할 방법을 찾아라. 웨스트필드의 기존 관리자들이 새로운 사업부 동료들에게 자원을 공유하지 않았던 이유는 무엇일까. 오래된 관리자들이 그렇게 하도록 동기를 부여할 장려책이 없었기 때문이다. 그들에게 돌아가는 경력상의 이익과 보수는 여전히 과거의 기준에 맞춰져 있었다. 당신 회사의 관리자들도 혹시 이와 유사하게 인센티브 제도에서 불이익을 당하고 있진 않은지 살펴보길 바란다. 만약 그렇다면 이를 고칠 수 있는 방법이 하나 있다.

보너스 책정 기준을 바꿔라. 관리자가 자신의 예산을 사용해 새로운 영역과 계획 개발에 얼마나 도움을 주었는지도 포함시키는 것이다. 그러면 혁신 사업을 직접 담당하지 않는 직원들도 회사의 새로운 계획에 동참하고 싶은 자극을 받을 것이다. 운용 가능한 자원을 지닌 관리자라면 새로운 계획에 대해 더욱 열린 태도를 갖고 지원에 나설 수 있다.

적어도 한 가지는 확실하게 말할 수 있다. CEO가 직원들의 동기부여를 위해 하는 연설, 멋들어진 비전 발표, 혁신을 위한 자원 배분 등 기업이 혁신을 촉발하기 위해 활용하는 일반적인 전술은, 경영자와 관리자들 사이의 협력을 촉진할 수 있는 제대로 된 인센티브가 존재하지 않는 한 모두 실패할 것이다.

예전과 동일한 사람들을 쓰면서 그들에게 제공하는 인센티브 방식을 바꾸든, 아니면 아예 사람들을 바꾸든, 인센티브 조정에 대한 방법을 논의하라. 지속적인 성장의 일차적인 책임은 경영진에게 있다. 고객 중심의 재배치를 위한 추진은 조직의 맨 위에서 시작해야 하며, 이사회를 포함한 고위 간부들은 개인적으로 이 변화를 감독해야만 한다. 또한 리더들은 회사의 모든 고객층을 고려하고 고객을 특정 사업부의 복지보다 우선해야 한다.

케이블 TV 비즈니스가 정체에서 벗어나지 못하자 컴캐스트의 CEO는 자사의 번창하는 사업부에 도움을 주는 채널 파트너인 인터넷 서비스를 공격하려 했다. 다른 CEO들이 이런 실수를 저지르지 않도록 하기 위해 이사회는 각 사업부의 재무 건전성이 아니라 기업의 고객 및 가치사슬의 건전성과 관련된 지표를 만들어야 한다. 만약 그렇게 했더라면 컴캐스트의 CEO도 자원 중심적 사고방식을 포기하고 가장 중요한 대상이 고객이라는 사실을 분명하게 깨달았을 것이다.

궁극적으로 고객 중심 기업에는 특별한 리더들이 있다. 디지털 파괴, 특히 디커플링을 전반적으로 이해할 뿐만 아니라 생동감 있고 건강한 회사를 만들어주는 힘의 진가를 알아보는 이사회와 임원진이 있다. 이들은 고객의 욕구를 더욱 잘 충족시킬 수 있도록 사내에 추진력을 제공한다. 고객 중심적 기업에는 또한 신속하고 단호한 행동의 중요성을 이해하는 리더가 있다. 뇌졸중이나 심장마비에 걸린 환자도 얼마나 신속하게 대처하느냐에 따라 생사가 갈린다. 기업도 크게 다르지 않다. 경영진은 성장 정체 현상을 심각하게 받아들여야 한다. 그러지 않으면 회사는 완전히 회복하지 못할 수도 있다.

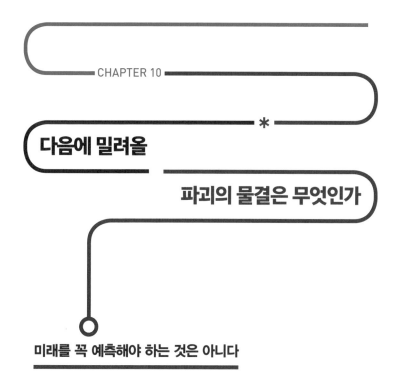

CHAPTER 10

다음에 밀려올 파괴의 물결은 무엇인가

미래를 꼭 예측해야 하는 것은 아니다

지금까지 시장 파괴의 물결, 즉 디커플링에 대해 알아보았다. 이 물결은 점점 거세지고 있지만 언젠가는 가라앉을 것이다. 그렇다면 우리는 디커플링 그다음에 밀려올 물결을 어떻게 알 수 있을까? 어디에서 파괴가 일어날까? 그리고 파괴와 함께 따르는 새로운 기회와 위협은 무엇일까?

일반적으로 기업들은 미래를 예상하고 그에 대비한 상세 시나리오를 작성함으로써 이런 우려를 해결한다. 하지만 최근에는 그런 접근법에 의문이 제기되고 있다. 이미 성숙 단계에 있는 석유 산업을 보자. 셸Shell의 CEO 벤 반 뷰어든Ben van Beurden은 2018년에 이렇게 말했다. "현재 어려운 점은 미래가 어디로 갈지 더 이상 알 수 없다는 것이다."[1] 셸의 가이 아우텐Guy Outen 전략담당 부사장은 장기간 안정을 유지했던 에너지 산업이 최근 몇 년 사이에 "복잡한 상태complicated에서 복합적인 상태complex"로 변했다고 설명했다.[2]

이런 상황에서 미래를 대비해 계획을 세운다는 것은, 현재 여타 많은 산업에서도 느끼듯이 상당히 어렵고 다소 헛된 일이기까지 하다. 그런 이유로 경영진이 먼저 미래를 살펴보고, 회사가 어떤 위치를 목표로 하는지를 결정한 다음, 그에 필요한 전략적 자산을 결정하기 위해 시간을 거슬러 연구해야 하는 장기적인 계획 접근방식은 거의 효과가 없다. 경영진이 어떤 결정을 내리기에는 미래가 너무 불확실하다. 아니면 정확한 전략적 계획을 세우기에는 미래에 대한 세부 정보가 충분하지 않다.

세계의 미래 에너지원을 예로 들어보자. 우리에게 불확실한 문제는 재생 가능한 에너지원이 화석 연료에 비해 성장할 것인가 아닌가 하는 것이 아니다. 그것은 누구나 아는 문제다. 문제는 전체 시장의 몇 퍼센트를 차지할 것인가이다. 과연 몇 퍼센트나 차지할까? 30퍼센트? 50퍼센트? 70퍼센트? 그게 언제나 되어야 가능할까? 2020년? 2050년? 2100년까지? 셸, GM, 보잉, 테슬라을 비롯한 많은 회사들은 언제까지 몇 퍼센트를 예상하느냐에 따라 현재 세워야 하는 계획이 완전히 달라진다. 하지만 덴마크 속담에서 말하듯 예측 중에서도 특히 미래 예측은 어려운 일이다.[3]

예측에 기반한 계획 설립을 좀 더 쉽게 하기 위해 기업가와 경영자들은 자신의 시장이나 산업에만 초점을 맞추어 분석을 단순화하고자 했다. IBM의 연례 설문조사에 따르면 CEO 중 자사 내부가 아닌 외부에서 또는 공급 업체나 소비자에게서 혁신적인 아이디어를 찾는 비율은 4분의 1 미만이었다.[4] 마찬가지로 다국적 회계컨설팅 기업 프라이스워터하우스쿠퍼스PwC가 잠재적 파트너나 제휴 관계에 대한 CEO들의 생각을 조사한 바로는, 자사가 속한 산업 외부의 회사나 기업을 파트너 대상으로 전혀 고려하지 않는다는 CEO가 절반이나 되었다.[5] 경영진은 자체 시장 보고서를 읽고, 자체 공급 업체와 대화하며, 자체 산업 콘퍼런스에 참석하고, 자체 제품 및 서비스의 소비자에게만 묻는다. 점점 더 불확실해지고 급변하는 세상에서 다른 곳 또는 외부에까지 가능성을 타진한다는 것은 기업가나 경영자가 감당하기 벅찬 일이다.

디커플링 이론은 우리에게 미래를 준비하는 또 다른 방법이 있다고 알려준다. 우리에게 시야를 좁히고 내부만 쳐다보라고 요구하지도, 먼 미래에 대해 확실한 예측을 내놓으라고 강요하지도 않는다. 앞에서 보았듯이 디커플링 이론은 파괴를 고객이 주도하는 현상으로 간주한다. 고객들은 변화의 필요성을 느끼고, 그에 따라서 새로운 소비자 행동이 나타나며, 이는 기업에게 진화하는 고객의 욕구를 더 잘 충족시킬 수 있는 제품을 제공할 기회를 열어준다. 디커플링 이론은 또한 우리에게 하나의 시장이나 산업에만 영향을 미치는 작은 변화를 보지 말고 고객들에게 영향을 미치는, 크고 넓게 퍼져가는 변화에 주목하라고 말한다. 앞서 말했지만 진정한 파괴 효과가 나타나려면 고객의 제품 및 서비스 조달 방식의 변화가 시장 한 곳이 아닌 여러 곳에서 발생해야 한다. 그게 아니라면 고객 행동의 변화는 그저 지나가는 유행에 불과하다.

장기간 지속되는 고객 주도적 변화 현상에 초점을 맞추면 먼 미래를 예측해야 하는 부담에서 상당 부분 자유로워진다. 앞으로 몇 년 후에 확실하게 나타날 큰 변화는 이미 우리 앞으로 다가왔다. 만약 당신이 어디를 보아야 할지를 안다면 말이다. 우리는 현재를 연구함으로써 미래를 준비할 수 있다. 현재로 미래를 점친다고 해서 이를 '프레즌트-캐스팅present-casting'이라 한다. 이 방식은 미래 예측보다 훨씬 더 간단하고 정확한데 사실 마케팅 세계에 널리 알려진 방식이다.

2009년 구글의 수석 경제학자 할 배리언Hal Varian은 「구글 트렌드로 현재 예측하기」라는 제목의 논문으로 논란을 일으켰다. 이 논문에서 그는 과거 데이터(예를 들어 구글의 인기 검색어)를 사용해 초기 단계의 트렌드를 파악하는 방법을 보여주었다. 그 후 많은 연구자들이 여행, 부동산, 건강, 교통 같은 소비자 활동 영역에서 프레즌트-캐스팅의 장점이 있다는 점을 보여주기 위해 과거와 현재 자료를 사용했다. 결론을 말하자면 연구자들은 데이터가 충분하다면 현재의 동향 또는 추세를 더욱 정확히 포착할 수 있으며, 이 방식은 아직 오지도 않은 미래를 부정확하게 예측하는 것보다 비즈니스에 더 큰 도움이 된다는 점을 증명했다. 기원전 6세기 중국 시인 노자는 일찍

이 "지식을 갖춘 자여, 예측하지 말라. 예측하는 자는 지식이 없다"고 했다.[6]

빅세븐을 살피면 고객 동향을 추적할 수 있다

그렇다면 이제 다음과 같은 질문이 남는다. 어떻게 하면 오늘날의 고객 동향을 가장 잘 추적할 수 있을까? 단일 산업에 초점을 맞추고 들여다보는 것만으로는 충분하지 않다. 고객 행동의 변화를 관찰하기가 힘들다는 이유도 있지만 그 외에도 여러 이유가 있다.

개별 소비자는 항상 합리적인 선택을 내린다고 볼 수 없다. 선입견 때문에 일관적인 선택을 내리지 못할 때가 있기 때문에 고객의 선택은 예측 불가능할 때가 있다.[7] 또한 소비자는 너무 많은 선택권에 직면하면 피로감을 느끼고 최적의 선택을 내리지 못한다.[8] 고객들에게 그들의 행동과 선호도에 대해 물어봐야 별 도움이 되지 않는다. 자기가 내린 결정을 선택적으로 기억하기 때문이다. 고객은 자신이 단기적 이익보다 장기적 이익을 추구한다는 사실을 알면서도 막상 선택을 할 때는 단기적 이익을 택한다. 요약하자면 우리의 행동이 변덕스러운 탓에 지속적인 변화를 찾아내기 힘들다. 작은 예를 들자면 음식점에서 평소 좋아하는 메뉴가 아닌 아주 색다른 음식을 시켰다가 낭패를 본 경험이 종종 있을 것이다.

시장도 이처럼 특별한 원인 없이 불규칙하고 즉흥적인 움직임을 보이는 경우가 많다.[9] 1970년대에 그냥 돌멩이에 눈을 붙인 애완 돌멩이pet rock, 기분에 따라 색이 변한다는 무드 링mood ring이 그렇게 큰 인기를 끈 이유를 사회학자들은 지금도 여전히 설명할 길이 없어 당황해한다. 때로 이런 변화는 강력하고 패턴을 갖춘 행동의 물결로 이어져 거대한 변화를 만들어내기도 하지만 대부분은 아무 의미 없는 움직임에 불과하다. 최근 수십 년 사이에 우유 소비량이 증가했다가 다시 감소세로 돌아섰다. 나팔바지는 인기가 죽었다가 살아나더니 곧 다시 사라졌다. 여러 면에서 고객은 갑자기 방향을 바꾸거나 속도를 높이거나 세력이 강해지는 폭풍전선과 같다.

이렇게 고객의 행동은 설명하기 힘들기 때문에 자신의 시장에만 집중할 경우 다음에 올 파괴 물결을 재빨리 포착하기 어렵다. 하지만 그와 동시에, 자신이 속한 업계를 벗어나는 모험 앞에는 복잡성이라는 문제가 가로막고 있다. 다음에 올 물결을 포착할 수 있으려면 도대체 얼마나 많은 산업을 살펴야 한단 말인가. 스탠더드앤드푸어스와 모건스탠리캐피털인터내셔널MSCI이 공동 개발해 많이 쓰이고 있는 글로벌 산업분류기준Global Industry Classification Standard에 따르면 경제 섹터가 10개, 산업군이 24개, 산업은 68개, 하위 산업은 157개가 있다.[10] 이 많은 시장을 조사하면서 내가 속한 시장과 영향을 주고받을 수 있는 시장을 찾아내려면 어마어마한 노력이 필요할 것이다. 그렇다면 어떻게 해야 할까?

시장 분석가들이 일상적으로 모니터링하는 소규모의 관리 가능한 산업 목록이 있는데, 이 목록을 자세히 살피면 전 세계에서 일어나고 있는 파괴의 물결을 포착할 수 있다는 점이 밝혀졌다. 일반적인 가정에서 1년 동안 구매하는 상품과 서비스는 그 품목이 수백 가지에 이르지만, 2016년 미국에서 발생한 지출을 살펴보면 전제 지출의 94퍼센트라는[11] 압도적인 숫자가 단 일곱 개 범주에서 발생했다. 나는 이 범주들을 '빅세븐big 7'이라 부른다. 빅세븐 카테고리는 사람들이 일상생활에서 할 수밖에 없는 일련의 소비 선택들을 포함하는데 다음과 같은 활동 범주를 말한다.

어디에서 살 것인가(주거, 가정용품, 유지 관리), 어떻게 이동할 것인가(항공 및 육상 교통), 무엇을 먹을 것인가(음식과 음료, 음식 준비), 무엇을 입을 것인가(패션, 화장품, 몸치장), 어떻게 배울 것인가(정규 및 비공식 교육), 어떻게 즐길 것인가(미디어, 전자, 스포츠), 그리고 어떻게 자신을 치유할 것인가(건강관리, 신체적 및 정신적 치료)이다.

만약 당신이 속한 산업이 어떻게 변할지 알고 싶다면 이 일곱 가지 범주를 살펴서 변화의 초기 징후를 찾아내야 한다. 빅세븐을 잘 살피면 사람들이 필요로 하고 원하고 좋아하고 행동하는 것들에 어떤 주요 변화가 일어나고 있는지 알 수 있다. 그리고 그 변화는 발생한 한 곳에서 그치지 않고 다른 범주, 다른 업계에까지, 물론 당신이 일하는 업계에까지 이어질 수 있다.

전 세계 공통 트렌드: 한 번 설정하고 잊어버리기

[마크 저커버그가 한 종류 옷만 입는 이유]

빅세븐의 변화는 멀리까지 뻗어간다. 실제로 빅세븐은 고객의 요구와 행동에 관한 한, 빅세븐 내에서 서로 그리고 아예 무관해 보이는 다른 산업에들까지 영향을 주거나 '오염'시키는 것으로 알려져 있다. 예를 들어 사람들이 먹는 부분에서 좀 더 편리한 음식 제공자를 선택하기로 결정한다면 그들은 또한 옷을 입고, 살고, 이동하고, 배우고, 치유하고, 즐기는 부분에서도 편리함을 추구하는 경향을 보인다. 이런 결정이 시장별로 단독으로 이루어지는 경우는 드물다.

우버 풀Uber Pool과 에어비앤비 같은 온디맨드 공유 서비스를 예로 들어보자. 퓨리서치센터의 조사에 따르면 미국인의 약 20퍼센트가 온디맨드 공유 서비스 중 4개 이상을 일상생활에서 사용한다. 이 동일 소비자 그룹은 다른 여러 업계에서도 마찬가지로 편의성을 추구하는 서비스를 채택했다.[12] 다양성 욕구(마케터들은 이를 다양성 추구 행동variety-seeking behavior이라 한다), 독특성 욕구, 경제적 가치 욕구, 지속가능성 욕구 또한 다르지 않다. 일단 소비자들이 빅세븐의 한 범주에서 이런 욕구 중 하나를 맛보게 되면 다른 범주에서도 같은 욕구를 찾아 나서게 된다.

빅세븐 전 범주에 걸쳐 발생하는 이런 '전염 효과'를 직접 경험한 사례가 있다. 2010년 페이스북 본사에서 연구 발표를 하고 나서 마크 저커버그Mark Zuckerberg를 직접 만난 적이 있다. 엄청난 존재로 생각하던 저커버그를 보았을 때, 그의 모습에서 그다지 인상적이지 않은 부분이 있었다. 패션 스타일이었다. 저커버그는 회색 크루넥 티셔츠와 청바지에 나이키 신발을 착용하고 있었다. 나중에 알았지만 저커버그가 매일 같은 옷을 입고 출근하다 보니 그게 그의 '제복'처럼 되어버렸다. 저커버그의 옷차림 속에는 단순함의 가치가 내재되어 있는 듯했다. 실제로 저커버그는 이렇게 말했다. "나는 페이스북을 가장 잘 운영하는 데 필요한 결정 이외의 결정을 내려야 하는 상황을 줄여나갈 수 있게끔 정리하는 삶을 살려 한다."[13] 매일 아침 옷을 입을 때마다 언제나 입을 수 있는, 표준 옷을 정해두었다는 것은 매일 결정해야 할 일 하나가 줄어든다는 뜻이다.

처음에 나는 저커버그의 복장에 대한 생각이나 습관을 그저 좀 특이한 정도로 받아들였다. 하지만 내가 만났던 젊은이들도 점점 자신만의 표준 작업복을 채택하기 시작하는 걸 보면서 깨달을 수 있었다. 저커버그의 행동이 '한 번 설정하고 잊어버리기set it and forget it, SIAFI'라는 광범위한 트렌드를 보여주고 있다는 사실을 말이다. 저커버그를 비롯한 그의 또래들은 삶을 단순화하기 위해 무엇을 입을지 정해놓고 그 결정을 지속해가고 있었던 것이다. 일론 머스크 그리고 대통령 버락 오바마도 퇴임 후에 이 트렌드를 따르고 있다.[14]

[옷, 음식, 칫솔 무엇이든 정기 배송합니다]

이렇게 패션의 단순함과 편안함을 원하는 고객의 욕구가 퍼져가자 이를 충족시키려는 새로운 비즈니스 모델들이 생겨나고 있었다.

트렁크클럽은 남성들에게 셔츠, 스웨터, 바지, 벨트, 신발이 서로 어울리도록 조합해 하나의 근무복처럼 팔았고, 덕분에 소비자들은 복장을 어울리게 갖춰 입어야 하는 수고를 덜게 되었다. 소비자들이 일상적으로 착용하거나 사용하는 아이템을 정기 배송해주는 회원제 서비스도 속속 생겨났다. 스탠스Stance는 속옷과 양말, 아머박스ArmourBox는 운동복, 센트버드Scentbird는 향수를 정기 배송함으로써 소비자들의 구매를 용이하게 만들었다. 이제 소비자는 이렇게 말한다. 일단 설정해놓고 잊어버려라!

구독 서비스 또는 정기 배송 서비스는 역시 일단 설정하면 그다음은 신경 쓰지 않아도 된다는 점에서 고객 욕구를 훌륭히 충족시켜주고 있다. 음식의 범주는 어떤지 살펴보자. 최근 몇 년간 플레이티드Plated, 블루 에이프런, 셰프드를 필두로 한 수백 개의 식사 배송 서비스는 고객이 원하는 요리 재료를 신청한 분량대로 깔끔하게 준비해서 보내주는 음식 배달 서비스 시스템을 구축했다. 소비자가 버튼만 한 번 누르면 그다음은 신경 쓰지 않아도 재료와 조리법이 문앞까지 온다. 월마트나 크로거Kroger 같은 슈퍼마켓을 포함해 식료품 업계의 기존 기업들은 자신만의 산업에만 집중하다가 수년 동안 이런 흐름을 보지 못했다. 크로거는 정기 배송 서비스 시장의 선두주자인 블루 에이프런이 모습을 나타낸 지 만 5년이 지난 2014년 중반에야 첫 음식 배송 서비스를 도입했고, 월마트는 그보다도 6개월이 지나서야 유사 서비스를 시작했다.[15]

한 번 설정하고 잊어버리기는 음식 정기 배송 서비스에만 한정한 이야기가 아니다. 아마존 프레시Amazon Fresh는 매주 쇼핑 리스트를 작성하고 슈퍼마켓에 가서 장을 봐야 하는 소비자들의 수고를 덜어준다. 소비자는 자신이 원하는 물품을 얼마나 자주 문 앞까지 배달해주길 원하는지만 정하면 된다. 우유는 일주일에 한 번? 확인! 치약은 두 달에 한 번? 확인! 한 번만 설정해놓으면 온라인 서비스는 간단한 검색 및 주문 내역 기능을 통해 소비자의 반복적인 구매 활동을 수월하게 만들어준다.

좋아하는 음식의 가격이 여기저기 다를까 봐 걱정하는 사람들을 위한 서비스도 있다. 브랜드리스Brandless는 쇼핑 과정에서 비교 활동을 단순화시켜주는 온라인 식료품점이다. 미국의 평균적인 슈퍼마켓은 약 4만 5,000종의 상품을 취급한다. 소비자들은 식료품을 구매할 때마다 종종 서로 다른 종류, 크기, 브랜드, 가격을 비교하느라 귀중한 시간을 소비한다.[16] 브랜드리스는 모든 것을 표준화한다. 첫째, 선택할 수 있는 브랜드가 없다. 모든 제품이 다 '브랜드리스' 브랜드다. 둘째, 제품의 크기를 비교할 필요도 없다. 브랜드리스에서는 가장 인기 있는 사이즈 하나만 제공한다. 마지막으로 브랜드리스의 모든 제품은 품목당 3달러(일반적으로 개당 가격이 3달러 이하인 야채나 죽 종류는 3개에 3달러)다. 브랜드, 크기, 가격을 비교할 일이 없으니 쇼핑 행위는 훨씬 더 단순해지고, 소비자들은 얼마를 지불해야 할지 미리미리 알 수 있다. 일주일에 상품 20개면 얼마인가? 계산기가 필요 없다.

소비자에게 시간과 노력을 절약할 수 있게 해주겠다는 약속과 함께 자동화된 목록을 활용할 수 있게 해준 덕분에 정기 배송 서비스는 음식뿐만 아니라 다양한 범주에서 소비자 구매를 대신하고 있다. 물론 일부 서비스는 이용하려면 소비자가 내용을 잘 살펴서 어떤 것을 자동화할지 말지 선택해야 하는 노력이 필요하다. 하지만 그 이후에 줄어드는 노력을 생각한다면 그만한 가치는 충분히 있다(소비자가 자신이 좋아하고 원하는 것을 좀 더 정확히 알게 되면 나중에 정기 배송 내용을 약간씩 수정할 수도 있다).

[Z세대의 플레이리스트]

1990년대 중반에서 2000년대 초반에 태어난 Z세대는 노래를 개별적으로 구입하기보다 스포티파이 같은 스트리밍 서비스를 이용하기를 더 좋아한다. 이는 엔터테인먼트 범주에서 가장 대표적인 '한 번 설정하고 잊어버리기' 사례라 할 수 있다. Z세대 소비자들은 처음에는 시간을 들여 재생 목록을 만든 다음 친구들과 공유한다. 언제든 음악을 듣고 싶으면 공유하는 재생 목록 중 하나를 선택하기만 하면 된다. 스포티파이는 사용자들과 이름을 알리고 싶어하는 음반지기들, 회사 자체에서 만든 재생 목록 20억 개를 자랑한다. 2017년 중반 기준, 스포티파이에서 음악을 스트리밍 하는 구독자는 7,000만 명에 이른다. 스포티파이가 얼마나 많은 회원을 거느리고 있는지는 애플의 3,000만 명, 아마존의 2,000만 명 회원 수와 비교해보면 알 수 있다.[17]

엔터테인먼트 범주에서 '한 번 설정하고 잊어버리기' 사례를 보여주는 회사가 스포티파이 하나만 있는 것이 아니다. 아마존은 STEM클럽STEM Club 구독자에게 장난감을 보내준다. STEMScience, Technology, Engineering, Mathematics이라는 명칭에서 알 수 있듯이 STEM클럽을 통해 제공하는 장난감은 과학이나 기술, 공학, 수학 분야에서의 학습을 장려하는 데 초점을 맞춘다. STEM클럽 페이지에서 자녀의 나이와 배달 횟수를 선택하면 아마존이 취급하는 장난감 중 최고 등급을 받은 장난감을 골라 주기적으로 집까지 배달해준다. 부모 입장에서도 '한 번 설정하고 잊어버리기'를 할 수 있다는 말이다.

일단 시간과 노력의 절약 혜택을 경험하게 되면 소비자들은 주택을 비롯한 소비 생활 다른 부분에서도 회원제 서비스를 이용하고 싶어한다. 집을 구입하고 유지하는 일은 소비자들에게 가장 많은 비용과 시간을 요하는 과정이다. 썸택Thumbtack, 태스크래빗, 헬로 알프레드 같은 디지털 스타트업은 집수리나 집안일을 용이하게 해준다. 소비자는 이런 스타트업을 통해 특정 업무에 가장 적합한 사람을 찾을 수 있고, 스타트업은 정해진 일정에 맞춰 인력을 공급할 수 있다. 한 번 설정한 이후에는 그냥 잊어버려라! 소비자들이 여전히 서비스 방향을 제시하고 원하는 바대로 실행되고 있는지 감시해야 하는 수고를 들이긴 해야 하지만 이런 서비스를 통해 잠재적으로 얻을 수 있는 시간 절약은 실로 엄청나다.

[집도 자동차도 한 번 설정하고 잊어라]

집을 소유하지 않은 사람이라면 로암Roam 같은 코리빙co-living(조

그만 방을 임대하고 거실, 주방 등은 여러 임차인이 공유하는 개념-옮긴이) 스타트업을 통해 '한 번 설정하고 잊어버리기'를 실행할 수 있다. 로암을 활용하면 도심에 있는 아주 작은 아파트를 유지 및 보수 비용을 지불하지 않으면서도 빌릴 수 있다. 떠나고 싶으면 언제든 짐을 꾸려서 다른 도시에 있는 다른 아파트로 이사할 수 있으며 계약서를 새로 작성할 필요도 없다. 로암과 같은 여러 스타트업은, 새로운 라이프 스타일을 찾으면서도 세계 어디서든 원격으로 일할 수 있는 엔지니어, 디자이너, 작가, 컨설턴트, 여타 독립적 전문가들의 욕구를 충족시켜준다.

로암 설립자인 브루노 하이드Bruno Haid의 말에 따르면 "옮길 때마다 새로 계약을 하고 짐을 챙겨서 옮기는 것도 점점 거추장스러운 일이 되었다." 로암을 활용해서 한 달에 1,800달러 정도를 지불하면 1년 중 런던에서 6개월, 발리에서 3개월, 마이애미에서 나머지 몇 개월을 살 수 있다. 일단 사이트에 가입한 후 다음 해에 어디에서 얼마나 오랜 기간 살지를 선택해놓으면 이 모든 것이 가능해진다. 로암은 당신이 원한다면 당신이 사용하던 가구와 소지품도 다음 장소로 배송해줄 것이다.

산업 전반에 걸쳐 점점 더 영리해진 기업들은, 삶을 단순화하기 위해 설정하고 잊어버리기를 추구하는 젊은 세대의 욕구를 따라잡기 시작했다. 맞춤용 여행을 위한 우버, 낯선 사람과 차량을 공유하는 우버 풀을 출시한 후, 이제 우버사는 출퇴근 방법의 표준화를 위해 워싱턴D.C. 지역에서 우버 커뮤트Uber Commute를 시범 운영하고 있다.

의료 업계에서도 '한 번 설정하고 잊어버리기' 방식을 찾아볼 수 있다. 미국에서는 인구의 20퍼센트가 하루에 세 알 이상의 약을 복용한다.[18] 이런 환자들에게 처방전을 받아 약을 구입하고 어떤 약을 언제 어떻게 복용해야 하는지를 꾸준히 지키는 일은 귀찮고 번거로운 일이다. 스타트업 필팩PillPack은 이런 복잡함을 간소화시켰다. 고객은 필팩 홈페이지에서 회원 가입 후 평소 자주 이용하는 약국 정보를 입력한다. 필팩 담당자는 해당 약국에 연락해 이용 고객의 처방전을 양도받는다. 처방전에 따라 분류된 약은 시간, 날짜별로 분류해 한 달에 한 번 파란색 상자에 담아 배송된다. 환자는 티슈를 한 장씩 뽑듯이 용기에서 약이 담긴 봉투를 하나씩 뽑아서 복용하면 된다. 봉투 겉면에는 언제 어떤 약을 복용해야 하는지 깔끔하게 기록되어 있고, 앱을 통해 약 복용 시간도 알려준다. 여러 약을 따로따로 구입하거나 약통을 뒤적거리거나, 혹은 혼동해서 다른 약을 먹을까 걱정하지 않아도 된다. 한 번 정해놓은 다음에는 잊어버려도 되는 것이다.

[비어 있는 마지막 분야는 교육]

빅세븐 범주 중에서 '한 번 설정하고 잊어버리기' 서비스나 회원제 같은 성공 사례를 아직 찾지 못한 분야가 하나 있다. 어떻게 배우는가, 즉 교육의 범주다. 비공식 단기교육은 회원제 서비스가 넘쳐나지만 학부, 대학원 등 장기 정식교육이나 전문학위 과정 등은 아니다. 대부분의 대학 과정은 4년 동안 학부 과정을 이수하고 그다음 2년 동안 석사 과정을 이수하게 되어 있다. 이는 젊은이들이 교육을 받으면서 가능한 한 많은 지식을 흡수하고 나서 사회에 진출해 지식을 활용한다는 가정 하에 만든 교육 과정이다. 나는 학부생, 경영 대학원생, 회사 간부들을 가르치면서 두 가지 흐름을 느꼈다.

첫째, 학부생들과 일부 대학원생들은 학위를 따기 위해 순차적으로 수년 동안 교육을 받아야 한다는 사실을 받아들이기 힘들어한다. 이들은 가능하다면 필요한 강의 몇 개만 들은 후 바로 사회에 뛰어들고 싶어한다. 사회에 진출해서 일하는 과정에서 학교에서 배운 지식을 적용해볼 수 있고 앞으로 어떤 지식을 계속 배워가야 할지 더욱 잘 이해할 수 있기 때문이다. 둘째, 많은 중역들이 학교로 돌아가고 싶어하는 것을 보았다. "먼저 배우고 난 다음에 실행하라"는 이제 시대에 뒤떨어진 말이다. 사람들은 교육이 평생 이어져야 하는 과정이라 생각한다. 따라서 학교와 직장에 구분을 두기보다는 언제든 학교와 사회를 넘나들 수 있게 해야 한다.

지속적인 학습이 필요하다는 말은 곧 학생들이 교육을 받을 수 있는 시스템을 만들고 나서 잊어버려도 되는 회원제 서비스 모델이 필요하다는 의미다. 더 이상 시험을 보고, 지원서를 제출하고, 면접을 보고, 학교로 돌아가기 위해 필요한 다른 일을 수행할 필요가 없어야 한다. 일단 회원 신청을 하고 나면 언제 다시 교실로 돌아갈지, 다음에 어떤 과정을 들을 것인지를 결정하기만 하면 될 것이다. 사람들은 언제든 정규 교육을 들락날락할 수 있어야 하고, 사회활동

중에 필요하다고 생각되면 일을 하면서 언제든 학교로 돌아가 배울 수 있어야 한다.

최근 몇 년 동안 새롭고 혁신적인 교육 모델들이 생겨났지만(예를 들면 미네르바Minerva, 학제간연구대학Singularity University, 유다시티 Udacity), 2019년 기준으로 그나마 이름 있는 교육기관 중 교육 부문 회원제 모델 강좌를 제공하는 곳은 단 한 곳에 불과하다. 로스 경영 대학원Ross School of Business은 미시간 대학 동문들을 위해 회원제 모델 관련 과정, 콘텐츠, 전문 개발 서비스에 접근할 수 있는 평생 프로그램을 시작했다. 내가 일하는 하버드 대학도 거의 4세기 동안 이어온 비즈니스 모델을 빨리 발전시키지 않으면 단순함을 추구하는 고객들에 의한 붕괴 위험을 감수해야 할지 모른다. 하버드 경영진은 사람들이 먹고, 생활하고, 옷 입고, 이동하고, 즐거움을 얻고, 치유하는 방식이 어떤 방향으로 흘러가고 있는지 그 방향을 면밀히 살펴보아야 할 것이다.

[한 차례 유행인가, 근본적인 변화인가]

새로운 파괴 물결을 찾아내기 위해 빅세븐을 살피는 과정에서, 기업들은 디커플링 이론이 담고 있는 한 가지 특정 원칙을 명심해야 한다. 공급 측(즉 기업과 그들의 제공물)보다는 수요 측(즉 고객 행동과 근본적인 동기 연구)을 신경 써야 한다는 것이다. '한 번 설정하고 잊어버리기'를 원하는 욕구는 소비자 행동의 흐름을 나타내는데, 이에 대해 기업들은 구독제, 제품을 빌려주는 서비스product-as-a-service, PaaS, 플레이리스트(콘텐츠의 경우) 등의 특화된 제품과 서비스로 대응해왔다. 말하자면 구독 경제만이 파괴적인 것이 아니다. 이것은 대응 유형 중 하나일 뿐이다. 이런 흐름의 기본 동인은 안정적으로 공급자와 서비스를 미리 확보하고자 하는 고객의 욕구다. 그래서 가까운 미래에 지속적인 가치를 공급받을 수 있도록 하는 데 설정 비용이 발생한다.

산업 전반에서 공급 측의 개발은 변화하는 수요 측 욕구에 비해 한발 늦을 수밖에 없다. 이를 거꾸로 말하면 기업의 공급 측면이 아니라 수요 측면에서 기회를 찾을 때 경쟁 업체보다 한발 앞서 나갈 수 있다는 얘기다.

그뿐만 아니라 공급 측면에 편승하면 상당히 위험한 상황이 벌어질 수 있다. 각종 업계의 기업들이 회원제나 정기 배송 서비스를 출시하는 모습을 보면 당신도 직접 그런 서비스를 만들고 싶은 유혹을 느낄 수 있다. 하지만 이렇게 묻고 싶다. 당신은 정말 새로운 물결을 포착했는가? 아니다. 정기 배송 서비스로 성공한 기업이 많은 만큼 실패한 기업도 많다. 간식 배송 서비스? 먼치팩Munchpak이라는 스타트업이 간식 배송 서비스를 시도했지만 실패했다. 공예품 제작 배송 서비스는? 어덜트앤드크래프트Adults&Crafts라는 스타트업이 뛰어들었다가 실패했다. 장인의 손길이 깃든 맥주 배송 서비스? 크래프트비어클럽Craft Beer Club이 시도했지만 실패했다. 사실 사람들은 간식이나 공예품, 주류에 관해서는 '한 번 설정하고 잊어버리기' 동기가 부족하다. 이런 분야에서 사람들이 좋아하는 것은 다양성과 참신한 것을 찾는 과정이지, 미래에 수반될 많은 비용을 줄이기 위해 미리 표준화할 방법을 선택하려는 것은 아니다. 일반적으로 여러 업계에서 제공하는 제품이나 서비스를 보고 변화의 근본 원인이나 원동력을 찾아낼 수는 없다. 하지만 고객이 주도하는 변화의 물결에 올라타고자 한다면 변화의 근본 원인이 무엇인지 정확하게 이해해야만 한다.

그런데 파괴적인 기회를 포착하고 새로운 기술로 그 기회에 대처하는 것에 대해서도 비슷한 주장이 적용된다. 드론, 가상현실, 인공지능, 디지털 통화를 비롯해 여타 공급 측면의 기술 제품들이 뜨고 있는 현상만 지켜보고 있다면, 더 이상은 삼가야 한다. 이런 것들이 반드시 파괴의 물결이라 볼 수는 없기 때문이다. 자신에게 물어보라. 이런 기술은 다양한 시장에서 광범위한 고객에게 근본적으로 무엇을 제공하고 있는가? 왜 사람들은 이런 기술을 받아들이고 있으며, 왜 하필 지금인가? 이런 기술이 가치 있는 제품이나 서비스로 인식되기 위해서는 근본적으로 소비자 욕구와 선호도에 어떤 변화가 있어야 하는가?

금전 비용 기준, 시장 잠재성이 큰 곳은 어디일까

[7개 분야별 금전 비용의 변화]

빅세븐에 대한 이해를 기본으로 이제 어떻게 하면 가장 큰 파괴의 기회를 찾아낼지에 대해 알아보자. 내가 제안하는 방법은 간단하다. 빅세븐 중 소비자들에게 상당한 비용을 발생시키는 범주가 어디인지 찾아서 확인하면 된다. 많은 비용이 발생하는 부분이야말로 소비자들이 곧 새로운 파괴적인 제품이나 서비스 제공자로 갈아탈 만한 부분이다. 장기적이고 지속적인 기간에 걸쳐 발생한 비용 증가는 대개 소비자들로 하여금 제품과 서비스를 제공받는 기업과 방법의 전환을 고려하게 유도한다. 이런 상황에서는 파괴자가 새로운 비즈니스 모델(디커플링)을 통해 상당한 비용 절감 효과를 제공할 수 있다.

미국 노동통계국은 지난 수십 년간 소비자 제품 및 서비스 비용과 관련한 데이터를 수집했다.[19] 나는 그 연구를 바탕으로 지난 20년 동안 빅세븐의 비용 증가를 추정할 수 있었다. 일곱 개 범주에서 어떤 비용의 변화가 있었는지 살펴보자.

물가상승률을 감안해서 볼 때 미국의 교육 부분(대학등록금, 초등교육, 보육 포함)은 지난 20년 동안 144퍼센트 오르면서 빅세븐 중 가장 급격한 비용 증가를 보였다(그림 10.1 참조).[20] 이런 이유로 내가 보기에는 교육에서 가장 큰 파괴적 변화 기회가 존재한다. 교육 부분에서 재화와 서비스의 질적 향상이 얼마나 이뤄졌는지 보여주는 정확한 데이터가 없기는 하지만, 그럼에도 전반적으로 증가한 비용만큼 질적 향상이 있었는지에 대해서는 의문을 품을 수 있다. 일부에서는 최근 수십 년 동안 학습 범주에서 비용 대비 품질이 실제로 감소했다고 주장한다.[21] 파괴적 비즈니스나 스타트업이, 품질에 영향을 주지 않는 한 이토록 빠르게 성장하는 소비자 비용을 줄여줄 기회는 엄청나다.

급속한 비용 증가를 기준으로 봤을 때 다음으로 파괴 가능성이 높은 소비자 시장은 의료 및 웰빙 제품과 서비스를 포함하는 힐링 산업consumer healing이다. 미국인이 실제 치료에 투입한 비용은 평균 100퍼센트 증가했으며, 고령화와 씨름하는 선진국의 경우 이 비용이 훨씬 더 빠르게 증가할 것으로 예상한다.[22] 힐링 분야에서 수천 개의 신생 기업들이 탄생하고 있다. 결론적으로 이 기업들은 소비자가 건강을 위해 지불하는 비용에 큰 변화를 불러올 것이다. 또한 의료 범주는 단순히 질병 치료가 아니라 질병 예방에 중점을 두는 분야로 바뀔 것이다.

세 번째로 큰 혼란의 기회는 실질 가격이 63퍼센트 증가한 소비자 생활(주택, 유지 보수, 난방 및 냉방 비용 등)에 있다. 여러 나라가 주택 시장 거품에 휩싸이면서 생활 비용은 훨씬 더 많이 상승했고, 소비자는 두 가지 측면에서 변화를 바라고 있다. 주택 건설(공동생활형 주택을 전문으로 하는 위리브WeLive나 커먼Common 등의 파괴자를 통해서) 그리고 주택구입 및 매매(레드핀Redfin 같은 파괴자를 통해) 측면에서 대안을 찾고 싶어하는 강력한 수요가 나타나고 있는 것이다. 소비자 생활에서의 변화는 개인 생활공간의 크기, 위치는 물론 개인 생활공간이란 무엇인가에 대한 정의에까지 영향을 미치고, 집에서 사용하기 위해 구입하는 가구, 주방용품을 비롯해 여러 상품에도 영향을 미칠 것이다.[23]

파괴의 기회가 네 번째로 큰 시장은 식사와 관련이 있다. 식품 관런 평균 실질 가격은 1997년 이후 56퍼센트가 올랐다.[24] 지난 몇 년 동안 이 업종에서는 식품 생산, 유통, 소매 분야에서 많은 신규 진입 기업이 나타났고, 소비자들의 자연 식품, 유기농 식품, 로컬 푸드, 건강식, 기능성 식품 선택이 예전보다 많아졌다. 이런 추세는 식품 산업에서 새로운 현상은 아니지만 주류 현상으로 자리 잡았고 네슬레, 크래프트Kraft, 호멜Hormel 등 대형 식품 제조 업체를 위협하고 있다. 한때 강력한 기업으로 여겨졌던 다품종 대량생산 식품 제조 업체들은 큰 자산으로 여기던 글로벌 브랜드가 곧 부채로 변하는 현상을 맞게 될 것이다.

다섯 번째로 큰 파괴의 기회는 개인 차량, 자동차 제조, 항공 여행, 대중교통을 포함한 소비자 이동 분야에 있다. 피부에 와 닿지 않을지 모르겠지만 보통의 미국인이 이 산업에서 실제 지불하는 비용은 약 24퍼센트 증가했다.[25] 미국에서 신차의 평균 가격이 약 3만 6,000달러, 왕복 비행의 평균 가격이 약 350달러에 이른다는 사실을 감안할 때 소비자 이동 분야에서 지불하는 비용은 연간 소비자 지출의 상당 부분을 차지한다고 할 수 있다.[26] 이전 장에서도 개인 소유 차량 교통수단의 붕괴에 대해 언급했지만, 향후 수년간 대중교통과 택배 수송 분야에서 상당한 파괴가 있을 것으로 예상한다.

지난 20년 동안 빅세븐 중 두 부분에서 실제 비용이 감소했다. 소비자 의류(예를 들면 의류 및 신발) 부분에서 비용은 약 4퍼센트 감소했으며, 이는 부분적으로 제조 업체의 수직적 통합과 아시아 제조 업체의 상승에 힘입은 덕분이다.[27] 마지막으로 소비자 엔터테인먼

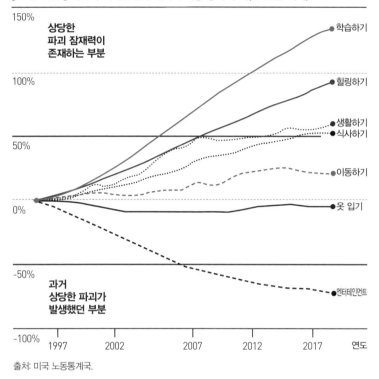

[그림 10.1] 미국의 빅세븐 범주에서의 비용 증가 추이(1997년 대비)

출처: 미국 노동통계국.

트(텔레비전, 장난감, 비디오게임, 스포츠 포함) 비용은 약 77퍼센트 하락했는데, 이는 대부분 가전제품과 컴퓨터 비용이 낮아졌기 때문이다.[28] 비용이 감소했다고 해서 파괴 가능성이 완전히 사라졌다고는 할 수 없다. 우리는 이 책에서 버치박스, 리백, 트위치, 넷플릭스 등 이 분야의 파괴적 스타트업들을 두루 살펴봤다. 이 분야에서 최근 파괴를 불러온 스타트업들의 특징은 더 나은 가격을 제공하는 기업이 아니라 좀 더 편하고 시간을 절약할 수 있는 제품이나 서비스 또는 전체적으로 좋은 품질을 제공하는 기업이었다.

그림 10.1에서 알 수 있듯이 지난 20년 동안 미국에서는 학습, 힐링, 생활, 식사 분야에서 50퍼센트 이상 비용 증가가 발생했다. 이는 이 범주에서 디커플링 또는 다른 방법을 통해 파괴가 발생할 가능성이 높다는 점을 시사한다. 더 낮은 가격에 유사 품질의 상품을 제공할 수 있는 스타트업이나 신생 벤처 기업이라면 시장을 파괴할 가능성이 높다. 사람들이 이동하고, 옷을 입고, 엔터테인먼트를 즐기는 범주에서는 상당한 파괴가 발생할 수 있다. 아마도 소비자가 원하는 상품과 서비스를 얻고 사용하고 (적절할 때) 처분하는 데 드는 시간 및 노력 비용을 감소하는 형태로 파괴가 발생할 것이다. 금전 비용은, 특히 소비자들이 이미 상당한 비용 절감을 경험한 엔터테인먼트 분야에서는 파괴의 원동력으로 작용할 가능성이 낮다.

[각 나라별 소비자 지출 비교]

앞에서 미국 시장에만 해당되는 빅세븐 범주의 비용 동향을 설명했다. 그렇다면 글로벌 시장은 어떨까? 빅세븐 분야에서의 지출이 시장 전반에 걸쳐 얼마나 중요한 위치를 차지하는지 주목할 만하다. 빅세븐 분야의 지출이 전체 지출에서 차지하는 비율을 보면 멕시코가 91퍼센트, 독일이 87퍼센트, 일본은 86퍼센트다. 다른 나라들 역시 화폐 단위를 떠나 가계 예산에서 빅세븐이 차지하는 비율이 86~94퍼센트에 이른다(표 10.1의 마지막 줄 참조).

[표 10.1] 빅세븐 범주별로 본 각 국가의 2016년 소비자 가계지출

범주	호주	체코 공화국	독일	아일 랜드	일본	멕시코	스웨덴	영국	미국	중앙값
식사 하기	16.6%	24.4%	13.8%	14.7%	25.4%	28.6%	15.9%	11.7%	14.0%	15.9%
옷 입기	2.6%	3.6%	4.5%	3.9%	3.9%	3.2%	4.8%	5.5%	3.1%	3.9%
생활 하기	36.4%	31.1%	30.7%	27.6%	29.5%	24.5%	31.4%	31.8%	33.0%	31.1%
힐링 하기	4.9%	2.4%	5.3%	5.1%	3.7%	3.9%	3.5%	1.8%	20.0%	3.9%
이동 하기	14.9%	12.5%	17.3%	16.1%	13.6%	23.0%	15.7%	15.4%	15.8%	15.7%
엔터테 인먼트	10.1%	17.4%	14.5%	22.2%	8.0%	6.6%	17.4%	19.0%	5.1%	14.5%
학습 하기	2.6%	0.5%	0.9%	2.7%	2.0%	1.5%	0.3%	1.8%	2.5%	1.8%
총 지출 비율	88.1%	91.9%	87.0%	92.3%	86.1%	91.3%	89.0%	87.0%	93.5%	89.0%

출처: 호주 통계청, 유럽연합 통계국(Eurostat), OECD, 미국 노동통계국.

내가 빅세븐 데이터를 수집한 대부분의 선진국에서는, 사람들이 먹고 생활하는 두 가지 부분이 지출의 대부분을 차지한다. 종합적으로 이 두 범주는 아일랜드에서 지출의 42퍼센트, 체코에서 지출의 56퍼센트 가까이를 차지한다. 그런데 몇 가지 눈에 띄는 차이점이 보였다. 예를 들어 호주 사람들은 다른 나라에 비해 생활 부분에 상당히 많은 돈을 지출한다.[29] 독일에서는 정부가 자동차 소유를 억제하기 위해 대중교통 확대와 개선에 힘쓰고 자동차와 연료에 높은

세금을 부과하고 있다. 따라서 이동하기 범주에서 다른 나라에 비해 상당히 많은, 수입의 17퍼센트를 소비한다.[30] 아일랜드, 스웨덴, 영국 사람들은 수입의 최대 17~22퍼센트까지, 비교적 상당히 많은 돈을 엔터테인먼트에 사용한다. 이에 대해 한 연구원은 이렇게 설명한다. "사람이 축적할 수 있는 물건의 양은 한계가 있다. 그래서 더 쌓아놓을 물건보다는 경험을 위해, 즉 새로운 장소 가보기, 음악 축제 등에 더 많은 돈을 사용하고 있다."[31] 멕시코인은 수입의 29퍼센트에 가까운 돈을 식사하기에 사용한다. 식비 지출에 관한 국제 자료를 보면 가난한 나라의 가정에서는 보통 총 지출에서 식비가 차지하는 비중이 높다. 하지만 실제 액수로 따지면 평균적인 멕시코인이 음식에 소비하는 비용은 미국인의 절반, 홍콩 주민의 3분의 1에 불과하다.[32] 마지막으로 미국인들은 힐링에 소비하는 지출 비중이 상당히 높은 것으로 나타났다. 비율로 따졌을 때 영국인의 열 배, 독일인의 네 배 이상을 사용하고 있다.[33]

나라마다 재화와 서비스의 범주별 사용 비용이 서로 다르다는 사실을 감안하면 파괴의 기회 역시 나라마다 다른 영역에서 찾을 수 있다. 게다가 가격 인상 정도는 비용 절감 파괴(비슷한 품질을 가정할 때)의 기회를 나타내는 하나의 지표인 만큼, 각국 내에서 그리고 빅세븐 영역에서 발생한 실질 가격 인상은 해당 범주의 상대적 지출액과 연계해서 주목해야 한다. 우리는 미국에서 배우고, 생활하고, 치유하고, 먹는 부분이 커다란 파괴 잠재력을 지니고 있다고 생각할 수 있지만, 다른 나라도 그렇다고 말할 수는 없다.

독일의 빅세븐 범주에서 실질 가격 상승을 보면 지난 20년 동안
학습을 제외하고는 실질적으로는 50퍼센트 이상 가격이 상승한 범
주가 하나도 없음을 알 수 있다(그림 10.2 참조). 아마도 독일에 있는
명문 공립 대학과 병원들은 모두 국가에서 자금을 지원받아 소비자
에게 거의 무료로 서비스를 제공하기 때문일 것이다. 민간 분야에서
도 대안을 내놓고 있지만 인기도 별로 없고 가격을 올릴 힘도 부족

[그림 10.2] 독일의 빅세븐 범주에서의 비용 증가 추이(1997년 대비)

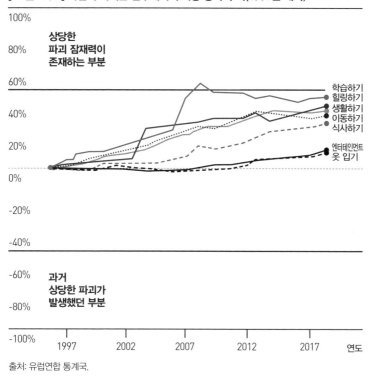

출처: 유럽연합 통계국.

하기 때문에 보통 공공 부문의 지원이 제대로 미치지 못하는 틈새 시장을 대상으로 하는 데 그치고 있다. 따라서 독일에서 금전적 가치 기반의 파괴 기회는 미국만큼 많아 보이지 않는다. 전체적으로 독일에서 파괴자는 틈새 영역을 찾든지, 아니면 노력 비용이나 시간 비용을 기반으로 한 기회를 찾아야 할 것이다.

독일의 빅세븐 범주에서는 단 하나의 소비자 지출 범주(학습하기)

[그림 10.3] 영국의 빅세븐 범주에서의 비용 증가 추이(1997년 대비)

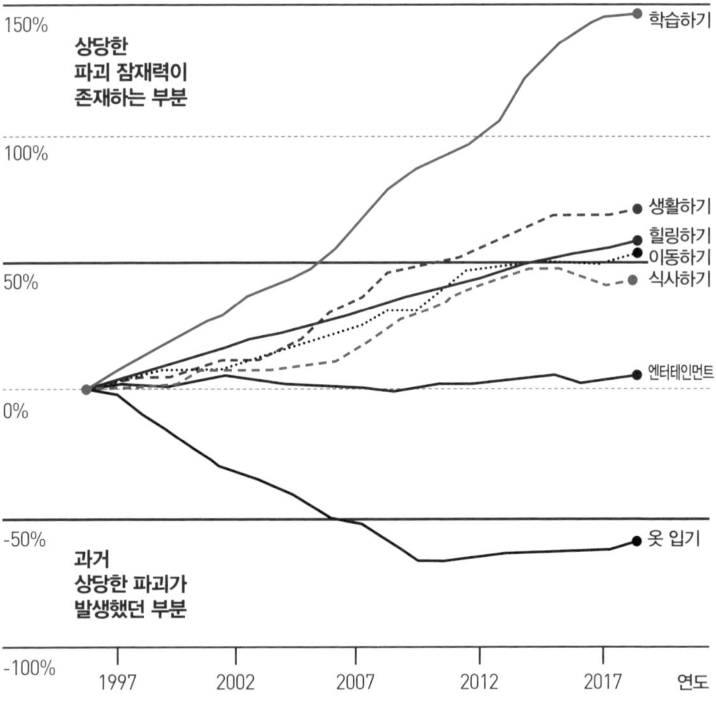

150%

상당한
파괴 잠재력이
존재하는 부분

● 학습하기

100%

● 생활하기
● 힐링하기
● 이동하기

50%

● 식사하기

● 엔터테인먼트

0%

-50%

과거
상당한 파괴가
발생했던 부분

● 옷 입기

-100%

1997   2002   2007   2012   2017   연도

출처: 미국 노동통계국

만이 심각한 잠재적 파괴 구역에 들어간 반면에 영국에서는 이동, 힐링, 생활, 학습 네 가지 범주가 심각한 잠재적 파괴 구역에 들어섰다. 영국에서 학습 관련 서비스의 실질 가격은 미국만큼이나 상승했는데, 이는 영국이 유럽 다른 국가들에 비해 교육에서 민간 부문이 더 큰 역할을 하고 가격에 상당한 압력을 행사하기 때문으로 본다. 생활비도 주택 수요가 많은 데 비해 공급이 적어 실질적으로는 평균 75퍼센트나 증가했다. 힐링하기와 이동하기 비용은 50퍼센트 이상의 가격 상승을 보였고, 그 뒤를 식사하기 비용이 바짝 따르고 있다. 지난 10년 동안 실질 가격이 크게 하락한 범주는 옷 입기밖에 없다. 요컨대 영국은 금전 비용을 기반으로 한 파괴가 싹틀 기회의 땅이다(그림 10.3 참조). 하지만 좀 더 일반적으로 보면 한 나라에서 파괴적인 기회가 다른 나라에서는 그만큼 크지 않을 수도 있다. 적어도 금전 비용과 관련해서는, 일부 국가에서의 파괴 잠재력이 다른 국가에 비해 더 크고 더 넓다는 말이다. 한 국가에서 성공할 수 있는 비즈니스 모델을 찾아낸 기업가와 투자자는 그 모델을 다른 국가에 적용할 때 이런 구조적 차이를 반드시 살펴야 한다.

노력·시간 비용 기준, 시장 잠재성이 큰 곳은 어디일까

앞에서는 금전 비용과 관련된 파괴 잠재력에 대해 알아보았다. 그렇다면 시간 및 노력 비용과 관련된 파괴 잠재력은 어떨까? 빅세븐 범주에서 사람들이 상품을 획득하고 사용하기 위해 얼마나 많은 노력을 들이는지에 관해 국가별로 정확한 데이터를 얻어서 활용하기란 매우 힘들다. 그래도 미국에서는 노동통계국의 신빙성 있는 데이터를 활용해서 소비자들이 대부분의 시간을 어디에 사용하는지 파악할 수 있다. 2003년 1월 이후로, 노동통계국은 미국인 시간활용조사American Time Use Survey를 위해 월 단위로 데이터를 수집하고 있다. 2016년 노동통계국은 1만 500명을 인터뷰하면서 전날 오전 4시부터 인터뷰 당일 새벽 4시까지 수행한 활동을 기록하게 했다. 통계국 연구원들은 사람들의 응답 내용을 분석해서 잠자기, 일하기, 텔레비전 및 영화 보기, 식사하기 및 음주하기, 집 안 청소하기 등 399개의 일상 활동 중 하나로 코드화했다.[34]

나는 나만의 방식으로, 사람들의 활동을 빅세븐 소비 범주에 견주어 분석한 다음, 소비자의 관점에서 각 활동이 가치를 창출했는지 아니면 잠식했는지를 알아보았다. 예를 들면 식당에서 식사하면서 시간을 보내는 것은 가치 창출 활동에 속하지만, 식당까지 운전하는 데 걸리는 시간은 가치 잠식 활동으로 본다. 내 연구는 미국인들이 빅세븐 분야에서 원하는 혜택을 얻기 위해 평균적으로 얼마나 많은 노력을 기울이는지를 분석한 결과를 보여준다. 이런 노력은 곧 비용을 뜻한다. 단지 지불 수단이 돈이 아니라 우리의 시간과 에너지라는 점이 다를 뿐이다.

일하고 자는 시간을 제외하면 미국인들은 대부분의 여가 시간(28시간 또는 모든 빅세븐 소비 영역에서 보내는 시간의 39퍼센트)을 엔터테인먼트 혹은 즐기기 범주에서 사용한다. 그다음으로 많은 시간을 사용한 범주는 식사하기(단지 먹는 행위뿐만 아니라 식료품 쇼핑, 찬장 및 음식 정리, 음식 준비, 상 차리기, 부엌 청소도 포함)로 빅세븐 범주에서 사용한 시간의 19퍼센트를 차지한다. 세 번째로 많은 시간을 보내는 부분은 청소, 가정용 가구 및 물품 쇼핑, 조경, 정리, 집 수리, 그리고 함께 사는 가족들과 의사소통 같은 가정생활 활동에 참여하는 것이다. 우리는 이런 활동에 주당 평균 9시간을 보내는데, 이는 빅세븐 관련 소비 시간의 12퍼센트에 해당한다. 그 외에 출퇴근과 기타 자동차 승차를 포함한 이동하기는 주당 8.1시간, 옷 입기는 7.8시간, 학습하기는

[그림 10.4] 시간 및 노력의 상대적 비용 격차

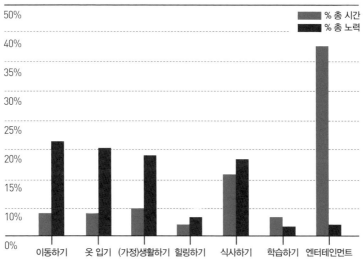

참조: 각 범주의 % 노력을 다 더하면 100퍼센트가 됨. 각 범주의 % 시간을 다 더하면 100퍼센트가 됨.
출처: 미국 노동통계국.

3.6시간, 힐링하기는 각각 1.9시간을 차지한다(그림 10.4 참조).

이런 활동 수행에 있어서 우리가 들인 총 시간을 노력과 같은 것으로 보아선 안 된다. 예를 들어 자신을 즐겁게 해주는 콘텐츠를 조달하는 데 소비하는 노력은 실제로 모든 빅세븐에서 소비하는 전체 노력의 2퍼센트에 불과하다. 그리고 자신을 즐겁게 하는 데 사용한 시간은 우리가 빅세븐에 소비하는 총 시간의 39퍼센트를 차지한다. 집에서 비디오 시청하기나 온라인으로 사교 활동하기를 쉽고 빠르게 할 수 있게 되었기 때문이다.

엔터테인먼트와 마찬가지로, 우리가 학습하기에 보내는 시간(책 읽기 및 수업, 학위, 인증 또는 자격증을 위해 수행하는 작업 또는 수업에서 보내는 실제 시간 포함)은 대부분 생산적이다. 미국의 가정은 전체 시간의 5퍼센트를 학습하기에 사용하지만, 학습 자료를 조달하는 데 들어가는 노력은 총 노력의 2퍼센트에 불과하다. 식사하기는 들이는 노력과 시간이 비슷하다. 식사하는 활동에는 시간의 19퍼센트를 사용하고 음식 조달, 준비, 청소하기를 위해서는 전체 노력의 20퍼센트를 소비한다. 빅세븐 범주에서 힐링은 많은 시간을 들이지 않는 영역이지만, 그에 비해 노력이 상대적으로 많이 필요한 부분이다. 미국 가정이 이 부분에서 소비하는 노력은 총 노력의 5퍼센트에 이르지만 건강을 돌보는 시간은 전체의 3퍼센트에 불과하다. 가정 내외에서 시간을 절약해주는 건강 관련 서비스가 있다면 이 작은 격차를 메울 수 있을 것이다.

빅세븐 영역 중 미국 가정이 시간에 비해 훨씬 더 많은 노력을 들여야 하는 영역이 세 가지 있다. 그중 하나가 이동하기다. 들여야 하는 노력은 빅세븐에서 25퍼센트를 차지하지만 시간상으로는 11퍼센트에 그친다. 이와 마찬가지로 옷 입기와 가정 생활하기도 사용 시간에 비해 노력이 훨씬 더 많이 들어가는 영역이다. 이런 활동에 얼마나 많은 시간을 소비할지는 선택할 수 있지만, 원하는 혜택을 얻기 위해 얼마나 많은 노력을 들여야 할지는 마음대로 선택할 수 없다. 따라서 이동하기, 옷 입기, 생활하기는 빅세븐 중 시간 비용이 가장 많이 들어가는 영역이다. 이 영역에서 소비자가 받는 혜택을 감소시키지 않으면서, 혜택을 얻기 위해 비생산적으로 사용되는 시간을 줄이는 제품과 서비스를 제공하는 기업이 나타난다면 미국 소비자들의 주목을 받으며 파괴를 일으킬 가능성이 높다.

이동하기 영역에서 라이드 헤일링 서비스가 택시 타기보다 소비자에게 더 나은 경험을 즐길 수 있게 해주었다는 이야기는 앞서 상세히 다룬 바 있다. 그 때문에 운전하는 시간(그리고 노력)을 생산적인 시간으로 전환시켜주면서, 라이드 헤일링 서비스는 이동해 돌아다니기 시장을 급격하게 파괴할 수도 있다. 하지만 라이드 헤일링 서비스는 개인이 운전하기를 대체하는 방식이다. 자동차를 소유하는 데 관심이 있는 사람들의 경우에는, 자율주행 기술이 비생산적인 시간을 없애줄 수 있다(약속대로 기술 수준이 성장한다면). 옷 입기와 관련해서는, 대부분의 비생산적인 시간이 세탁, 몸치장 및 손질하기 등에 들어간다. 렌트더런웨이 같은 스타트업은 드레스 무제한 렌탈 서비스를 도입해 사람들이 옷을 소유하고 세탁하는 번거로움을 겪을 필요 없이 옷을 빌리고 사용한 후 돌려줄 수 있게 해준다. 또한 앞에서도 언급했던 썸택, 태스크래빗, 헬로 알프레드 같은 가정생활 서비스는 집 청소하기와 관리하기에 들어가는 시간을 해결해준다. 하지만 집 관련 일을 정말 확 줄이고 싶은 사람이라면 아예 집 소유를 포기하고 로암이나 커먼 또는 위리브처럼 더욱 유연한 렌탈 서비스를 통해 불필요한 시간 소비를 대폭 줄일 수도 있다.

파괴와 관련해서는 모든 시장이 동일한 환경에 있지 않으며, 디커플링 수단도 모든 시장에 똑같이 적용되지 않는다. 금전 비용에 기반을 둔 파괴의 잠재력은 교육과 건강관리 분야에서 가장 높다. 이 업계에서는 소비자에게 부과하는 가격이 지난 20년간 크게 올랐기 때문에 저렴한 대안을 제공하는 회사가 고객 중심의 파괴를 이끌어내게 될 것이다. 한편 교통, 패션, 주거지 분야에서는 금전 비용을 절감해주는 회사가 아니라 소비자가 사용해야 하는 시간을 줄여주는 회사가 파괴 분위기를 조성할 가능성이 가장 높다.

그럼 식사와 엔터테인먼트 부분에서는 파괴의 기회가 존재하지 않는단 말인가? 물론 존재한다. 하지만 빅세븐의 다른 범주에 비해서는 적다고 할 수 있다. 그리고 세 가지 유형의 소비자 비용 면에서 볼 때 식사와 엔터테인먼트 부분에서는, 특히 전국적인 수준에서 파괴의 기회를 포착하기는 훨씬 더 어렵다. 이 부분에서는 사람들을 전체적으로 보지 말고 소집단으로 나누고 각 집단마다 발생시키는 비용을 좀 더 깊이 연구해보아야 한다.

빅세븐을 내 것으로 만들려면

빅세븐을 통해 사람들이 어떤 범주에 가장 많은 시간과 노력을 들이는지 알 수 있게 되었다. 그리고 발생하는 변화가 다른 시장과 산업 분야에 점점 퍼져나가기 전에 초기 변화를 포착하는 데 도움을 받을 수 있게 되었다. 당신이 어떤 산업에 종사하든 빅세븐을 들여다보고 연구하면 파괴의 물결을 초기 단계에 찾아내는 데 능숙해질 것이다.

나 자신도 빅세븐 연구를 통해 많은 도움을 받았다. 1장에서 설명했듯이 나는 여러 시장을 살펴보던 중 기존의 사업 모델을 해체했다가(디커플링) 다시 그 조각들을 끼워 맞추는(커플링) 스타트업들을 발견했다. 대부분의 경우 기존 기업들은 분리된 조각들을 다시 붙이려고(재결합) 노력하는 대응 방식을 택하고 있었다. 그렇다고 내가 이런 패턴을 발견하기 위해 일부러 수백 개 산업을 모두 살펴보았던 것은 아니다. 나는 여러 산업 가운데서도 무의식적으로 소비의 일곱 가지 영역을 살피고 있었다. 그렇게 빅세븐을 연구하다 보니 그 결실로 이 책이 나오게 되었다. 빅세븐에서 벌어지는 변화를 전체적으로 이해할 수 있게 되면 당신도 다음에 밀려올 파괴의 물결을 찾아낼 수 있을 것이다.

빅세븐을 대상으로 작업할 때는 미래가 아니라 데이터를 얻을 수 있는 현재에 초점을 맞춰라. 파괴의 초기 물결을 포착하는 프레즌트-캐스팅은 기본적으로 세 단계로 요약할 수 있다. 빅세븐 영역을 들여다봄으로써 관리 가능한 범위에서 시야를 넓히고, 어느 부분에서 큰 비용이 발생하는지 알아낸 다음, 이후에 지속적으로 유지되면서 당신이 속한 업계에도 영향을 끼칠 가능성 높은 큰 변화를 식별해내기 위해 여러 영역에 걸쳐 벌어지는 현상 또는 추세를 읽어내는 것이다.

앞에서 보았듯이 빅세븐 중에서도 어떤 영역은 주어진 활동에 소요되는 노력 시간과 실제 사용 시간 사이의 격차가 더 큰 반면 어떤 영역은 다른 영역보다 훨씬 더 높은 금전 비용을 필요로 한다. 이 두 요인 모두 새로운 비즈니스 모델과 혁신을 바라는 억눌린 수요를 만들어낸다. 그리고 그 잠재 수요는 시장을, 당신이 속한 업계까지 포함해서 파괴할 수 있는 잠재력을 지니게 된다.

시야 범위를 넓혀라 +
비용이 심하게 높은 곳을 알아내라 +
영역 전체에 걸친 트렌드를 이해하라

만약 당신이 기존 기업에서 일한다면 프레즌트-캐스팅을 당신이 맡은 일에 포함시켜라. 그리고 다가오는 폭풍에 대해 다른 사람들에게 경고하는 임무를 최고경영진에게 미루지 마라. 당신 또는 조직의 누군가가 의미 있는 소비자 집단의 행동이 변하고 있다는 점을 감지한다면 그 변화를 심각하게 받아들이도록 하라. 시간을 들여 데이터를 수집하고, 끝내 당신에게도 닥칠지 모르는 행동의 변화 속에서 공통적인 행동 패턴을 찾아내라. 만약 당신이 오로지 자신의 시장이나 인접한 시장만을 보고 있다면 당신은 소비자의 변화하는 요구를 이해하고 적절한 대응책을 만드는 데 시간이 부족하게 될지도 모른다.

소비자 행동은 끊임없이 변화하기 때문에 물결을 포착하기 위한 과정을 만들어 정기적으로 실행하게 하라. 1, 2년에 한 번씩 빅세븐 영역을 대상으로 프레즌트-캐스팅을 실시하라. 6개월 또는 그 이하의 간격을 두고 실행하는 것은 너무 과할 수 있다. 너무 자주 하다 보면 일시적인 변화, 사소한 변화만을 볼 수 있기 때문이다. 반대로 3년 또는 그 이상에 한 번씩 너무 드문드문 하다 보면 주요한 변화를 제때에 감지하지 못하고 너무 늦을 수 있다. 당연히 프레즌트-캐스팅 프로세스를 당신 업계 사정에 맞게 조정해야 한다. 만약 고객 취향이 빠르게 변하는(예를 들면 대중음악이나 청소년 의류) 시장이라면 더 자주 실행하게 하라. 만약 노인 고객이나 정부를 상대로 하는 시장이라면 자주 할 경우 매번 똑같은 결과를 얻을 수도 있으므로 실행 빈도를 줄여도 된다.

실행 빈도와 관계 없이 실행 과정에 산업 관계자뿐만 아니라 외부자도 포함시키도록 하라. 해당 업계에 만연한 견해와 편견을 갖고 있지 않은 외부인은 당신의 시야를 넓히는 데 도움이 될 것이다(단계 #1). 한편 내부 관계자는 일반적으로 업계에서 고객의 비용이 매우 높게 발생하는 곳을 더 잘 식별해낸다(단계 #2). 업계 내부자와 외부자가 함께하면 해당 업계와 다른 업계 사이에 발생하는 흐름을 더 잘 읽어낼 수 있다(단계 #3). 외부자의 넓은 폭과 내부자의 깊이가 합쳐지면 다른 사람들보다 먼저 다음 파괴의 물결을 발견할 수 있을 것이다.

물결 포착하기는 변화하는 기상 패턴 예보하기와 비슷하다. 국가 또는 기상청에서 레이더를 통해 날씨 변화를 알 수 있듯이 당신 회사만의 '레이더 시스템'을 통해 물결을 포착해낸다고 생각해보라. 물결 포착하기는 태풍 이동경로 예측 모델이나 마찬가지다(그림 10.5 참조). 다른 점이라면 태풍 경로 예측은 지리적 영역을 살피지만 물결 포착하기는 시장이나 산업을 살핀다. 날씨는 매일매일의 변화

[그림 10.5] 태풍 경로 및 강도

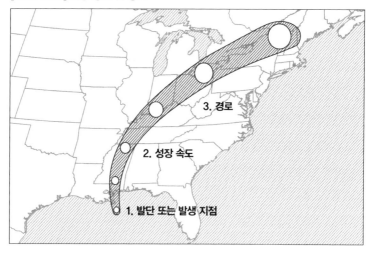

를 보지만 물결 포착하기는 오랜 시간에 걸쳐 벌어지는 변화를 본다. 그럼에도 태풍 경로 예측하기와 물결 포착하기에는 공통점이 세 가지 있다. 두 시스템 모두 파괴의 원인(물결 포착하기의 경우에는 변화를 촉진하는 본질적인 고객 행동), 성장의 속도 혹은 강도, 그리고 지나가는 경로(물결 포착하기의 경우에는 원래 물결이 일었던 시장 다음에 물결이 밀려들 시장)를 알려준다.

물결 포착하기 시스템을 통해 나온 결과는 반드시 최고경영자와 이사회에게 제시하라. 다양한 경험을 갖춘 사람들로 구성된 이사회는 다가오는 폭풍이 얼마나 강력하고 중요한 의미를 지니는지 평가할 수 있어야 한다. 경영진이 다가오는 태풍에 열성적으로 대처해야 하는지 적당히 넘어가도 되는지 결정하고, 대응을 갖춰야 한다면 배치할 자원의 종류와 사용할 자원의 적정 수준을 파악할 수 있어야 한다. 이렇게 상황마다 가변적 요인을 고려해서 CEO를 필두로 한 팀은 책임지고 구체적인 대응과 실행 계획을 제안해야 한다.

각자가 자신의 역할을 수행하고 물결 포착하기 시스템이 계속해서 유용한 분석을 제공한다면 당신의 회사는 예상치 못한 혼란과 재앙을 피할 수 있을 것이다. 어차피 나중에는 변화에 적응할 수밖에 없겠지만 그래도 훨씬 더 차분하게 정확한 정보에 입각해 적응해갈 수 있다. 그렇게 된다면 다음에 밀려올 파괴의 물결은 그리 파괴적이지 않을지도 모른다!

디지털 디스럽션을
절망이 아닌 기회로 바꾸는 법

기술이 당신의 눈을 멀게 했다

이 책은 디지털 디스럽션에 대응하는 새로운 접근방식을 선사한다. 이 방식은 일반적인 기술 연구나 비즈니스 전략 연구가 아닌 마케팅과 소비자 행동에 대한 지식에 뿌리를 두고 있다. 이제껏 보았듯이 기업과 그 기업의 경쟁사가 아니라 고객 관점에서 디스럽션을 분석하면 새로운 해석을 내릴 수 있을 뿐만 아니라 파괴 현상을 이해하고 그에 대한 대응 방식을 찾아낼 수 있다. 그뿐 아니라 디커플링 이론은 현재 비즈니스 세계에 어떤 사고방식이 작용하고 있는지에 대해서도 명확하게 알려준다.

오늘날 너무 많은 사람들이 기술과 혁신을 자신에게 전혀 도움이 되지 않는 잘못된 방식으로 받아들이고 있다. 나 역시 스티브 잡스나 제프 베조스, 일론 머스크를 비롯해 눈부시고 대단한 성공을 거둔 기술 기업가tech entrepreneurs 이야기를 읽다 보면 종종 회의감에 빠지곤 한다. 이런 인물들은 당대의 영웅이다. 다른 기업가들이 어떻게 이런 사람들에게 필적할 수 있을까? 내가 아는 기업의 임원들도 비슷한 기분을 느낀다고 토로하며 스티브 잡스나 제프 베조스가 이룬 성공을 자신은 흉내조차 낼 수 없다고 말한다.

무역회의에 가보아도 다를 바 없다. 자칭 전문가라는 사람들이 3D 프린터, 웨어러블 기기, 드론, 가상현실, 로봇, 봇, 블록체인, 머신러닝, 인공지능에 대해 열심히 떠드는데 우리 같은 사람들은 그저 멍할 뿐이다. 세상은 어느 때보다 빠르게 변하고 점점 복잡해지는 듯하다. 우리, 그리고 우리 회사가 이렇게 변화하는 세상을 따라잡지 못하면 아무도 살아남지 못할 것이다. 학자와 기업 컨설턴트들은 대부분 다양한 기술을 활용해 비즈니스를 다시 구축해야 한다며 복잡한 프레임워크를 내세운다. 그들이 내세우는 엄청난 전략적 프레임워크는 보면 볼수록 어디에서부터 어떻게 시작해야 할지 감이 오지 않는다.

우리는 무언가에 압도당할 때 두려움으로 인해 옴짝달싹할 수 없게 된다. 복잡하거나 불분명한 상황을 맞이할 때도 마찬가지다. 오늘날 많은 비즈니스 리더들 또한 이런 결정 마비 또는 결정 장애를 경험한다. 해결책은 주위에서 떠들어대는 최신 기술, 획기적인 혁신, 선견지명을 지닌 기업가는 옆으로 밀어두고, 비즈니스의 기본으로 돌아가는 것이다. 직관적으로 뭔가 이상하다는 느낌이 들 수도 있지만 이것만이 두려움 없이 앞으로 나아갈 수 있는 유일한 방법이다.

이 책을 쓰면서 개인적으로 세운 목표가 있었다. 하나는 디스럽션을 간단명료하게 설명하는 것이다. 다른 하나는 기업 임원과 관리자의 시선을 돌려 행동하게끔 자극을 주는 것이다. 기술이 사업가들의 눈을 멀게 했다. 사업가는 기술 구축, 기술 스타트업, 거대한 기술 기업에 모든 관심을 기울이면서 고객의 희생을 대가로 이른바 '파괴적 무기'로 경쟁해야 한다는 생각밖에 하지 못하게 되었다. 이제는 당신이 아는 것으로 돌아가라. 정말로 중요한 것, 즉 고객으로 돌아가야 한다.

그러려면 우리가 변해야 한다. 많은 회사들이 경쟁을 대하는 공격적인 태도에서 한발 물러나 '자신을 진정시켜야' 한다. 사회의 일반적인 사고를 따르자면 비즈니스는 전쟁이다. 우버, 페이스북, 구글을 비롯해 전 세계 많은 대기업에는 전략회의실 또는 위기상황실을 뜻하는 워 룸war room이 있다.* 이들은 영토를 차지하려고 한다. 맞서 싸우기 위해, 경쟁 상대를 물리치기 위해. 그리고 이런 목표를 달성하기 위해 다양한 '전략무기'를 동원한다.

사실 전략이라는 면에서 전쟁과 비즈니스 세계는 유사한 점이 있다. 재계 지도자들은 자신을 장군으로 생각하면서 전장을 살피고 자신의 계획을 꼼꼼히 검토한 후에 공격을 앞서 이끈다. 수많은 비즈니스 리더들이 기원전 5세기에 전쟁하는 방법을 다룬《손자병법》에서 전략적 영감을 얻으려고 했다거나, 최근에는《비즈니스 전쟁 게임Business War Games》,《기업가들을 위한 전쟁의 비대칭 전력Asymmetric Warfare for Entrepreneurs》,《CEO의 비밀 무기The CEO's Secret Weapon》같은 제목의 책을 읽었다는 사실을 단순한

---

* 최대 라이벌 리프트와 싸우고 교통 관계당국의 눈을 피하기 위해 사용되던 우버의 워 룸은 내부에서 발생한 잇단 스캔들이 세상에 알려지면서 그 명칭이 평화의 방을 뜻하는 피스 룸(peace room)으로 바뀌었다.

우연으로 치부할 수 없다.

비즈니스는 전쟁이 아니다

전쟁 논리는 실제로 비즈니스에 적용되기도 했다. 알프레드 슬론 Alfred Sloan은 GM CEO에 오르면서 말 그대로 군대의 계급에 기초해 회사의 조직 체계를 구성했다. 장군(최고 관리자)이 전략을 결정했고, 병사(중간 관리직)는 명령을 따랐다. 그 이후로 다른 기업 경영자들도 정도의 차이는 있지만 전쟁 논리를 비즈니스에 적용시키면서 전쟁 논리가 역할과 책임을 명확히 하고 사람들에게 동기를 부여하는 확실한 방법이라 인식했다. 외부의 적들이 가하는 위협에 직면하게 되면 조직 내부의 많은 사람들은 개인적인 욕구보다는 조직에게 가치 있는 대의를 위해 시간과 에너지와 돈을 바치는 경향이 있다.

하지만 나는 그동안 우리가 비즈니스에 전쟁을 지나치게 깊숙이 끌어들였던 것이 아닌가 하는 의문이 든다. 과거에 전쟁 전략과 사업 전략 사이에 존재했던 유사점들 중 일부는 이제 더 이상 유효하지 않기 때문이다. 전통적인 전쟁에서는 비교적 소수의 사람들이 일정한 크기의 영토를 차지하기 위해 서로 잘 이해하고 있는 교전 조건 하에서 맞서 싸웠다. 당신이 이기면 상대방은 영토를 넘겼고, 상대방이 이기면 당신이 영토를 넘긴다. 당신이 어떤 행동을 취한다면 당신의 적은 몇 안 되는 예측 가능한 방법 중 하나로 대응할 가능성이 높았다.

수십 년 전만 해도, 대부분의 산업 역시 이런 식으로 운영되었다.

단 몇 개의 아주 큰 기업들이 이미 정해진 단일 시장에서 서로 경쟁했다. 코카콜라는 펩시와 싸웠다. 소니는 파나소닉과 싸웠다. 메르세데스는 BMW, 아우디와 싸웠다. GE는 지멘스와 싸웠다. 참여 기업의 수와 규모가 일정 부분 정해져 있기 때문에 경쟁은 상당히 예측 가능했고, 모두가 똑같이 고정된 전리품을 얻기 위해 경쟁했다.

오늘날 많은 산업과 시장은 다른 방식으로 운영된다. 인터넷은 유통, 마케팅, 구매와 판매 활동을 위해 저렴하고 접근하기 쉬운 채널을 제공하면서 비즈니스를 시작하는 데 필요한 비용을 대폭 낮춰준다. 그 결과 소비재, 전자, 운송, 산업, 통신 시장에 디지털 스타트업들이 넘쳐나고 있다. 이들 업계에 있는 대형 기업들은 더는 하나 또는 몇 개의 큰 '적'이 아니라 수십 수백 개의 작고 예측할 수 없는 '적'들과 마주한다. 계획, 전략, 실행이라는 과제는 하향식, 위계적, 의도적, 예측 가능한 방식으로 진행되지 않는다. 오히려 주변에서 일어나는 변화를 따라잡기 위해서는 모든 계층의 직원들이 지속적이고 반복적으로 계획하고 실행해야 한다. 이런 상황에서 전쟁을 비즈니스에 끌어들이는 비유는 선택 사항과 결정과 행동을 개념화하는 데 도움이 되지 않는다.

비즈니스를 전쟁으로 보았을 때 일어나는 병폐

전쟁과 비즈니스의 비유는 또한 우리로 하여금 고객을 제대로 바라보지 못하게 만든다. 기업이 그리고 기업의 지도자들이 현재 전쟁을 하고 있고 적을 '죽이기' 위해 무기를 동원해야 하는 상황이라 인식한다면 이는 그들이 고객을 단지 전투에서 이긴 대가로 받는 트로피로 간주하거나 아니면 경쟁자들을 물리치는 과정에서 희생시켜야 하는 손실 정도로 간주한다는 뜻이다. 고객은 주류가 아닌 주변부로 밀려나고, 경영진은 보통 역효과를 낳는, 때로는 스캔들로까지 이어지는 지나치게 공격적인 행동을 취하면서 경쟁에만 몰입한다.

한 심리학적 연구에 따르면 사람이 특정 상황에서 공격적인 행동을 보일 때 인식하는 세상과 덜 공격적인 상태에서 인식하는 세상은 다르다고 한다. 우리는 교통 체증이 심한 상태에서 운전을 하다가 짜증을 내고 공격적인 행동을 하게 될 때 '고객', 즉 승객과 우리 자신의 안전을 위하던 집중력을 흐리게 된다.[1] 마찬가지로 직장에서의 공격적인 행동 또한 실제 고객과 그들의 욕구에 맞춰져 있던 집중력을 무너뜨린다. 2016년 발생한 폭스바겐 디젤엔진 배기가스 부정행위 사건에서부터 2017년 웰스파고Wells Fargo 은행이 유령 계좌를 만들어 부당 이득을 취한 대형 스캔들, 우버가 최대 라이벌인 라이트의 정보를 몰래 빼내고 교통 감독 당국의 눈을 회피하려 했다는 주장에 이르기까지 경영진의 극도로 공격적인 태도는 고객 중심주의의 약화 내지는 완전한 침해로 이어졌고 이는 다시 기업과 사회에 해가 되어 돌아온다. 화이트칼라 범죄를 연구해온 유진 솔테스Eugene Soltes 같은 학자들은 공격성이 높은 행동과 기업의 부정행위 사이에 연관성이 존재한다는 사실을 밝혀내기도 했다.[2]

그런데 전쟁의 사고방식을 비즈니스에 도입하면 더욱 심한 폐해를 불러온다. 임원들과 관리자들이 경쟁자를 공격적으로 대하면 공격적 사고가 강화되고 직장 문화에도 심대한 영향이 미친다. 동료들이 서로 사용하는 언어는 더 거칠어지고 더 적대적이 되며 예의에서 벗어나게 된다.[3] 우리 대 그들이라는 사고방식과 패배의 두려움이 우세해진다. 시간이 흐르면서 기업들은 더 공격적인 사람을 고용하고 덜 공격적인 사람을 해고함으로써 공격적인 문화를 더욱 강화해간다. 평균적으로 여성들이 남성들보다 덜 공격적이기 때문에 조직 내 성별 다양성에도 악영향을 주게 된다. 왜 그리도 많은 직장이 여성 리더를 보유하지 못하고 화기애애한 업무 공간을 조성하지 못하는지 그 이유를 알고 싶다면 전 세계 대기업에 깊이 스며들어 있는 공격적 사고방식(전쟁 중심의 사고방식은 공격적 성향을 야기하는 여러 이유 중 하나일 뿐이다)을 생각해보아야 한다.

나는 지금이야말로 사업 관행에서 공격성을 줄이고 평화적 분위기를 만들어야 할 때라 믿는다. 최고의 기업에서 경영진과 리더 자리에 오른 여성을 더 많이 보고 싶은 것이 나의 바람이지만, 이를 단지 나의 생각일 뿐이라고 치부할 수는 없다. 이것은 현실적인 과제다. 기업 세계에 평화적 분위기를 도입하면 추문, 해로운 근무환경, 성비 불균형이 줄어들고 궁극적으로 고객이 필요로 하고 원하는 부분을 충족시키는 데 훨씬 더 집중할 수 있으리라고 나는 믿는다.

나는 기업들이 덜 경쟁적이어야 한다고 말하는 게 아니다. 오히려 기업은 경쟁력을 향상하고 유지해야만 한다. 단 경쟁자를 죽음으로 몰고 가는 일은 없어야 한다. 스포츠에서 톰 브래디Tom Brady,

린지 본Lindsey Vonn, 르브론 제임스LeBron James, 윌리엄스 자매the Williams, 로저 페더러Roger Federer 같은 선수들은 상대편을 배움과 영감을 얻는 대상, 심지어는 협력하는 대상으로 인식하고 존중한다. 그렇게 하면 더 멋진 경쟁을 할 수 있다. 그리고 결국에는 모두에게 더 나은 비즈니스가 될 것이다.

디지털 디스럽션은 처음에는 심각한 도전이 될 수 있지만, 다른 한편으로 우리의 사고방식과 비즈니스를 확실하게 발전시킬 기회를 제공한다. 결합, 분리, 재결합은 강력한 도구다. 많은 고객을 낚을 수 있는 삼지창 역할을 할 것이다. 이 기회를 잡자. 고객을 위해서, 그리고 궁극적으로 우리 자신을 위해서. 행운을 빈다!

이 책에는 '디스럽션disruption'과 '디커플링decoupling' 그리고 '고객 가치사슬customer value chain, CVC'이라는 용어가 자주 등장한다. 이 중에는 내가 처음으로 소개하는 용어도 있고 이전에 학자들이 사용했지만 주장과 해석을 달리하는 용어도 있다. 따라서 다음과 같이 정리한 바를 숙지하면 이 책을 이해하는 데 도움이 될 것이다.

디스럽션

이 책은 디커플링 현상을 다루고 있다. 디커플링은 특정 시장에 상당히 파괴적인 혼란을 불러일으킬 수 있는 비즈니스 모델 혁신의 한 유형이다. 1995년 하버드 경영대학원 교수 클레이튼 크리스텐슨은 〈하버드비즈니스리뷰Harvard Business Review〉를 통해 '파괴적/와해성 기술disruptive technologies'을 정의하고 설명하는 글을 발표했다.[1] 크리스텐슨은 그 글에서 추후에 자신의 파괴적 혁신 이론의 근간을 이루게 될 특별한 수준의 기술을 지칭하기 위해 '파괴적 기술/제품'이라는 용어를 사용했다.* 파괴적 혁신은, 크리스텐슨이 1997년에 펴낸 베스트셀러 《혁신 기업의 딜레마》에서 처음 소개된 후 그와 그의 동료에 의해 많은 서적과 논문에서 상세하게 기술되었다.[2] 이 책에서도 크리스텐슨의 이론 '파괴적 혁신'이라는 용어를 그대로 사용한다.

최근에는 '디스럽션'이 파괴적 혁신을 칭하는 용어로 사용되기도 한다. 웹스터 사전Webster's에서는 '디스럽션'을 '무언가의 정상적인 과정이나 단합을 방해하거나 분열시키거나 파열시키는 것'으로 정의한다.[3] 크리스텐슨이 근래에 쓴 글을 보면 '디스럽션'은 파괴적 혁신 이론을 언급할 때만 사용해야 한다고 암시하는 듯하다. 2015년에 발표한 논문 「파괴적 혁신이란 무엇인가?What Is Disruptive Innovation?」에서 크리스텐슨 교수와 그의 동료들은 '파괴적 혁신(이론)'과 '디스럽션'을 번갈아가며 사용한다.**

나는 이 두 용어를 같은 의미로 사용하는 데 감히 반대한다. '파괴적 혁신'은 크리스텐슨의 1997년 저서에서 제안한 이론과 관련된, 매우 구체적이고 뜻이 명백한 용어다. 반면에 '디스럽션'은 일반적으로 사용하는 명사다. 크리스텐슨의 이론과는 아무런 관련 없이 누구나 파괴, 파괴자, 와해 시도라는 표현을 사용할 수 있다.

'디스럽션'은 1995년 원문에는 전혀 등장하지 않았고, 보다 최근에 발표한 글들에 등장했을 뿐이다.[4] 크리스텐슨은 두 번째 저서 《성장과 혁신The Innovator's Solution》에서 형용사 '파괴적'을 여

---

* '파괴적 혁신'이라는 용어는 단 한 번 등장한다.

** 여기서 나는 크리스텐슨이 언급한 "디스럽션은 이론이다"(클레이튼 M. 크리스텐슨, 마이클 E. 레이너(Michael E. Raynor), 《성장과 혁신》, 25쪽)라는 부분에 동의하지 않는다. 그의 이론은 더 좁은 의미의 파괴적인 혁신 중 하나이며, 어떻게 디스럽션이 발생하는지에 관한 여러 이론 중 하나일 뿐이다.

러 명사와 함께 사용했는데 몇 가지 예를 들자면 '전략', '비즈니스 모델', '회사', '이론' 같은 단어와 함께 사용했다. 실제로 크리스텐슨은 처음에는 파괴적 기술을 제품 또는 과정의 유형이라는 의미로 협소하게 정의하다가 나중에는 전략적 접근방식, 전략 유형으로 범위를 넓혀 마침내는 결과, 시장 붕괴를 이야기할 때도 파괴적 기술이라는 단어를 사용했다. 거기에서 개념적 문제가 발생한다. 제품, 접근방식, 성과를 일대일 방식으로 서로 연관시켜서는 안 된다. 많은 문제를 야기할 수 있기 때문이다. 그중 하나가 논증되어야 할 명제를 논증의 근거로 삼는 순환 논증circular reasoning의 오류로 크리스텐슨은 '파괴적 혁신'(선택)을 '파괴 야기하기'(결과)로 정의하고 있다. 바꿔 말하면 기술은 파괴적이어서 파괴를 야기하는 것이 아니라 파괴를 할 때 파괴적이다. 크리스텐슨은 원인(또는 과정)과 효과(또는 결과)를 혼용하고 있다.*

이 책에서 나는 '디스럽션'의 사전적 정의를 존중하고, 산업의 정상적인 과정을 파괴 내지 분열하려는 시도('산업 X를 파괴하다'에서처

---

* 또 다른 문제는 파괴적 혁신 이론에 대한 일반적인 비평이기도 한데, 저자의 말대로 "시간의 흐름에 따른 어떤 제품이나 서비스의 발전이 아니라 하나의 고정된 지점에서 제품이나 서비스를 언급할 때 파괴적인 혁신이라는 용어를 사용하는 것은 오해의 소지가 있다"(클레이튼 M. 크리스텐슨, 마이클 E. 레이너, 로리 맥도널드(Rory McDonald), 「파괴적 혁신이란 무엇인가?」, 〈하버드 비즈니스 리뷰〉, 2015년 12월). 저자들은 파괴적 혁신이 '주변부에서 중심부로 따라갔던 길'에 따라 분류된다고 주장한다. 따라서 신기술이나 비즈니스 모델이 실제로 파격적 혁신인지 여부는 사실을 근거로 그 궤도를 관찰한 후에야 판단할 수 있다. 혁신은, 혁신이 지닌 고유한 특징에 의해 분류되는 것이 아니라 혁신이 어디로 이끄느냐, 그 경로에 따라 결정된다. 그럼에도 불구하고 "일부 파괴적 혁신은 성공을 거두고 다른 일부는 그러지 못한다." 이 정의는 오류와 불일치를 설명하지 못하는 기술 이론(descriptive theory)이 되는데, 매우 유용하긴 하지만 밀도 있는 사전 예측력을 지니지는 못한 정의다.

림)나 기업의 정상적인 과정을 방해하려는 시도('회사 Y를 방해하다'에서처럼)를 의미하기 위해 편하게 사용하는 데 동의한다. 다시 말하자면 내가 '디스럽션disruption(파괴)'이라고 언급하면 그것은 결과를 뜻한다. 그리고 기업이 다른 기업을 '디스럽팅disrupting(파괴하는)'한다고 표현하면 이는 그런 결과가 일어나도록 유도하는 과정을 의미하는 것이다.

이런 대중적 정의에 따라 나는, 비교적 단기간에 하나 또는 그 이상의 사업체에서 주목할 만한 분량의 시장점유율이 파괴자에게로 이동하는 현상을 디스럽션이 일어나고 있다는 주요 징후로 본다.

여기에서 '주목할 만한'과 '단기간'에 대해서는 여러 의견이 있을 수 있다. 내가 의도하는 바는, 외부 관찰자의 입장에서 이동 속도가 상대적으로 빠르고 규모가 작지 않다는 점에 주목할 필요가 있다는 것이다.

다시 말해 '디스럽션'은 이미 체계가 갖추어진 시장에서 원래의 참가자들이 점유율을 얻고 유지하는 일반적인 과정을 방해하는 갑작스러운 단절이다. 그런 의미에서 '스타트업 A가 소매업 시장을 파괴하고 있다'라는 말은 스타트업 A가 그 업계에서 전부터 유지되던 시장점유율의 소유 지분 상태를 혼란에 빠뜨리려고 시도하는 중이거나 방해하는 과정에 있다고 해석하는 것이 맞다. 번거롭긴 하지만 스타트업 A를 단지 파괴 의도를 지닌 '장래의 파괴자'로 보는 것이 좀 더 정확하다. 반면에 '스타트업 B가 샌프란시스코 택시 업계를 파괴했다'라는 말은 실제로 시장점유율이 이동했음을 암시한다. 일부 지역에서는 상당한 시장점유율의 이동을 발생시켰지만 전 세계에 걸쳐 진입한 모든 지역에서 성공을 거두지는 못한 우버가 그 실제 사례다. 그러므로 크리스텐슨과 그의 동료들이 최근 글에서 주장한 것과는 반대로, 나는 우버가 택시 업계를 파괴했다고 말하는 것이 정확하다고 믿는다.*

디커플링

나는 '디커플링'을 전통적으로 기존 기업이 고객에게 제공하는 인접 소비 활동 사이의 연결고리를 분리하는 것, 또는 깨뜨리는 것으로 정의한다. 기업에 의해 실행된 비즈니스 모델 혁신의 일환인 디커플링은 크리스텐슨이 말하는 파괴적 혁신과 유사하지만 인과관계 체제에서 뚜렷이 구분된다.

디스럽션은 파괴적 혁신, 규제 완화, 새로운 비즈니스 모델의 등장 또는 디커플링 등을 비롯해 다양한 체제에 의해 생성되는 결과다.** 일부 경우에는 디커플링이 시장점유율의 이동을 대규모로 빠

---

* 크리스텐슨, 레이너, 맥도널드는 「파괴적 혁신이란 무엇인가?」에서 우버가 택시 업계를 파괴하고 있지 않다고 주장한다. 나는 그 주장에 동의하지 않는다. 전 세계 많은 도시에서, 택시 회사들이 차지했던 시장점유율이 우버로 급격히 옮겨갔다는 사실을 데이터가 보여준다. 이는 일정 수준에서 디스럽션이라고 주장하기에 충분한 상황이다. 그렇다면 그게 파괴적 혁신인가? 아마도 이 용어를 만들어낸 크리스텐슨의 말을 들어보는 게 가장 좋을 듯하다. 그와 동료들은 그렇지 않다고 주장한다.

** 이 점에서 크리스텐슨과 나는 동의한다. 기술뿐만 아니라 비즈니스 모델도 새로운 기술보다 더 파괴적일 수 있으며 일부 사례에서는 신기술보다 더 파괴적일 수 있다. 하지만 '파괴적(disruptive)'이라는 용어 정의에서 서로 차이를 보인다. 크리스텐슨은 비즈니스 모델을 파괴적 혁신으로 분류할 수 있다는 뜻으로 받아들이는 반면에 나는 비즈니스 모델이 시장을 파괴한다는 뜻으로 본다.

르게 진행시켜(분리시켜) 신규 진입 기업(분리시키는 기업, 디커플러)에게 가도록 만들면서 디스럽션으로 이어질 수도 있다. 하지만 디커플링을 기반으로 하는 비즈니스 모델이 파괴적인지 아닌지는 이미 체계를 갖춘 시장 또는 기존 기업과 관련해서 판단할 수 있다. 이 주제에 대한 자세한 내용은 '디커플링과 파괴적 혁신의 차이'를 참조하기 바란다.

디커플링은 여러 디스럽션 이론 중 하나로 디지털 디스럽션에서 특정하게 적용되는 이론이다. 이 책에서 설명하듯이 디커플링은 소비자를 위한 제품의 급격한 품질 변화 때문에 벌어지는 경쟁은 다루지 않는다. 우수한 제품 또는 더 나은 서비스 구축 자체가 디커플링은 아니다. 언번들링, 즉 묶음 해체를 포함한 여느 비즈니스 모델 혁신이 제품 수준에서 발생하는 것과 달리 디커플링은 고객의 가치사슬 수준에서 발생한다.

고객 가치사슬(CVC)

그렇다면 가치사슬이란 무엇일까? 마이클 포터는 1985년에 출간한 《마이클 포터의 경쟁 우위Competitive Advantage》에서 이 용어를 처음 사용하면서 기업이 가치를 창출하는 개별적이고 상호 연관적 활동이라고 정의했다.[5] 가치사슬은 운영과 마케팅 같은 주요 활동 그리고 인사 관리와 물품 구매 같은 보조 활동으로 구성된다. 나는 디스럽션을 이해하기 위해서 이 같은 활동을 분석의 단위로 본다. 하지만 포터의 기업 중심적 관점이 아니라 고객 중심적 관점에서 생각한다. 그리고 고객 가치사슬CVC을 고객이 소비의 기능적 필요와 심리적 욕망을 만족시키기 위해 취하는 개별적 활동으로 정의한다. 이런 활동들은 제품이나 서비스 검색하기, 평가하기, 구매하기, 사용하기, 폐기하기처럼 좀 더 넓은 단계로 통합 정리할 수 있다.

모든 고객 활동은 고객에게 가치 또는 비용을 발생시킨다. 하나의 행동이, 꼭 그런 것은 아니지만, 가치를 창출할 수 있고 그런 활동들은 종종 고객에게 비용을 발생시킨다. 예를 들면 상점에서 제품을 테스트해보는 활동은 고객에게 가치를 창출할 뿐만 아니라 시간과 노력을 요구한다. 하지만 직접 상점에 가는 활동은 비용만 발생시킬 뿐이다.

고객 가치사슬은 고객 깔때기customer funnel, 고객 여정customer journey, 맥킨지McKinsey의 고객 의사결정 여행Customer Decision Journey, 하버드 경영대학원의 의사결정 과정decision-making process과 같은, 마케팅에서 일반적으로 사용하는 다른 개념과 유사하다.[*6] 고객 가치사슬 또한 고객이 종종 순차적으로 수행하는 일련의 개별 활동으로 구성된다. 한 가지 다른 점이 있다면 고객 가치사슬은 처음부터 끝까지 이어지는 전체적인 소비 경험을 포함한다는 것이다. 이에 비해 앞서 언급한 다른 용어는 전 과정 중 주로 구매 부분을 일컫는다. 필요하고 유익하다고 판단되면 CVC는 제품 사용

---

* 과거에는 하버드에서 MBA 학생들을 가르칠 때 CVC를 '의사결정 과정'이라 설명했다. 그런데 많은 학생들, 기업 고객, 청중들이 CVC를 '고객 가치사슬'이라 부르기 시작했고 나도 그들의 의견에 동의해 그렇게 부르기로 결정했다.

하기와 처리하기(예를 들면 반품, 재판매 또는 폐기)를 통합하기도 한다. CVC의 또 다른 독특한 점은 서로 다른 가치 유형(창출된 가치, 청구된 가치, 잠식된 가치)이 각 활동과 관련되어 있다는 것이다. CVC는 디커플링을 이해하고 실행하기 위한 분석 단위이다. 이를 보면 프로세스가 어떻게 작동하는지, 경영진이 프로세스에 어떻게 대응하는지 이해하는 데 도움이 된다.

　기업 임원이나 일반인들을 대상으로 발표를 하다 보면 디커플링과 클레이튼 크리스텐슨이 말하는 파괴적 혁신이 어떻게 다른지 묻는 질문이 가끔 나온다. 디커플링과 파괴적 혁신처럼 서로 말하는 현상도 다르고 접근하는 시각도 다른 이론을 비교한다는 것은 쉽지 않다. 그럼에도 불구하고 최대한 나의 이론과 크리스텐슨의 이론이 서로 겹치는 부분을 비교하고 서로 다른 부분을 대조해보겠다. 단 크리스텐슨이 처음 이론을 발표하고 시간이 흐르면서 내용을 여러 차례 수정해왔다는 점을 기억하기 바란다.

　크리스텐슨이 처음 말했던 파괴적 혁신 이론은 보통 소규모의 또는 설립한 지 얼마 되지 않은 신생 진입 기업이 '파괴적 기술'을 사용해서 시장에서 자리 잡은 기존 기업을 앞지르는 변화 내지는 전개 상황을 말한다(결국에는 '파괴적 혁신'도 포함한다고 의미를 확장시켰지만 애초에 만들어낸 용어는 이렇다).[1]

　크리스텐슨의 이론은 기존 기업이 자사에게 가장 유익한 고객에 초점을 맞추어 제품을 향상시킨다는 가정에서 시작한다. 그러는 과정에서 기존 기업은 일부 고객층의 욕구에 지나치게 집중하게 되고 다른 고객층의 욕구를 무시한다. 이런 상황은 도전 기업들에게 시장의 낮은 쪽(예를 들면 그림 A.1의 하단에 평행을 이루고 있는 화살표가 나타내듯 가격과 품질 면에서 낮은 제품)으로 진입해서 기존 기업이 간과하는 고객들을 목표로 삼을 기회를 만들어준다.

더 높은 수익성을 추구하는 기존 기업은 시장의 고급 부분(예를 들면 그림 A.1의 상단에서 거의 평행을 이루고 있는 화살표로 표시)에 집중하면서 저급 부분을 공략하는 도전자를 처음에는 무시한다. 신생 진입 기업들은 점차 고품질 제품 제공 능력을 키워가면서 결국에는 고가의 고급 제품 시장으로 이동한다(그림 A.1의 위로 휜 화살표). 신생 기업은 여전히 저가의 저품질 시장에서 완전한 주도권을 유지한 상태에서 동시에 고가 시장에서 기존 기업과 경쟁을 시작한다. 그러다가 마침내 다수의 고객이 대량으로 신생 기업으로 옮겨간다(그림 A.1 참

[그림 A.1] 크리스텐슨의 파괴적 혁신 이론 묘사

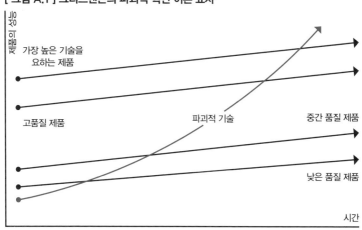

출처: 크리스텐슨의 발표를 근거로 함.

고). 이 현상은, 기존 기업이 어느 순간 무시하던 파괴적 기술(또는 혁신)을 도전 기업이 사용할 때에만 발생한다. 이를 설명하기 위해 자주 사용하는 예가 1970년대와 1980년대에 개인용 컴퓨터 제조사에 의해 발생한 메인프레임 컴퓨터와 미니컴퓨터 제조사의 붕괴다.

크리스텐슨의 파괴적 혁신 이론에는 주목할 만한 특징 세 가지가 있다. 첫째, 파괴적 혁신 이론은 도전 기업이 진입하는 제품 품질을 기존 기업 아래로(그림 A.2의 시점 A) 규정짓고 있다. 따라서 이에 따르면 고급 전기차를 생산하는 테슬라는 파괴적 혁신 기업에 해당하지 않는다. 둘째, 크리스텐슨의 이론은 제품의 특성 부분과 관련해서 도전 기업의 궤도를 구체적으로 명시한다. 도전 기업의 제품 품

[그림 A.2] 크리스텐슨의 파괴적 혁신 이론의 세 가지 주요 요소 묘사

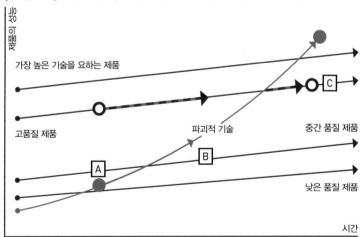

녹색 원은 도전 기업의 상대적 위치, 백색 원은 기존 기업의 상대적 위치를 보여준다. 실선 화살표는 궤도, 점선 화살표는 기존 기업의 궤도를 나타낸다.

질은 처음에는 천천히 상승세로 오르다가 나중에 상승 각도가 커진다(그림 A.2의 시점 B). 이런 이론대로 하자면 우버는 파괴적이라 할 수 없다.

마지막으로 크리스텐슨의 이론은 기존 기업의 대응 방식을 명시하고 있다. 기존 기업의 제품 특성이 향상되기는 하지만 근본적인 기술 차이 때문에 도전 기업만큼 향상 속도가 빠르지 않다. 결국에는 도전 기업의 제품 특성이 기존 기업의 제품 특성을 능가하게 되면서, 도전 기업이 기존 기업을 능가하게 되고 시장점유율의 파괴라는 결과로 이어진다고 한다(그림 A.2의 시점 C). 시간이 지나면서 크리스텐슨은 어디서, 어떻게, 왜 이런 역학 관계가 발생하는지에 대한 설명을 추가적으로 내놓았다. 그가 내놓은 부연 설명에 대해서는 언급하지는 않겠다. 여기서는 도전 기업이 어느 부분에서 진입하고, 기존 기업과 비교해 어떤 궤적을 따라 움직이며, 그에 대해 기존 기업이 어떻게 대응하는지만 논하기로 한다.

[그림 A.3] 디커플링 이론의 주요 요소 세 가지

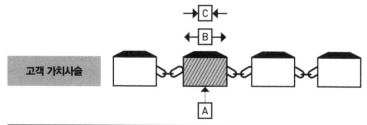

빗금이 쳐진 직사각형은 도전 기업이 제공하는 활동. 빗금이 없는 직사각형은 기존 기업이 제공하는 활동을 뜻한다. 화살표 B는 도전 기업의 궤도, 화살표 C는 기존 기업의 궤도를 보여준다.

한편 디커플링 이론 역시 여러 중요한 가정에 기초한다. 첫째, 무엇보다도 중요한 가정인데 디커플링 이론은 고객의 결정으로 인해 디지털 파괴가 일어난다고 가정한다. 이 때문에 관계된 모든 기업의 역학 관계는 고객 가치사슬 수준에 따라 그 결과가 나타날 것이다. 이런 역학 관계는 크리스텐슨의 이론에서와 같이 제품 성능 차이에서 비롯될 수 있지만 반드시 그렇다고 할 수는 없다. 기존 기업과 도전 기업 간의 비즈니스 모델 차이가 고객을 위해 가치를 창출하는 방법, 가치에 대한 대가를 부과하는 방법, 가치를 잠식하는 방법에서도 서로 다르게 나타날 수 있다. 이 문제는 차치하고, 크리스텐슨의 파괴적 혁신 이론을 기술하는 세 가지 요소를 참고해서 디커플링 이론을 재구성하면 다음과 같은 그림을 얻을 수 있다(그림 A.3).

1. 도전 기업은 어디에서 진입하는가?

답: 고객 가치사슬의 활동 중 하나에서(디커플링, 즉 분리를 통해) 진입한다.

2. 도전 기업의 궁극적인 발전 방향과 단계는 무엇인가?

답: 인접한 고객 가치사슬 활동들을 (커플링, 즉 결합을 통해) 확보한다.

3. 기존 기업이 가장 흔히 하는 대응은 무엇인가?

답: 주로 빼앗긴 활동들을 (리커플링, 즉 재결합을 통해) 되찾고자 시도한다.

디커플링 이론에서 가장 주목할 만한 요소는 아니지만 그럼에도

	파괴적 혁신 이론에 따르면 파괴적인가?	디커플링 이론에 따르면 파괴적인가?
테슬라	아니요	아니요
우버	아니요	예
PC	예	아니요
넷플릭스	예	예

독자들은 이 세 가지 질문에 대한 해답을 통해 디커플링 이론과 파괴적 혁신 이론을 비교 대조할 수 있을 것이다. 테슬라와 우버를 예로 놓고 보자면 오직 우버만이 운송 시장을 파괴하고 있다. 우버는 소비자의 개인 교통수단 검색하기를 분리해내고 사실상 승차하기만 제공함으로써 시장을 파괴하고 있다. 테슬라는 디자인, 기술 성능, 브랜드 속성 등을 놓고 다른 자동차 제조사와 경쟁하긴 하지만 디커플링을 통해 경쟁하지는 않는다.

아래의 표에서 알 수 있듯이 (2018년에) 큰 성공을 거둔 기업이나 기술을 두고, 크리스텐슨의 파괴적 혁신 이론은 파괴적이라 생각하지만 디커플링 이론은 파괴적이라고 보지 않는 경우가 있다. 그 반대 경우도 있다. 파괴적 혁신 이론과 디커플링 이론 모두, 시장에서 성공했다는 이유만으로 그 기업이나 기술을 파괴적이라 하지 않는다. 마지막으로 두 가지 이론을 모두 충족시키는 기업도 있다. 크리스텐슨에 따르면 넷플릭스는 비디오 대여 시장을 파괴하는 기술로 스트리밍을 활용했다. 동시에 넷플릭스는 주문형 비디오 단계로 넘어가기 전에 DVD 영화를 대여하는 활동과 상점에 가는 활동을 분리했다.

그렇다면 크리스텐슨의 이론을 비롯한 다른 파괴 이론과 디커플링 이론의 중요한 차이는 무엇인가? 여타의 파괴 이론에서 기존 기업은 도전 기업이 제공하는 제품의 뛰어난 성능 때문에(크리스텐슨의 이론에서는 파괴적 혁신의 활용 때문에) 고객을 잃는다. 반면 디커플링 이론에서 기존 기업이 고객을 뺏기는 이유는, 고객이 해당 소비 활동을 수행하는 데 들어가는 비용을 도전 기업이 줄여주기 때문이다.

이를 달리 설명하자면 다른 많은 이론들은 기업 임원들에게 파괴의 원동력인 기술에 집중하라고 하면서 입증되었든 아니든 모든 기술의 발전 상황을 따라가야 한다고 주장한다. 이 주장에서는 과연 어떤 기술이 나중에 '파괴적'이 될 수 있는지를 사전에 평가할 수 있느냐가 어려운 점이다.

반면에 디커플링 이론은 고객들과 그들의 선택 과정에 관심을 집중한다. 여기서의 과제는 과도한 금전 비용, 노력 비용, 시간 비용으로 인해 고객을 만족시키지 못하는 활동이 무엇인지를 판단하는 것이다. 고객을 만족시키지 못하는 활동, 약한 사슬로 엮인 활동은 파괴자가 공격할 기회를 제공한다.

위험에 처한 시장(MaR™)

먼저 다음 공식을 사용해서 고객이 디커플링의 총비용을 더 낮게 (음수) 보는지 또는 더 높게(양수) 보는지 알아본다.

$$비용_{디커플링} =$$
$$비용_{디커플러}(돈, 시간, 노력) - 비용_{기존 기업}(돈, 시간, 노력)$$

다음으로, 당신이 목표로 잡은 고객들이 이 비용에 얼마나 민감한 지 알아본다. 보통은 설문조사나 결합분석conjoint analysis을 통해 민감도를 알아볼 수 있다. 이제 디커플링 비용과 비용 민감도를 곱해서 디커플러가 기존 기업에게서 고객을 빼앗아갈 수 있는 잠재력을 계산한다.

$$디커플러의 잠재력 = 비용_{디커플링} \times 민감도_{비용}$$

마지막으로 기존 기업의 시장이 어떤 위험에 처했는지를 알아내기 위해 디커플러의 잠재력과 기존 기업의 시장점유율을 곱한다.

$$위험에\ 처한\ 시장 = 디커플러의\ 잠재력 \times 시장점유율_{기존\ 기업}$$

위험에 처한 시장은 시장의 모든 고객들이 기존 기업의 제품 또는 서비스와 파괴자의 제품 또는 서비스를 알고 있고, 선택에서 다른 면을 고려하지 않고 오로지 금전 비용, 시간 비용, 노력 비용만을 기준으로 두 기업이 제공하는 것을 비교한다고 가정했을 때 최대한의 잠재적 손실을 뜻한다. 위험에 처한 시장에서는 마케팅 지출, 유통 경로, 자금 활용 가능성 등 실행과 관련된 요소는 고려하지 않는다. 그런 점에서 위기에 처한 시장은 파괴적 비즈니스의 가치 그 자체를 말하는 게 아니라 파괴 기업의 비즈니스 모델의 잠재적 파괴 가치를 뜻한다고 할 수 있다.

위험에 처한 전체 시장(TMaR™)

위와 비슷하게, 파괴 기업이 업계의 모든 기존 기업 하나하나에 어떤 위험을 가하는지도 계산할 수 있다. 기존 기업 하나하나의 위험을 다 더하면 위험에 처한 전체 시장을 알 수 있다. 위험에 처한 전체 시장은 디커플러가 파괴를 일으킬 수 있는 잠재력의 최대치를 뜻한다.

$$위험에\ 처한\ 전체\ 시장$$
$$= \Sigma_{기존\ 기업}디커플러의\ 잠재력 \times 시장점유율_{기존\ 기업}$$

　이 책을 쓰는 동안 도움과 격려를 아끼지 않은 많은 사람들에게 깊은 감사를 드린다. 클레이튼 크리스텐슨은 디커플링의 초기 아이디어를 이해하고 내게 "여러 흥미로운 사례를 찾아내어" 이론을 증명해보라고 격려해주었다. 책의 초안을 읽고 의견을 건네준 데이비드 벨, 피터 카반, 짐 콜린스, 재니카 딜런, 톰 아이젠 만, 댄 그루버, 린다 힐, 마크 힐, 조엘 카우프만, 월터 키셀 Ⅲ, 라이언 뉴턴, 캐시 랑간, 카밀 탕, 켄 월버. 크리스털 젤, 이 책의 여러 장을 검토하고 자세한 의견을 제공해주느라 많은 시간을 보낸 유진 솔테스와 이바 테이셰이라, 이들 모두에게 그 어떤 말로도 감사의 마음을 전할 수 없음을 밝힌다. 또한 집필 과정에 지원을 아끼지 않은 하버드 대학교의 바라트 아난드, 린다 애플게이트, 프랭크 세스페데스, 벤 에델만, 월리스 에몬스, 벤 엣시, 캐시 주스티, 셰인 그린스타인, 리차드 해머 메시, 린다 힐, 펠릭스 오베르홀저-지, 존 켈치 주니어, 라이언 라파엘리, 유진 솔테스, 펑 주, 특히 내가 혼자서는 만날 생각조차 하지 못한 사람들을 만나고 필요한 장소에 갈 수 있게 힘써준 학과장 니틴 노리아, 그리고 예전 연구 책임자였던 테레사 애머빌에게 감사드린다. 내 고향과도 같은 마케팅 학과의 동료 모두에게 일일이 고마움을 표하는 바이며, 특히 데이비드 벨, 덩 청, 존 데이튼, 로힛 데스판데, 수닐 굽타, 라지브 랄, 도날드 네그, 캐시 랑간에게 감사한다. 나의 조교 시애라 두간과 바바라 트리셀이 사무실에서 도와준 덕분에 생활과 작업 모두 쉽게 해낼 수 있었다.

너그러운 마음으로 나를 회사에 초대해 조사할 기회를 준 비즈니스 리더들에게도 감사한다. 그들의 지원이 없었다면 이 책은 세상에 나오지 못했을 것이다. 내 예전 고객이었던 액티브 인터내셔널Active International, 방코 판Banco Pan, BMW, 코티Coty, 더 고메The Grommet, 미디어봉Mediabong, 마이크로소프트, 나이키, 롤랜드 버거Roland Berger, 지멘스, 테크노스Technos, 탈레스 그룹Thales Group(나와는 무관하다), TV글로보, 유니레버, 유튜브의 임원들에게 감사한다. 또한 내 초기 작업을 격려해준 코카콜라, DFJ 벤처스DFJ Ventures, 디즈니, 페이스북, 구글, 그루포 패드로Grupo Padrango, 넷플릭스, 노르웨스트 벤처 파트너스Norwest Venture Partners, 파라마운트 픽처스, 프로그레스 파트너스Progress Partners, 세포라, 워너 브러더스Warner Brothers, 그리고 나를 초대해 연구 결과 발표 자리를 마련해준 무역 단체, ABF, 브라질 전기전자산업협회, 주 캄피나스 미국상공회의소Amcham Campinas, ARF, 칸 라이온즈Cannes Lions, 이브바Ibvar, 인마Inma, NEFA에도 고마움을 전하고 싶다.

다음으로는 카티아 보샹Katia Beauchamp(버치박스), 데릴 케이븐스Darrell Cavens(줄릴리), 안드레 클라크Andre Clark(지멘스 브라질), 스콧 쿡(인튜이트), 찰스 고라(리백), 제이슨 해리스(메카니즘

Mekanism), 론 존슨(인조이Enjoy), 허버트 졸리(베스트바이), 얀 리우(Yan Liu, 티비전TVision), 티아고 피콜로(테크노스), 줄스 피어리(더 고메), 니라즈 샤(웨이페어Wayfair), 마리아 토마스(엣시), 사라 우드(언룰리Unruly) 등 내게 자신의 소중한 시간을 할애해준 CEO, 전직 CEO, 위원장들께 감사드린다. 그리고 6장에서 소개한 데이터를 제공해준 브라이트 브리지 벤처스Bright Bridge Ventures의 안토니 브로드벤트Anthony Broadbent와 샐러리 파이낸스의 아세시 사카르에게 특별한 고마움을 표하고 싶다. 내가 인터뷰했던 업계 리더들의 현명한 조언과 고견을 이 책에 담을 수 있어 다행이었다. 깊이 감사드린다.

내가 '디지털 파괴에 대응하기'를 주제로 개최한 워크숍에 참가한 사람들, 에이온AON, 에이본Avon, BNP 파리바스BNP Paribas, 샤넬, 크리스찬 디올Christian Dior, 도이치방크Deutsche Bank, 다이나모Dynamo, 에스티 로더Estee Lauder, 에르메스, 예거 르쿨트르/리치몬트Jaeger-LeCoultre/Richemont, JGP, 크래프트 하인즈Kraft Heinz, 로레알, 메르코Mercaux, 마이크로소프트, 뮌헨레Munich Re, 피어슨Pearson, 르놀트Renault, 테크노스, 유니레버, 비지언트Vizient를 비롯해 수많은 회사의 이사들께 감사드린다. 또한 디지털 마케팅 전략, 전자상거래, 마케팅 입문 등 내 수업을 듣고 정량적 마케팅에 관한 박사 학위 세미나에 참석해준 하버드 경영대학원의 옛 학생들에게도 고마움을 전한다.

또한 지난 10년 동안 함께 연구 작업을 했던 훌륭한 분들, 데이비드 벨, 모건 브라운, 앨리슨 캐벌리, 루스 코스타스, 로히트 데스판

데, 레안드로 귀소니, 수닐 굽타, 피터 자미슨, 라나 엘 칼리우비, 아키코 칸노, 레오라 콘펠트, 쥬라 랴오코니테, 알렉스 리우, 데이비드 로페즈-렝고스키, 사라 맥아라, 도널드 뉴, 로사린드 피카드, 릭 피에터스, 매튜 프레블, 캐시 랭간, 노부오 사토, 사바나 (웨이) 시, 호스트 스티프, 엘리자베스 왓킨스, 미셸 웨델, 케네스 윌버, 프리실라 조그비의 공로를 인정하지 않을 수 없다. 이 모든 사람들 덕분에 다양한 주제에 대해 사고의 폭이 넓어질 수 있었다.

그리고 이 책이 나오기까지 개념을 잡아주고 이끌어준 대단한 편집팀도 빼놓을 수 없다. 편집자인 세스 슐만, 당신이 업계 최고요. 또한 제자이자 공동 저자인 그레그 피호타, 더 이상 바랄 게 없는 나의 대리인 로린 리스에게도 고마움을 표한다. 특히 서로 전혀 알지도 못한 상태에서 내 사무실에 찾아와 이 책을 써야 한다고 주장하던 로린 리스, 그렉과 세스, 첫날부터 나를 믿어주고 도와주기 시작해서 끝까지 열심히 일해준 여러분께 감사를 드린다. 팀의 일원으로 함께할 수 있었던 것은 축복이었다. 너무 좋았다. 또한 크라운Crown의 편집장 로저 숄과 직원들에게도 고마움을 전한다. 이 책을 재정적으로 뒷받침해주고 내 글과 생각을 다듬어주느라 수많은 시간을 들일 만큼 나를 믿어준 당신들께 감사를 표한다.

개인적으로 부모님 주앙 바티스타와 아순타 테이셰이라에게 감사드리고 싶다. 부모님은 내게 무한한 인내심을 보여주셨다. 자주 말씀드리지는 못했지만 깊은 고마움을 느낀다. 우리 아이들, 칼리나, 나는 네가 늘 자랑스럽다. 네가 방 안에 있던 물건을 가리키며

"이거"라고 처음 입을 뗐을 때, 나중에 문장으로 말을 하기 시작했을 때부터 지금까지도 늘 네가 자랑스럽다. 너의 존재만으로도 나의 하루는 밝아진다. 그리고 내 아들 말리, 넌 내가 만난 가장 사랑스럽고 자상한 꼬마 소년이란다. 언젠가 세상이 필요로 하는 큰 사람으로 우뚝 서게 될 거다. 지금처럼 자라줘서 정말 고맙다. 마지막으로 아내 이바에게 감사를 전한다. 아내는 대담함, 강인함, 영리함, 아름다움을 모두 갖춘, 내 인생의 진정한 파트너다. 아내가 내게 보내준 전폭적인 지지에 고마움을 전한다. 나는 선택받은 사람임에 틀림없다. 여보, 많이 사랑합니다.

덧붙여 이 책의 집필을 도운 그레그 피호타는 다음 사람들에게 고마움을 전하고자 한다. 먼저 그의 아내 막달레나 크롤락 피호타에게 감사를 표하고 싶다. 아내의 지지가 없었다면 지금의 자신도 없었을 것이다. 둘째, 하버드의 니만 저널리즘 재단의 큐레이터인 앤 마리 리핀스키에게 감사하고 싶다. 그녀가 없었더라면 그레그와 나는 결코 함께 일할 기회를 갖지 못했을 것이다. 강력하고 새로운 아이디어를 향한 열정이 우리 모두를 하나로 뭉치게 했다!

들어가며

1. Paula Gardner, "Borders CEO Recalls 'Painful Time' 5 Years After Book Seller's Bankruptcy Filing," MLive, February 16, 2016.
2. Rahul Gupta, "Nokia CEO Ended His Speech Saying This 'We Didn't Do Anything Wrong, but Somehow, We Lost,' " LinkedIn, May 8, 2016.
3. Khadeeja Safdar, "J. Crew's Mickey Drexler Confesses: I Underestimated How Tech Would Upend Retail," Wall Street Journal, May 24, 2017.
4. Clayton M. Christensen, Michael Raynor, and Rory McDonald, "What Is Disruptive Innovation?," Harvard Business Review 93, no. 12 (December 2015): 44-53.
5. Motoko Rich, "For the Future of Borders, a Focus on Innovation," New York Times, July 19, 2006.

P A R T 1 · 당 신 의 시 장 이 무 너 지 고 있 다

CHAPTER 1. 파괴적 기업의 공격에는 공통점이 있다

1. Emily Jane Fox, "Best Buy: Earnings 'Clearly Unsatisfactory,' " CNN, November 20, 2012, http://money.cnn.com/2012/11/20/news/companies/best-buy-earnings/, accessed May 7, 2014.
2. Andrea Chang, "Retail Groups Lash Out After Amazon Announces Price Check App Promotion," Los Angeles Times, December 7, 2011.
3. Google Shopper Marketing Agency Council, "Mobile In-Store Research, How In-Store Shoppers Are Using Mobile Devices," April 2013, 26, http://ssl.gstatic.com/think/docs/mobile-in-store_research-studies.pdf.
4. Nick Wingfield, "More Retailers at Risk of Amazon 'Showrooming,' " New

York Times, February 27, 2013.

5. Miguel Bustillo, "Phone-Wielding Shoppers Strike Fear into Retailers," Wall Street Journal, December 15, 2010.

6. Christopher Matthews, "Are We Witnessing the Death of the Big-Box Store?," Time, May 24, 2012.

7. Miguel Bustillo, "Best Buy CEO Resigns," Wall Street Journal, April 11, 2012.

8. Thomas Lee, "Best Buy's New Chief Is Selling from Day 1," Star Tribune, September 9, 2012.

9. Maxwell Wessel, "Best Buy Can't Match Amazon's Prices, and Shouldn't Try," Harvard Business Review, December 10, 2012.

10. "Continuing Operations Store Count and Retail Square Footage 2005–2011," Investor Relations site at Bestbuy.com, http://s2.q4cdn.com/785564492/files/doc_financials/2017/q3/Store-Count-and-Square-Footage-Q3FY17.pdf, accessed March 17, 2017.

11. Lee, "Best Buy's New Chief Is Selling from Day 1."

12. Stephanie Clifford, "Mobile Deals Set to Lure Shoppers Stuck in Line," New York Times, November 19, 2011; Matt Schifrin, "How Best Buy Can Beat Showrooming," Forbes, July 5, 2012; "Turning the Retail 'Showrooming Effect' into a Value-Add," Wharton Business School, University of Pennsylvania, September 26, 2012, http://knowledge.wharton.upenn.edu/article/turning-the-retail-showrooming-effect-into-a-value-add.

13. Larry Downes, "Why Best Buy Is Going out of Business··· Gradually," Forbes, January 2, 2012.

14. Drew Fitzgerald, "Fear of Showrooming Fades," Wall Street Journal, November 4, 2013.

15. Wessel, "Best Buy Can't Match Amazon's Prices."

16. "Evolution of International Fixed Voice Revenue for Select European Countries, 2000 to 2013," in "The Impact of VoIP and Instant Messaging on Traditional Communication Services in Europe," IDATE, September 2015.

17. "A Year of Birchbox: A Full Review of the Subscription Service," Beauty by Arielle blog, July 1, 2013, http://www.beautybyarielle.com/2013/01/a-yearof-birchbox-full-review-of.html.

18. This has since changed. By 2017, Birchbox offered full-sized items for sale.

19. "Interview: Philippe Pinatel, SVP and GM of Sephora Canada, Talks Beauty E-Commerce," Cosmetics Magazine, August 2015.

20. Lauren Keating, "Report Finds That Only 1.9 Percent of Mobile Gamers Make In-App Purchases," Tech Times, March 25, 2016.

21. Unfortunately, Aereo did not last long, as the United States Justice Department later ruled its business model illegal and ordered it to shut down.

22. Company website: https://www.motifinvesting.com/benefits/what-we-offer.

23. "American Time Use Survey Summary-2015 Results," U.S. Bureau of Labor Statistics, June 24, 2016.

24. Matt Phillips, "No One Cooks Anymore," Quartz, June 14, 2016.

25. Chef Steve's personal website: https://www.mygourmetguru.com, accessed March 17, 2017.

26. Natt Garun, "7 Bizarre Airbnb Rentals That Are Almost Too Weird to Believe," Digital Trends, May 6, 2013, http://www.digitaltrends.com/web/7-bizarre-airbnb-rentals-that-are-almost-too-weird-to-believe, accessed March 25, 2017; offer for 2017 Maserati Ghibli at Turo.com: https://turo.com/rentals/cars/nj/fort-lee/maserati-ghibli/230992, accessed on March 25, 2017.

27. Catherine Shu, "Spoiler Alert App Makes Donating Food as Easy as Tossing It in a Dump," TechCrunch, July 6, 2015.

28. Jen Wieczner, "Meet the Women Who Saved Best Buy," Fortune, October 25, 2015.

29. Miriam Gottfried, "How to Fight Amazon.com, Best Buy-style," Wall Street Journal, November 20, 2016.

30. Wieczner, "Meet the Women Who Saved Best Buy."

CHAPTER 2. 무엇이 당신의 비즈니스를 파괴하는가

1. Alejo Nicolás Larocca, My Pan-Am Story: Forty Years as a Stewardess with the "World's Most Experienced Airline" (Buenos Aires: Editorial Dunken, 2015), 75–76.

2. William Stadiem, Jet Set: The People, the Planes, the Glamour, and the

Romancein Aviation's Glory Years (New York: Ballantine Books, 2014).

3. Sophie-Claire Hoeller, "Vintage Photos from the Glory Days of Aviation," Business Insider, July 15, 2015.

4. Christopher Muther, "What Happened to the Glamour of Air Travel?," Boston Globe, September 6, 2014; Mark Thomas, "Air Transport: Market Rules," Fact Sheets on the European Union, European Parliament, March 2017, http://www.europarl.europa.eu/atyourservice/en/displayFtu. html?ftuId=FTU_5.6.7.html.

5. Patricia O'Connell, "Full-Service Airlines Are 'Basket Cases,'" BusinessWeek, September 12, 2002.

6. Siobhan Creaton, Ryanair: How a Small Irish Airline Conquered Europe (London: Aurum Press, 2005).

7. "Ryanair: The Godfather of Ancillary Revenue," report by Idea Works Company, November 19, 2008.

8. "Ryanair: Annual Report for the Year Ended March 31, 2016," Ryanair Investor Relations website, https://investor.ryanair.com/wp-content/ uploads/2016/07/Ryanair-Annual-Report-FY16.pdf.

9. "Leading Airline Groups Worldwide in 2015, Based on Net Profit (in Billion U.S. dollars)," Statista.com. One other possible explanation for Ryanair's profitability is lower overhead costs, including pilots' salaries, as described in Liz Alderman and Amie Tsang, "Jet Pilot Might Not Seem like a 'Gig,' but at Ryanair, It Is," New York Times, November 16, 2017.

10. 특허의 축적이 기술 벤처기업의 매출 증대를 이끄는지 여부를 분석하기 위해 2015년 미국 특허청이 가장 혁신적인 기업(그해 40건 이상의 특허를 부여받은 기업)에 부여한 특허 자료를 수집했다. 추가 분석을 위해 이 샘플에서 데이터 세트가 적용되는 시작 기간인 1995년 이후에 창업한 디지털 기술 회사 몇몇을 선택했다. 나는 이 데이터를 2015년까지 공개되거나 연 매출을 발표한 회사들의 연 수익과 일치시켰다. 20개 회사는 회귀분석을 할 수 있는 충분한 데이터를 갖고 있었는데 구글, 아마존, 페이스북, 야후, 세일즈포스닷컴, 이베이, 링크드인, 징가, 페이팔, 라쿠텐 외 10개 회사가 이에 해당한다. 각 회사별로 수익이 특허를 주도하는지, 반대로 특허가 수익을 주도하는지를 알아보기 위한 회귀분석을 시도했다. 보다 잘 맞는 모델이 그 해답을 제공할 것이다. 기업의 누적 수익이 매해 늘어나는 특허를 설명한다는 모델의 평균 설명력은 84퍼센트

(R-square)였다. 반면 특허 누적이 매년 매출 증가를 설명한다는 역관계를 가정한 모델의 R-square는 42퍼센트에 불과했다. 후속 분석 결과, 20개 기업 중 17개 기업의 경우 특허 건수가 원인이 아니라 수익의 결과라는 해석이 타당해 보였다. 일부 기술 회사들은 독점적인 기술 혁신으로 매출을 증가시킬 수 있는 몇 개의 개별 특허를 갖고 있을 수는 있지만 이런 현상이 일반적으로 내가 분석한 디지털 기술 신생 기업에 적용되지는 않는다. 이 결과는 마이크로소프트, 인텔과 같은 1995년의 기존 기술 회사에는 해당되지 않는다.

11. Dan Milmo, "Ryanair Plan for Standing-Only Plane Tickets Foiled by Regulator," Guardian, February 28, 2012. 라이언에어의 최고재무책임자 마이클 올리리는 라이언에어가 버스와 더 유사한 서비스를 제공할 수 있도록 새로운 방법을 지속적으로 모색했다. 그는 비행 중 화장실을 이용하는 승객에게 요금을 부과하거나 입석 전용 티켓을 도입하는 등 추가 비용 절감 방안을 제안해 화제를 모았다. 〈브리티시 뉴스페이퍼〉에 따르면 그는 런던행 항공권을 구입하는 승객들에게 "런던 지하철에서처럼 난간이나 손잡이를 잡으세요" 식으로 입석 좌석을 이용할 것을 제안했다. 2016년 말 런던에서 열린 항공 업계 회의에서 올리리는 라이언에어가 향후 5년에서 10년 안에 어떻게 비행을 무료로 만들 수 있는지에 대한 비전을 제시해 경쟁자들의 눈살을 찌푸리게 했다. 그는 항공권으로 돈을 벌지 않아도 공항과 계약해 승객이 식당, 바, 숍에서 소비하는 돈의 일부를 라이언에어가 취함으로써 이익을 얻을 것이라 주장했다. 그러한 시나리오에 따라 그는 항공편이 무료가 될 수 있고 항상 승객이 만원일 것이라 주장했다. 더 자세히 알고 싶다면 크리스 리드비터의 다음 글을 참고하기 바란다. "Ryanair CEO: 'How I Plan to Make Air Travel Free Within 10 Years,'" Daily Telegraph, November 23, 2016.

12. 경제학자 라몬 카자드쉬-마사넬(Ramon Casadesus-Masanell)은 비즈니스 모델에 대해 "일반적으로 받아들여지는 정의가 없다"는 데 동의하고, 기존의 대규모 비즈니스에 초점을 맞추어 얘기한다. 카자드쉬-마사넬은 회사가 기계와 같다고 생각한다. 즉 회사의 조립 방식과 작동 방식을 이해해야 한다고 말한다. 회사의 일부는 관리자의 선택이며 회사의 운영 방식은 이런 선택의 결과이다. 비즈니스 모델의 여러 선택안 중에서 카자드쉬-마사넬은 다음 세 가지를 강조한다. 회사의 우선순위, 회사가 확보한 가치, 사람들이 조직되는 방식이다. 비즈니스 모델에 대한 그의 정의는 대기업 임원이 비즈니스 전체가 어떻게 작동하는지 확인할 때 유용한 방법이다.

그런데 사업을 이제 시작한 기업가에게는 그의 정의가 유용하지 않다.《비즈니스 모델 캔버스The Business Model Canvas》의 저자 알렉산더 오스터발더(Alexander Osterwalder)는 비즈니스 모델을 상호 의존적인 건축 벽돌로 본다. 마치 건물을 짓는 것처럼 사업의 경제 기반부터 시작한다. 돈이 어디에서 오는지(수익), 돈이 어디로 가는지(비용)에서 시작한다. 그다음 위로 올리기 시작한다. 수익 측면에서 누가 지불할 것인지(고객 세그먼트), 무엇을 받을 것인지(가치 제안), 고객에게 도달하는 방법은 무엇인지(채널), 이것이 어떻게 발전할 것인지(관계)를 결정해야 한다. 비용 측면에서 고객에게 가치를 제공하는 데 필요한 파트너, 활동, 리소스를 결정한다. 오스터발더가 정의한 비즈니스 모델은 새로 시작하려는 기업가에게 효과적이다. 그러나 비즈니스에 일부 수정이 필요한 경우에는 어떻게 해야 할까?

클레이튼 크리스텐슨은 광범위하게 적용할 수 있는 비즈니스 모델을 정의하는 것이 복잡하단 사실을 인식하고 단 네 개의 빌딩 블록을 제안한다. 우선순위는 다음 두 가지다. 고객에 대한 가치와 비즈니스에 대한 이익. 다른 두 가지는 실행에 관련한 것으로 사용 가능한 리소스, 우선순위를 제공하는 데 필요한 프로세스이다. 크리스텐슨은 구성 요소를 이론적인 부분(고객에게 어떤 가치를 창출할 것인지, 회사가 돈을 어떻게 버는지)과 실행 부분으로 단순화하는 훌륭한 작업을 해냈다.

결국 비즈니스 모델에 대한 가장 적절한 정의는 사용자가 수행하려는 작업에 따라 다를 것이다. 대기업의 고위 경영진과 함께 주요 운영안에 대해 철저히 재평가하려 한다면 카자드쥐-마사넬의 정의가 적절할 것이다. 소규모 사업을 시작하는 초기 단계에 있다면 오스터발더의 정의가 더 적당하다. 그리고 이미 실행안을 생각하고 있다면 크리스텐슨의 정의는 그것을 그 즉시 가능하게 한다. 이 책에서는 간단하고 광범위하게 적용할 수 있도록 미시간 대학교의 앨런 아푸아가 그의 책《비즈니스 모델 혁신: 개념, 분석 및 사례Business Model Innovation: Concepts, Analysis, and Cases》(New York: Routledge, 2014)에서 정의한 내용을 약간 수정하여 사용했다.

13. Charles Baden-Fuller and Mary S. Morgan, "Business Models as Models," Long Range Planning 43, no. 2 (2010): 156–171.

14. "Join Costco," Costco website, https://www.costco.com/join-costco.html.

15. "Costco Wholesale, Annual Report 2016," report for the fiscal year ended August 28, 2016, http://phx.corporate-ir.net/phoenix.zhtml?c=83830&p=irol-reportsannual.

16. "The First 'Fare Wars,'" in "America by Air," Smithsonian National Air and

Space Museum, https://airandspace.si.edu/exhibitions/america-by-air/online/heyday/heyday03.cfm, accessed May 2017.

17. David J. Teece, "Business Models, Business Strategy and Innovation," Long Range Planning 43, no. 2 (2010): 172–194.

18. Feng Li, "Digital Technologies and the Changing Business Models in Creative Industries," paper presented at the 48th Hawaii International Conference on System Sciences, 2015.

19. "Now or Never: 2016 Global CEO Outlook," KPMG International, June 2016, https://home.kpmg.com/content/dam/kpmg/pdf/2016/06/2016-global-ceo-outlook.pdf.

20. Ramon Casadesus-Masanell and Feng Zhu, "Business Model Innovation and Competitive Imitation: The Case of Sponsor-Based Business Models," Strategic Management Journal 34, no. 4 (2013): 464–482.

21. Geoffrey A. Fowler, "There's an Uber for Everything Now," Wall Street Journal, May 5, 2015.

22. David Harrison, "Complementarity and the Copenhagen Interpretation of Quantum Mechanics," UPSCALE, Department of Physics, Univer\-sity of Toronto, 2002, https://faraday.physics.utoronto.ca/PVB /Harrison / Complementarity /CompCopen.html.

23. 1995년 런던에서 짐 바크스데일Jim Barksdale은 인터넷 브라우저 회사인 넷스케이프를 투자자들에게 홍보하면서 다음과 같이 말했다. "돈을 벌 수 있는 방법은 단 두 가지다. 번들링과 언번들링이다." 그의 말은 디지털 시대의 가장 유명한 인용문 중 하나가 되었다. 그 이유는 이전에 하드 제품과 관련된 것보다 그저 디지털 제품을 묶고 분리하는 것이 훨씬 더 쉽다는 핵심이 담겨 있기 때문이다. 다음 논문을 더 참조해도 좋다. Justin Fox, "How to Succeed in Business by Bundling—and Unbundling," Harvard Business Review, June 24, 2014.

24. Lucy Küng, Robert Picard, and Ruth Towse, The Internet and the Mass Media (Los Angeles: Sage, 2008), 143–144.

25. Alex Pham, "EMI Group Sold as Two Separate Pieces to Universal Music and Sony," Los Angeles Times, November 12, 2011. EMI Group Limited no longer exists as an independent company as of 2016.

26. Anita Elberse, "Bye Bye Bundles: The Unbundling of Music in Digital Channels," Journal of Marketing 74, no. 3 (2010).

27. "Unbundle Products and Services: Giving You Just What You Want, Nothing More," part of the series "Patterns of Disruption," Deloitte University Press, 2015, https://dupress.deloitte.com/content/dam/dup-us-en/articles/disruptive-strategy-unbundling-strategy-stand-alone-products/DUP_3033_Unbundle-products_v2.pdf.

28. "1999 Form 10-K," New York Times Company, March 14, 2017, and "2016 Form 10-K," New York Times Company, February 2, 2017, http://investors.nytco.com/investors/financials/quarterly-earnings/default.aspx.

29. "EMI's South gate Expresses Confidence in Global Music Market," Billboard, March 8, 1997, 1; Ben Sisario, "EMI Is Sold for $4.1 Billion in Combined Deals, Consolidating the Music Industry," New York Times, November 11, 2011.

30. "Investor Factbook 2009/2010," McGraw-Hill Companies Investor Relations website, http://media.corporate-ir.net/media_files/IROL/96/96562/reports/MHP09Book/corporate-segment-information/eleven-year-revenue.html; "Annual Report as of December 31, 2016," McGraw-Hill Education Inc., http://investors.mheducation.com/financial-information/annual-reports/default.aspx.

31. Robert Gellman, "Disintermediation and the Internet," Government Information Quarterly 13, no. 1 (1996): 1–8.

32. David Oliver, Celia Romm Livermore, and Fay Sudweeks, Self-Service in the Internet Age: Expectations and Experiences (London: Springer Science & Business Media, 2009), 100–101.

33. Justin Walton, "Top 5 Apps for Stock Traders," Investopedia, November 13, 2015, http://www.investopedia.com/articles/active-trading/111315/top-5-apps-stock-traders.asp.

34. 디커플링은 완전히 새로운 현상이 아니다. 2003년 〈하버드비즈니스리뷰〉 "고객이 탈출했다The Customer Has Escaped"라는 제목의 기사에서 조셉 누네Joseph Nunes와 프랭크 세스페데스Frank Cespedes는 비디지털 "언번들링 상품unbundling offerings"의 예를 언급했다. 그러나 구글벤처스(GV)의 제너럴 파트너 타이슨 클라크Tyson Clark는 나에게 보낸 편지에서 "실제로 디커플링을 시도하는 기업들을 보니 GV에서 '디커플링'과 '언번들링'이 (잘못된) 동의어로 사용되고 있다는 생각이 든다. 분명하게 구별해야 한다"고 말했다.

35. Thales Teixeira, Nobuo Sato, and Akiko Kanno, "Managing Consumer Touchpoints at Nissan Japan," Harvard Business School Case 516-035, September 2015.

36. Teixeira, Sato, and Kanno, "Managing Consumer Touchpoints at Nissan Japan."

37. Christina Rogers, Erik Holm, and Chelsey Dulaney, "Warren Buffett Buys New-Car Retail Chain," Wall Street Journal, October 2, 2014.

38. Turo, company website, https://turo.com/how-turo-works, accessed March 2017.

39. BlaBlaCar, company website, https://www.blablacar.co.uk, accessed August 2016.

40. Mike Spector, Jeff Bennet, and John D. Stoll, "U.S. Car Sales Set Record in 2015," Wall Street Journal, January 5, 2016.

41. According to Allan Afuah in Business Model Innovation, Google did not invent search engines or sponsored ads, but it was better at business model innovation, monetizing search engines via auctions.

42. Trov, company website, http://trov.com, accessed March 2017.

43. "Trov, Total Equity Funding," company profile at Crunchbase, https://www.crunchbase.com/organization/trov#/entity, accessed March 2017.

44. "37 Cart Abandonment Rate Statistics," Baymard Institute, https://baymard.com/lists/cart-abandonment-rate, accessed March 2017.

45. "Klarna: No Sale Left Behind," CNBC, June 7, 2016, http://www.cnbc.com/2016/06/07/klarna-2016-disruptor-50.html.

46. Parmy Olson, "How Klarna Plans to Replace Your Credit Card," Forbes, November 7, 2016.

47. Jim Collins, Good to Great: Why Some Companies Make the Leap and Others Don't (New York: HarperBusiness, 2001).

48. Teece, "Business Models, Business Strategy and Innovation."

49. See interview at https://youtu.be/20d-6nXK3q0.

50. As research has shown, executives also react to disruption by blaming it on regulatory changes and consumer behavior. See Economist Intelligence Unit, "Thriving Through Disruption," September–October 2016, http://eydisrupters.films.economist.com/thriving.

51. Afuah, Business Model Innovation.

CHAPTER 3. 파괴의 주범은 기술이 아닌 고객이다

1. Airbnb, company website, https://www.airbnb.com/about/about-us, accessed July 2018.
2. Marriott International, company website, https://hotel-development. marriott.com, accessed March 2017.
3. Greg Bensinger, "New Funding Round Pushes Airbnb's Value to $31 Billion," Wall Street Journal, March 9, 2017.
4. Griselda Murray Brown, "How Demand Is Rising Among Wealthy Buyers for 'Hotel-Serviced Living,'" Financial Times, October 25, 2013.
5. 2014 Annual Member Survey of the United States Tour Operators Association, cited in "The Rise of Experiential Travel," report by Skift, 2014.
6. "Unbundling the Hotel: The 62 Startups Marriott and Hilton Should Be Watching," CB Insights, June 16, 2016, https://www.cbinsights.com/blog/ unbundling-the-hotel.
7. Peter F. Drucker, Management, rev. ed. (New York: Collins, 2008), 98. 61. 피터 드러커는 이렇게 설명했다. "사업이 무엇인지를 결정하는 것은 오직 고객 이다. 재화나 서비스에 대해 대가를 지불하려는 고객의 의지가 경제 자원을 부 로 바꾸고 물건을 재화로 바꾼다. 고객이 돈을 주고 기대하는 가치는 그저 제품 이 아니다. 제품이나 서비스가 고객에게 제공하는 유용성이다. 그러한 유용성 은 오직 고객을 창출하는 것을 목적으로 하기 때문에 사업체는 마케팅과 혁신 이라는 단 두 가지 기본 기능만을 가진다."
8. Adam Lashinsky, "Amazon's Jeff Bezos: The Ultimate Disrupter," Fortune, November 16, 2012.
9. iHeartCommunications Inc., Form 10-K, March 10, 2017, https:// www.sec.gov/Archives/edgar/data/739708/000073970817000005/ ihcomm201610-k.htm; iHeartMedia Inc., company website, http:// iheartmedia.com/Corporate/Pages/About.aspx, accessed March 2017. iHeartMedia, owner of iHeart Radio, filed for bankruptcy in early 2018.
10. Pandora Media Inc., "About Pandora Media," https://www.pandora.com/ about, accessed August 2016.
11. Pandora Media Inc., 4th Quarter and Full Year 2016 Financial Results, p.

1, http://investor.pandora.com/interactive/newlookandfeel/4247784/ Pandora_Q4_Financial_Results_Press_Release.pdf.

12. Twitch, company website, http://twitchadvertising.tv/audience/, accessed July 2018.

13. Steam, company website, http://store.steampowered.com/, accessed August 2016.

14. Ben Gilbert, "Meet Gabe Newell, the Richest Man in the Video Game Business," Business Insider, January 18, 2017. 스팀은 개인 소유의 밸브 코퍼레이션(Valve Corporation)이 소유하고 있는데 이 회사는 재무적인 수치를 발표하지 않는다. 게임 업계 분석가 겸 전문가인 세르게이 갈리온킨Sergey Galyonkin은 2016년 스팀에서 판매된 게임 가치를 35억 달러로 추정했다. 스팀 평균 감산율이 30퍼센트에 달해 연간 매출은 10억 5,000만 달러 안팎에 이를 것으로 보인다. 최근 비디오게임 업계의 M&A 거래에서 모장, 팝캡, 플레이돔, 슈퍼셀과 같은 회사들은 7.4대 9.4의 수익 배수로 팔렸다. 이로써 스팀 사업만 7,899억 달러에 이른다.

15. Juro Osawa and Sarah E. Needleman, "Tencent Seals Deal to Buy 'Clash of Clans' Developer Supercell for $8.6 Billion," Wall Street Journal, June 21, 2016.

16. Waze, company website, https://data-waze.com/2016/09/13/waze-releases-2nd-annual-driver-satisfaction-index, accessed March 2017.

17. Dara Kerr, "Google Reveals It Spent $966 Million in Waze Acquisition," CNET, July 25, 2013.

18. Dollar Shave Club, company website, https://www.dollarshaveclub.com, accessed March 2017.

19. 어떤 자료에 의하면 EIP는 값을 읽거나, 두 값을 비교하거나, 사람의 기억에 추가하는 것과 같은 단순한 인지 연산이다. 데이터 차트를 스캔하거나 읽을 때 또는 숫자를 비교하거나 추가할 때 드는 노력 비용을 측정하기 위한 과학 연구에 사용된다. EIP는 컴퓨터 인터페이스나 웹페이지 같은 제한된 맥락에서 소비자 노력 비용을 측정하는 데 특히 유용하다. Antonio Hyder, Enrique Bigné, and José Martí, "Human-Computer Interaction," in The Routledge Companion to the Future of Marketing, edited by Luiz Mountinho, Enrique Bigné, and Ajay K. Manri (London: Routledge, 2014), 302.

20. Beth Kowitt, "Special Report: The War on Big Food," Fortune, May 21,

2015.

21. Aaron Smith, "Shared, Collaborative and On Demand: The New Digital Economy," Pew Research Center, May 19, 2016.

CHAPTER 4. 누구나 디커플러가 될 수 있다

1. Stewart Alsop, "A Tale of Four Founders—and Four Companies," Alsop Louie Partners, blog, September 2012, http://www.alsop-louie.com/a-tale-of-four-founders-and-four-companies.

2. Eric Johnson, "How Twitch's Founders Turned an Aimless Reality Show into a Video Juggernaut," Recode, July 5, 2014.

3. Alsop, "A Tale of Four Founders."

4. Jessica Guynn, "It's Justin, Live! All Day, All Night!," San Francisco Chronicle, March 30, 2007.

5. Guynn, "It's Justin, Live! All Day, All Night!"

6. Jesse Holland, "Courts Find Justin.TV Not Guilty of 'Stealing Cable' in Lawsuit Filed by UFC," SB Nation/MMA Mania, March 22, 2012.

7. Andrew Rice, "The Many Pivots of Justin.TV: How a Livecam Show Became Home to Video Gaming Superstars," Fast Company, June 15, 2012.

8. Oscar Williams, "Twitch's Co-founder on the Curious Appeal of Watching Gamers Game," Guardian, March 17, 2015.

9. Lisa Chow, "Gaming the System (Season 3, Episode 2)," Gimlet Media podcast, April 22, 2016.

10. Drew FitzGerald and Daisuke Wakabayashi, "Apple Quietly Builds New Networks," Wall Street Journal, February 3, 2014.

11. Bree Brouwer, "Twitch Claims 43% of Revenue from $3.8 Billion Gaming Content Industry," TubeFilter, July 10, 2015.

12. Chris Welch, "Amazon, Not Google, Is Buying Twitch for $970 Million," The Verge, August 25, 2014.

13. Erin Griffith, "Driven in the Valley: The Startup Founders Fueling GM's Future," Fortune, September 22, 2016.

14. 안타깝게도 이것만으로는 충분하지 않았다. 2016년에 워시오는 3년간 진행한 서비스 사업을 중단했다. 투자받은 1,700만 달러를 모두 써버린 후였다. 한편 태스크래빗은 2016년에 이 서비스가 운영되는 19개 도시에서 수익이

났다고 밝혔다. 블룸버그에 따르면 그 회사는 2,500만 달러의 수익을 올리는 데 8년이 걸렸다. 출범 이후 태스크래빗은 5,000만 달러의 벤처 자금을 모았고, 2017년 9월 IKEA에 인수되었다.

15. Claire Suddath, "The Butler Didn't Do It: Hello Alfred and the OnDemand Economy's Limits," Bloomberg BusinessWeek, January 21, 2016.
16. Matt Greco, "Watch Me Play Video Games! Amazon's Twitch Platform Draws Users and Dollars," CNBC, May 14, 2016.
17. Arthur Gies, "Here Are the Winners of Valve's $20+ Million 2016 International Dota 2 Championships," Polygon, August 13, 2016.
18. In June 2016, Prologis managed 1,959 logistics real estate facilities with a combined space of 676 million square feet in eighteen countries: https://www.prologis.com/node/4436, accessed June 2016.
19. Shelfmint, company website, http://www.shelfmint.com, accessed June 2016.
20. 2016년 샌프란시스코에 본사를 둔 스토어프론트는 글로벌 확장을 가속화하기 위해 프랑스 스타트업인 위오픈Oui Open과 합병했다. 2014년에 설립되고 뉴욕에 본사를 둔 스타트업 셸프민트는 식료품 분야에 적용된 유사 비즈니스 모델을 채택하기도 했다.
21. Kearon Row closed in March 2017.
22. 2009년에 설립된 트렁크클럽은 2014년 노드스트롬에 3억 5,000만 달러에 인수되기 전까지 벤처캐피털에서 1,244만 달러를 모금했다. 한편 키튼로는 2011년과 2015년 사이에 1,730만 달러를 투자받았고 2016년에는 비즈니스 모델을 변경했다. 미국 전역에서 제3자 스타일리스트를 위한 플랫폼 역할을 하는 것이 아니라, 뉴욕 사무소에 사내 전문가를 몇 명 고용해 이들이 소비자에게 모든 스타일리스트 서비스를 제공하게 만들었다.
23. 우리는 투자자들이 다양한 유형의 디커플링으로 시장을 교란시키는 스타트업을 어떻게 평가하는지 알아보고자 했다. 그래서 CB 인사이트 기준, 2016년 마지막 라운드의 파이낸싱을 거친 1,000만 달러 이상으로 평가된 미국 325개 업체의 샘플을 분석했다. 우리는 조기 시장 진입을 위해 디커플링을 사용한, B2C 제품 또는 서비스를 제공하는 55개 스타트업을 확인했다. 그런 다음 스타트업들이 고객 가치사슬에 미치는 영향을 분석해 어떤 가치를 제안하는지 확인한 후 유형에 따라 분류했다. 12개 스타트업이 가치 창출 활동을 분리하고, 19개 스타트업이 가치 잠식 활동을 분리하고 14개 스타트업이 가치 부과

활동을 분리한다는 사실을 발견했다. 분석에 포함되지 않은 스타트업은 디커플러가 아니거나 한 가지 유형의 디커플러가 아니거나 웹사이트에 명시된 가치에 근거해 분류할 수 없는 것이었다. 평균 평가 수치는 마지막 파이낸싱 또는 인수 가격에 대한 CB 인사이트 자료를 사용해 계산했다. 그 이후 몇몇 스타트업들은 주식을 공개했지만 이러한 시장 평가는 고려되지 않았다.

24. Peter Bright, "Microsoft Buys Skype for $8.5 Billion. Why, Exactly?," Wired, May 10, 2011; Catherine Shu, "Japanese Internet Giant Rakuten Acquires Viber for $900M," TechCrunch, February 13, 2014; Matt Weinberger, "Amazon's $970 Million Purchase of Twitch Makes So Much Sense Now: It's All About the Cloud," Business Insider, March 16, 2016.

25. Douglas MacMillan, "Dropbox Raises About $250 Million at $10 Billion Valuation," Wall Street Journal, January 17, 2014; Ingrid Lunden, "Spotify Is Raising Another $500M in Convertible Notes with Discounts on IPO Shares," TechCrunch, January 27, 2016 (by 2018, Spotify had gone public and was valued at nearly $30 billion); NASDAQ, "Zynga Inc. Class A Common Stock Quote and Summary Data," June 24, 2016; Lora Kolodny, "Jay-Z Backed JetSmarter Raises $105 Million to Become Uber for Private Jets," TechCrunch, December 12, 2016; Erin Griffith, "Exclusive: Birchbox Banks $60 Million," Forbes, April 21, 2014.

26. Thales S. Teixeira and Peter Jamieson, "The Decoupling Effect of Digital Disruptors," Harvard Business School Working Paper no. 15-031, October 28, 2014, 8; Claire O'Connor, "Rent the Runway to Hit $100M Revenues in 2016 Thanks to Unlimited Service," Forbes, June 15, 2016.

27. Overview of FreshDirect, Crunchbase, https://www.crunchbase.com/organization/fresh-direct#/entity, accessed July 2016.

28. Dan Primack, "Unilever Buys Dollar Shave Club for $1 Billion," Fortune, July 19, 2016.

PART 2 · 파괴자의 공격에 어떻게 맞설 것인가

CHAPTER 5. 디커플러에 대응하는 2가지 방법

1. William Lidwell and Gerry Manacsa, Deconstructing Product Design:

Exploring the Form, Function, Usability, Sustainability, and Commercial Success of 100 Amazing Products (Beverly, MA: Rockport, 2011), 166-167.

2. Jeremy Coller and Christine Chamberlain, Splendidly Unreasonable Inventors(Oxford: Infinite Ideas, 2009), 3-4.

3. Randal C. Picker, "The Razors-and-Blades Myth(s)," John M. Olin Law and Economics Working Paper no. 532, University of Chicago Law School, September 2010.

4. Jack Neff, "Gillette Shaves Prices As It's Nicked by Rivals Both New and Old," Advertising Age, April 9, 2012; Emily Glazer, "A David and Gillette Story," Wall Street Journal, April 12, 2012.

5. Henry Chesbrough and Richard S. Rosenbloom, "The Role of the Business Model in Capturing Value from Innovation: Evidence from Xerox Corporation's Technology Spin-off Companies," Industrial and Corporate Change 11, no. 3 (2002): 529-555.

6. Market data according to research firm Slice Intelligence, cited in Jaclyn Trop, "How Dollar Shave Club's Founder Built a $1 Billion Company That Changed the Industry," Entrepreneur, March 28, 2017.

7. Korea-based Dorco is a supplier for most of Dollar Shave's blades. Ben Popken, "Does Dollar Shave Really Shave?," Market Watch, April 20, 2012.

8. "DollarShaveClub.com—Our Blades Are F***ing Great," YouTube, March 6, 2012, https://www.youtube.com/watch?v=ZUG9qYTJMsI.

9. Dollar Shave Club's website lists the following perks: no hidden costs, cancel anytime, and 100 percent money-back guarantee: https://www.dollarshaveclub.com/blades, accessed July 2017.

10. "Management's Discussion and Analysis of Financial Condition and Results of Operations," in "Effects of Merger Proposed Between the Gillette Company and the Procter & Gamble Company," Gillette, 2004, https://www.sec.gov/Archives/edgar/data/41499/000114544305000507/d16016_ex13.htm.

P&G does not break down profits at the level of the Gillette unit. Its entire grooming business, which includes Braun electric shavers and shaving-related cosmetics, reported a 22 percent net profit margin in 2016. "Annual Report 2016," Procter & Gamble's corporate website, http://www.

pginvestor.com/Cache/1500090608.PDF?O=PDF&T=&Y=&D=&FID=1500
090608&iid=4004124.

11. U.S. Patent and Trademark Office, http://www.patentview.org.

12. Jessica Wohl, "P&G Buys High-End Brand the Art of Shaving," Reuters, June 3, 2009.

13. Anthony Ha, "Dollar Shave Club Launches Razor Subscription Service, Raises $1M from Kleiner (and Others)," TechCrunch, March 6, 2012.

14. By 2016, Gillette's share of the U.S. market had shrunk by one-third, to 54 percent, and Dollar Shave Club was acquired by P&G's archrival Unilever for $1 billion. For details, refer to Mike Isaac and Michael J. de la Merced, "Dollar Shave Club Sells to Unilever for $1 Billion," New York Times, July 20, 2016.

15. "Give Commercials the Finger: TiVo Introduces TiVo BOLT," press release, TiVo, September 30, 2015, http://ir.tivo.com/Cache/1001214134.PDF?O=P DF&T=&Y=&D=&FID=1001214134&iid=4206196.

16. Amanda Kooser, "Store Charges $5 'Showrooming' Fee to Looky-Loos," CNET, March 26, 2013; Thales S. Teixeira and Peter Jamieson, "The Decoupling Effect of Digital Disruptors," Harvard Business School Working Paper no. 15-031, October 28, 2014, 9.

17. Matthew Inman, "Why I Believe Printers Were Sent from Hell," The Oatmeal, http://theoatmeal.com/comics/printers, accessed January 4, 2018.

18. Jeff J. Roberts, "What Today's Supreme Court Printer Case Means for Business," Fortune, March 21, 2017.

19. Kyle Wiens, "The Supreme Court Just Bolstered Your Right to Repair Stuff," Wired, June 1, 2017.

20. 2016년 11월 29일 렉스마크인터내셔널은 에이펙스, PAG아시아캐피털, 레전드홀딩스 등으로 구성된 투자자 컨소시엄에 인수되어 사기업으로 전환되었다.

21. 나는 에두아르도 나바로가 텔레포니카 최고전략책임자로 있던 시절에 처음으로 리밸런싱 아이디어를 들었다. 그들은 리밸런싱을 다소 좁은 범위에 한정해 가격 결정에 적용했다. 여기서 나는 좀 더 광범위하게 가치 리밸런싱으로 개념을 확장할 것을 제안한다.

22. Mitchell Smith, "Shop Owner Shrugs Off Criticism of $5 Browsing Fee,"

Brisbane Times, March 27, 2013.

23. 셀리악 서플라이즈 웹사이트에 따르면 "셀리악 서플라이즈는 개인, 학교 그 룹, 환대 산업을 위한 교육 센터로 운영된다. 셀리악 서플라이즈는 더 이상 글 루텐 프리 제품을 팔지 않는다. 현재 글루텐 무료 식단에 대한 조언과 하나 이 상의 알레르기를 갖고 있어 식단을 짜는 데 어려움을 겪는 사람들을 위한 상 담 서비스를 제공한다. 그리고 이러한 상담 서비스에 대해 비용을 청구한다." http://www.celiacsupplies.com.au/, accessed October 10, 2017.

CHAPTER 6. 위험에 처한 시장점유율 계산하기

1. Noel Randewich, "Tesla Becomes Most Valuable U.S. Car Maker, Edges Out GM," Reuters, April 10, 2017.

2. Jeff Dunn, "Tesla Is Valued as High as Ford and GM—but That Has Nothing to Do with What It's Done So Far," Business Insider, April 11, 2017.

3. Julia C. Wong, "Tesla Factory Workers Reveal Pain, Injury and Stress: 'Everything Feels like the Future but Us,'" Guardian, May 18, 2017.

4. Tom Krisher and Dee-Ann Durbin, "Investors Pick Tesla's Potential Instead of GM's Steady Sales," Toronto Star, June 1, 2017. 이 기사는 다음과 같은 한 분석가의 말을 인용한다. "금융 시장은 이미 수익이 나고 있고 몇 년간 수 익이 유지될 것으로 보이는 곳보다는 훨씬 거대한 잠재력이 있는 곳에 투자 하고 싶어한다."

5. Brooke Crothers, "GM, Worried About Market Disruption, Has an Eye on Tesla," CNET, July 18, 2013. 테슬라를 따라잡는다는 것은 아이러니하게도 GM의 과거를 보는 것을 의미했다. GM은 1996년 캘리포니아의 온실가스 배 출 규제에 대응하기 위해 최초로 대량 생산된 전기 EV1을 출시해 자동차의 전기화를 선도했다. 그러나 이 제품은 수익성이 없었다. 주 당국이 규제를 완 화하자 GM은 이 차들을 회수해 애리조나 사막에 가져가 모두 부숴버렸다. 20 년 후, GM은 쉐보레 볼트와 함께 경기에 복귀했다.

6. Tom Krisher, "GM Starts Producing 200-Mile Electric Chevrolet Bolt," Associated Press, November 4, 2016; Sarah Shelton, "1 Million Annual US Plug-in Sales Expected by 2024," HybridCars.com, June 11, 2015.

7. "Driving Forward: The Future of Urban Mobility," Report published in Knowledge@Wharton Series, University of Pennsylvania, February 2017, 1-2.

8. Jim Edwards, "Uber's Leaked Finances Show the Company Might—Just

Might—Be Able to Turn a Profit," Business Insider, February 27, 2017.

9. Rachel Holt, Andrew Macdonald, and Pierre-Dimitri Gore-Coty, "5 Billion Trips," Uber Newsroom, June 29, 2017.

10. "Summary of Travel Trends," in 2009 National Household Travel Survey, U.S. Department of Transportation, June 2011, 31–34.

11. "Form 10-K (Annual Report) for Period Ending 12/31/2016," Avis Budget Group, February 21, 2017, 18; Catherine D. Wood, "Disruptive Innovation. New Markets, New Metrics," ARK Investment Management, November 2016, 6–7.

12. Johannes Reichmuth, "Analyses of the European Air Transport Market: Airline Business Models," Deutsches Zentrum fur Luft- un Raumfahrt e.V., December 17, 2008, 9.

13. Shaun Kelley and Dany Asad, "Airbnb: Digging In with More Data from AirDNA," industry overview report by Bank of America Merrill Lynch, October 27, 2015, 6.

14. Zach Barasz and Brook Porter, "Are We Experiencing Transportation's Instagram Moment?," TechCrunch, April 26, 2016.

15. Caitlin Huston, "Watch Uber's Self-Driving Cars Hit the Road in Pittsburgh," Market Watch, September 15, 2016.

16. Adam Millard-Ball, Gail Murray, Jessica ter Schure, Christine Fox, and Jon Burkhardt, "Car-Sharing: Where and How It Succeeds," U.S. Transportation Research Board, Washington, DC, 2005, 4–11; Pierre Goudin, "The Cost of Non-Europe in the Sharing Economy," European Parliamentary Research Service, January 2016, 86.

17. David Kiley, "Why GM Wants to Take Over Lyft and Why Lyft Is Saying No," Forbes, August 16, 2016.

18. Carol Cain, "Why Maven Is Such a Good Bet for GM," Detroit Free Press, June 17, 2017.

19. 실제로 제너럴 모터스는 크루즈 오토메이션 설립자들에게 현금과 GM 주식으로 거의 6억 달러를 지불했다. 나머지는 창업자들이 일정 기간 회사에 머무는 조건을 걸고 이연 지급과 직원 보상금으로 갈음했다. Bill Vlasic, "G.M. Wants to Drive the Future of Cars That Drive Themselves," New York Times, June 4, 2017.

20. Cruise Automation, company profile, Crunchbase, https://www.crunchbase. com/organization/cruise/investors, accessed May 2017; Alan Ohnsman, "Cruise's Kyle Vogt: GM Will Deploy Automated Rideshare Cars 'Very Quickly,'" Forbes, March 13, 2017.

21. Cadie Thompson, "Your Car Will Become a Second Office in 5 Years or Less, General Motors CEO Predicts," Business Insider, December 12, 2016.

22. Tesla Motors vs. Anderson, Urmson and Aurora Innovation, case 17CV305646, filed with Superior Court of California in Santa Clara, January 25, 2017, https://www.scribd.com/document/337645529/Tesla-Sterling-Anderson-lawsuit.

23. John Howard and Jagdish Sheth, "A Theory of Buyer Behavior," Journal of the American Statistical Association, January 1969, 467–487; George Day, Allan Shocker, and Rajendra Srivastava, "Customer-Oriented Approaches to Identifying Product Markets," Journal of Marketing 43, no. 4 (1979): 8–19.

24. John Hauser and Birger Wernerfelt, "An Evaluation Cost Model of Consideration Sets," Journal of Consumer Research 16 (March 1990): 393–408.

25. Joseph Alba and Amitava Chattopadhyay, "Effects of Context and PartCategory Cues on Recall of Competing Brands," Journal of Marketing Research 22, no. 3 (1985): 340–349.

26. John R. Hauser and Birger Wernerfelt, "An Evaluation Cost Model of Consideration Sets," Journal of Consumer Research 16, no. 4 (1990): 393–408.

27. John Dawes, Kerry Mundt, and Byron Sharp, "Consideration Sets for Financial Services Brands," Journal of Financial Services Marketing 14, no. 3 (2009): 190–202.

28. Clayton M. Christensen, Michael Raynor, and Rory McDonald, "What Is Disruptive Innovation?," Harvard Business Review 93, no. 12 (December 2015): 44–53.

29. Clayton M. Christensen, The Innovator's Dilemma (Boston: Harvard Business Review Press, 1997), 28–30.

30. Zheng Zhou and Kent Nakamoto, "Price Perceptions: A Cross-National Study Between American and Chinese Young Consumers," Advances in

Consumer Research 28 (2001): 161–168; Eugene Jones, Wen Chern, and Barry Mustiful, "Are Lower-Income Shoppers as Price Sensitive as Higher-Income Ones? A Look at Breakfast Cereals," Journal of Food Distribution Research, February 1994, 82–92.

31. Theo Verhallen and Fred van Raaij, "How Consumers Trade Off Behavioural Costs and Benefits," European Journal of Marketing 20, nos. 3-4 (1986): 19–34; Carter Mandrik, "Consumer Heuristics: The Tradeoff Between Processing Effort and Value in Brand Choice," Advances in Consumer Research 23 (1996): 301–307.

32. Donald Ngwe and Thales S. Teixeira, "Improving Online Retail Margins by Increasing Search Frictions," working paper, July 2018.

33. 여기에 주어진 소비자 대출 포트폴리오의 가치(각각 2016 회계연도 말)와 관련해 상위 3개 은행은 스탠더드앤드푸어스의 부서인 캐피털IQ(Capital IQ Inc.)를 통해, 그리고 영국에 통합되어 있고 총 대출 포트폴리오를 보유한 기업의 심사를 통해 선별되었다. 소비자 대출 포트폴리오가 없거나 소비자 대출 포트폴리오 번호를 캐피털IQ 데이터베이스에서 보고하지 않은 기관을 제외한 후 선별한 상위 3개 은행은 HSBC 은행, 바클레이즈 은행, 로이즈 은행이었다.

저자는 캐피털IQ에서 제시한 소비자 대출 데이터를 모기업이나 지주회사(HSBC Holdings, Barclays, Lloyds Banking Group)가 아닌 특정 은행주(각각 HSBC Holdings, Barclays, Lloyds Banking Group)에 사용했다. 이들 3개 은행은 모두 영국에 편입되었지만, 그들의 소비자 대출 포트폴리오 중 얼마가 영국 내 소비자들에게 발행되었고, 영국 이외의 소비자들에게 얼마나 발행되었을지는 분명하지 않았다. 캐피털IQ는 소비자 대출을 다음과 같이 정의했다. "개인에게 주어지는 대출금으로 주택 담보 대출과 오픈 엔드 크레딧을 제외한 모든 형태의 할부 신용을 포함한다."

Capital IQ Company Screening Report, "Consumer Loans [FY 2016] (£GBPmm, Historical Rate)," Capital IQ Inc., accessed July 19, 2017.

34. 저자는 이 MaR 분석을 목적으로 총 소비자 신용 시장(및 개별 은행 및 집단 신용카드 시장점유율)을 다음과 같이 계산했다. 첫째, 2016년 회계연도가 끝날 때 영국계 8개 주요 은행의 소비자 대출 포트폴리오의 총 가치(수백만 GBP)를 파악했다. HSBC 은행(£114,314), 바클레이즈 은행(£56,729), 로이즈 은행(£20,761), 스코틀랜드 왕립 은행(£13,780), 스코틀랜드 은행

(£10,667), 국립 웨스트민스터 은행(£10,273), 산탄데르 영국(£6,165), 전국건축협회(£3,869) 등 총 약 366억 파운드 시장으로 이들을 추가하여 약 3개국에 진출시켰다. 저자는 분석을 위해 총 소비자 대출 시장을 이들 8개 은행의 누적 소비자 대출(즉 2,366억 파운드 시장)로 정의한다. 즉 이 수치는 다른 은행이나 금융기관에서 발행한 소비자 대출은 포함하지 않으며 영국 이외의 소비자에게 발행된 대출도 포함할 수 있다. 그 후 저자는 2,366억 파운드 시장에서 이들 8개 은행의 개별 주식을 각각 계산했다. 다음으로 신용카드 데이터를 통합했다. 영국 은행은 2016년 한 달 동안 학자금 대출을 제외한, 미납된 소비자 신용의 총액(수백만 GBP)을 보고하고, 총 미납 금액 중 신용카드가 차지하는 비율이 얼마나 되는지를 알아냈다.

저자는 2016년 12개월간 월 총계를 평균을 냈다. 2016년 한 해 동안, 신용카드로 귀속된 학자금 대출을 제외하고 미납 소비자 신용 금액에 대해서는 평균 65,213만 파운드, 그리고 학자금 대출을 제외한 총 미납 소비자 신용 금액에 대해서는 평균 1억 8,668만 파운드가 되었다. 이에 따르면 2016년 학자금 대출을 제외한 소비자 신용 시장의 34.9퍼센트를 신용카드가 차지한 셈이다. 앞서 기술한 2,366억 파운드 규모의 소비자 대출 시장에 신용카드 시장점유율 34.9퍼센트를 추가할 때, 전체 소비자 대출 시장점유율은 소비자 신용 시장의 약 65퍼센트로 축소되었다. 따라서 개인 은행들의 소비자 신용 시장 지분은 그에 따라 감소한다. 예를 들어 바클레이즈 은행의 시장점유율은 시장이 신용카드를 포함하도록 넓혔을 때 23.9퍼센트에서 15.6퍼센트로 감소했다. 소비자 대출 데이터와 신용카드 데이터는 각기 다른 출처에서 나온 것이지만, 영국 외의 소비자에 대한 대출을 포함했을 수 있고 또한 서로 다른 기간을 측정했을 수 있기 때문에 서로 조정할 수 없다. 이 두 데이터 세트를 결합하는 것은 소비자 신용 시장의 개별 은행 지분에 대한 최고의 근사치를 제공한다.

The consumer loan data for each bank was obtained from a Capital IQ Company Screening Report, "Consumer Loans [FY 2016] (£GBPmm, Historical rate)," Capital IQ Inc., a division of Standard & Poor's, accessed July 19, 2017.

The credit card market share data was calculated from Bank of England, Bankstats, A Money & Lending, A5.6, "Consumer Credit Excluding Student Loans," Excel workbook, "NSA Amts Outstanding" worksheet, last updated June 29, 2017, http://www.bankofengland.co.uk/statistics/pages/

bankstats/current/default.aspx, accessed July 2017.

35. The 22.2 percent average purchase rate (APR) for credit cards in the United Kingdom in 2016 was calculated by the author based on two numbers published by Moneyfacts.co.uk in 2016: an average percentage rate (APR) for credit cards of 21.6 percent on February 29, and a rate of 22.8 percent on September 6. Moneyfacts.co.uk, "Credit Card Interest Rate Hits an All Time High," February 29, 2016; Moneyfacts.co.uk, "Credit Card Interest Hits New Record High," September 6, 2016.

36. Thales Teixeira, Rosalind Picard, and Rana el Kaliouby, "Why, When, and How Much to Entertain Consumers in Advertisements? A Web-Based Facial Tracking Field Study," Marketing Science 33, no. 6 (2014): 809–827.

37. John R. Hauser, "Consideration-Set Heuristics," Journal of Business Research 67, no. 8 (2014): 1688–1699.

38. "Know Your Industries: 90+ Market Maps Covering Fintech, CPG, Auto Tech, Healthcare, and More," CB Insights, August 2017.

39. "Most Popular Father's Day Gifts," MarketWatch, June 14, 2013.

40. Peter Henderson, "Some Uber and Lyft Riders Are Giving Up Their Own Cars: Reuters/Ipsos Poll," Reuters, May 25, 2017.

41. Sophie Kleeman, "Here's What Happened to All 53 of Marissa Mayer's Yahoo Acquisitions," Gizmodo, June 15, 2016.

42. Seth Fiegerman, "End of an Era: Yahoo Is No Longer an Independent Company," CNN, June 13, 2017.

PART 3 · 당신도 파괴적 비즈니스를 구축할 수 있다

CHAPTER 7. 첫 고객 일천 명 확보하기

1. For other examples, see Thales S. Teixeira and Morgan Brown, "Airbnb, Etsy, Uber: Growing from One Thousand to One Million Customers," Harvard Business School Case 516-108, June 2016 (revised January 2018), and Thales S. Teixeira and Morgan Brown. "Airbnb, Etsy, Uber: Acquiring the First Thousand Customers," Harvard Business School Case 516-094, May 2016 (revised January 2018).

2. Austin Carr, "19_Airbnb: For Turning Spare Rooms into the World's Hottest Hotel Chain," Fast Company, February 7, 2012.

3. Jordan Crook and Anna Escher, "A Brief History of Airbnb," TechCrunch, June 28, 2015.

4. Michael Blanding, "How Uber, Airbnb, and Etsy Attracted Their First 1,000 Customers," HBS Working Knowledge, July 13, 2016; Teixeira and Brown. "Airbnb, Etsy, Uber: Acquiring the First Thousand Customers."

5. Teixeira and Brown, "Airbnb, Etsy, Uber: Growing from One Thousand to One Million Customers."

6. Teixeira and Brown, "Airbnb, Etsy, Uber: Acquiring the First Thousand Customers."

7. Teixeira and Brown, "Airbnb, Etsy, Uber: Growing from One Thousand to One Million Customers."

8. Thales S. Teixeira and Michael Blanding, "How Uber, Airbnb and Etsy Turned 1,000 Customers into 1 Million," Forbes, November 16, 2016.

9. Blanding, "How Uber, Airbnb, and Etsy Attracted Their First 1,000 Customers."

CHAPTER 8. 천 명의 고객에서 백만 명의 고객으로

1. Chris Zook and Jimmy Allen, "Strategies for Growth," Insights, Bain & Company, November 1, 1999.

2. Zook and Allen, "Strategies for Growth."

3. Chris Zook and James Allen, "Growth Outside the Core," Harvard Business Review, December 2003.

4. Tracey Lien, "Uber Conquered Taxis. Now It's Going After Everything Else," Los Angeles Times, May 7, 2016.

5. Alexander Valtsev, "Alibaba Group: The Most Attractive Growth Stock in 2016," Seeking Alpha, March 29, 2016.

6. Constance Gustke, "China's $500 Billion Mobile Shopping Mania," CNBC, March 14, 2016.

7. Heather Somerville, "Airbnb Offers Travel Services in Push to Diversify," Reuters, November 17, 2016.

8. Leigh Gallagher, "Q&A with Brian Chesky: Disruption, Leadership, and

Airbnb's Future," Fortune, March 27, 2017.

9. Christopher Tkaczyk, "Kayak's Vision for the Future of Online Travel Booking," Fortune, August 18, 2017.

10. Walter Isaacson, Steve Jobs (New York: Simon & Schuster, 2011).

11. Isaacson, Steve Jobs.

CHAPTER 9. 한 번 더 성장하려면, 고객 중심 기업으로 다시 세팅하기

1. Victor Luckerson, "Netflix Accounts for More than a Third of All Internet Traffic," Time, May 29, 2015.

2. Mathew Ingram, "Here's Why Comcast Decided to Call a Truce with Netflix," Fortune, July 5, 2016.

3. Georg Szalai, "Comcast CEO Touts 'Closer' Netflix Relationship, Talks Integrating More Streaming Services," Hollywood Reporter, September 20, 2016.

4. Matthew S. Olson, Derek C. M. van Bever, and Seth Verry, "When Growth Stalls," Harvard Business Review 86, no. 3 (March 2008): 50–61.

5. Eddy Hagen (@insights4print), "#Innovation? Not everybody wants/ needs it: Netflix still has nearly 4 million subscribers to DVD by mail⋯. https://www.recode.net/2017/10/5/16431680/netflix-streaming-video-subscription-price-change-dvd-mail," Twitter, October 6, 2018, https:// twitter.com/insights4print/status/916261769517158400.

6. Robbie Bach did state, "In my experience, licking the cookie is not unique to the Microsoft culture."

7. Gary Rivlin, "The Problem with Microsoft," Fortune, March 29, 2011.

8. In early 2017, Westfield Digital Labs was rebranded as Westfield Retail Solutions. See Adrienne Pasquarelli, "No ETA for the Mall of the Future: Westfield Rebrands Digital Labs Unit," AdAge, February 8, 2017.

9. 카우프만과 인터뷰를 하고 몇 달 후, 유럽 최대의 부동산 투자 신탁이 인수 제안을 해왔다.

10. 카우프만은 다음과 같이 말했다. "어떻게 하면 사람들이 필요한 일을 할 수 있을까? 그들 안에 있는 게 뭐지? 단순히 열정이 부족해서가 아니라 동기, 즉 인센티브가 부족하기 때문이다. 그래서 전략들이 실패하는 것이다. 이런 조직적인 문제가 속도를 방해한다. 변화의 에이전트들은 시장의 속도와 싸울 뿐

만 아니라 조직의 타성 때문에 내부에서도 철수하고 있다. 내 경험에 따르면 변화의 에이전트들은 바른 생각을 갖고 있지만 조직이 그 길을 막는다. 조직적 저항은 인센티브가 직원 각각에 맞게 제대로 정렬되지 않기 때문에 발생한다. 종업원을 고객처럼 생각하라. 어떻게 하면 그들의 행동을 바꿀 수 있을까? 전통 사업부가 새롭고 대단히 불확실한 인센티브제에 투자하게끔 어떻게 끌어낼 수 있을까? (실리콘) 밸리에는 (스톡) 옵션이 있다. 당신은 모든 직원이 지분을 가질 수 있도록 인세티브제를 조정할 필요가 있다."

11. Geoff Colvin, "How Intuit Reinvents Itself," Fortune, October 20, 2017.
12. Colvin, "How Intuit Reinvents Itself."
13. Colvin, "How Intuit Reinvents Itself."
14. "Intuit's First 'Founders Innovation Award' Winner, Hugh Molotsi," posted by IntuitInc, August 31, 2011, YouTube, https://www.youtube.com/watch?v=GtgseZmJH4I.
15. David Kirkpatrick, "Throw It at the Wall and See If It Sticks," Fortune, December 12, 2005.
16. Apart from a layoff of 399 employees in 2015 that was due to "realignment," according to a company spokesperson.
17. Lara O'Reilly, "The 30 Biggest Media Companies in the World," Business Insider, May 31, 2016.
18. Robert A. Burgelman, Robert E. Siegel, and Jason Luther, "Axel Springer in 2014: Strategic Leadership of the Digital Media Transformation," Stanford GSB, E522, 2014.
19. Burgelman, Siegel, and Luther, "Axel Springer in 2014."
20. Robert A. Burgelman, Robert Siegel, and Ryan Kissick, "Axel Springer in 2016: From Transformation to Acceleration?," Stanford GSB, E610, 2016.
21. Burgelman, Siegel, and Luther. "Axel Springer in 2014."

CHAPTER 10. 다음에 밀려올 파괴의 물결은 무엇인가

1. Jeffrey Ball, "Inside Oil Giant Shell's Race to Remake Itself for a LowPriceWorld," Fortune, January 24, 2018.
2. Ball, "Inside Oil Giant Shell's Race to Remake Itself for a Low-Price World."
3. This is one of those sayings that has been attributed to just about everyone, according to the website Quote Investigator (https://quoteinvestigator.

com/2013/10/20/no-predict/#return-note-7474-2), but this version is a translation from Karl Kristian Steincke, Farvel Og Tak: Minder Og Meninger (Copenhagen: Fremad, 1948), 227.

4. "Expanding the Innovation Horizon: The Global CEO Study 2006," IBM Global Business Services, 22.

5. "Marketplace Without Boundaries? Responding to Disruption," 18th Global CEO Survey, PriceWaterhouseCoopers, 2015, 18.

6. Roger T. Ames and Max Kaltenmark, "Laozi," Encyclopaedia Britannica, https://www.britannica.com/biography/Laozi.

7. Amos Tversky and Daniel Kahneman, "The Framing of Decisions and the Psychology of Choice," Science 211 (January 30, 1981): 453–458.

8. Richard Thaler and Cass Sunstein, Nudge: Improving Decisions About Health, Wealth and Happiness (New Haven, CT: Yale University Press, 2008), 81–102.

9. John Kemp, "Spontaneous Change, Unpredictability and Consumption Externalities," Journal of Artificial Societies and Social Simulation 2, no. 3 (1999).

10. Website of MSCI, one of the owners of GICS classification standard, https://www.msci.com/gics, retrieved November 2017.

11. Data for 2016 for the U.S. households based on Consumer Expenditure Survey, Bureau of Labor Statistics, U.S. Department of Labor, available at https://www.bls.gov/cex/tables.htm.

12. Aaron Smith, "Shared, Collaborative and On Demand: The New Digital Economy," Pew Research Center, May 19, 2016.

13. Heather Saul, "Why Mark Zuckerberg Wears the Same Clothes to Work Every Day," Independent, January 26, 2016.

14. Brian Moylan, "How to Perfect the Art of a Work Uniform," New York Times, June 5, 2017.

15. Bryan Pearson, "Kroger's Meal Kits Could Make a Meal of the Industry," Forbes, May 17, 2017; Shannon Liao, "Walmart Now Sells Meal Kits, Just like Amazon and Blue Apron," The Verge, December 7, 2017.

16. Michael Ruhlman, Grocery: The Buying and Selling of Food in America(New York: Abrams, 2017).

17. "Having Rescued Recorded Music, Spotify May Upend the Industry Again," Economist, January 11, 2018.

18. Emily Dreyfuss, "The Pharmacy of the Future Is Ready for Your Bathroom Counter," Wired, June 15, 2017.

19. 미국 노동통계국(BLS)은 신차, 장난감, TV, 소프트웨어, 가정용 에너지, 대중교통, 교육, 대학 수업료, 보육, 식음료, 주택 및 의료 서비스에 대한 가격 데이터를 수집했다. 노동통계국은 국가, 주, 도시 수준에서 도시 소비자를 위한 개별 상품, 서비스의 월간 소비자 물가지수(CPI)를 보고한다. 이 순서에 사용된 데이터는 1997년 12월과 비교하여(값은 0) 도시 소비자의 미국 전국 평균에 기초한다. CPI는 연간 기준으로 제시되는데 우리는 특정 연도의 월별 CPI 평균으로 도출했다.

20. 예를 들어 미국의 4년제 공립대학의 평균 등록금과 수수료는 1997~1998년 4,740달러에서 2017~2018년 9,970달러로(약 110퍼센트 증가), 사립 비영리 대학의 평균 등록금은 2만 1,160달러에서 3만 4,740달러로(약 65퍼센트 증가) 20년 만에 증가했다. Source: "Trends in College Pricing 2017," College Board, 2017.

21. "Not What It Used to Be: American Universities Represent Declining Value for Money to Their Students," Economist, December 1, 2012.

22. 카이저 고용주 조사기관에 의해 국가 입법자 회의에 보고된 자료에 따르면, 평균 가족 보험료는 2003년 9,249달러에서 2017년 18,764달러로 증가했다. Sources: "Data Brief: Paying the Price," Commonwealth Fund, August 2009, and "Health Insurance: Premiums and Increases," National Conference of State Legislators, http://www.ncsl.org/research/health/health-insurance-premiums.aspx, accessed April 2018.

23. 미국 인구조사국과 부동산 분석 회사 질로(Zillow)에 따르면 미국의 평균 주택 가치는 2000년 11만 9,600달러에서 2017년 19만 9,200달러로 상승했다. Source: Emmie Martin, "Here's How Much Housing Prices Have Skyrocketed over the Last 50 Years," CNBC, June 23, 2017.

24. 지난 20년간 미국 식품 가격 상승의 주요 요인은 고유가(운송비 인상), 기후 변화(가뭄 증가), 바이오 연료용 옥수수 생산에 대한 보조금(식량 사슬에서 제품을 빼낸 것이다), 세계무역기구에 의한 식량 비축 제한(가격 변동성으로 이어진다), 그리고 사람들의 식단 변화(고기를 섭취하기 시작하는 경우)이다. K. Amadeo, "Why Food Prices Are Rising, the Trends and 2018 Forecast,"

The Balance, March 19, 2018.

25. 자산 관리 회사 슈로더의 분석에 따르면 1990년대 이후 미국의 신차 구입 가능성은 크게 개선되었다. 하지만 연료비, 도로세, 충전 및 주차 요금 상승으로 1990년대와 2010년대 사이에 자동차 소유와 관련한 비용은 40~50퍼센트 상승했다. K. Davidson, "The End of the Road: Has the Developed World Reached 'Peak Car'?," Schroders, January 2015.

26. 자동차 시장정보업체 켈리 블루북에 따르면 2017년 12월 경차의 평균 거래가격은 3만 6,113달러였다. 교통통계국에 따르면 2017년 4분기 국내 평균 여행 비용은 347달러였다.

27. 생산인구는 값싼 노동시장으로 옮겨가고, 저가 소매상들이 시장점유율을 차지하며, 별도의 사무용 옷장을 필요로 하는 사람이 줄어드는 등 다양한 사회 변화로 의류 가격은 하락했다. L. Rupp, C. Whiteaker, M. Townsend, and K. Bhasin, "The Death of Clothing," Bloomberg Businessweek, February 5, 2018.

28. 전자제품의 가격 하락은 기술 혁신에 의해 주도되는데, 기술 혁신은 저렴한 부품, 기기 확산, 제조 업체와 소매 업체 간의 경쟁을 부추긴다. 1997년부터 2015년 사이 개인용 컴퓨터와 주변기기 가격은 96퍼센트 하락했고, 텔레비전 가격은 95퍼센트, 오디오 장비 가격은 60퍼센트 하락했으며, 사진 장비와 소모품 가격은 57퍼센트 하락했다. "Long-Term Price Trends for Computers, TVs, and Related Items," Economics Daily, U.S. Bureau of Labor Statistics, October 13, 2015.

29. 최근 국제 조사에서 호주의 대도시 22곳 모두가 중산층 가정이 주택 가격을 감당할 수 없는 상황인 것으로 나타났고, 이 중 15곳은 심각하게 비경제적인 것으로 평가됐다. 중산층 주택의 적정가는 중간가구소득으로 나눈 중간주택가격인 중앙다중(median multiple)으로 평가된다. 이 지표는 세계은행과 유엔이 추천한 것이다. 시장은 중앙다중값이 3.0 이하일 때 적정 등급을 받는다. 시장은 5.1 이상을 넘을 때 감당할 수 없는 수준에 이른다. 호주의 22개 대도시 지역의 중앙다중값은 5.9이다. "14th Annual Demographia International Housing Affordability Survey: 2018," 12. The median house price in Sydney skyrocketed fifteenfold between 1980 and 2016, from AU$64,800 to AU$999,600. M. Thomas, "Housing Affordability in Australia," Parliament of Australia, https://www.aph.gov.au/About_Parliament/Parliamentary_Departments/Parliamentary_Library/pubs/BriefingBook45p/

HousingAffordability, accessed April 2018.

30. 미국과 독일의 대중교통 시스템의 차이를 좀 더 보고 싶다면 다음을 참고하기 바란다. R. Buehler and J. Pucher, "Demand for Public Transport in Germany and the USA: An Analysis of Rider Characteristics," Transport Reviews 32, no. 5 (2012): 541-567.

31. Quote by Toby Clark, director of research for Europe at Mintel, in A. Monaghan, "Britons Spend More on Food and Leisure, Less on Booze, Smoking and Drugs," Guardian, February 16, 2017.

32. 2016년 가정에서 소비되는 음식, 주류, 담배에 대한 소비자 지출 데이터는 유로모니터 인터내셔널에서 수집하고 미국 농무부 경제 연구소에 의해 계산되었다. https://www.ers.usda.gov/data-products/food-expenditures.aspx.

33. International data for 2016 from OECD's Global Health Expenditure Database at http://stats.oecd.org/Index.aspx?DataSetCode=SHA, accessed April 2018.

34. The American Time Use Survey methodology is described in "Technical Note," in "American Time Use Survey—2016 Results," Bureau of Labor Statistics, U.S. Department of Labor, June 27, 2017, 5-9.

나오며

1. 오랜 시간 심리학적 연구를 한 결과, 사람들은 높은 공격성을 보일 때 평소와 다르게 행동하고, 주변 사람들을 추적하지 못하며 그들이 필요하단 사실을 잊어버린다는 것을 확인했다.

2. Eugene F. Soltes, Why They Do It: Inside the Mind of the White-Collar Criminal(New York: PublicAffairs, 2016).

3. A. H. Buss and M. Perry, "The Aggression Questionnaire," Journal of Personality and Social Psychology 63, no. 3 (1992): 452-459.

용어 정리

1. J. L. Bower and C. M. Christensen, "Disruptive Technologies: Catching the Wave," Harvard Business Review 73, no. 1 (1995).

2. Clayton M. Christensen, The Innovator's Dilemma: When New Technologies Cause Great Firms to Fail (Boston: Harvard Business School Press, 1997).

3. "Disrupt," Merriam-Webster.com, accessed July 2018.
4. Clayton M. Christensen and Michael E. Raynor, The Innovator's Solution: Creating and Sustaining Successful Growth (Boston: Harvard Business School Press, 2003). 최근 기사에서 크리스텐슨은 '디스럽션 이론'이라는 용어를 사용해 그의 파괴적 혁신 이론을 이야기했다. 나는 이것이 잘못되었다고 생각한다. 기존 기업가들이 특정 종류의 혁신을 이용하는 신규 진입자에게 어떻게 상당한 시장점유율을 빼앗기는가에 대한 그의 특정 이론을 언급할 때에만 '디스럽션'이라는 단어를 사용해야 한다는 암시를 주어 혼란을 야기했다.
5. M. E. Porter, The Competitive Advantage: Creating and Sustaining Superior Performance (New York: Free Press, 1985).
6. David Court, Dave Elzinga, Susan Mulder, and Ole Jørgen Vetvik, "The Consumer Decision Journey," McKinsey Quarterly, June 2009; Thales S. Teixeira, "Marketing Communications," Harvard Business School Background Note 513-041, August 2012.

디커플링과 파괴적 혁신의 차이

1. Joseph L. Bower and Clayton M. Christensen, "Disruptive Technologies: Catching the Wave," Harvard Business Review 73, no. 1 (1995): 43.
2. "Tesla's Not as Disruptive as You Might Think," Harvard Business Review, May 2015, 22.
3. Clayton M. Christensen, Michael E. Raynor, and Rory McDonald, "What Is Disruptive Innovation?," Harvard Business Review, December 2015, 44.

ㄱ

가치 창출 디커플링 138-139, 197
가치 잠식 디커플링 138-139, 192
가치에 대한 대가를 부과하는 디커플링
 138-139
게임이론Game theory 27,128-130
경쟁 우위(포터)Competitive
 Advantage(Porter) 445
고객 주도형 혁신Customer Driven
 Innovation 26, 32, 381
고객 중심적 사고Customer_centricity
 365, 371, 376-377
고라, 찰스-알버트Gorra, Charles_Albert
 294, 296-297, 319-327
구글Google 29, 108, 120, 140, 246, 253,
 262, 287, 338-339, 381, 396
구매 고려군Consideration sets 258-263,
 265, 274, 281, 285-289
기업 라이프사이클Business life cycle
 140, 292, 328, 380

ㄴ

네스프레소 사업부Nespresso business
 unit 218

네슬레Nestle 89, 219, 414
네트워크 효과Network effects 298-299,
 317
넷플릭스Netflix 26, 46, 48, 138, 358-
 368, 370-373, 415, 453
노키아Nokia 22, 32, 212

ㄷ

다섯 가지 힘Five Forces 27, 129
달러셰이브클럽Dollar Shave Club(DSC)
 41, 144, 202, 205-210, 246, 257
더빈, 마이클Dubin, Michael 205
되프너, 마티아스Dopfner, Mathias 384-
 388
드러커, 피터Drucker, Peter 130
드렉슬러, 미키Drexler, Mickey 23
드롭박스Dropbox 72, 191
디디추싱Didi Chuxing 59, 96
디즈니Disney 332-333, 350

ㄹ

라이드 헤일링Ride_ hailing 59, 107,
 251, 263, 425
라이언에어Ryanair 80, 82-86, 92, 117,

250

렉스마크Lexmark 207, 219-221, 223, 235

렌딩트리Lending Tree 148, 153

렌트더런웨이Rent the Runway 71,191, 425

로레알L'Oreal 143

로암Roam 405-406, 426

리밸런싱Rebalancing 223, 225-228, 230-234, 236, 239, 241, 283-284, 292. 366,

링크드인LinkedIn 341

ㅁ

마윈Ma, Jack 343

마이크로소프트Microsoft 72,190, 212, 217, 336, 341, 363, 373, 375-376

매리어트Marriott 122, 130

맥그로힐McGraw_Hill 15, 99-100

머스크, 일론Musk, Elon 249, 432

메이븐Maven 252

메이시스Macy's 186-188, 301-303

모티프Motif 60

ㅂ

뱅크오브아메리카BofA 147-149, 153

버치박스Birchbox 50-52, 55-56, 102, 113, 142-143, 155, 192

버핏, 워런Buffett, Warren 105-106, 330

베스트바이Best Buy 42-47, 50-51, 54-56, 75-79, 212-213, 228-231, 243

베조스, 제프Bezos, Jeff 131

보노보스Bonobos 70, 304

보더스Borders 22, 32

브랜드리스Brandless 403

ㅅ

사우스웨스트 항공Southwest Airlines 82, 92

삼성Samsung 76-77

샐러리 파이낸스Salary Finance 269-280

서브스크립션 박스Subscription box 51-52

세일즈포스Salesforce 65

세포라Sephora 50-52, 55-56, 142-143, 156, 158

셀리악 서플라이즈Celiac Supplies 215-217, 241-244

셰프드Chef'd 63, 402

셸Shell Oil 94

소니Sony 18-19, 99, 436

쇼루밍Showrooming 42-46, 51, 70, 75-76, 90, 150, 212, 215, 231, 235, 242-243

슈퍼셀Supercell 138-140, 227

스카이프Skype 49, 190, 193, 227, 232, 298, 341

스토어프론트Storefront 183-185

스팀Steam 138, 140

스포티파이Spotify 191, 404-405

쉐보레Chevrolet 179, 261

ㅇ

아난드, 바라트Anand, Bharat 8, 286, 337

아마존Amazon 15, 22, 26, 42-55, 75-76, 145-154, 304

악셀 스프링거Axel Springer 384-387

알리바바Alibaba 343-347

알파벳Alphabet 114, 193

애플Apple 19, 99, 113, 353-355, 375

앨런, 제임스Allen, James 332-333

야후Yahoo 85, 285-289

언번들링Unbundling 98-103

에어비앤비Airbnb 122-127, 310-319, 348-350

옐프Yelp 69, 99

온라인 마켓플레이스Online marketplaces 73, 305-309

우버Uber 59, 96, 248-253, 268, 309, 315-318, 334

워시오Washio 169-170

월마트Walmart 141-142, 145-151, 302, 333, 344, 402

웹루밍Webrooming 68-70

위키피디아Wikipedia 195

유튜브YouTube 16, 48-49

의사결정 나무Decision trees 283-284

이베이eBay 308-309

인튜이트Intuit 379-384

일렉트로닉 아츠Electronic Arts 52, 138-139

임프레션 프로덕트Impression Products 220-223

ㅈ

자원 중심적 사고Resource?centricity 368, 373, 378, 389-391

잡스, 스티브Jobs, Steve 353-355

저스틴.TVJustin.TV 163-165

저커버그, 마크Zuckerberg, Mark 400-401

전문화의 힘Specialization Forces 141-145, 179-181

제너럴 모터스General Motors(GM) 248-253, 261

제이크루J.Crew 22-23, 32

졸리, 허버트Joly, Hubert 45, 75-77

질레트Gillette 202-210, 256-257

집카Zipcar 59, 106, 250

징가Zynga 50-52, 85, 191, 227

ㅊ

차이냐오Cainiao 344-345

체스키, 브라이언Chesky, Brian 310-314, 348

ㅋ

카우프만, 조엘Kaufman, Joelle 376-378

컴캐스트Comcast 358-365, 372, 391

코닥Kodak 18-19, 219

코스트코Costco 90-91

콜게이트Colgate 335

콜린스, 짐Collins, Jim 115

퀵북스QuickBooks 380-382

크레이그리스트Craigslist 99, 311-315